长篇小说

玄机无界

THE EXTRAORDINARY FLIGHT OF A MAKER

达世新　著

文匯出版社

引　子

我从事军事记者的年头已不算短,资历虽不能与老红军老八路中的前辈相比,但有幸置身于海湾战争等现代化作战的第一线,以及我军密级高的军演和潜艇潜航,其间免不了与死神擦肩而过,也同不少声名赫赫的战将、军事专家,以及重要战俘交往交流,这些都是我最好的珍藏。但最刻骨铭心的还是一场不期卷入的诡谲奇遇,至今这事件仍余波未消,其主人公正隐身在你们之中,他的所思所行会对社会产生难以估量的重要影响,甚至与每个人的前途有关。因之我考虑再三,决定依据我的日记、采访影像资料,以及朋友的回忆和猜测,用文学的形式把它记录下来,期待引发你的判断和选择。

·01·
看似平常的一天,军事记者重逢

军绿色的牧马人跃上罗山路立交桥,钟波达忍不住瞥了一眼车窗外名为"活力"的红色雕塑——它既像火焰又似飘带,其上方似有什么东西在召唤。他踩下油门加快了车速,在通往浦东国际机场的高架路上敏捷地越过一辆又一辆前车。这是2012年初秋一个雾霾渐重的傍晚。

作为电视台的资深军事记者,他特别喜爱吉普这个从硝烟弥漫的战场驶来的纯正越野车型,常给他带来勇于穿越的激励和快感。当然,他可不是猛张飞的角色,不会轻易去触碰"红线"。不过今天他可有些犯急,由于节目录得不顺使得离台晚了些。此时他把速度顶在最高限速上。瞥见一架又一架从低空掠过高速路的白肚皮客机,他在想,美联航的UA877航班会不会提前到达?他脑海里浮现出尤子奇那圆脸庞上喜欢挑刺的讥讽神情。

尤子奇是他过去在阿富汗美军中做"嵌入式"采访时结交的铁哥们,是个老资格的战地记者,曾供职于香港和欧美的知名新闻机构,后来不知怎么的又成了自由撰稿人。这家伙的神出鬼没给钟波达留下了深刻的印象。

二十多分钟后,就在他看着机场航班信息屏庆幸还算来得及时之际,他的肩头被人重重地一拍:"是你接我还是我来接你啊?"扭头一看,正是尤子奇!他戴着墨镜嚼着口香糖,讪笑而亲切地看着自己。钟波达一伸手搂住了此人的肩膀,他比尤子奇年长七八岁,虽然上了五十,但热情和干练没减。双方眼睛发亮,兄弟般细细打量。

"呵,有五六年没见面了吧,你怎么变胖了?"

"哈,外表发福,忧愁在心哪。达哥你倒没什么变,就是添了几根白发,脸色有些疲惫,多保重!"

钟波达点点头。他接着发现尤子奇除了背了只美军的绿色背囊外,居然没有其他行李,不由惊讶道:"怪不得你小子出来得这么快,连个拉杆箱都没带啊?!"

"到你这里我还用得上带什么杂碎吗?不就跟到自己家一样!"尤子奇大大咧咧地说着,随即一拽钟波达,"走吧!"

"嗨,这倒也是!"两人在阿富汗炮火连天的战场所结下的生死情谊刻骨铭心。他接过这个美国来客的背囊,嚯,这胖子的包虽只带了一个,却还挺沉的。他们很快来到了停车场上钟波达的车旁。

尤子奇拉开驾驶座车门想自己开车,却被钟波达拨拉到一边,"你的美国驾照还没到上海交警队办过手续,就想在上海过把瘾?"尤子奇笑着没吭声拿过了背囊,坐到了副驾驶位子上。

钟波达一边发动汽车,一边问道:"这次过来不光是会会我吧?"

尤子奇松了松蓝色白纹领带。"嘿,老兄还是特敏锐啊,我这次来有一个重要差事。"说着,他侧过身子看着钟波达:"你知不知道?这些年海外的新闻界对中国的军工发展可是非常关注啊,这次我也带了几份报刊过来。"他拉开了腿旁背囊的拴绳,抽出一个文件夹,又抬手从嘴巴里抠出口香糖残胶。

"哎,你可别往我车上粘啊!"钟波达虽在开车,但眼睛余光已瞄到了他的这个小动作。过去挤坐在颠簸的美军直升机里,尤子奇就喜欢用口香糖残胶把要阅读的资料粘在机身内壁上,从而把手解放出来以便写稿或打字。

尤子奇乐了,"小心开车!你这车哪有黑鹰直升机金贵。"说着,还是把一页剪报粘在了挡风玻璃下,"我念几句给你听啊!"

钟波达无奈地摇摇头。

尤子奇摘下墨镜,"这是刊发在美国传统基金会网站上的文章,我觉得很有些代表性,你听着啊,《中国军事现代化:这一前景的到来比预期快》。其中谈到中国已部署能攻击美国航母的东风-21导弹,谈到了正研制的隐形飞机歼-20,等等。"

"这个题目有意思啊,前景的到来……比预期快!嗨,你还别说,外国同行用语常常既生动又敏锐。"

"不过,我可比他们还强啊,我可是美籍华裔记者!有中西结合的优势!"

"嘿,你老改不了自卖自夸的毛病。"

"怎么叫自卖自夸呢,我这话可最符合这片土地上所提倡的实事求是。入乡随俗嘛!"这时,车里的空调温度打上来了,尤子奇摇上了侧窗。"你没看到,我这两年在外面举行的记者沙龙上,可是很受欢迎的一位哦。难怪这次B大新闻机构会找到我,让我来做一个深度报道。"

"哦?什么样的深度报道?"钟波达感兴趣地问。

"关于中国军事发展的深度报道!怎么样?这是不断升温的热点问题吧?"一谈起具体的报道业务,尤子奇的神情就显得既投入又老道。"现在海外不少人对中国军力发展之快充满了担忧。原因主要有二:一是怕中国加快军事现代化之后,会凭借世界第二大经济体的实力,对世界安全形势构成威胁;二是对中国近些年接连研制出尖端武器感到震惊和疑惑,有好些人猜测是采取了各种非正当手段窃取的。"

"嗯,我也有耳闻。"钟波达淡然地笑着点点头。

"所以啊,他们要我这个美籍华裔记者到中国来,希望搞一个能展示真相的深度报道。我准备从军机题材入手,多方采访考察,搞一篇富有吸引力和说服力的新闻力作。此行就仰仗达哥提供便利啦!"

钟波达心里"咯噔"一声,军机采访,这在任何国家都是一个敏感领域啊!但对尤子奇这个共冒战火而且对自己还有救命之恩的同行好友,又绝不能冷淡对待,何况他的采访任务很正当,并以他的身份回应国际上的一些疑惑也有利和有力。钟波达思量着一时没有应声,只是点了下刹车,让车速慢了下来,因为临近下班高峰,车辆多了起来。

尤子奇可是个外粗内细的人,已从对方的没吭声中感觉到了什么,忙说:"我这次来中国之前,已经把这次采访任务通报给了你们的外事部门和新闻办,我的签证下来得也很顺利。我不会为难你的,达哥。"说着,尤子奇侧转身来。

钟波达也抬手轻拍了下尤子奇肥厚的手背,"老弟是明白人,军机采访真是禁区重重,像我们专做军事节目的,过去到沈飞、哈飞采访,那一道道手续办下来也不容易。不过你放心,在我可协助的范围内,定会全力协助。哎,我想问一下,你怎么偏偏想到写军机,而不是写海军、写陆军?"

"你老兄是明知故问吧?制空权的重要性现在比任何时候都来得更突出!不要说陆战、空战,就连制海权的争夺也受制于制空权。难怪一架新战机的出现常会牵动全世界的目光,像去年中国歼-20 的真容尽管最早是在网上披露的,而不是官方媒体,但还是立马成了全球的新闻明星。"他瞥了一眼窗外你追我赶的斑斓车流,"我这次就是要通过对中国军机研发之路的深入报道分析,来回应世人的种种疑问!当然,也想卖个好价钱。"尤子奇说得亢奋,双手一捋袖子。

"哎,悠着点,当心别被当成间谍给抓起来。"

"嘿嘿,我这几年变胖了可没变傻啊,这次我可不会光盯着那些军机制造企业不放,而是要采取大迂回大纵深的战略,从中国整个飞机工业的发展、从红军打下第一架敌机那如获至宝的心理开始,努力采访到不同年龄的飞机设计师和相关人员,来进行全方位的和最具权威性的思考和报道!老兄,怎么样?!"说完,没等对方反应,自己先得意地笑了起来。

钟波达眉峰耸动,扭头扫视了尤子奇一眼。

尤子奇给他看得有些诧异。"怎么,对老朋友有新认识了吧?"

"子奇老弟,你我到底是一起从战场上滚打过来的,心有灵犀一点通啊!最近我刚有一个节目选题获得了台里通过,就是要拍一部关于我国军机研发历程的纪录片,不过,片子的主题内涵还没有想清楚,待收集好素材再确定。"

"喔,我们俩真是贴心贴肺!"尤子奇说完笑了,又转过脸来。这夸张形容他还是先前从飞机上的大陆同胞口中学来的。

"别看我,看前面!"这时候吉普车跃上了龙阳路立交桥,在夕阳西下的灿烂暮色中,21世纪的新上海地平线犹如一幅美妙的画卷展现在眼前。东方明珠电视塔、金茂大厦、环球金融中心等各型高新建筑影影绰绰、气象万千。

"耶,绝不亚于纽约、伦敦啊!"尤子奇赞叹道。

"谁叫你好长时间没来上海了?"

"唉,抽不出身哪。"他不无遗憾地说,"此刻我简直像面对一个梦中情人!"

"别老是想着情人啦。"钟波达笑了,他从反光镜里看到,后面有一辆奔驰800E正在逐渐接近,似要超车,但让它却又没响应。"哎,你还没对我说说你那新婚妻子咧。"

"唉,别提妻子啦,就在举行婚礼前得知有个战地记者中弹身亡,跑啦!"

"哟哟,够惨的,那这回你就在中国采访时顺带着找吧。你这次来上海还是来对了,此地可是与中国的军机研发有着紧密联系呢!不仅钱学森这样世界顶尖的空气动力学家,还有像著名的强-5飞机的总设计师陆孝彭、歼-8Ⅱ的总师顾诵芬都是在上海开始了他们的事业征程。哦,两个月前,顾诵芬顾老还在上海图书馆做了关于中国飞机工业发展的讲座呢。"

"是吗?"尤子奇大感兴奋,"可惜我错过了。还有什么相关资讯?"

"以后慢慢给你说道吧,现在先上我家,给你这个漂泊游子接风洗尘。"

说着,钟波达转动方向盘,车子拐入了往东方路的匝道。他从反光镜里注意到,那辆七八米外的奔驰800E也跟随着下了匝道。是巧合还是另有原因?他不禁放慢了车速。

那辆灰色奔驰轿车动作凌厉地从左侧超了过去，钟波达不禁扫了一眼驾车者，但没看清。因为都正向西逆光行驶，那人又戴着蛤蟆镜。

很快钟波达的车吃了个红灯停了下来。就在这时，他的手机铃声响了起来，他拿起来，听到的是妻子陈苏红爽快亮丽的嗓音："不巧啊，刚接到朋友相约，今晚我要到新天地与外国时尚大佬谈个合作项目，不能回家给你朋友做菜了。"

"什么，今天是难得一次请你做顿饭，我要给我的好友有个到家的感觉，老婆你竟然就这么不给面子？"

"你急什么！我不会冷淡你的狐朋狗友的，我想好了，你把他带过来，就在这里请你们吃饭！"

还没等钟波达回话，电话就给挂断了。这时交通灯翻绿，他赶紧急打方向盘让车子越过虚线挤进了左拐车道。

尤子奇在封闭的车子里把对话听得清清楚楚，一时感到衣服里像钻进条小爬虫，浑身不自在，忙解围说："哎，到哪儿吃不都一样？战地记者么最适应变化了。"

"说的也是，到新天地也不错，那里可是我们大上海的新地标！"

·02·

黄浦江畔竟有外国名将新塑像，其上方发生了……

新天地是时空坐标上的非常之地。在这里，中与外、今与昔的风韵和特质杂糅得相当巧妙。

这里原本是上海的石库门建筑区之一，脱胎于江南民居的这种房子以条石做大门的门框，用乌漆实木做门扇。推开门后为一天井。迎面的是客堂间，两侧分别是左右厢房，顺着客堂和灶间之间暗暗的楼梯走上去,可看到有"亭子间",再上去则是让人眼睛一亮的可瞭望天空的晒台。

"这种房子缘于太平天国时期,是当时租界当局为接纳从江浙涌入的难民而动员商人兴建的。如今,这些建筑的内部,已变身为富有现代感的时装店、养生会馆、餐馆酒吧、国际画廊……"

陈苏红和翻译小姐正陪同一个头发花白但气度不凡的男老外从"老第坊"里走出来,尤子奇也跟在后面顺便听听。先前他们已见面寒暄过了。

"现在这里既是展现上海历史风貌的都市旅游景区,又是与世界接轨的时尚街区。"身着米色西式套装的陈苏红领着一行人,从掩映着欧式街灯和露天吧桌的香樟树荫下漫步走着。

到底是主持人出身!尤子奇觉得她语音优美动听,举止大方优雅,尽管已年过四十,可称半老徐娘了,但面容依然保养得姣好。

他对身旁心不在焉的钟波达伸手指指陈苏红,又跷起大拇指。

钟波达脸上现出尴尬人的笑,回应他:"与女主持人成家只是风光在外呐!"

"身在福中不知福啊!"尤子奇不满地摇摇头,走了几步像又想起什么:"从石库门里出来,虽一步之遥,却恍若隔世,有穿越时空之感!"

"现在穿越正流行嘛!"钟波达拉了拉尤子奇,跟上了陈苏红一行人。"哎,你这次来做深度报道也是一次东西方的穿越之旅,只是别穿没了或卡在哪里了。得经常告知我你的行踪啊。"

"那是当然,达哥!"

他们穿过摩肩接踵的人群,这里的老外真不比中国人少。陈苏红在采蝶轩前停了下来,看了看斜对面高耸的玻璃幕墙建筑,征求性地问翻译:"要不就在这儿用晚餐吧!这里能同时看到改建的老房子和新建的购物中心。"

老外听了翻译的转述很乐意,点点头说:"好啊,那我们上二楼,我还想看看新天地的整个布局。中国不是有句成语,叫'登高望远'嘛!"

尤子奇接过话头，用流利的美式英语对老外说："在这里可看不太远，应该换个成语，'居高临下'。"

老外很惊讶于这个华人地道的英语，上楼梯时，两人很快攀谈起来。

临窗挑了个餐桌。点完菜，乘老外和翻译上洗手间之际，钟波达问妻子："你今天怎么做起导游来了？"

"什么导游？我是接了个活，这老外史密斯在英国是个很有影响的设计师，考虑在这新天地搞个时装秀，我朋友特邀我过来做以后的秀场导演。"

这时，一股清香飘来，原来是服务员用托盘端来了茉莉花茶。

陈苏红先拿起一杯端给尤子奇。尤子奇接过来，忙用指头叩击了两下桌面，以致谢意。钟波达拿过一杯，喝了口对妻子说："人家演艺界是'演而优则导'，您当主持人的这走得是哪一路啊？"

陈苏红微皱秀眉瞄了眼客人。"现在不是讲转型发展吗？好的人生也得有设计，主持人上了年龄，不能老占着荧屏吧？不能等观众烦你时连个退路都没有。"

尤子奇隔着茶杯里升腾起的雾气细瞅陈苏红，不由赞同地点了点头。

陈苏红接过服务员递来的茶杯放到唇边，但没喝又放下了，似乎不甘于刚才的表白。"我说达哥啊，"她管她老公也叫达哥，令在座的都觉得新鲜又有趣，"我们哪敢像你这么浑浑噩噩的！二十几年在电视台只会当军事记者！"

"军事记者怎么了？现在世界可不太平，军事节目少不了。"钟波达一边说着一边品茶，自在而从容。"现在好多人都缺乏国防观，所以军事节目还得加大影响力！你以为我的人生创意比你差？有句话说得好，叫'什么眼看人低？'"

"狗眼。"尤子奇脱口而出，但随即后悔了，这不是骂人的话么？

钟波达开怀大笑。

尤子奇坐不住了,忙欠身向陈苏红致歉:"对不住啊,嫂子,我给人当枪使了。"

钟波达把他拉回到座位上,"没关系没关系,我们俩打口仗打惯了。军事记者的老婆嘛,何况我丈人还是个将军呢!"

"是吗?"尤子奇圆脸庞上的眼睛也鼓圆了。"达哥,过去我们在战地帐篷里聊过多少天,但嫂子的父亲大人是将军我还是头一回听说,冒昧问一下,是国军还是共军?"

"嗨,我岳丈可是堂堂的解放军空军中将!"钟波达注意到尤子奇的眼珠子发亮,知道他战地记者的钻劲上来了,忙补充道,"不过,他可离休多年了。"

"哟,这可是我采访的好线索啊,你老兄可千万得帮我搭个桥!"尤子奇笑着起身,殷勤地给钟波达的茶杯里添了茶,然后又转向陈苏红,"不过,我接着刚才的话题说句公道话,嫂子不论是当主持人还是当导演,都必定前途无量。在英美,不少名主持和播音员五六十岁了还活跃在荧屏上,人气很旺咧!不要说你这样的,魅力永不减哪!"

这番话说得陈苏红有些坐不住了,脸上有些泛红。

正在这时,服务员又推着餐车过来了。

回到座位的史密斯见翻译小姐去洗手间还未回来,便感兴趣地问尤子奇他们谈什么谈得这么热烈?

尤子奇便把刚才的谈话内容给他做了简略介绍。钟波达则拿起干红葡萄酒瓶给史密斯和尤子奇斟了满杯,并告知服务员自己开车不喝酒。

服务员接过酒瓶给餐桌旁的其他客人都斟了酒,又动作麻利地上起菜来。

史密斯脸上漾着笑意率先举起酒杯,"我觉得刚才的话题讨论是今晚最好的开胃酒,设计是我们这个时代一个特别重要的主题",接着他向陈苏红举起了殷红的酒杯,"我不仅要感谢陈女士今天的陪同和招待,还很赞赏她的观点:'好的人生离不开设计'!当今世界的变化更多地有赖于我们的设计。来,为我们各位的梦想成真,干杯!"

大家一饮而尽，自然钟波达是以茶代酒。

"我们英国的亨利·波卓斯基曾写过一本对世界设计领域具有广泛影响的著作，书名是《设计，人类的本性》。后来，BBC又把它改编成了电视纪录片，波卓斯基给我们揭开了一个秘密，设计实际上已深入我们的骨髓，是人类的天性与经验的一部分。"翻译来了，接替尤子奇把史密斯的这段话转述给了大家。"问题是我们有没有设计的自觉以及怎样来进行好的设计？可惜在座的没有机会欣赏这部片子。"

"我看过这部片子，确实有点意思。"钟波达随口对翻译说。她立马译给史密斯。

他听了不免有些吃惊，含笑对陈苏红说："您先生到底是搞军事节目的，很会抢占制高点啊！"

翻译小姐又迅速做了翻译，大家笑着纷纷举起筷子开吃了。

边吃边谈，渐渐地，白发老外和陈苏红围绕他们的走秀项目越谈越深入，钟波达和尤子奇不免有了被冷落之感。酒足饭饱之后，钟波达向尤子奇提议："怎么样，我们先撤？"

"好……好啊。"说着，尤子奇有些迷糊地站起身来。

但他没忘了跟着钟波达向史密斯等人打招呼告辞。陈苏红和老外也自然乐意这两个"门外汉"先走。

尤子奇给酒意和旅途劳顿搞得倦态毕露，出了门便倚在钟波达身上，他也只得费力地把这个死沉的胖子又扶又背地弄到了自己车上。

半小时后，吉普车穿过黄浦江下的复兴东路隧道，很快钻进了"世茂滨江"那片连绵如山岭的楼群底下的车库中。

尤子奇有些迷糊地坐着电梯晃进了钟家。不过，当他冲了个澡又喝下了菊花茶后，精神逐渐又恢复了。

他站在45层宽大的玻璃窗前，欣赏着眼前的这片从南浦大桥到陆家嘴的黄金水岸，瞩望着比白天遥看时更迷人的外滩和陆家嘴夜景，他觉得此时那些高楼个个身穿流光溢彩的"晚礼服"，仪态万方，韵味十足，就像上演着一场顶级晚间派对。他大为惊艳地凑近玻璃，当他的眼睛慢慢适应了窗外的夜景时,倏然又看到楼下有个映照着点点灯光的湖泊,宁静如镜。繁华喧嚣的中心城区之中居然还有个宁静的湖泊,对人真太有诱惑了!尤子奇不禁转过身说要下去走走。

正抱着被子走过他身后的钟波达扭过头来,劝他别当夜游神了,说明天陪他下去散步。

尤子奇松开了睡衣系带,跟过去倚在门框上笑道:"我这个当战地记者的,连到你们小区里看看都不放心吗?这里又没有路边炸弹!我很快上来……哎,你在为我铺床啊,难为你了,简单点简单点!我在美国家里也是习惯睡地板的。"

尤子奇坐电梯下了楼,走上了花草中的小径。这时夜色已深,不见其他人影。但北边的天空在陆家嘴那片璀璨灯火的映射下还染着光晕,只是渐起的云雾遮住了两三公里外的金茂大厦和在建的全国最高建筑——上海中心的上端。他沿着月影闪动的人工湖走着,感到舒爽而惬意,同时朦胧又新奇。走着走着,他蓦地感到有匹高大的骏马从旁边昂首奔来!不由吃惊地一扭头,却发现原来右侧有个石质塑像,但那马的跃动感极强,两只前蹄高高抬起,身披斗篷的驭者威武非凡,左手紧勒缰绳,右手擎着一柄权杖。尤子奇走上前去,按亮手机照看,发现基座正面镌刻着三个大字:"威灵顿",下面还有说明文字:"英国军事家、元帅,有'铁公爵'之称。1815 年,在比利时滑铁卢地区,以弱势兵力打败了拿破仑的优势法军……"

嗯?在黄浦江畔怎么会有这样的外国名将塑像?尤子奇仰着脖子围着它兜了一圈,大感诧异。然而,令他更为诧异的一幕紧接着发生了。

就在他仰视那高昂的马头时,一个飞行物体进入了他的眼帘,它在三四十层楼高的空中无声地飞行,不是鸟,也不是风筝,像是个机械,或者说是遥控模型飞机,飞得异常灵活,在高楼间如同鸟儿般穿行翻飞,并且能做直角转弯。对于一般居民来说,这可能没什么可惊可怪的,有的甚至连眼皮也未必抬一抬,因为如今这种空中玩意儿已司空见惯。可对于熟悉飞行器的尤子奇来说却非同小可,他明白,直角转弯对于旋翼机来说也能做到，但动作没有这么迅捷和有连续性。转眼间，就见它竟然在空中迅速地画了个五角星！尤子奇紧盯着它，在它飞过高楼上亮着灯的窗子时看清了，它绝对不是旋翼机，是有翅膀的，只是翅膀的形状似乎很难看得清。

这是什么？是不明飞行物UFO吗?！尤子奇匆匆加快了脚步，跟着它向南移动。他的心"咚咚"直跳，UFO倒往往是在夜幕浓重时悄然出现！

正在他激动又疑惑之际，那飞行物突然坠落了下来！尤子奇急忙撒腿向它的下落位置跑去。可当他在大草坪上竭力奔跑着接近它时，却发现它的坠落角度并不是垂直的，而是呈斜线滑坠，它在他头顶的十来米上方掠过，倏然掉落在不远处的围墙外面，随后就听到了"咚——啪啦"的触地散架声。紧接着围墙外响起了快速的跑动声。

这跑动声不像是女人，也不像小孩，有着百米冲刺的劲头和急切！当然也根本不是什么外星人，基本可断定是个男青年。

尤子奇人虽有些发胖但反应不慢，他以军事记者的敏锐左右一看，随即撒腿跑向紧靠围墙的一个坡地上的白色欧式亭子，就像过去在战场上抢占一个好的观察位置一样。

不过，这次当他气喘吁吁地跑上高处后，却什么也没看到，围墙外树影摇曳的马路上空荡荡的，不见任何人影。稍远处就是黄浦江边了，这时夜色已深，从江上传来稀疏的航船马达声。

尔后是一片寂然，仿佛一切都没发生，只是个梦幻。

·03·

用望远镜扫视浦东热土，想起了一个不为人注意的……

尤子奇怀揣着大问号、满脸惊奇地跳出45层的电梯门，重又站到了钟波达跟前。

钟波达正在练俯卧撑,这是他几十年来保留的军旅习惯。他瞥见了尤子奇的迷彩裤裤腿,仍一上一下动作没停地问道:"怎么样,看到黑天鹅了吗?"

"黑天鹅?!什么黑天鹅?"尤子奇给问得丈二和尚摸不着头脑。

"黑天鹅没看到,白天鹅看到了吗?"

"什么白天鹅?"尤子奇更是一头雾水,忙蹲下身,这时他看到了他背上发达的背肌。

"你不是去看湖了吗?那里面既有黑天鹅也有白天鹅,怎么什么收获都没有?!我不是叫你今夜别下去么?"说着,钟波达翻身坐了起来,一番运动下来居然气息均匀。

而尤子奇却是脸红气喘,"嚯,亏得我下去了!有了重要发现!"当他眉飞色舞地把刚才所遇见的奇特一幕急急叙述了一遍后,没想到老朋友非但没像他所料想的大为兴奋,还嘴角露着嘲讽的微笑:

"你呀你,编段子开玩笑也不看看什么时候!"

"什么,你不相信?嗨!达哥!"尤子奇急得伸手拧了一把他的背肌,"正经事我可从没跟你开过玩笑啊!你说是吧?"

钟波达闪身站起来,若有所思。"嗯,这倒也是。不过,哪有这么巧的,你下去转了会儿,就转出这么一件奇事来?"

"唉,你头发没白可脑筋怎么就退化了!为什么我就不能撞见奇怪的事呢?告诉你,国外对偶然性的研究可比你们深入多哩,你们这里太讲究必然性!实际上,之所以猴子变成人而其他动物没有,说不定就是因为某一个突发事件造成的基因突变!"他顿了一下,伸手从桌上拿起先前的茶杯,仰脖喝了一口凉茶,"况且这怪事也未必只有我一个人看到,说不定有些人因没有相应的航空知识,看到了也白搭。"

钟波达直勾勾地看着他好几秒没再说什么,随后摆了摆手,把他引进了东侧的卧室,掀开了被子一角,"今天你太累了,从美国到上海飞行了十几小时,先前在新天地黄汤又灌了不少!赶紧睡吧!"他注意到尤子奇睁得溜圆的眼睛,又说道:"要是你刚才讲的情况是在睡眠充足的情况下,我会非常重视的。但现在我不得不怀疑这是你的幻觉。"

"嗨!"尤子奇无奈地摇摇头,不过他给说得不免也有点怀疑起自己来了,因为在楼下时确有似在梦中的感觉。"好吧,睡到清醒再说。"他边打哈欠边躺了下来,随口用蹩脚的上海话说了声"再会!"

钟波达听了他有些别扭的上海话不免笑了,"你小巴辣子时就离开了上海,等有空时,我再好好教你些上海话。"他抬手按灭顶灯,轻声关门退了出去。

室温凉爽,床铺舒适,可疲倦的尤子奇躺下后竟难以入眠了,他脑子里不断浮现出先前在楼下的夜空奇遇,那飞行器和罕见的飞行轨迹、那突然的坠落、那跑动的脚步声——一切都极为清晰,细节可辨,这可不是幻觉,绝不是幻觉!是真真切切的亲眼所见!他想着想着不由得腾地翻身坐了起来。

那可是非同一般的飞行器啊!

他转脸看起窗外,浸润眼睛的是从窗外漫泻进来的月亮清辉。他伸手从床头柜下拉过自己的背囊,从里面拿出架德国产的 STEINNER 牌军用望远镜。这是多年来伴随他走过世界好些战场的报道利器,它的价格和一台好品牌的手提电脑相当。他拿着它走到了面南的窗边。

拉开窗帘,他举起望远镜扫视起浦东来。他怀着侥幸的心理企盼能重见那神奇飞行器的身影。但是,扫视一通下来连个鸟儿都没发现,所见到的横跨浦江两岸的南浦大桥、顶部亮着灯的星河湾楼群,以及曾在电视里看到过的有着飞碟状大演艺厅的世博会展区,这可是片近些年来闻名世界不断创造奇迹的热土啊!

蓦地,他举着望远镜停在川沙方向不动了,他想起了一个人,一个川沙人。这人名叫姜长英,出生在 20 世纪初,1926 年毕业于天津南开大学,同年赴美国留学,后来获得了底特律大学的航空工程学位。这些情况尤子奇是在美国华人圈中了解到的,听说这人是位了不起的航空史专家,对中国古代航空史和近代航空史做过系统研究,写过一本《中国航空史》,其中还有不少苦心搜集的珍贵的历史资料,但可惜这本著作印数很少。

这次到中国来,不正可以到上海图书馆去查阅一下。要做好对中国军机的深度报道,这可能是必做的功课哩!

想到这儿,他按亮了床头灯,又从背囊里取出手提电脑,坐在床边"嗒嗒嗒"地把这个想法作为明天的重要安排打在了工作日程表上。作为老资历的战地记者,他已经习惯于及时把重要想法和重要信息记录下来,这对提高采访报道的质量和速度,甚至是自己遭受不测后留给同行做参考资料,都益处多多。

当他再次躺下后,深埋在脑细胞中的极度疲惫便彻底袭倒了他,预设的手机闹铃声也没把他唤醒。这一觉竟睡到了次日上午九点多。

他推开卧室门见客厅空荡荡的,叫了两声"达哥"也没人应,他在套房内转了一圈,主卧、厨房、卫生间以及阳台上均不见人影。看来他们夫妻俩双双上班去了。接着在餐桌上看到了一张留条和上海地图,钟波达告诉他早餐放在微波炉里,加下热即可食用,咖啡机也加好了他喜爱的巴西咖啡豆,牛奶、果汁等饮料都在冰箱里;他今天有什么安排、想去哪里,可随时电话联络他。

窗外的黄浦江在朝阳的映照下,闪动着金色的光斑,载着豆荚状的各种船只缓缓流淌,它比在地面看似乎变窄了,但却更具灵动性,犹如飘带挥向远方的天际。

尤子奇把目光收回屋内,他发现客厅的墙上挂着把红穗金柄黑剑鞘的宝剑,他好奇地上前抽剑而出,只见剑锋寒光凌凌。他知道钟波达喜欢收藏宝剑,过去听他说过曾在少林寺旁淘到过一把好剑。可能是它!尤子奇不由手脚发痒,挥剑耍了几下,然后归剑入鞘,重新挂好。

随后他按动了咖啡机。在它"咔咔咔"转动时,他摊开了上海地图又拨通了达哥的手机,问去上海图书馆这么个走法?

"地铁,4号线转10号线,专门有上海图书馆站!"手机里有些人杂声,其中年轻女声还特明显,像是在议论什么。达哥的话音在继续,"你出了我们世茂滨江小区的南门后,顺着浦电路走到浦东南路右拐,步行10来分钟到塘桥穿过马路,就有地铁站了!"

"明白了,地铁站在浦东南路东侧。"他俩之间的通话简明扼要,都有军事通信的风格。

"哦,你还没时间去银行兑换吧?我在你电脑包里放了张上海的公共交通卡和两千元人民币,你出行就方便了。"

尤子奇心头涌上股暖流,真是好大哥啊,老想到朋友又心细如发,在伊拉克战地采访时他就是这样,上前线前常是先帮他尤子奇穿戴好防弹背心和头盔。数月间历经炮火弹雨的生死之交,已使他俩间的客套成了多余,现在尤子奇对着手机只说了一句话:

"好,你忙你的吧!"

接着,他就像在美国家里时一样,按亮电视,拉开餐桌旁的靠背椅坐下,舒适地边享用早餐边留意起环球新闻。呵,人如今不知不觉已成了"信息动物",这绝对是人类进化的华彩篇章和傲立于动物界的最大骄傲。而在信息摄入这方面除了质和量的指标外,还有"更新度"的特别要求,这也造就了他和钟波达这些记者的存在价值及敬业动力。

他吃了个美味三明治,也从电视屏幕上看到了美军无人机在中亚山地的攻击画面,一辆据称载有恐怖分子头目的皮卡瞬间变成了一团火球。这些他都熟悉,他曾在马里兰州空军基地采访过无人机操纵员,在那里能远隔万里得心应手地驾驭"捕食者"等察打一体的先进无人机。无人机在西方的历史几乎和有人机一样长,有的还能追溯到达·芬奇时代,是他发明了手持带翼装置的飞行。就在莱特兄弟的飞机划破20世纪的曙色不久,无人飞行机械的小巧身影也紧随其后出现了,只是发展之初多是用于"靶标"和侦察。然而,先进动力技术和无线电远程控制的结合使它在海湾战争后成了空中利器。在他印象中,中国无人机的研发起步甚晚,但近些年已加大了追赶力度,研发出"彩虹"等性能不错的无人机。

昨夜的奇见令他着实有些吃惊,他知道无人机研发的进入门槛低,军民融通使它"技出多门",发展空间非常巨大。他想起了他的一位学者朋友所说:"自 2001 年以来,无人机不只是重要,而是至关重要!"

·04·
从电视台军事节目组到空中管制中心,延伸进特别的天空

这会儿,钟波达正和台里的同事在围看电子公示栏里新公布的上周收视率榜。

电视台主楼晶亮的大厅里,不同部门的人来来往往,身旁的面孔在不断更换,但不会改变的是公示榜上那军事节目与娱乐节目再次拉大的差距。娱乐节目的女主持人和小编看着自己节目的骄人佳绩,禁不住击掌庆贺。

嗨!钟波达在心里哀叹一声。

他的手机响了,接听后"嗯嗯"两声便匆匆赶往电梯口。打来电话的是他们社教部新提拔的主任,一位中国传媒大学的高才生,也是一位颇具锋芒的电视女干将。平时对他是尊敬有加,因为钟波达过去也当过制片人、部主任,年逾 50 时主动"让贤"。这既是明智之举,也是为了多拍一些好片子。

推开办公室门便见部主任李瑛已坐在里面了,她有着一张清秀而聪慧的脸,但今天面肌僵绷,像做了次不成功的美容手术,不用说都是给收视率整的,军事栏目组人员不多,连制片人及两个编导再加半个主持人就是三个半,这半个是因为主持人在他们新闻综合频道里横跨两个节目。这会儿他们两个半都在了,钟波达来了会议就自然开始了。

"今天急急开这个会议是因为军事节目组必须背水一战了,上周收视率大家都看到了吧,台领导也看到了,今早从踏进电视台大门到现在

的一个小时里,我连着接到了六七个电话,都在问,你们这档军事节目的时段什么时候让出来?"李瑛说。

"我们这档节目的时段就像块肥肉,瞄着的眼睛多着咧!"编导小武接口最快,"红的绿的都有,关键还是我们没有碰上战争!有高人早就说过:'战争是传媒的狂欢节'!像半岛电视台多亏遇上了海湾战争!"

"我们又不是好战分子,"制片人大刘开口了,"阿拉时段不能让,就像解放军守阵地一样,我们这档节目的时段是由节目的重要性决定的,事关国防。而且从我们军事节目的收视情况看,还是比过去有提……"

还没等他说完,小李主任就"截击"道:"大刘,现在不是跟自己过去比,而是要横向比,特别要跟那些收视率飙升的节目比,在如今信息爆炸时代,频道时段是非常珍贵的!我们的军事节目必须来一次转型。"

"关键是要有让受众兴奋起来的热点!"口齿伶俐的年轻女主持人接口道。

"我们以后把你包装得另类点,像香港董家耀那身装束和快节奏播报蛮吸引人的,你以后戴顶钢盔,在镜头前再来点武打动作怎么样?"小武半真半假道。

"不要外插花!"脸色闷闷的制片人摆了摆手,"转型问题其实我也在考虑,我觉得现在全国军事类节目的同质化现象较严重,不过现在网民对国家安全和军事热点的议论蛮多,有些也蛮精彩。我在想,要是开个节目版块,就请专家对网民的议论再发评论……"

"对呀,让明星和草根结合起来!剑走偏锋!"钟波达赞成道,"老毛早就指出,战争的伟力之最深厚根源也就在民众之中。"

"你们说的很有道理,我们主流媒体积极同新媒体新业态相融合,相信会打出新局面的!"李瑛主任一撩额发,做出结论,"我们接下来就抓紧做这方面的改进。另外,专题片数量要减一些,关键要精。钟老师,你最近还在忙空军题材的片子吗?"说完,又颇有意味地追问了一句:"值得做吗?"

"很值得做,别看飞机的诞生和空中战场的开辟只有一百多年的时间,但发展极为迅速,不仅使战场一跃成为三维立体形态,而且正成为现代战争的决定性战场,世界上最近几场重要战争都是明证。另外,从我们上海来说,来自空中的威胁也是最大的威胁,虽然有空军的卫护,但近些年警备区和市政府还专门组建了预备役高炮师。所以啊,我们上海的军事节目少不了空天这一块!"钟波达前倾着身子快人快语,显示了他的深思熟虑。随后,他略顿了一下说道:"哎,顺便给大家通报一下,最近,一位美籍华裔战地记者,也是我在伊战采访时的搭档,特地来我们中国做军机题材的报道。"

"哦。"李瑛主任的眼睛闪出警惕的目光来,尽管她戴着隐形眼镜。"钟老师,你同他接触可要注意啊,别透露了我方的军事机密。"

"那当然,他来华采访是通过新闻办办的手续,我也不会带他去军事禁区。"

"达哥,说不定他是中央情报局的雇员,您得当心呵,您有着光荣历史,可别晚节不保啊!"年轻的女主持人用开玩笑的口吻好心提醒。

钟波达点点头:"我记得有首歌唱得好,'朋友来了有好酒,敌人来了有猎枪'。"

"只是识别不容易啊!"小李主任合上了笔记本,"好,散会!"

开电脑、拉抽屉的声音随即响起,钟波达望着窗外南北高架路上川流不息的车流,心头又理了一遍待会儿去空军某部的采访要点。

过后10点钟,钟波达带着摄像师驱车按约到达了空军某空中管制中心。这个管制中心从外表看并不显眼。

熟识的一位空军上尉把他俩带了进去,一种紧张有序的气氛立刻攫住了他们的心。

大厅墙上挂着巨幅的"空中安保管制图"等组图,其上是两排大字:"严密空中管制,确保飞行安全。"组图中不仅有上海及周边地区的,还有我国全境的地形图。图下是一长溜的电脑,好几位空军人员或在键盘前忙碌,或在穿梭走动。

空军蓝的色块流动组合着,仿佛蓝天延伸了进来。

一位负责军官很快来到钟达波他们面前,热情握手后把他们引到了大厅旁边的会议室,在仔细听取了他们的采访要求后,做了相应的介绍,然后尤为慎重地给他们讲了哪些地方可拍、哪些地方不可拍的规定。

钟波达和摄像师认真听着,不时点点头。他们搞军事报道多年了,自然会严格遵守有关规定。负责军官公务在身,关照后便回去忙了。

接下来,钟达波他俩则仍由那位上尉陪同,进行具体采访和拍摄。在这个过程中他了解到,由于电子系统的升级换代,现在的空中安保管制比过去要高效和便捷得多。

上尉让钟波达坐到一位空管人员旁,管制荧屏上此时所映现的是机场的俯视图,候机楼、停机坪、跑道以及上面的飞机清晰可见,操作员按动鼠标,一架在起飞线前排队的飞机渐次变大,钟波达和摄像师都看清了,这是一架波音767,操作员又动了一下按键,那飞机的相关航班号、机型、航空公司等重要信息同时在一个方框内显示了。

空管人员递给钟波达一副耳机,同时关掉了面前话筒的授话功能。钟波达接过来靠近耳朵便听到了机长与机场塔台的实时联络声,他又把它放到摄像耳边。这时,就见那架飞机在跑道上滑行,很快飞了起来。

"嗬,从这样的视角看飞机起飞非常新鲜,真有点像看玩具飞机的感觉!"钟波达转脸对两位空军军官说。

"这是正常的飞机起落,一遇到特情那就要看我们的及时处置能力了。这些飞机看上去很小,实际上每一架飞机上都承载着许多生命或重大财产,不容我们有半点的疏忽。而我们上海地区有两个国际机场,飞机进出特别繁忙,密度也在逐年增加,这对我们的挑战是很大的。"空军上尉的这一段真情讲述很生动,也很值得让电视观众了解。摄像师也早已根据钟波达的眼神示意,选好机位,及时把这一段摄录了下来。

钟波达怕影响他们的工作,很快离开了荧屏前的座位。上尉带着他们走向别的机位,边走边聊。此时,钟波达的脑中忽然掠过一个念头,便谨慎组织着句子,嘴角漾着笑意像是随意问道:"那些大飞机在荧屏上像玩具飞机,而如果体积小的飞机,或者遥控飞机你们是不是就难以发现了?"

"如果你以前问我这样的问题,我可回答不了,低慢小目标是雷达搜索的难点,因为地波的反射杂波太多,尤其是在建筑密集的大城市。但现在我可以告诉你,对一些小型飞行物我们的空中管制部门基本也能看得到,这也是为了提供更好的安全保障,比如我们能及时看到鸟群、气球等。这得益于我们刚进了一台分辨力很高的仪器,它通过数据链与新一代卫星和俯视雷达相连。"

闻听此言,钟波达的心像给猫爪挠了一下。

"噢,那……有没有什么特别的发现呢?比如说,这几天?"他不失时机地追问。

空军上尉看了他一眼,似乎觉得他问得有些特别,但还是热情做了回答:"呵,说来有意思,昨天夜里我们观察到有一个不明飞行物,居然能快速飞出五角星的轨迹!不过,这也可能是误判,因为仪器还在调试阶段。"

"有意思!"钟波达不禁轻声重复了下上尉刚才的用词,而心头却好似被重锤猛敲了一下,"是,是在哪个区段飞的啊?"

"在黄浦江董家渡附近。不过,这个未经证实的发现你可别在媒体上发布啊!"空军上尉特地关照道。

"嗯嗯,那是一定!"钟波达随口答应,脸上心不在焉,心里却着实吃了一惊:

它是从哪里飞来的飞行器?研制它的是什么样的人啊?

钟波达知道,我国自20世纪60年代初才开始研制无人机,起因是苏联的援助取消使得我们的靶机严重缺乏。历经几年奋战,终将高速无人机"长空一号"试验定型,主要负责人赵煦将军因而被誉为"中国无人机之父"。而如今无人机的研制可谓"鱼龙混杂",既有中航工业、中国航天这些"国"字牌大企业,也有深圳、珠海、常州等地的研究机构和厂家,还有中国航空航天大学等高校的积极参与。这种状况对加速研制肯定有莫大好处,"众人拾柴火焰高"!不过对于寻找那架奇怪的无人机却也增添了困难,"网小海大"啊!

· 05 ·
新朋友老朋友非常之友,"机缘"是关键

就在先前钟波达坐着采访车从市中心往东疾驶的时候,尤子奇也正坐在地铁里与他反方向越过市中心。

胖胖的尤子奇腋下夹着个棕色皮包,悠闲地倚在门区的不锈钢立柱上像个企鹅似的,不过他眼睛并不闲着,浏览着窗外不断闪现的灯光广告牌,他走遍世界,早就觉得广告是种特殊的城市"表情",从中往往能窥见这个城市的经济水平和居民心理。这两天来,他已感到各式各样的新车在广告中占有着特殊的地位,当人们的车子多了款式新了,自然就会想飞了,这是欲望的升级也是地面面积紧张的进逼。中国同胞离通用航空繁荣的时代已经不远了!就像美国人曾经经历的一样。

地铁很快到达了"上海图书馆"站,尤子奇搭乘电梯上到地面后,那座顶部镶嵌着馆名大字的白色宏大建筑便扑进了他的眼帘。嚯,还有宽大的两层台阶,把个知识的宝库造的像座知识宫殿!在走上馆前广场时,他注意到了左面的一块石质铭牌上写着"上海科技情报研究所"。嘀,此处一身二任,看来这里的资料不同凡响啊。

走进大厅,他很顺利地办好了阅览证,又在馆内工作人员的热情引导下,来到了置放着一排排电脑的检索平台前。他输入了"中国航空史"五个字。很快,荧屏上跳出好几种相同的书名,姜长英所著的由清华大学出版社出版的自然在其列,还有一种也引起了他的兴趣,那是由

中国之翼出版社在台北出版的同名同作者的书籍。哦，姜老先生的著作海峡两岸都重视，那就一起借来看看吧，不同版本正好有个比较。他手指按动进入了借阅程序，然而，令他扫兴的是，书已借出。

"唉，还无巧不成书（输）了！"尤子奇无奈地抽出卡片，把电脑包重新夹到腋下。他在图书馆里漫无目的地走动起来，他看了会大厅中央的书法展览，又在电子阅报栏前翻阅了几页。唔，可这样下去等到什么时候啊？……借在我前面的是个什么样的人？……如果，如果此人好商量，不妨也可以和他轮流翻阅嘛！

想到这儿，他便径直朝综合阅览室走去。

今天不是双休日，阅览室里的人并不多，尤子奇放轻脚步顺着宽大的阅览桌一张张走过去，一边斜眼瞄视着。好在先前他在电脑查询时已了解到，清华大学出版的那本是16开，大开本，便于寻找。

当他走到第二排临窗的座位时，他眼睛一亮，那桌上正放着繁体书名的《中国航空史》，一看便知是台湾版本的。他移动视线转向借阅者，这一看不要紧，竟使他惊讶不已。

这个正在专心致志看书的借阅者并不是中国人，而是个西方女人！

那大开本的航空史著几乎遮住了她半个脸，可以看出她年龄约莫三十多岁，金色头发，有一种清丽而孤傲的美。尤子奇一时不知下面该走哪一步，于是侧身就近坐在了她对面的空座位上。

外国女人对他的到来似乎毫无察觉，只是轻翻了一张书页。但她身上好闻的紫罗兰淡雅香味已沁入了尤子奇的鼻孔。而犹疑对于这位军事记者来说从来都是短暂的。他伸出手指在桌面上轻叩了两下，立时使得那位外国女人抬起了脸。

双目对视，尤子奇立时感到她的双眸深邃而富有魅力，就像是面对着曾见过的挪威灰蓝的峡湾。他忙用英语说道："哦，打扰了，我想告诉你，你借阅的这两本书也是我很想看的。"

"是吗？"女人微微一笑，用美式英语回应道，"你是不是想要我把书让给你？"

"不不，"尤子奇忙摇摇手，继而用探询的语气说道，"我只是有个建议，你借了两本书，那我是否可以在这张桌上和你轮流翻阅呢？真不好意思开这样的口。"说完，他的脸上露出憨厚恳切的微笑。他知道这可能会起作用，过去在伊战中他与美军的新闻联络官打交道常受益于此。

果然，优雅的外国女人响应了，"好啊，为什么不呢？"说着，她爽快地伸手把桌上的台湾版《中国航空史》推了过来。

尤子奇喜出望外，同时他感到这位冷艳的外国女人身上不乏热情的一面。

他表示谢意后把书拿了起来，刚翻开第一页便被一行遒劲的钢笔书写字吸引住了："上海图书馆惠存西北工业大学姜长英赠 1996.4.15"。喔，这很珍贵啊，馆藏的唯一一本台湾版竟还是作者捐赠的。他不假思索地掏出手机拍了一张照。

这一举动使得对面的金发女人颇感兴趣，她直起腰朝尤子奇拍照的那书页瞥了一眼。当然她看不清什么。

尤子奇反应敏捷，当即把摊开的书推回到她的面前，并用手指了指那行字。

金发女人感受到了他的好意，也看清了那行字，随后竟也重复了一遍尤子奇刚才的手机拍照动作。"谢谢！这很难得。"

"是很难得！不过你也很了得，你能熟练地阅读中文，是在中国的外籍教师吗？"

"不，不是。"女人含笑摇了摇头。

尤子奇觉得她的笑容很有韵味。他正想猜下去，但这时周围有几个读者正抬头看着他们，外国女人便把目光重又落回到手里的书上。

哦，在这静静的阅览室里，尽管他俩的话音并不大，但还是干扰不小呵。

于是，尤子奇也埋头看起书来，只是这个女人的身份悬念已萦绕在他心头。不过一时不便再问，即使是在和她交换不同版本的《中国航空史》的时候。

姜老先生的史著深深吸引了他,此书真是非同寻常,他从20世纪30年代就开始了中国航空史料的搜集和研究工作,范围涉及古代和近代,搜集途径极为广泛,历时60余载,最终得以于1987年由西北工业大学出版社出版,尔后的清华大学版本比台北版又多了"革命根据地的航空"这一重要章节,时间跨度从1924年到1949年。尤子奇抬头望着窗外透过浓密树荫的几缕阳光,心想,中国如今航空事业蓬勃发展的正源其实就隐埋在那里。要写好这次关于中国军机的深度报道,对那个时期是决不能忽略的。

不久,阅览室里的走动声多了起来,尤子奇一看手表,已快到12点了。他抬起手腕把表面亮给对面的金发女人,随口说道:"我们到门厅那儿的咖啡座去坐会儿吧,这样,中午书也不用还了。"

尤子奇担心她会婉拒,没想到她欣然答应了:"好啊,进图书馆时我就看到那地方了。"

他俩相继起身,边走边谈。

位于上图门厅东侧的咖啡座环境还不错,透过北面高大的玻璃幕墙,可见芳草地里伫立着一尊孔子的石像,基座上镌刻两字:"求知。"

尤子奇端起咖啡扫了一眼石像,随口问道:"你知道那是谁的雕像吗?"

"是孔老夫子,这几年孔子学院在世界上也越来越多了。"金发女人突然改说起中文了,大概是考虑到更好地融入周围的环境。说着,她往咖啡杯里加了些糖。

尤子奇不无自豪地说:"对教育和知识的重视,是我们中华民族的一大特点。"他用塑料叉叉起蛋糕。

金发女人优雅地搅动着咖啡,微微摇了摇头,"你说的不完全对。"

"哦?"尤子奇没想到金发女人会突然反驳他,不过这也使得他更有兴致,他喜欢讨论与辩论,也不管对方的性别与年龄,当然他常会保持好资深记者的风度。"请说下去。"他把身子舒适地靠上椅背。

她抬手指了指搁在面前的书,"比方说,像你我今天看的姜老先生的《中国航空史》,写了60年,非常有价值,可在2000年只印了2000本,而武打小说印了多少?可见中国的文化市场对知识的判断和接纳都是相当不全面的。"

尤子奇颇有涵养地笑了,对此问题他自觉胸有成竹。"是这样的,女士,哦,我还不知道你的姓名呢。"

"凯莉,吉米·凯莉,你叫我凯莉小姐好了。"金发女人放慢了语速,口齿更显清晰。

"哦,凯莉小姐。"尤子奇这时才注意到她的钻戒戴在中指上。真该死,他在心里直骂自己,只怪平时光注重战场态势和新型武器装备的细节。"是这样的,像这本航空史著读者面比较窄,太专业了。"

"太专业?像这样的讲述中国航空发展史的著作就算太专业?这样配了很多珍贵而好看照片的书籍就算太专业?难道飞向天空不是我们人类的共同向往?"

凯莉连连发问,尤子奇一时无言以对。她不知是否因为他此时口中塞满了蛋糕,稍顿了下继续说道:

"而中国的人口数量又非常巨大!今年春季我参加上海的国际公务机展会,中国那些老板购买的热情可不小,出手很阔绰,这很令我震撼。中国经济近些年确实是飞了起来,但很多人的知识和教养没跟上,不平衡,你明白我的意思吗?不平衡地飞是要摔下来的!"

尤子奇笑开了,"我懂,我小时候就懂了。"

"有些人长大了反而不懂了!你要是真的懂,那就不难理解为什么原创力在中国的不少领域都相当缺乏,那些山货,哦,不不,是山寨货,充斥了好多市场。在我看来,要完成中国制造向中国智造的转变,还相当漫长!"

尤子奇放下了咖啡杯,嗬,有意思,我从来没这么被人"训导"过,而且是来自一个女人。自己从事战地报道这么多年,像这样近距离品读一个美国漂亮女子还是第一次。这勾起了他探究的欲望,原先沉在心底的悬念又浮了上来,不禁问道:"你从事的是什么职业?你的分析能力令人欣赏。"

凯莉笑了,还是那种含蓄的笑。"不想猜了?那我就告诉你吧,实际上你已说出了一半,我就是个分析员,受雇于一家非官方研究机构,不是兰德公司,更不是什么中情局,我们所做的分析报告提供给一些大公司和风险投资基金。"

"哦,帮助那些机构来更多地赚中国人的钱?"

凯莉抬了抬眉毛。"有句中国古话形容得好,说是'小人之心度君子之腹'。你呀……"金发女人又笑道,"实际上,我们做的分析报告有时会为中国引来更多的投资资金啊!"

·06·

空军中将的生日聚会,关于"第一架"的新老传奇

当晚6点左右,在满天的晚霞里,钟波达驾着吉普车,载着妻子陈苏红和老朋友尤子奇驶进了五角场附近的一个空军家属大院里。

五角场地区是驻沪空军的重要驻地,在很长一段日子里,周围分布着江湾军用机场、空四军指挥机关以及空军政治学院,人们常能看到执行战备训练的战斗机矫健地在空中掠过,它们对护卫上海城市和吴淞军港、长江口以及东海海域都发挥着重要的作用。后来随着军事需求和城市发展的双重变化,机场搬到了更前沿,驻军部队和院校也发生了一些变化。但没什么变化的是,不少部队的离休干部和随军家属依然散布在周围。

吉普车在院里一棵枝繁叶茂的松树旁停下后,三人打开车门下了车,一起向林荫深处的一幢法式小洋房走去。

"老爷子今年93岁了,身体依然健朗,就是脚有点跛,记忆也好。"钟波达在给尤子奇介绍他的老丈人,先前开车时他与副座上的陈苏红聊台里的事比较多,这时他和尤子奇并肩走着。"老爷子50年代末便被授予了空军少将军衔,他可是在世不多的老红军啦,每年生日总有一些老部下老战友前来看望和祝寿,今天不知来了哪些贵客,你今天来肯定不虚此行!"

尤子奇侧身拱拳道:"多谢达哥,小弟今天是坐上直通车了!哎,请问老爷子的尊姓大名?"

"陈飞锤。"

"陈飞锤!嚯,怎么这名字有点像武侠片里的高手大侠?"

钟波达笑而不答,没有接话。这时他已站到了台阶上,伸手按了下门铃,开门的是一位中年女保姆,系着条蓝花围裙,客气地把他们迎了进去。

尤子奇伸长脖子看了下客厅,里面并没有宾客满堂的样子。

这时,一位老妇人迎了过来,钟波达和陈苏红都亲切地叫了声"妈!"哦,这就是达哥的丈母娘了!她一头银发,不过这位老妇人的精神矍铄和知识女性的不凡气质着实令尤子奇吃惊,他心里隐隐有一种就像面对居里夫人的感觉。

钟波达随即做了介绍:"妈,这位是美籍华裔记者尤子奇尤先生,他在战场上可救过我命哦!"

"噢噢,听你说起过。"老妇人热情含笑地转向尤子奇,亲切地打量着他,"你是稀客,也是贵客,很欢迎啊!来,请进请进!"

"好好。"尤子奇感觉挺好,如沐春风。他多年采访中遇到的达官贵人可不少,但像这种涵养甚高又平易近人的将军夫人并不多见,估计她一定受过不凡的教育和历练。

果然,接下来钟波达的介绍便证实了他的预感。"子奇老弟,我这位丈母娘可是从大名鼎鼎的哈军工空军工程系毕业的!"

"哦,是吗?了不起!"尤子奇由衷地倍生敬意,"是天上的红色娘子军啊!"

"真是当记者的,会形容。不过,我不是开飞机的。请这边坐。"

是造飞机的?! 尤子奇落座在沙发上,当沙发垫往下陷的时候他恍然有种老鼠掉进油瓶的感觉。

"哦,陈老这会儿正在楼上和军内几个人在谈事,已经聊了两个多钟头,该差不多了,我这就上去告知一下。你们先坐会儿,喝点茶吃点干果。"说着,将军夫人转身离去。

这时,保姆已把沏好的红茶端了上来。

"谢谢,谢谢!"尤子奇连声说,既像是对将军夫人说,又像是对保姆说。

接着他喝了几口茶便坐不住了,给对面墙上的几幅照片吸引过去。其中一位反复出现的黑壮军人显然就是陈飞锤,照片中有朝鲜战场上他穿着飞行皮夹克坐于米格-15里的,也有他挂着中将军衔和其他将校站在国防大学校门口的,但居中挂着的照片却没有了他的身影。

那是一张有些泛黄的黑白照片,影像还有些模糊,显然这是根据某一张有些年头的小照片放大的。上面没有任何人,只有一架双翼螺旋桨飞机静静地占据中央。机翼两侧下方各绘有一颗五角星,嗯,这架飞机有什么特殊来历?

就在这时,楼道上响起一阵说话声,夹杂在其中的是爽朗的笑声。"老爷子来了!"钟波达站起身来和尤子奇一起循声望去。

一位硬朗略瘦、穿军便服的老人拄着拐杖和两个空军军官顺着楼梯走了下来。身旁的空军大校要去扶他,却被他推开了。他一见到钟波达便暂停了脚步,抬手指了指对身旁的空军军官说:"瞧,这就是我的女婿,蛮精神的吧!"他的话音中带着浓重的湖北口音。"他原来也是个当兵的,是海航二师的。"

"噢,是驻大连湾的,那可是支海航的英雄部队。"空军大校接口道,望着钟波达笑着点点头,算作打招呼。钟波达觉得他长得英俊帅气,有空中领头雁的感觉。

钟波达拉着尤子奇迎上前去。"可惜本人算不上英雄,没驾机上过天,也转业多年了。"

"哎,话可不能这么说,"老爷子低着头又继续往下走,"你们记者了不得啊!有句话不是形容你们,叫没帽子的什么……"

大校接过话来:"叫无冕之王!"

"对对,威力大得很咧!"老爷子下了楼,没等尤子奇反应过来,已把手伸到了他的面前,"欢迎你啊,我们的又一位战地记者!"

"哦,陈老,陈将军好!"尤子奇赶紧双手握住老将军的手,他感到很意外,老人的动作还是很敏捷啊,到底是战斗机飞行员出身!同时他也感到这双手很温暖,不像有些胸标灿烂的外国将领相当冷傲。

"来,入座吧,我们边吃边聊。"陈将军带着众人来到客厅对面的开放式小餐厅,他扫了一眼座位,对夫人和保姆说,"撤掉三个座位吧,今天人不多。老部下给我挡了几位,孙子又来不了。"

保姆答应着,动作麻利地撤去了三个座位。大家落座后,还留有一个空座位。尤子奇的目光中带着好奇和疑问看了下钟波达,钟波达则小声地回应说:"那可是位大忙人、神人,待会儿你就会看到了。"

这时一阵酒香飘来,原来陈苏红拿着瓶开启的茅台酒在给各位倒酒。陈老将军招呼大家,"大家多喝点啊!你们这几位穿军装的可别顾虑,这不违反中央的禁酒令,这是家宴,酒菜都是用我的离休金买的啊!"

响起一阵笑声,接着大家纷纷举杯。"来,我们给老将军祝寿。""再向百岁挺进!"

"谢了谢了,我可没想要当百岁寿星,只想过好每一天。"老将军站起来,举杯在手,"谢谢你们惦记着我的生日,可你们还记得另外两个重要生日吗?"他目光炯炯征询地扫过每一位客人。

"……"一时间没人答得上来,就在老将军有些失望又要开口之时,那位空军大校脱口说道:"您老说的是不是人民空军的生日?那是1949年11月11日!"

老将军白眉毛一展,会心地笑了:"好,你说对了一个,这可是一个重要的生日啊,没有它,就没有我们新中国的今天,也没有我的今天!来,我们先干了这一杯!祝我们人民空军越飞越强!"

大家开心地碰杯。一阵碰杯的叮当声犹如金铃响起。

陈老将军举杯一饮而尽,随后他看了看杯子,突然露出惊讶之色:"哎,我的酒怎么就这点?小红,你这丫头搞什么鬼?"

"您只能喝一口,老爸,慢慢来。"陈苏红笑吟吟地赶紧过来。

"来,再加,再加,我出的问题还没答完呢!"他又侧转身子,"杨锋啊,你可是空军总部来的,又是飞行师长出身,答出第一个问题不算什么,得继续说出第二个答案啊?"

杨大校刚夹了一块烤鸭,听到这里不由停下了咀嚼,凝眉想了下:"呵,不好意思,一时还探测不出来。"

在座的客人也不敢笑,怕有五十步笑百步之嫌,为了答出第二个问题,大家一起想着,筷子也都放下了。

"大家筷子别停!老陈就喜欢搞这些名堂!"将军夫人责备地看了一眼老将军。

"哎,动动脑筋也很好,增加点乐趣,像我们电视台的智力竞猜节目也很受欢迎!"钟波达得体地给老丈人助兴。

这时,坐在老将军右首的尤子奇也在用心琢磨第二道题。他的目光投向了那些照片,那里会不会有线索?

陈老将军到底当过飞行员,眼神还是像鹰隼一样敏锐,他注意到了,含笑问道:"哎,尤记者,你发现了什么目标?"

尤子奇试探地答道:"有一句中国老话说'远在天边,近在眼前',我想那些照片都与您人生的重要时刻有关,答案就在其中吧?"

"好!"陈老轻拍桌沿,"不愧是战地记者,敏感得很咧!说得没错,那其中一张就是我军的第一架军机,美国的柯赛式飞机,原来是国民党军的,1930年我们在鄂豫皖边区缴获了它。"老将军一脸的自豪,略有老人斑的脸颊泛起了红光,"可惜当时照片太珍贵,不然我也在上面了。

来,我俩碰一杯!"

尤子奇喜出望外,当即站起身子"咣"地碰了下陈老将军的酒杯,一仰脖子,一口气把整杯的茅台喝下了。大家也纷纷举杯。

陈苏红则给老父亲送来了易咀嚼易消化的番茄豆腐。

尤子奇吃了两口菜,想起了什么忙问道:"老将军,请问您1930年就当了红军?"

"不不,那时我才十一岁,是个小赤卫队员……"接着,在茅台酒的沁人芳香中,一段岁月酿制的历史传奇徐徐展开:

那是1930年春天,一架国民党军机因大雾迷航,油料耗尽,迫降于鄂豫皖边区的陈家河的河滩上。当时,拿着梭镖、红缨枪的赤卫队队员们呼啦啦围了上去,这其中就有年仅十一岁的小赤卫队员陈锤。他和乡亲们都是第一次看到飞机和飞行员,那个惊奇和兴奋劲不亚于见到传说中的飞龙,而且问出来的飞行员姓名中竟然还有个"龙"字!他叫龙文光。

不过再兴奋,赤卫队员们也没有忘记把这个白军飞行员押到红军驻地。但接下来令小陈锤和百姓们大为纳闷的是,过了没几天这个国民党飞行员居然也穿上了红军军服,还当上了鄂豫皖边区苏维埃政府的航空局局长!后来才知道他受到了徐向前的接见,是在徐老总的亲切鼓励下参加红军的。他和这架飞机对于连一片翅膀都没有的红军来说可是无价之宝啊!

不过,对于警惕性很高的小赤卫队员陈锤来说,这事着实令他不放心,他瞪圆了眼睛瞅着龙文光的背影想,白心萝卜怎么能变成红心呢?莫不是假投降吧?!于是他常常明里暗里跟在他旁边,在他擦飞机时帮着端水,还老是询问这架飞机的里里外外。而龙文光看他长得虎头虎脑又特爱飞机也挺喜欢他,这样他们就越谈越多。在这个过程中小陈锤慢慢把心头的疙瘩解开了,原来在前几年国共合作的大革命期间,龙飞行员曾经参加过广州国民政府的航空学校,还到苏联学习过,所以对共产党早就心存好感。

就这样两颗心渐渐地靠在了一起,还一起在机翼下方各绘了一颗红五角星,这架飞机很快被边区苏维埃政府命名为"列宁号",光荣地成了我军的第一架飞机,不久对敌军阵地进行了我军首次的空中轰炸……

"叮咚——"突然响起的门铃声打断了陈老将军的讲述,把大家从80多年前的烽火岁月中拉了回来。

保姆打开房门,迎进了一位戴方框玳瑁眼镜、着浅棕色西装的年近五十的男子,这人满面春风,气质潇洒。"哟,不好意思,不好意思,来晚了!"此人踏进房门,便一连声地打招呼,一边快步来到圆桌旁,对大家点头致意后,恭敬地向陈老将军欠了欠身,"学生林之风给老寿星陈将军祝寿,祝您康健如意,福如长虹!"

"免了免了,快坐下吧。"老将军亲切地招呼他。

林之风把一个超大规格蛋糕递给了将军夫人,"叶老师,你看我忙得像个陀螺,身不由己啊!我是特地让梦韵去凯司令定做了这个大蛋糕。"说着,他感到了提及"梦韵"有些不合适,瞥了一眼钟波达,果然,钟波达也正看着他,他不由尴尬地笑了笑,随口说道:"哎,今天宾客不多嘛!"一边忙在尤子奇旁的空座位上坐了下来。

一杯殷红的葡萄酒已由陈苏红放在了他的手边。"林总啊,你今天怎么比去年来得还晚啊?明年是不是不来了?"

"哎哟,红妹,我再忙也忘不了这个家呀,今天不巧,正好上海航天系统有个深空探测的学术年会,还带了个博士沙龙,再三邀请我去。"

"你现在不是房地产公司的老总吗,怎么航天方面还要把你请去啊?"陈老将军不解地问。

"嗨,他们不是看中我过去是国防科大毕业的么?又是空气动力学硕士!"他不无得意地回答,抿了口红酒,"哎,我来晚了有些打扰啊,你们刚才在聊什么?继续聊!"

"刚才呀,老陈做了一回说书先生,"将军夫人告诉林之风,"刚才正谈到我军的第一架飞机和飞行员。"

"那故事精彩啊,我早就是先听为快,可惜那架飞机后来埋进大别山了,龙文光也被国民党抓住杀害了。"林总摇头叹息。

"是啊!"老将军拍着桌沿感慨不已,眼中泪光闪动,但语气依然刚强,"不过,他可成了我人生的指路牌啦,我也就在那年参加了红军。"

"您当年才11岁?"尤子奇出于职业习惯又问道,显然是为了确认。

"是啊。我们那红25军是出了名的红小鬼多!有19岁的营长、20岁的团长。"老将军非常自豪,似乎又回到了那战火燃烧的岁月。"当那架飞机掩埋后,我就在自己名字中加了个'飞'字,叫陈飞锤!就是要飞过去砸烂敌人!所以我特别盼望着自己以后能开上飞机,驰骋蓝天,炸他那个狗日的!我爱画飞机,长征路上从鄂豫皖画到了陕北黄土高原。你们不知道,我那个飞机可张着嘴会咬人哪!我就想,自己的飞机要是子弹炸弹打完了,那接下来就要张着机器嘴巴去继续战斗,把地面上的白军一个个吃下去!"

他这话引起周围一阵笑声。"这个创意好啊!比科幻片《星球大战》里的那些机器动物可早了半个多世纪哩!"

"嘿,别寒碜我了,都是给我们红军当时缺弹药逼的!"陈老将军笑着喝下一口酒,然后一挥手,"我们逞英豪的时代过去啦,现在就看你们的喽!"

"你们这次博士沙龙谈出点什么新道道啊?"钟波达出于职业习惯问林总。

"新道道有啊,特别是那些年轻的博士生,怪主意不少。"林之风松了松绛红色领带,把脸转向钟波达,"有一个拿给我一张空天飞行器设计图,居然是没有发动机的,就像一个人没肚子,你们说奇怪不奇怪,说是准备参加今年的全国飞行器比赛,还说做出了一个试验性的东西。我当下就在讨论会上否定了他的设计,打消了他去参赛的念头!"

说着,林之风伸出筷子夹了一块皮蛋放进嘴里。"啊,我可饿了,他们今晚在虹口的宾馆有个晚宴,我和他们碰了一杯便赶过来了,我说哪怕你们有山珍海味我也要走,我要赶去的可是最重要的家宴!不是亲爹娘胜似亲爹娘!"

"你感念我们就不该打击年轻人的积极性啊。"将军夫人不无惋惜地说。

"老师,这是两回事,现在的年轻人好高骛远不扎实。那位博士生还振振有词地说什么'我们的空军就是要跨越式发展'。这跨越式发展谈何容易!"

"你还别说,这话很有些道理啊,最近我看电视新闻,美军一会儿F-22,一会儿X-51A,我也一直在琢磨,我们可不能跟在别人后面亦步亦趋啊,记得我们过去驾着歼-6去打入侵的美军先进侦察机,速度航程都不够,我们就是靠了切半径追上去才打下他们的。"老将军有些不满意地看着林之风。

"这博士生是从哪个大学来的?叫什么名字?"空军大校感兴趣地发问。

"我没问,有可能是飞行器设计专业的。他今天也没赴宴就去赶火车了。"

大家一时间不知道说什么好,陷入了沉默。

然而对钟波达和尤子奇来说,于无声处却恍若听到了隐隐雷声,窗外的夜幕上似乎还亮起了闪电!

他俩对视着,因为都不约而同地想起了那夜里的奇异飞行器。两者之间有没有联系?或者说某种可能的联系?

·07·

与钟记者的一头雾水相反,他和她的寻访倒渐入佳境

次日午后,尤子奇把美军的511战靴脱下,换上了史丹奴牌棕色皮

鞋,他在钟家宽大的穿衣镜前左右转了转身子。嗯,甚为满意地点点头,觉得这样与刚在中国买的派拉蒙西服就协调了。他耳畔又响起了买鞋时女营业员自豪的话音:"买下来格算呃,现在不少世界名牌的服装其实产地就在中国,而价钱当然在产地就要便宜些。""可惜中国人自己设计的名牌时装太少啦!"这句话当时没说此时却蹦出了他的口。

随后他下楼上街,独自坐地铁来到了人民广场的换乘大厅。按约将在下午2点钟与凯莉碰头。这次男女"约会"仅是为了一个共同的探访任务。当然能这么快地共同出行又一次证明了自己的能耐。

他看了下手表,早到了刻把钟。便两手插在裤袋里闲荡溜达起来。作为一个战地记者,他很快把这个大型而复杂的地铁换乘站摸清了,觉得这里就像个地下的大螃蟹,那一条又一条的进出通道就是螃蟹的腿,中间大厅犹如螃蟹肚子。现在自己就在它肚子里,这唤起了他过去乘坐美军 M1A1 坦克的感觉,外面伊拉克亲萨达姆武装发射的重机枪子弹打在炮塔上"叮叮当当",坐在坦克里最大的不便就是视野不好,不留观察死角是第一要务。而这几天,他有一种怪感觉就是恍如蒙在鼓里,萦绕心际的最想弄清的就是那天夜里围墙外跑动的是怎样一个人?在那奇特的飞行器背后又是怎样的情况?

这可不是猎奇或一时的兴之所至,他是来做中国军机报道的,但军机和民机的研制没有截然界限,在总体设计和一些尖端技术领域更是相通的。过去德国在一战后之所以能迅速崛起、先进的武器和技术不断涌现,是与社会上倡导科学探索分不开的。而激励年轻人发明创造是个绝招,如当时民间的火箭发明协会还得到了德国军方的有力支持和资助。该协会的积极分子冯·布劳恩那时仅是个高中生,而后来他不仅是 V2 导弹研制的关键组织者,还成了美国阿波罗登月计划的实际负责人……

就在他遐想之际,一个倩影闪进了眼帘,凯莉正从电梯口吐出的人流中冒出来,向这儿走来。

尤子奇微笑地看着她,觉得她的步态和雅致不亚于在 CNN 或

BBC电视节目中看到的T台模特儿。一副墨镜上推到她前额上的秀发中,风衣优雅地搭在手臂上,粉色羊绒衫和浅蓝牛仔裤把窈窕健美的形体裹得曲线毕现,那嗒嗒轻响的高跟鞋似乎正传递出她从容自信和工作的快节奏。

此时凯莉也发现了他,并似乎注意到了他的眼神,不由加快了脚步。

这是两人的第二次见面,面对面站定后一开始都有些拘谨,尤子奇露出笑容,有话没话地找话说:"嗨,刚才看你像个中国上班族那般匆匆走来,你真是已融入中国社会啦。"

凯莉嘴角绽笑,"是啊,我如今在高峰时挤地铁已经很在行了。好在如今是全球化时代,又是在上海这个国际化大都市,被称为老外的已不少了。"她眉梢一挑,想起什么,"哦,现在连老外这称呼也不大听到了。"

"那你这个上海洋居民今天就带我吧。"

"耶,我收的导游费可不低噢!"

两人说笑着顺着导引牌来到了一号线的站台。刚抬眼向左张望,一列造型漂亮的地铁就呼啸着滑进了车站。

由于不是上下班高峰期,车厢显得很空,也显得特别美观舒适,这是一节新车厢。两人上车后找了左侧的座位坐下,这排长座椅上只有他们两个人。

"中国新型铁路系统的建设让世人瞩目,后来居上。"尤子奇四下打量着感慨道,"听说奥巴马正考虑请中国帮助美国建造高铁,中国的赶超能力越来越强了!"

"不,应该说是巨大的消化能力。"凯莉侧过轮廓鲜明的脸纠正道,"中国的原创能力并不强,你看看街上跑的汽车,好车子好品牌有几辆是中国自己的?"

"我也听说过类似的评判,但奇怪的是,像大飞机运-10就出现得很早,而且是在中国工业基础薄弱的时候,它几乎是与欧洲空客同时起飞的!"

凯莉听出了他的言外之意,立刻回应道:"可结果却是下马了,尽管现在又在搞C919,但已失去了一个重要的战略机遇期,假如当初运-10飞机能坚持下来,那么今天世界民航的大飞机市场就会是另一种格局。而近些年来中国只能大量采购空客和波音的飞机,去年就签了两百架波音飞机的大单,花费近两百亿美元。"

"是啊,需求大啊!据中国自己的航空信息中心分析,到2016年,中国大型客机的缺口是1591架。"尤子奇庆幸自己最近查阅了不少民机资料,否则今天就要落下风了。

数据还记得这么精确!凯莉的谈兴更浓了:"嗯,在大量采购的现象中反映出一些深层的东西,中国人对原创的东西认识不足,说到底,是对探索的忽视和轻视。我在街上注意到中国人患近视眼的真不少!"

这话说得一语双关!尤子奇不由点点头,但很快又接上一句:"不过,这些年中国人出国看世界的可越来越多啦!"

凯莉微微摇了摇头,明眸闪亮地说:"不错,但出国旅游多,探险少,像不久前我到张家界看翼装表演时,黑压压的看客几乎都是中国人,可有哪个中国人在飞行的行列中?!"

尤子奇瞪着眼一时没说出话来,随后按动了上衣袋里的录音笔。他感谢上天让他结识这个很有"质量"的美国女子,她的有些话对于他以后写报道或许有用。

"你以后假如要引用我的话,最好先告诉我一下。"凯莉语调随意地关照道。

"噢,好呀!"她已察觉出了我刚才的小动作?厉害啊!尤子奇掩饰地把视线转向车门上的运行路线图。过了会儿感兴趣地问:"呵,顺便问一下,你有过从军的经历吗?"

"没有,但我的前夫是个美国军人。我也差点走入军营,有个美军情报部门还想把我招募进去。"

"哦,为什么没去?你做军事情报工作会非常出色。你的分析能力非同寻常,而军事情报又是情报业中最值得做的,你怎么……"

"因为我不想卷入杀戮和血腥,而且我并不认为军事情报业务是最值得做的。实际上自第二次世界大战后,随着大规模战争行为的减少,国家间的竞争和较量主要靠企业的竞争优势来获得,这方面的情报搜集及分析需求极为巨大,难度也非常高。"

尤子奇一时感到自己有点浅薄,尴尬地点点头。看着车窗玻璃上抖动的凯莉映像,他琢磨她会是怎样的家庭背景和成长环境,父母亲是大学教授?是政府高官?还是常能让对方张口结舌被检查的牙科医生?或是生活拮据老需要算计的平民家庭?他想着不由咧嘴笑了。"彭浦新村"的站名忽然在车窗外闪现了。

两人出了站依然谈得热乎,沐着凉爽的秋风金叶向西走着。

像这样的美好时光对尤子奇来讲很难得,他时常辗转在世界各地的战场,听得最多的是现代战机的尖锐轰鸣和瓢泼弹雨的死亡呼啸。就在他享受着眼下这少有的恬静和闲适时,手机突然响了。嗨,怎么这么捣乱!他心里咒骂着,随手按了下通话键便把手机放到耳边。

"哦,是达哥啊……什么,要到四川出差?……"

凯莉听了通话的只言片语惊讶地问:"你在上海还有大哥?"

"不是大哥,是达哥。"尤子奇笑道,接着用手指在空中书写着,"大名钟波达,是这里电视台的军事记者,也是我战场报道的生死之交。"

凯莉眉心微动点点头。

十多分钟后看到了"上海飞机制造厂"的厂牌,但拐进去后还走了一段不短的路才接近厂大门。随即两人几乎同时感到眼前一亮,一幢造型新颖、气派的白色主楼兀地展现在不远处的绿茵上,最吸引眼球的是外框的顶部竟开了个通天的圆形漏空。有意思,尤子奇眯着眼睛想,这肯定是为了激发航空人的飞天欲望!

他随即把这个猜想告诉给了凯莉。她忍俊不禁地笑了,说他很富有联想力,为什么不到皮克斯工厂去兼个职。

尤子奇停下脚步："我说的很可笑吗？人的潜意识对人影响很大，只有当人把所热爱的目标工作打入潜意识层，才会成为神人高手，能力非凡。"

凯莉深为赞同："唔，这话很有见地。"

接下来，两人来到厂门卫室，门卫把得很严，问明来由后通过电话把企业文化部的一个马尾辫姑娘叫了下来。

凯莉和她交谈了几句，随后又招手让尤子奇过去，尤子奇便把一张电子邮件打印纸交到姑娘手上，"我叫尤子奇，感谢贵厂同意我参观运-10飞机的申请，这上面写的参观时间是后天。由于我与凯莉都是美国来宾，很想今天一起参观，便于拍照和交流。"

姑娘看了邮件，经电话请示后让他们填访客登记单。

就在尤子奇和凯莉快要进入上海飞机工厂的时候，钟波达轻轻推开了虹口区一家四星级酒店的边门。

他今天将搭乘东航飞机飞往四川，先前当他在出租车上坐定后，一股倦意袭来。在脱离工作劳累渐渐放松之际，他意识流的天空中又飞来了尤子奇所说的那个奇异飞行器，它影像模糊、轨迹诡异。而耳畔也响起那晚聚餐时林总所讲的那个年轻人的出格想法，以及广播电视中播报的日本《朝日新闻》的消息：美日联合军事演习在高岛市陆上自卫队的演习场进行。在此次演习中，美军"鱼鹰"运输机将首次在日本国内参加美日演习。这种倾转旋翼机，兼具直升机和固定翼飞机的特点。

随着高科技的发展，新型别样的飞行器会不断问世。不要凭经验轻易否定什么，当然也不要随便相信什么，要切实了解情况。线索是最重要的，有时能曲径通幽。他拿出手机打给林之风，问那个年轻博士是搭乘什么车次的火车回去的。林回答说不清楚，接着说前天晚上陈老将军家宴上大家的话有道理，他回家就看了会议参加者的合影，但照片上居然没有这个年轻人，他感到很奇怪。

这人从何处来？又往哪儿去呢？好像应该去会议现场"踏勘"一下。

"左转，左转！"他对出租车司机叫道。搞得司机有些手忙脚乱，来了个急刹车。"你不去机场了？"

"对不起，我改道四平路，先去虹口大酒店。"

就这样，他进了酒店的边门，上了三楼。这家酒店以前也来过，现在，他推开多功能厅沉重的厚门，这时没有会议或活动在举行，望进去黑漆漆、静悄悄的。他伸手在墙上找到了灯的开关，按亮了。

他在脑中逐渐勾勒起这个人，探究他的喜好和性格，就像公安局刑侦人员根据各种信息在勾画罪犯的面孔。当然，他可不是个罪犯，而是个不同凡响的年轻人。至于他与那奇异飞行器之间有没有什么联系很难说，但或许有某种微妙的联系，因为天下虽大，却"物以类聚，人以群分"。

但此人为什么回避合影？甚至连会议的现场摄影都没拍到他？嗯，很可能这人当时坐在角落里。钟波达扫视了一圈没看到摄像头。他若有所思地退了出来，下了楼梯从大厅走进了旋转门，就在身子转出来的一瞬间，一个猜测，不，应该是判断跳了出来：那年轻人不是正式与会代表，而是个旁听者！他在有意回避留影！

想到这里，钟波达决定改乘晚些的航班。他折回到电视台，迅速与宇航学会的朋友通了电话，了解了那次会议的相关情况，还了解到与会者在前两天就分头回去了。

这时，正在加班做片子的同事小武从邻桌伸过板刷头来，"哎，你要找的是不是一个西工大的大学生啊，东方卫视还报道过他呢？"

"他叫什么名字？"

"陈……陈墨！"

钟波达迅速将这个名字打进网页，立时看到了相关报道："大三学生陈墨为了自制木头飞机，卖冰棍筹资金，终于将飞机送上了天……"

接着他迅速把这人的报道和照片发给了林之风。但他心里感觉好像不对劲。要找的人学历更高些,心志似乎也更高。

林之风的回信也很快来了:不是这个人。

果不其然!

他站着,呆望着窗外,不知什么时候已下起雨来,这时雨雾迷蒙,根本看不清下南北高架路上的车型了,只看到闪着黄色车前灯和红色尾灯的灯流走走停停。他在想,签到本上没有这个人的名字,大致可以确定是旁听的。那么,他是哪所大学的博士生?北航?南航?还是别的大学?

与钟波达的一头雾水各处碰壁相反,这天尤子奇和凯莉的寻访倒是渐入佳境,收获满满。

两人在马尾辫姑娘引导下进了厂门。尤子奇凭经验判断,那右边的主楼是非常重要的,也就是说与正在进行的C919大型飞机项目的研制密切有关。但接待人员没有把他俩往那儿领,而是带着他俩向左穿过草坪,经过一些厂房,再来到一块更大的草坪上。蓦然间,一架失去光泽的蓝白两色的大型客机扑进了他俩眼帘,它静静的,恍如一头巨鲸横卧在绿浪中,但它已失去了鲜活的生命,就像变成了一个巨大的标本,供人研究、思考或者仅仅是凭吊。

尤子奇和凯莉不约而同地停下了脚步,眺望片刻后又都加快脚步向它走去。他们很快发现,有一块不锈钢的简易雕塑竖立在离舷梯不远的地方,走到近前,见上面镌刻着"永不放弃"四个笔力苍劲的大字。

"这四个字意味深长!"凯莉转脸对尤子奇说。他面容有些凝重地点点头。

接着他们又看起了旁边的另一块牌子,上面用中英文写着一段有关运-10的介绍,边看边拿起相机拍照。

马尾辫介绍说:"运-10飞机是1970年开始研制的,当时称作708工程,首飞是1980年。我们这架飞机的总设计师是马凤山先生。马凤山过去是轰-6的主管设计师和轰-6甲的主要技术负责人。"

"轰-6系列可是中国空军的主战装备啊!"凯莉轻声自语道。尤子奇不由对她这么熟悉军事装备颇感吃惊,接口道:"轰-6甲还是扔原子弹和氢弹的投弹机哩!"

"耶!"

"两位请上舷梯,我们到机舱内部看看。"马尾辫扬声招呼道。

"女士优先。"尤子奇抬手示意凯莉先上。进了机舱,他们感觉就像是穿越时光回到了上世纪80年代初的岁月,整架飞机的内饰如同那个年代中国人的服装那般朴素、庄重,客座的椅套都是当时流行的蓝色,而驾驶舱里的各种仪器设备也已显得老旧,尤子奇和凯莉站在驾驶舱门口朝里细看,他们似乎在瞻仰过去年代里的传奇人物。

"这架飞机最大起飞重量110吨,能坐120人,飞行升限12000米。"姑娘柔美的嗓音又响了起来,那翔实的解说中透着自豪,"它最大的商载航程可以达到3150公里。当时可创下了好几个第一,它是第一架国产喷气客机,也是最大和飞得最快的国产飞机,还是第一架飞抵世界屋脊拉萨的国产运输机!"

"谢谢介绍,不过有个问题我想问一下,听说它主要是依据美国的波音707设计的?"凯莉小姐表情友好但语锋犀利。"据我了解,当时有一架波音707在新疆失事,你们对它进行了测绘?"

马尾辫一时有些懵然。介绍者一下成了被考者?但她很快恢复了镇定,因为她接触过当年研制运-10的好些科研人员和工人师傅,也看过不少有关的文献记录,知道些来龙去脉。

"不,不能这么说。"她眼神清澈地看着凯莉,平静清晰地说,"那时,确实有一架巴基斯坦航空公司的波音707在新疆着陆时失事,具体日期是1971年12月19日,随后我们的人员也确实对其进行了剖析和研究,但我们并没有照搬照抄这架飞机。"

"哦,这话怎么说?"凯莉追问。

尤子奇感兴趣地看着这两位不同肤色的美女不失礼仪地"斗嘴",他这个军事记者就喜欢交锋,不管哪种形式的。这时,他不禁鼓动道:

"嗯,说,说下去!"

"深入研究并不等于就是照抄,"姑娘甩了一下马尾辫说道,"我们当时的研制者所研究的可不只是波音707。"

就在这时,有个浑厚的男子嗓音插了进来:"你们好啊,我作为亲历者,可以为参观者说说实际情况。"

凯莉和尤子奇惊奇地回头一看,见是一位60多岁的长者站在舱门口,此人头发灰白,但面色红润且清朗睿智,马尾辫亲切地叫道:"韩老,韩高工!您今天怎么来了?"

"啊,今天你们厂把我叫来听听ARJ21和C919的项目进展情况,并发表些意见。那里刚结束,我得过来看看运-10这位老朋友!"

姑娘随即介绍起被她称作韩高工的这位"不速之客"来:"凯莉小姐、尤先生,你们今天可真是来巧了,我们的韩老可是当年运-10研制团队的一员。"

"是吗?"凯莉露出动人笑容,"赶得早……"还未说完,尤子奇已插了上来:"不如赶得巧!"打趣引起一片笑声,活跃了气氛。

韩老细看了一眼美国女人。"本人名叫韩逸,接着刚才的话题,我先来回答凯莉小姐的问题,当时我们除了深入研究波音707外,还研究了英国的三叉戟喷气式客机等多型飞机,运-10的研制团队所坚持的就是在立足我们已掌握的苏制中型运输机的基础上博采众长,用现在的话说就是综合创新。比如,我们采用了先进的尖峰翼型,并先后放弃了仿'图-104'在机翼根部和仿'三叉戟'在尾部放置发动机的方案,而是改用了在翼下吊挂发动机。"

"嗬,这种做法如今已成为各国大型喷气客机的主流安排了。"尤子奇不由赞叹道。

"没错。"韩高工看着尤子奇,"值得一提的是,我们的总设计师在提出翼吊方案时是没有参照物的,只是后来失事的波音707从侧面帮我们验证了设计的合理性。在运-10上我们有自己的一系列技术亮点。"说着,他的目光投向了不远处的总装厂房。秋风吹拂着他的银发,他感慨而激情犹在,"令人欣慰的是,在艰苦条件下坚持开拓的精神,已从运-10延伸到我们如今的干线飞机和支线飞机的研制上了!"

凯莉和尤子奇都专注地听着,不时点点头。

"来,请各位坐下来聊吧。"马尾辫把三位引导到客舱。

在这里交谈很适宜,既弥漫着20世纪80年代的氛围,又可以透过舷窗看到现代厂区。给人一种穿越历史风云的奇妙感觉。

"哎,您说的运-10总设计师马凤山是在这里成长起来的吗?"

"不,他原先是哈尔滨飞机厂的,后来被派到西飞,担任设计科科长。但当时苏联专家强调,西飞工厂设计科的主要任务是消化图纸、搞好跟产。但马凤山到后马上纠正了这个做法,他说:'飞机设计科就是要搞设计,不但要搞改型,将来还要搞新机。'"

"他是一个创造意识非常强烈的人!"凯莉的脸上露出了钦佩的神情。

"是啊,再后来他被调到上海。我当时跟在他身边深深感受到了这一点。"

马尾辫忍不住补充道:"我知道,韩老当年才30多岁,他还是哈军工空军工程系毕业的呢,参加过我国多型飞机的研制,像什么枭龙啊、歼-10啦。我没说错吧?韩老?"

韩逸朗声笑了几声,随后语调里透着心潮激荡:"是啊,难忘岁月稠,难忘哈军工啊!"

"哈军工?赫赫有名的歼-10总设计师宋文骢也毕业于哈军工,你们是同学吗?"尤子奇脱口问道,眼睛在放光。

"他比我高好几届,是我的校友。哈军工不光对于我们人生,对于我们中国航空力量的发展有着至关重要的影响。新中国成立初期,我们的国家领导人正是通过抗美援朝,看到了军事现代化的紧迫性。"他微笑地看着凯莉,"啊,当时贵国先进的军事机器可让我们的胜利付出了高昂的代价啊!"

"好在中美后来建立了外交关系。"凯莉得体地说道。

"我真想找时间回哈军工看看。哈军工精神是超越时代的!"

尤子奇抓住时机表示:"我可以跟您一起去吗?"

"可以啊,哈军工旧址是开放的,你可以看到保留下来的好几幢教学楼。"

这时,凯莉从舷窗里看到了好几股人流。不禁问道:"哎,这些人是……"

马尾辫姑娘回答说:"下班时间到了,是厂里职工去赶班车。对了,你们也可坐班车回市区。"

凯莉和尤子奇相视着点点头。"好呀!我们该看的该问的也差不多了。""今天收获很大,真是很感谢啊!"

下了舷梯,主客握手道别。但尤子奇走出一段突然又转身跑了回来。

"韩老,抱歉!再向您请教个问题,我一个朋友告诉我他看到一个飞行器能做五角星飞行,这在飞行科学上可能吗?"

"哦,有意思。"韩逸抬头看了下色彩绚烂而形状怪异的晚霞,"也不是没可能,这涉及的关键因素是飞行器的气动设计和动力装置问题。但现在这样的人造飞行器好像还没有。好了,以后再聊,再聊下去你们班车要赶不上了。"

班车司机这时也按响了喇叭。

"好,后会有期。"尤子奇迅速折回,和凯莉上了去人民广场的班车,又一同坐到了最后一排。

凯莉追问他跑回去谈什么了?尤子奇支支吾吾,想到钟波达对自己的关照,不要跟其他人提起那奇怪的飞行器。他只得岔开话题说:"这车是去市中心人民广场,人民广场是市中心的吧?"

尤子奇说着舌头打了结,出鬼了,这问题怎么跟答案是一样啊!凯莉美眉耸动,隐隐感到了非同寻常。车子发动后,她邀请道:"我就住在市中心的万豪酒店,今晚请你共进晚餐吧!"

·08·
从上海到成都,运-10与歼-10比翼心空

对于运-10的感慨至深并非只是尤子奇和凯莉,这天,坐在空客320上的钟波达的脑中也不禁浮现出了运-10的身影,那架趴窝的国产大飞机他去看过多次,他知道它的下马意味着什么,就像一个赛跑运动员在你追我赶的跑道上突然蹲下了身子!时间是无情的,那留下的就是抱憾的距离!惨痛的代价!所涉及的并不仅仅是民用客机,还是一种飞行平台,包含有大型运输机、预警机以及看不见的航空技术!

他举目打量着空客,手指在扶手上叩弹着,恰似弹拨着心弦:这种飞机现在真的很棒,而同在地球大气层中翱翔的还有更棒的空客380!南航已买了多架。我国飞机制造的总水平与先进国家差距依然不小啊!好在这些年随着改革开放的深入,我国航空工业的发展相继实施了"腾飞"等发展计划,他的目光透过舷窗看到了巴蜀大地,这使他想到了我国自主研制的歼-10战机,它"提速"冲入了第三代战斗机的阵列,记得研制阶段当张爱萍上将听完总设计师宋文骢的汇报后,这位往日对我国航空发展少有赞扬之词的国防部长欣然题词,就两字:"创新"!从运-10到歼-10,一个民机一个战机,都有"跨越式"发展的豪气,但"命运"不同,其中的成败得失是非常值得深思和总结的,有一点是确切无疑的,那就是影响一架出色飞机诞生和发展的,绝不仅是研制团队本身!

由运-10他想到了凯莉,厂方让她看老去了的运-10当然不会有什么泄密,那体现出欧美世界对中国航空业的关注,而他们对于情报的综合分析能力往往要胜国人一筹,像英国的《简氏防务周刊》虽是民间的,

但其分析能力被军界认为是一流的。前几天他到吴淞的预备役高炮部队开会,会上传达了现在军事斗争的复杂性。他有些担心爱侃的尤子奇会不会将那晚看到的奇怪飞行器透露给她……

此时客机已飞入巴蜀大地上空,他渴望见到歼-10矫健的身影,可此时巴蜀大地上空明丽的大气中连一道战斗机的尾气都没有。这使他陡然想到,既然是在成都转车去西昌,何不先到研制歼-10战机的成飞厂去看看!本来过段时间他是计划要来成飞厂的,这对于手头正在做的空军题材纪录片是少不了的,对于写拍摄提纲肯定有好处。晚来不如早到,何况这厂的电视台编导老魏也熟悉,过去在全国的电视界会议上结识并谈得投缘。

着陆后他便在机场巴士上给老魏发了个短信,不打电话是考虑到成飞厂现在太敏感,前些时候相继造了枭龙和歼-10令世人瞩目,近来又出了歼-20隐形战机,更是名声大振。要是现在为了进成飞厂打电话联系,别说车子上有间谍,就是有军迷听了也会把自己给瞄上的。

老魏很快回信说他正在厂里开会,让波达老弟三点半到厂的门卫室,并把成飞厂的具体地址也发来了。

钟波达一看地址感觉很奇特,"黄田坝,这现代飞机厂的所在地怎么有些像乡下?"钟波达抬手看了下手表,现在才午后两点,还有一个多小时的富余,那厂也从来没去过,于是他不想打出租车直接过去,而是坐公交车去,以便也看看这个黄田坝是个什么模样,在他记忆中,过去设在坝啊塘啊的,通常都是些乡办企业。

向邻座一打听,坐公交32路坐到底就是黄田坝。

一小时不到,钟波达便站在黄田坝前了。这黄田坝可不是望文生义的截住河流的构筑物,而是个商贸区,人来人往还很热闹,但最吸引眼球的则是右前方矗立的一个大幅广告牌,飞机雄姿上叠印着一排大字:美丽的航空城欢迎您。

嚯,这才有些气派!他随即问路人成飞厂怎么走?被告知顺着眼前的商业街一直走到底便是。

钟波达怀着探询的好奇迈开大步向前走去,虽然左右两边可看到各式商店和证券公司营业部,但航空城的魅力愈发显现,"试飞大队""成飞宾馆"等招牌夺人眼球。到了路的尽头,四块赭红色的航空题材浮雕墙赫然在目,那后面十来米外便是标着"中航工业成都飞机工业(集团)有限公司"大名的厂区大门。旁侧墙上一溜大字:"航空报国,强军富民"。最亮眼的是大门内草坪上一架昂首展翅的真战机,那正是歼-10!

这可是我军现役的主力战机!真有横刀立马、舍我其谁的气概!

尽管钟波达到过哈飞、沈飞,以及荆门的水上飞机工厂采访,但看到这些还是禁不住热血沸腾。他有一种驾此战鹰腾空而起的幻觉。少顷他回过神来,脸上尽是敬羡的神情,面前的就是接连推出国产最新战机的航空企业!名声似乎盖过了素有我国"战斗机摇篮"之称的老牌军工企业沈飞,它的快速发展之路是怎么走过来的?真得好好了解。

就在思绪翻飞之际,他的目光触及到了一个在赭红色的浮雕墙边晃动的年轻人,此人头发蓬乱,像大学生,又像是个务工青年,穿着件土黄色的厚布衬衣,举着手机在朝里面拍照。

这个青年很快也看到了钟波达,便把手机放下了。这引起了钟波达的注意。这是个什么人?是个军迷,还是个拍客?现在有些网站就喜欢雇用一些年轻人,包括大学生给他们提供最新的照片。然而,也正是这些行为,不经意地为一些海外的谍报机关提供了军事情报源。这些人虽是赚取了些许报酬,但实际上就像是牵线木偶。

钟波达注意的目光似乎也引起了此人的注意,他很快闪身走了。

钟波达慢慢收回视线,抬手看了下时间快到三点了,他便迈步走进了成飞的门卫室。通过工作人员从内线电话打了上去,不多会儿,老魏便匆匆来到了门卫室。两双手热情紧握,犹如同志加兄弟。钟波达周身打量着他:"噢,你们成飞的厂服真漂亮,还有臂章。嗬,你穿着这套厂服比那年开会时更神气了!"

"哪里哪里,老唠!"老魏川音浓重地说。

"过去有句话叫革命人永远是年轻,你整天陪着先进战机那是青春无敌啊!"

两人欢畅地笑着,钟波达想松开握着的手,但老魏就是握着不放。正在钟波达有些诧异之时,老魏脸带歉意地打招呼说:"今天真个不巧,要是你昨天到了就好啰,"随后还握得更紧了,一边语调带着尴尬,"就在我先前给你办进厂手续时,接军代表通知,因有重大任务,从今天起以后的两个月内都不接待参观,特别是对媒体人员,哪怕你是本国官方媒体的军事记者也不让进。抱歉哟抱歉!"

钟波达心头一凉,真是运气不好,太可惜了!不过嘴上却说:"老哥,没关系,我们军事记者最能适应变化了。"

"真不好意思,一直说欢迎你有空就过来,但没想到你来了我这边却被挡驾了。哎,今晚上我一定要请你,到我们成飞宾馆喝上几杯,好好叙叙!"

"以后方便时我再过来吧,我正拍一部空军题材的纪录片,少不得要请你老哥帮忙。今晚上我就得坐火车赶往西昌发射场了,以后我们再聚,一醉方休!"

没等老魏回话,他的手机却先响了。他做了个手势接电话,急促地说了几句便挂了。

"你们厂这是非常时期,不打扰了!"钟波达语气中也带着歉意。

"好好,过段时间我再请你来!刚才我拿了个我厂新出的宣传图册给你,还有一个光盘,主要是我们拍的,你有空时看看,也给提提意见。"

钟波达接过来,把碟片塞进包里,又顺手翻起图册,封面是一架歼-10战机,背景是弥漫开来的带着喜气的红色,封面上是两排字:"歼-10飞机成飞造 歼-10飞机荣获国家科技进步奖特等奖",里面有成飞发展的资料和中央及军队领导来厂视察参观的不少照片。

"噢,你们这厂就是原来的132厂啊!嗯,这个不错,我在火车上得好好看看。那我就走了,后会有期!"

两人又是握手,紧紧地握手!然后钟波达离去,走出老远了,那老魏还在目送着他,钟波达感动地停下脚步,扬了扬手示意让他回去,对方也是挥手致意,如此才算是正式分别。

钟波达又继续往前走,走了一阵猛地又停住了脚步。哎,我就这样离开成飞厂了?这厂我想念它已有多个年头了,特别是在歼-20升空以后,自己想来看看的夙愿就像个肥皂泡消失在这厂的大门口啦?!

他突然想起网上疯传的那些歼-20的照片,2011年1月11日它首飞获得成功的那天——正值美国国防部长盖茨来华访问期间,歼-20的亮相引起了国人和外媒的极大关注。细看网上那些照片,画面所呈现的前景和角度,拍摄的地点显然就在成飞厂附近。他凭经验知道,为了便于新机试飞,大型飞机厂一般都有自己的飞行跑道和机场,而这样一来占地面积就不小,以致会给有心观察者留下窥视的可能。今天我这个军事记者既然来了,何不也去踏勘一下,碰碰运气,说不定也能拍上它一两张真容,那影像就不是二手货了!

素来干练敏捷的他立马做出了决断。于是,他折返身,远远地眺望成飞厂,迅速判断着厂区范围和机场跑道的大致位置。当他觉得差不离了,便甩开大步朝右边探寻着走去。越过了一条铁道,他十分有把握断定这是成飞厂的专用铁道,是为了运送原材料和部件等。行人很快少了,房子也稀疏了,乡村的气息也渐渐浓了,脚下的小道曲里拐弯地伸向远方。

这厂占地真大啊!看来要绕到它后面的机场得走上一长段路!

"啵啵啵",一阵马达声从身后响起,钟波达扭头见是一辆带载客车棚的三轮机动车。他便叫住了它,一问车主,证实这条小道确能通到厂后面的机场。再过去就是一条公路。

钟波达让车主带自己去机场边。车主说,那机场都围着围墙,如今看不见里面什么了。钟波达说:"没关系,你把我带过去就行,不管能看到是飞机还是草鸡。""嘿,行啊,上来吧!"

随着车的颠簸疾驶,冷风嗖嗖地直往钟波达的脖颈里灌,这时能见度已变差,除了时间将晚的因素以外,天色也变阴了,灰布幔似的层云渐渐扯满了天空。

但钟波达还是不顾颤动睁大眼睛看着不断变化的车外景观,一条清凉的河水翻腾着浪花出现在路的右边,展目望去,一道不短的水坝出现在稍远处,嚄,这可能就是此地为何叫黄田坝的缘由吧?

不过他的视线很快便给左手边一道长长的围墙吸引过去了,那上面还有铁丝网和监视摄像头。啊,这围墙里面无疑就是成飞的飞机场了!钟波达断定。

这个想法刚闪过,他突然看见前面有个熟悉的身影,那人挎着士林蓝牛仔背包,正沿着延伸的围墙走着,在围墙上很亮的银白色灯光的照耀下,可以清晰地辨认出,他不就是先前在成飞厂大门前遇见过的那个年轻人吗?他也想拍下歼-20起降的照片吗?!

钟波达不禁叫车主马上停下车来。"我就在这儿下!"

车戛然停住了,他跳下车,付了钱后便往前赶去,边走边打量那个年轻人,那人沿着围墙继续走着,不时还仰起脸往围墙高处看,可那围墙太高了,根本无法窥视到里面。同样,这围墙也令钟波达感到很遗憾。年轻人突然加快了脚步,钟波达几乎同时也体验到了他的想法,试着尽快走到前面去看看,或许前面的围墙会变低,或是改用了铁丝网,这样就能看到里面的某些动静了,但愿有幸能瞥见歼-20的身影,哪怕是"只鳞片爪"也行。

行进间,钟波达琢磨着怎样能摸清这人的底细,军事记者的警惕性促使他非常注意此人的一举一动。这人未必是坏人,但他背后就可能隐藏有坏人。钟波达留意着附近是否还有第三双眼睛?

蓦地他感到额上有水滴,凉凉的。抬眼一看,原来天空飘起了雨丝。

这令他更加快了脚步,渐渐距年轻人更近了,可似乎也引起了年轻人的注意,他顺着围墙走得快了些。但两人间的距离还是在缩小。不经意间,两人顺着围墙拐了个弯,一条公路陡然出现在眼前。

路上不时有车辆来往,对面有一家餐厅。

两人不约而同地再回看那围墙,其上所挂的一块黑底白字的警示牌赫然在目:军事禁区,严禁翻越。其下是绿草萋萋。

这时,雨下得大起来了。两双眼四顾周围,接着两人别无选择地都撒腿穿过公路,跑向了对面餐厅的屋檐下。躲雨的地方很小,两人不由靠近了。钟波达发现此人与自己差不多高,挺斯文的。钟波达心想,这种人往往一根筋,容易上别人的当。片刻后,他主动搭讪道:"唉,要是没这雨,说不定我们还能看到歼-20呢!"

小伙闻言愣了下,"你也是赶来看歼-20的?没想到……"他欲言又止,脸上闪过警觉的神情。

"没想到什么?但说无妨!"

"你这年龄也有这好兴致?"说完,又觉出言不逊,露出无邪的笑。

钟波达坦然笑道:"国家兴亡,匹夫有责。何况我原来就当过兵,当的还是海军航空兵!"

"哦,是吗?"年轻人不由来兴致了,"你说说,你开过什么飞机?是歼-6、歼-7?"

钟波达摇摇头。

"是强-5,还是轰-6?"小伙子试探性地又问,"哦,海航用的较多的是飞豹,你驾驶过那个机型吗?"

钟波达看着他清澈而诚恳的目光,忙亮出谜底说:"我什么飞机都没开过,我是海航部队的地勤兵,给战鹰站岗的!"他顿了一下,又说:"不过,你懂的还蛮多的,是个军迷?"

小伙听了这原本夸赞的话,却急着摇了摇头:"我可不光是个军迷!"

"我早就看出来了,你是个拍客!"钟波达转脸看了他一眼,又加了一句:"是个军迷加拍客?"

此时,饭店的老板大概听到他们的笑声,在门口出现了,并热情招呼道:"站在外面的雨天里干吗哟?快进来吧,喝杯热茶!"

"这倒也是,我们进去坐一会儿吧,我请你喝茶!"

老板又嚷道:"是来看隐身飞机的吧?要是天好时,下午三四点钟,有时还真能看到呢?"他一边把他们引进来一边说,"那个时候,这公路上是车也停了,人也停了,看得人好兴奋哦!"

钟波达进了屋,见里面没其他食客。老板接着拿来一个菜谱,让他们点,又说道:"你喜欢喝什么?是红茶,绿茶?还是咖啡?"

年轻人忙说:"不用,不用,我自己带着水。"说着,他拉开牛仔包,从里面取出保温杯来。

钟波达心头一热,忙说:"千万别跟我客气,是我请你进来的。"扭头对老板道:"来两杯红茶吧!"

"好嘞,马上送来!"老板答应一声,转身离去。

钟波达见小伙子还犹豫着,就一伸手把保温杯塞回他的牛仔包里。不经意间,钟波达的手碰到了包里一个有棱有角的东西,给触痛了,低头一看,包里有压缩饼干、书和笔记本,还有块装在小布袋里的铝片,正是它从袋口处露出来的一角触痛了自己。

钟波达凭经验感到,这像是飞机上的铝片,但这种铝片现在又不大能看到。

小伙子没让他再细看,便忙把牛仔包拉上了拉链。

钟波达倏地按住了他的手:"这是飞机上的铝片吧?"

小伙子愣怔了下。不情愿但老实地点了点头。

"是捡来的?!"钟波达首先想到这铝片可能是从歼-20上掉下来的!他知道在世界上好些军事航空基地附近,包括美军驻日基地,上空掉落些小零件和金属残片并不鲜见,而试飞的新飞机更存在着诸多不稳定因素,掉下来的东西往往带有重要的军事技术信息。这年轻人先前已在成飞附近转了一会,而歼-20上的每一样东西都是极为珍贵并极具保密价值的!

"是捡的,但不是我捡的!"小伙子挣脱了他的手,仰脸看着钟波达。

哦,捡的那人是谁?!钟波达的心头立时警铃大作。

·09·
也许因在火箭形的酒店,让人的思绪格外活跃?

明天广场以其火箭形的外形矗立于市中心,别致又气派。其中的五星级酒店JW万豪很受外宾喜爱。

38层中,与晚间自助餐厅那略显嘈杂的人声和接连响起的杯盘声不同,大幅玻璃下的这片供应各色酒水饮料和西点的区域显得恬静优雅。淡香沁人心脾,音乐柔美轻送,客人也不多。略暗的照明中,方桌上一团置于白花青叶中的烛火在摇曳,显得格外富有情调。

尤子奇和凯莉早早地从自助餐厅里移位过来,因为两人都害怕增重,不想多吃。侍者来到身边,他俩各点了英国伯爵茶和茉莉花茶。在飘逸的茶香中,尤子奇举杯相向,谢意自在其中。品茗观景,两人的视线不约而同地都投向了灯火璀璨、活力四射的浦东陆家嘴,那里,东方明珠、金茂大厦、环球金融以及在建的上海中心等几座超高层建筑夺人眼球。

"尤先生,中国人现在造摩天大楼的欲望在全世界是最强烈的。"凯莉转过脸有感而发,瞳仁里折射着环境迷离的光,"我的朋友做过统计,现在上海的高层建筑是纽约的两倍之多。"

"是啊。"尤子奇悠然点点头,他有点见怪不怪。

"你不觉得有些费解吗?"

噢,这是考问还是请教?尤子奇迎着这位女分析员的目光,从容回应道:"我理解我的中国同胞,他们以往被压抑得太久,一百多年来饱经列强的欺凌压迫,如今太需要向上伸展,太需要腾飞了。"说着,他微笑着伸手在座椅旁做了个拍动的动作,"就像拍皮球,拍得越厉害,弹跳得就越高!"

凯莉也由衷地笑了,在烛火摇曳中,她姣好的面容愈发光彩动人。"我得为你的这个有趣的比喻干杯!"她端起茶杯却仅摇晃了下就放下了,"哦,与您进行这样富有哲理的交谈很有益,似乎应该来点酒才对。"说着,没等尤子奇有所反应,凯莉已抬手示意侍者过来,又点了一瓶克兰朵桃红葡萄酒。酒还未到,两人的谈兴已趋浓了。

"不过呢,我觉得拍皮球的形象说法并不能完全解除我的困惑。"凯莉直起身子,腰板挺直而胸部曲线更美了。而尤子奇对凯莉的常会辩驳的态度已相当熟悉,因此他反倒颇有风度地仰靠在宽大的椅背上,一副洗耳恭听的神情。

"这里面还有许多现实需求,中国的人口压力非常大,能源消耗又很旺盛,当他们进入发展的快车道后,就会发现空间和资源都相当不够,拓展会成为最大动力,任何边界可能都阻挡不住。"她呷了一口酒,"所以世界上对中国崛起相当担忧,人们都不乏两次大战的深刻记忆,历史上新兴强国的崛起所导致的战争几乎难以避免。"

这时,侍者送来了一瓶红酒和两个酒杯,继而要给两位斟酒,却给美国女人轻轻拦住了:"我们自己来吧。"凯莉此时似乎更希望及时听到尤子奇的回答。

尤子奇喜爱富有质量的交谈,作为军事记者的他历来欣赏"棋逢对手",而在如此良辰美景,与才貌双佳的女子倾心交谈则更是难得,他心意盎然地笑了,圆脸呈现出弥勒佛般的喜悦笑容。而谈锋却不失锐利,或者说是绵里藏针:

"凯莉小姐,你思维敏捷但有些多虑了,照我看,强劲发展未必就会带来威胁,拓展空间也并不意味着战火。你虽然在中国待的有些时日了,但似乎还不太了解中国人的智慧。"说着,他叉起一块核桃糕塞进了嘴巴,随后把手中的叉子向上举了举,"空天,你注意到中国人近年来在空天领域的飞速发展吗?那可是没有边界的空间啊!"他顿了一下,等待着这位高智商金发女子的回应。

凯莉没有说话,低下头用餐刀切起苹果派,品尝了一块后才直视他说道:"中国人想到了空天,美国人、俄罗斯人同样如此。发达国家也都有着巨大的能源、原料等需求。现在空天已成了重要的战略空间,制空权、制天权制约着制海权,甚至生存权,空间争夺将会更加激烈。还有,中国可能会心有余而力不足,最关键的是中国的人才跟得上吗?就拿上海这座城市来讲,它最早的天际线就是由被他们称为洋人的人勾画出来的,你看到下面的国际饭店吗?"

"……在哪里?"尤子奇的脸上有些迷惘。熟悉的国际饭店怎么一时没找到?

"看你这眼神,尤先生还能自诩为老上海人吗?要是您那位银行家父亲得知他的公子居然认不出他们早年集资兴建的亚洲第一高楼,还不顿足捶胸吗?"

尤子奇着实有些吃惊,这个西方女子怎么就知道了我的家世,甚至当年我父亲的投资情况?

凯莉端起茶壶给他续了些茶水。"别像个牛羚似的瞪着我,要知道在当今的信息社会里是没有什么隐私可言的。我先前在班车上乘你打瞌睡的时候,用了没几分钟时间就与我们总部的云计算系统进行了联通和查询。"

尤子奇脸上的表情有些尴尬,但很快就释然了。"哈,彼此彼此。"他一边说一边他转过眼光继续寻找,呵,总算找到了!这国际饭店与小时候的记忆是多么不同!它不再巍峨,变矮了。

"好,继续说下面南京西路金顶旁的那座赭色建筑吧,在上世纪30年代虽然是中国人投资兴建的东亚最高楼,但那设计师可是个外国人,匈牙利人。"

"邬达克,还给俄国人俘虏过。我早就知道。"

"你记性很好。"凯莉微笑了下,又继续发力,"别看他在战场上束手就擒,举起双手,可就是这双手,却在中国设计出了一座座令世人瞩目的优秀建筑,所以说,过去上海的天际线是外国人勾画的。"

"哦,那已成过去式了,眼前的美景不是中国人的新创造吗?"

"不,替代可不并非那么容易。"

哦? 尤子奇有些诧异地注视着,品味着她的话,凯莉含蓄地笑道:"你知道上海最高的,也就是如今上海的第一摩天楼是谁设计的?"

凯莉优雅地拿起酒瓶,给面前的两只酒杯再次斟满了酒,很快那透着诱人的色香味和明亮的粉色宝石红液体便展现在他的面前,两人举杯轻碰,尤子奇的口中立时觉出了这酒的独特,既有红浆果的,还有覆盆子、黑莓等多重味道。呀,就像面前的这个女人。

尤子奇定睛看着她,摇了摇头没能回答,他的心不禁又提了起来。

"还是让我告诉你吧,是司马朔。"她的语调平静无奇。

尤子奇的心放了下来,轻松地笑了,圆脸显得更圆了。还好,谢天谢地,这是个中国人的名字!

凯莉悦耳的嗓音又不紧不慢响起:"这个司马朔是美国设计师 Marshall Strabala 的中国名字。目前世界上前十座在建和建成的超高层建筑中,这位天才设计师就设计了其中的三座,包括828米高的迪拜哈利法塔。"

"是谁? 难道还是个外国人?"尤子奇说到后面几个词,已感觉自己像踩到了一颗地雷。

"没错。"凯莉的手肘靠上茶几,静静地说道,"中国非常缺高端设计人才。"

尤子奇无言以对,竭力思考着,可血液里渐浓的酒精使酒量不大的他思维不灵。

凯莉看着他,安慰道:"失望并不是失败,我今天才知道国际饭店是尊父集资建造的。我记得贝聿铭特别谈到了国际饭店对他影响,他说,国际饭店是我当时最喜欢的建筑,特别值得一提的是它的高度,我被它的高度深深吸引了,从那一刻起,我开始想做建筑设计师。你应该充满着自豪和快乐。"

尤子奇觉得这位美国女人真是特别,特别的富有情调、魅力……好像也不太确切,他突然想起了一句上海话"蛮有味道",对对!

"轻松一下,我来给你弹个曲子吧。"凯莉起身走到一旁的钢琴边,她弹奏的肖邦《夜曲》与先前自动播放的背景音乐浑然一体,没有引起什么人的注意,只有两个小孩,跑过来挨在钢琴旁。

尤子奇定睛看着她,顶灯的光束在她窈窕的躯体上勾勒出美妙的曲线。对于他这个看惯了现代夜战的壮阔和惨烈,耳边经常充斥着巡航导弹和航弹爆炸声的战地记者来说,这优美浪漫的场景和动人音乐所带来的心灵冲击竟是前所未有的。

一曲终了,她回到他的面前。酒精的作用使他出言热情而直率:"你太可爱了,难得结识你这样一位朋友。"

"是吗?"凯莉摇摇头,"可你实际上并没有把我当朋友啊。"

尤子奇有些摸不着头脑,眉毛弯成了问号。

"为什么不把你看到的重要情况告诉我呢?用中国话说是打了埋伏。"

尤子奇明白了,竭力辩白道:"那是没时间细谈啊!"接着他便断断续续把那夜里的奇异所见告诉了她。

凯莉听时没有插问,听完了也没有立时发表议论。只是她的眼光里多了些异样又兴奋的东西。

就在这时,尤子奇的手机响了,是万豪酒店的前台打来了,通知他可以去办入住手续了。

不多会儿当他回来时,凯莉的眼光正盯着手提电脑屏上的地图。

"你看,这片区域就是你看见不明飞行物的地区,你给我指一下当时的位置。现在街上有不少警方布置的摄像头,我想只要我们能弄到这些录像,就不难见到此人了。现在整个世界其实都在监视之下。"

嚄!尤子奇转脸看着她,没错啊!我怎么就没想到呢?"我看过一个报道,现在遍布在世界各地的摄像头比路灯还多!凯莉小姐不愧是搞情报分析的!"

凯莉淡然一笑,"在监视系统中,摄像头可是很初级的,你看过'棱镜门'的有关爆料吗？在我们美国的国安局有种'无边界情报员系统'，以一个月为周期,可以从全球网络系统中接收到几百亿条信息,范围从信用卡使用到通讯记录等等,能真实地还原一个人的实时状况。"她停顿了下,"当然,我们这只是私下寻找。你可以通过熟悉的小区业主,去设法要到小区的录像。"

真聪明啊！敏锐而周密！

· 10 ·
"酒逢知己千杯少",可惜只有矿泉水

一束跃动的强光长剑般刺穿四川西部的茫茫夜幕,一列电气火车在崇山峻岭间风驰电掣般奔驰。这是 T8865 次直达列车,从成都一站不停地直奔西昌。

这时,已过晚间十点,车上硬卧车厢里的照明灯已熄,钟波达和穿土黄色衬衫的年轻人隔着临窗小桌台还在轻声而热切地交谈着,在旁人看来他俩就像是亲兄弟。可有谁想到,几个小时前他俩还在成飞的试飞场外互相试探甚至差点打起来。

傍晚时分,当钟波达在小饭店里突然发现这年轻人的包里有飞机铝片时,立刻怀疑他是否捡到了试飞飞机上掉落的金属片。

钟波达当即按住装金属片的袋子并严肃发问:"这东西是飞机上的吧?"

年轻人不假思索地点点头,只是很诧异这人的脸色怎么一下变得难看起来?

钟波达的疑问得到了证实,眉头紧蹙。其实他的心里早已做出了结论,因为他在海航部队当过多年机场警卫,那可不是白当的。

"小老弟,你得把它留下!"钟波达语调不高但语气不容商量。

"为什么?!"小伙子因为不满对方语气中的严厉,不平之气从胸中顶出这几个字来。自幼以来养成的孤傲之气立时涨满心头。他一把拉起背带,把装铝片的挎包拉了过来,抱着它就往门外走。

钟波达哪肯罢休,几步追上去横过身子堵在了门口。

"你要干什么?"年轻人有些慌张但把挎包抱得更紧了。

"哎,干吗干吗?"小平头店老板提着水壶走出来,见此情景愣住了。接着用浓重的四川口音叫道:"你们刚才谈得亲亲热热,怎么一下子就闹翻了?是分财不均了?老哥你可别欺负年轻人哦!"他个子不高,但带着四川人仗义的辣劲。

"他拿了东西,是飞机上掉落的东西!我要他还给厂里!"钟波达解释道。

"哦!"老板的脖颈里像装了弹簧般唰地又将头摆了过去,"娃子,那可不得了!了不得!你给我拿出来!"说完,就像个帮凶似的也和钟波达站到了一起,"我们这里老百姓的保密意识是很强的!"

"凭什么?"小伙子又气又急,但口气很硬,"我那东西是飞机上的!但不是这儿的!"

闻听此言,钟波达和老板都将信将疑,互相瞅了一眼。紧接着接连问道:"是真的吗?在哪儿捡的?不能说谎!""让我们瞅瞅!让我仔细瞅瞅!"

年轻人咽了口吐沫,情绪激动。犹豫了一会儿,他还是控制了自己的情绪,"给你们看可以,但你们要是敢抢,我就跟你们拼命!"

"抢什么抢?我这店又不是黑店。"

"只许看,不许拿!"年轻人把那块金属残片拿了出来,但始终牢牢攥在手里,面肌紧绷。"这可是当年打日本鬼子的中国飞机上的!是伊-16上的!"

这回答大出两人的意外。

"噢?!""是吗?你把它摊在手心里!"

手慢慢摊开,巴掌中央是一块略带黑色的边缘不整的铝片,像是染着旧时硝烟。

"像是真的咧!老哥,你觉得怎么样?看模样你可比我有学问。"

钟波达注意到他手上竟有多处老茧,这在现如今的年轻人手上可不多见。

钟波达没有回答店老板的问话,而是继续追问年轻人,但语气变得和缓了:"你带着它干吗?你给我们讲讲。"

店老板转身又提起水壶,拿出了最好的茶叶给他们沏茶,并催道:"说啊,说啊!"

年轻人看着升腾翻卷的水汽,仿佛看到了1940年那天重庆璧山浓重的云气,看到了一场惨烈的空战。这是父辈给他讲的一段战史,今天他转述给了钟波达和店老板听:

那天云气很重,是零式飞机在中国战场的首次出战。一开战,不明底细的中国空军中队长的战机就被击落。很快,我们所出动的34架伊-15和伊-16战机中,竟然被打下了24架。我们一位杀出重围的飞行员落地后失声痛哭:"长官!不要再派人上去了!飞机相差得太多!根本没机会还手啊!"日军飞机从武汉奔袭重庆,毫发无损地飞了回去。

在这场惨烈空战中牺牲的还有这个年轻人的爷爷——国民党空军的一名优秀飞行员。当时他的儿子,也就是后来这年轻人的爸爸才9岁,是在重庆读三年级的小学生。在阵亡飞行员的葬礼上,做空姐的奶奶哭得死去活来,这时一位拄着拐杖的空军上校过来,将一枚烧焦的铝片交到了这个烈士子弟的手中,说是从他爸爸坠毁的战机上掰下来的,接着俯下身又想说什么,但嘴唇动了动最终没说出来。可小学生已从他殷切的眼神里读懂了什么,从此以后,他学习非常刻苦,立志长大后要设计出世界上最优秀的战斗机!要打下任何侵犯中国的空中强盗!抗战胜利后,他还真的考进了南京大学航空工程系。后来还被选拔到英美的飞机公司实习和工作,但直到退休他都没有机会设计成一架飞机。而后来,这块铝片连同这个庄严的梦想又传给了他的儿子。

别人无法想象,这个铝片就是他心中的一团烈火、一支火炬!常常炙烤着他年轻的心,指引着他矢志投身于战机设计!

听了年轻人的叙说,钟波达和店老板不仅搞清了飞机铝片的来历,又感到了深深的震撼,心头很沉重,周围空气仿佛凝结了,叫人有些透不过气来。

钟波达有些责备自己,关切地问年轻人:"你现在还在上学吧?也是学航空方面?"

年轻人点点头,"在西北工业大学,我学的是飞行器设计专业。"说完他又眉毛一扬,警惕地反问道:"你先前说你过去是当兵的,那你现在是做……"

"老哥是搞公安的吧?"店老板笑微微地抢先猜道,"我看你这精气神就像!"

钟波达笑笑,"说对一半,我是搞国家大安全的,是电视台的军事记者。"看到年轻人半信半疑的眼神,他伸手从衣袋里掏出记者证来,递到了年轻人手上。

年轻人看后很兴奋,"电视台记者我还是第一次碰到,还是搞军事节目的,在加强国防方面与我们的专业有些关系哩。"

"我们真是有缘分!我可是个铁杆军迷,像什么《军情观察室》《军事纪实》《军情连连看》我都喜欢看!有时是连轴看!哎,今晚我请两位吃饭!"店老板在旁亲切地说。

"不不,我请我请,刚才我怀疑这位年轻人,多有得罪,算是赔礼。"说着钟波达想到了什么,一看手机时间,"啊,都7点半了!"

"怎么,老哥要赶路?"

"我要坐今晚9点的火车!去西昌!"

"哦,这趟火车我知道,来得及!半小时内保证让你吃好上路!"他扭头朝厨房喊了一嗓子:"厨娘,炒几个好菜,要快些!哎,还是我自己来吧,让你们尝尝我的手艺!你们稍等。"他一边说着,一边小跑离开了。

屋子里剩下了钟波达和年轻人，有些尴尬地沉默了几分钟，钟波达突然想起什么："你学飞行器专业好啊，中国未来的天空就要靠你们施展才华啦！你们比我们年轻时更富有创造力。哎，你同本专业的博士生熟悉吗？"

"不大熟悉，我们都是跟着不同的导师分别学习。而我硕士毕业后就离开学校了，在各地游历和交一些创客朋友。"

钟波达鼓励道："我以后可要看你设计的好飞机噢！哎，你最喜欢设计哪类飞机啊？"

小伙子没搭腔，有些犹豫。

钟波达："怎么，还生我的气？不能给我透露透露？"

小伙子的脸憋得通红："我……我现在最感兴趣的是空天飞机！"

"哦，空天飞机！"钟波达的心弦被砰地拨动了一下，"这可有点远，你不觉得太难了吗？这好像应该是国家或大机构做的事。"

"美国的臭鼬工厂不也是民营的吗？"小伙子反问道。

"什么？臭鼬？"这时店老板端着热气腾腾的饭菜来到了他们身边，随口接上了话题，"把臭老鼠与飞机放在一起，这飞机还会好吗？不臭死了吗？你们说的是黄鼠狼吧？"

钟波达笑道："我们说的臭鼬可不是你平常看到的黄鼠狼，而是家美国著名飞机研发公司的名字，像什么 U-2、SR-71 高空侦察机以及 F-117 隐形飞机就是他们研制的。"

"噢。"店老板恍然大悟，一边坐了下来，"快吃饭吧！今晚下大雨没生意，我正可以跟两位聊聊！"正在给两位摆放碗筷之际，他突然冒出一句："哎，军事记者大哥，你赶去西昌，是去看卫星发射吧？前几天听来这儿的几个人说，最近几天西昌又要打卫星了。"

这倒让钟波达为难了，跟他明说吧，怕违反规定；可要是对这个又敬茶又送饭的铁杆军迷说假话吧，又于心不忍。略一思索就拐了个弯说："我也是听人说了想去看看，碰碰运气，要是碰上了最好，碰不上到西昌转一圈也不错。"

没想到这话倒引来了年轻人的极大兴趣,"那我也去看看,航空航天这一块我特别感兴趣,与我的设计项目又很有关系!"

"是吗?"钟波达闻言心中一动,他先前就在想最好能对这个酷爱飞机设计的年轻人有所帮助,"那好啊,赶紧吃完饭就跟我走,你的路费我包了!"

"那感情好,这大哥仗义!我这就给你们包几个咸鸭蛋去!"没等小伙子回话,店老板又跑向了厨房,瞬间双手满满地跑了回来。

小伙子感激地向两位连声致谢。

店老板一摆手:"谢什么,军迷、军事记者都是一家人嘛!"随后,他们三人互留了姓名。

小伙子和店老板都看着记者写的姓名条念道:"钟—波—达。"

"以后见面叫我达哥就行了。我同事和朋友们都这么叫我。"

"合适吗?我和你年龄差了一大截。"年轻人犹疑地说。

店老板拍了下他的肩头:

"没关系的,就像大家叫成龙大哥那样,不用太在乎年龄的,这样叫特亲切!"

此刻,钟波达和小伙子在硬卧车厢里对坐于临窗的小桌板两头,一边剥着店老板送的花生一边热切地交谈着,后来又怕影响其他旅客休息转移到了车厢结合处。这样的畅谈对生性内向的这位年轻人来说并不常有。他俩从世界第一架飞机发明者莱特说到我国的第一位飞机设计师冯如,谈到了钱学森的空气动力学理论和贡献,继而又谈到了我国空军工程大学校长蔡风震少将等所著的《空天战场与中国空军》一书,两人既有许多相似的关注点,又有不少值得互补的知识和令对方感兴趣的见闻。两人尽管年龄相差甚多,知识背景不同,但谈起空军、谈起国际上的相关装备来真可谓"酒逢知己千杯少",只是手中无酒,只有矿泉水而已。

他俩都很关注世界军事强国在20世纪80年代就开始重视的"空天一体"的作战理念,也很赞成我国空军老司令员的观点:"现在,空中力量与航天资源完美结合所形成的空天战场,已经傲然升格为至高无上的主战场。""制空与制天已经成为不可分割的整体,不能制天,就不能有效地制空;不能制空,制天也将失去其应有的意义。空天一体,可以最大限度地发挥由信息优势、火力优势和机动优势所构成的综合优势。"近些年,有些发达国家在这方面动作频频,俄罗斯建立了新兵种空天防御部队,而军民融合的深广度也在不断拓展,如马斯克的可回收火箭发射系统是屡败屡试。在可预见的未来,空天领域的你追我赶会愈发紧张热闹,也正吸引着我国的专业团队和年轻选手的热情"参赛"。

车窗外的夜色朦胧中,山势渐高。

钟波达告诉忻飞,以前他来过西昌,但没看过卫星发射,几年前他走过基地门区那座弯弓射日的雕像前曾对它说:"我以后会再来的!"

忻飞充满期待地:"但愿我这次不会白来。"

钟波达看了看手机,"哎哎,我们该赶快睡觉了。时间已很晚了!"两人摸着黑相继爬上了床铺。

感觉中没睡多少时间,便传来了乘务员的叫声:"西昌快到了,换车牌,换车牌了!"睁开眼,手机显示已是早上7点多了。

往车窗外一看,列车正在减速,薄雾中的连绵山岭列队相迎。

看了一会儿,在刹车声里,两人匆忙整理好携带的东西,懵里懵懂地下了列车。跟着乘客涌出站门一看,这个站区颇有特色,带有民族风格的建筑红色耀眼。一窝蜂一窝蜂的人群迎向一辆辆开来的公交车,钟波达带着年轻人随便挤上一辆,一问,这车还真到民族风情园北路,那里的76号就是他参加这次西昌卫星发射观摩活动的报到地点:小丁商务酒店。

半个小时后,他俩走进了这家酒店。钟波达让年轻人先看好行李,自己上去与会务组接头,没多久便满面春风地下来了,给了年轻人一张票子。

年轻人一看,是观摩券,印有"八一"和"800元"定价,呀,这次真可以看发射了！但同时他也明白了,钟波达是来参加组织活动的,说什么去碰碰运气,其实是跟他打了埋伏。

他掏掏口袋要给达哥钱,但没翻出几张钞票。钟波达拉住他的手臂:"你跟我客气什么,带你来前说好是我请客。快上楼吃早饭吧,然后你好好补一觉,我们看的可是夜间发射。"

"我不困,今天我还想去看看红军长征时刘伯承与彝族首领歃血为盟的地方。"

钟波达一摆手:"那地方有些远啊。"

忻飞张大眼睛不解地:"对于学航空的人来说,这点距离可算很近的哩!"

·11·
当他们谈论抢占先机时,黑客已入侵

就在秋日的朝阳照在年轻人忻飞身上的时候,数千里之外的尤子奇也惬意地感受到了阳光的暖意。此时,他正坐在上海万豪酒店38层的自助餐厅里用早餐,当他拿起爱吃的羊排刚要咬却又放下了,因为他看见凯莉正走进餐厅,他想起了昨晚她布置给自己的"任务",忙赶紧打起手机,所按的是陈苏红的手机号。

当凯莉端着餐盘在他对面坐下来时,他正在通话。

"听出我是谁了吗?……好,不愧是电视台的名主持人,声音辨别力真强!昨晚我就打电话给你,但不知怎么的就是打不通,……噢,直播关机……"尤子奇抬手向凯莉致意。

她微点下颌,静静地品着咖啡,打开平板电脑后又叉起块蓝莓蛋糕。信息的重要性对她来讲不亚于食物。

尤子奇继续对电话里的陈苏红说道:"这样啊,达哥不在上海,我只好找嫂子啦！……不不,不是大事,但最好面谈。"他笑了起来,"我在哪里？我在云端,在万豪酒店的自助餐厅里……什么,你看见我了?!"

在尤子奇吃惊得脑袋像雷达乱转的时候,凯莉也不由四下张望。

电话里响起了陈苏红脆朗的笑声,"我在万豪斜对面的中凯酒店的顶楼,我看得见万豪餐厅的窗子！你如果有空,就到我这里来吧,我正好在等人。"

尤子奇喜出望外:"好,好吧,待会儿就过来,不见不散！"他放下手机。

"你这话好像应该对情人说。"凯莉嘴角漾着笑意。

"我来中国前刚看了部电影《不见不散》,觉得挺有意思,片名也挺有味道。怎么样,用过早餐我们一起去吧？"

"好呀,"凯莉点点头,"那酒店我也熟,我带路你就不会走冤枉路了。"尤子奇似乎感觉凯莉有弦外之音,不由抬起眼睛,却发现她正在看自己面前丰盛的餐盘。

他下意识地用手挡了下餐盘边沿,他可不想让凯莉发现自己抵不住美食的诱惑,昨天还说要减肥。"啊。我平时单兵口粮吃得太多啦,今天正好换换口味。"找到正当理由后他一边刀叉并用地畅快吃起来,一边发着议论:"当今这世界有意思啊,是华人并不一定熟悉中国,是洋人却能讲一口地道的中国话。"

"在全球化时代不足为怪啊！像你这位华裔到了美国,不是比土生土长的印第安人更熟悉美国的方方面面吗？"凯莉往咖啡里加了点脱脂奶,用搅棒搅动着,"现在许多界限都模糊了,你跑到一些国际大都市,街上不同肤色的人擦肩而过,你有时会难以判断这是在什么国家。而对于互联网来说,更是不存在国界的划定。还有好些概念都得重新定义。"

"没错。"尤子奇喝了一口新鲜果汁,脸上浮现悠然出自得的表情,"所以我口袋里虽揣着美国护照,可头脑里更多的是地球人的观念。"

"是吗?"凯莉微微一笑,"怪不得你对空军和航空业特别感兴趣。正是由于喷气机时代到来,才有了地球村的概念。在实际生活中,又是飞机把世界各地的人们迅速拉近的。以后人类要冲出地球,还得靠飞行能力的提升!"

尤子奇低头品尝食物的同时,也在品味着凯莉的话。虽说自己是专门飞来采写航空方面的,但这位金发美女对飞机的重视度并不亚于自己。

耳边凯莉的话音仍在继续:"最近,有关中国舰载机歼-15的报道不少,我估计它在'辽宁'号航母上的降落为期不远了。你一定注意到这类新闻了吧?中国这些年的某些发展必定在我们的视线之外。值得重视,包括你说的那个离奇的飞行器。"

此时的尤子奇突然意识到,这个出色的分析师以后可能会给自己带来重要的帮助,而不只是她之前所表示的需要自己的帮助。他在心里盘算着如何把凯莉归入自己的"业务搭档"范畴,当然这暂时还不能对达哥提起,他特别敏感,疑神疑鬼。

似乎心有灵犀一点通,凯莉含笑提议道:"那就让我们猜猜制作它的会是怎样一个人吧?"

"好呀,有意思,就像警局给罪犯画像。当然他可不是罪犯。"

"为什么不能是罪犯,说不定还是个恐怖分子呢,历史上有不少先进发明就是战争和阴谋催生的,像喷气战机、V2导弹的出现不就是同纳粹相关。"

尤子奇一愣,鼓着塞满食物的腮帮子忘了咀嚼:"说的在理呀!"

凯莉拿起餐刀,悠然把一个黑椒牛排切下一小块,"首先看看年龄。"

"唔……"尤子奇翻了翻眼,"我觉得应该是个中年人,能有那么高的飞行器研制水平,不可能是个年轻的,而我回想他在院墙外跑动的声音,那脚步还蛮灵便,又不像是老年人。你觉得呢?"

凯莉没有评价他的推断,转而说道:"你听说过凯利·约翰逊这个人吧,他是臭鼬工厂的创始人,这家工厂可为美国军方提供了不少先进战机,包括像 U-2、SR-71 高空侦察机和 B-2 隐身轰炸机。他在工场创立之初就为美国空军设计了第一款战斗机。而当时他年龄仅 20 多岁。"

"是吗?"尤子奇听明白了她的言外之意,他用叉子慢慢剔着鱼刺,这鲜美的小黄鱼可是小时候的记忆,听说现如今环境变差,野生的已相当少见了,"那照你说来此人应是个年轻人?"

"大概率吧。"

"好,那就先假定为年轻人。那么你感觉性别上是男的还是女的?"他顿了一下说,"现在飞机设计师绝大多数是男的。如果我说是男的,你可不要说我性别歧视啊,实际上我认为这人为男性也是大概率。"

凯莉抿嘴笑笑:"比起对性别的判断,最令我感兴趣的或者说最重要的是,此人在为谁设计研制?是孤军奋战还是背后有特别的力量或组织?"她目光投向玻璃幕墙外因雾霾而略显混沌的上海早晨,"如果有的话,找出这样的力量可能比找他本人更困难。"

尤子奇心头一紧:这个女人真不简单啊!与她相比,自己怎么显得有些"粗枝大叶"了。

就这样,两人边说边争议,从餐厅到了楼下,又从江阴路拐到了威海路。

仅半小时后,尤子奇和凯莉就来到了中凯酒店的顶层,这里给人感觉还真不错,除了可以用餐外,四周还有几间中小型房间可以谈事,中央是绿意盎然的庭园。

尤子奇毕竟是当军事记者的,眼睛特尖,左右一扫,几秒钟就透过其中的一扇褐色玻璃门看到了陈苏红,他上前轻轻敲了敲门玻璃,陈苏红立马过来拉开了门。这时他才发现她在房内正跟一男一女谈着什么,那男的不是别人,正是几天前在陈老将军家遇到过的林总!

而陈苏红看到尤子奇后面还跟着个外国女子,也不免有些惊讶。

尤子奇赶紧做起介绍,中外两位女子在短暂的一握间都觉得对方很出色。林之风的手也与尤子奇热情地握在了一起。随后来客相继把眼光转向林总身边的年轻女子,她俏丽灵动。林之风介绍道:"这是我的秘书梦韵小姐。"

生性爽快的陈苏红颇有兴致地问尤子奇:"你知道她是谁的学生吗?"

这一问倒令尤子奇很突然,一时不知从何说起。

"猜不出吧,她可是钟波达的学生!"

达哥还有学生?没听他说过他当过老师啊?尤子奇好生奇怪。

没等陈苏红继续说,那位年轻女子已落落大方地自我介绍起来:"我是上戏播音主持专业毕业的,去年在电视台实习时钟老师是我的带教老师。"

嘀,这女孩嗓音甜美,又聪颖漂亮。这使得尤子奇和凯莉都忍不住多看了她两眼。

"来来,坐坐!"陈苏红热情地招呼起凯莉和尤子奇,并把唯一的一张双人沙发让给了他们。

尤子奇边坐边问:"哎,梦韵小姐,你怎么没到电视台工作,反倒转行了?"他这话一出口,立即意识到有些不妥,不禁看了一眼林之风。他的心头又泛起上次在陈将军家时的疑惑——为什么林总在钟波达面前不经意提起梦韵后会表情尴尬?他和她的关系特别?

陈苏红只管往下说:"还不是因为我们林大哥有吸引力!"

梦韵的脸上有些绯红,但却顺着陈苏红的话题说了下去,"哦,这是因为电视台难进,同时我觉得林总这边的天地更大。"

哦,这个林总的"林子"真的很大吗?尤子奇不免有些好奇,他刚坐下,就听凯莉说道:"真是抱歉啊,我们来影响你们谈话了吧?是不是在谈重要业务或大生意?"

陈苏红:"没有没有,你看我是做生意的人吗?更谈不上重要了。"

林之风笑道:"对苏红谈不上重要,对我可重要啦!"

"哦,有意思,是怎么回事啊?可透露一二吗?"尤子奇不失时机地追问。

"没问题,不怕尤先生笑话,我这是请名主持人在辅导我的演讲能力。这两个月是每周一次。"林之风洒脱而敞亮。

这个回答大出尤子奇的意料。"另有一功啊!你这个大公司老总还用练习这一套吗?"

"哈哈,我们的管理要再上一层楼,公司的业务要再拓展,就不能光上长江商学院和交大的EMBA,还得上苏红老师的课!像苹果公司的乔布斯被称为世界上最具沟通力的大师级人物,也是企业界最擅长掳获人心的演讲者。他那套功夫对于他激励团队奔向共同的目标可是看家宝啊!"

"哦,林总这番话倒使我想起了拿破仑的演说所发挥重要作用呢,带好部队和做强企业虽不同但同此理啊!"

凯莉接口说:"在我们美国,迷醉于乔布斯演讲的人可不少,为了听他一次演讲,有些人会不远万里赶过去,甚至甘愿在寒风中通宵排队。我也是他的粉丝。我的朋友加洛曾说过,乔布斯的演讲似乎能把多巴胺直接注入观众的大脑。"

"凯莉小姐说的加洛就是曾担任哥伦比亚广播公司和美国广播公司主持人的加洛吗?"梦韵脱口问道。

"没错,就是卡迈恩·加洛!他获得过艾美奖,常为世界知名企业提供演讲、媒体公关和沟通能力方面的培训。"凯莉不禁夸奖道,"你的视野很宽啊,能看到大洋彼岸的重要专家。"

这时,梦韵挽上陈苏红的臂膀说:"凯莉小姐,这可是我的好老师教我的,还有,我的老板林总是学航空出身的,所以他们都看得很远呢!"

凯莉含笑点头,又随同尤子奇与林总交换起名片。尤子奇看着名片,眉毛一跳:"噢,你可是家大房地产企业的老总啊,这几年做房产业可赚了大钱了!你是商战高手啊!"

"你们不知道,在办房产企业前,他做的是汽车配套企业,也狠狠赚了不少钱呢!"陈苏红不觉又进入了主持节目状态,"他总是能走在市场前面。"

"过奖了过奖了,"林之风的谦和中透着矜持和得意,"房产业我看泡沫已越吹越大,可能还会继续吹,但我要转行了,哈,我要积极响应上海市政府的号召,转型升级!"

凯莉试探性地问道:"林总想再回到航空上来吗?"

"哦,中国不像美国,要在航空上赚钱可不容易啊,办航空公司成本高,我不愿意在这上面砸钱,而要办通用航空企业,我们中国的低空开放政策又迟迟未下来,我看是难产啊!"林总摊开手,略做苦笑,过后他又加了句:"投资不仅要看需要,更要看契机。"

梦韵听着林总的话,由衷地点头赞同,接着她抬手看了下腕表,似对林总有所示意。

侧旁的凯莉还在延续着刚才的话题,"据我们研究机构的分析,中国的低空开发政策会在近两年就有较大的松动。中国的通用航空一旦大发展起来,它的兴旺可能不亚于当年的汽车产业。"

"是啊,林先生,你可要继续走在市场前面,先声夺人啊!"尤子奇热心建议道,引来了笑声。他似乎在无心插柳,但他心里明白这也是在摸有关军机的外围情况。

有人从门外递进一只茶水托盘,林总接了过来。

凯莉拿起一杯,继续说道:"不知林先生注意到这么一个事实没有?中国的通航起步于1952年,年飞行时间不足1000小时;到2003年,全国通用航空器共有559架,运营企业45家,作业飞行时间6.35万小时,而到了2012年,这个数字是1320架,146家,51.7万小时。可以说,过去10年中国通航的发展比之前50年的发展得要快得多。特别是2008年之后,相关的利好政策密集出台,你没看到中国通航的宽阔跑道即将修好吗?"

尤子奇蓦然觉得她的分析判断和部队里的参谋有得一比。在她说话时林之风曾站起身但又坐下来,喜欢做手势的手也放下了。

凯莉似乎已注意到她的话语使房间里的人都很感兴趣，便谈兴不减地继续说道："你们注意到正阳集团没有？这几年已经从房地产业迅速转向了通航产业，发展势头挺不错啊，它的老板还不是航空专业毕业的呢！"

林之风听着脸色有些凝重。这时梦韵走到了他身边耳语了几句。他立即重又站起并带着歉意说："各位，抱歉，我得赶飞机了，你们继续聊。"他又专门走到凯莉面前，颇有风度地握住她的手说："今天很有幸认识你，等有机会专门向你请教。"

凯莉客气地回应："该抱歉的是我，把你今天的演讲辅导课给耽误了。"

"哎，这是小事，来日方长，再联系！"

他们走了，尤子奇感慨地："商场如战场，战场迷雾不容易看清哪！"

凯莉点点头："情报已成为继资金、技术、人才之后，企业的第四种生产要素。"

陈苏红突然想起来："哎，你们今天不是来找我的吗？有什么事快说吧！怎么聊起天了呢？"她热忱地笑道。

"哦，是这样的，"尤子奇回应说，"你还记得前几天夜里我在你们小区花园里看到过的奇特飞行器吗？当时因围墙阻挡我只听到了控制它的人的脚步声，却没见到此人真容。"说着，他看了下凯莉，"是凯莉提醒我，可以通过路上的交通监视器查找出这个人的影像来。"

凯莉摆了摆手，但没说什么。

"所以，我想请你以小区业主的身份与公安交通部门打下交道，调看一下录像。方便吗？"

陈苏红满不在乎地说："我以为是什么大事，没问题，我跟交警方面很熟的，待会儿我打电话问一下就是了。现在我也要回台里了，下一档节目在等着我。"说着，她急急地收拾起桌上的碟片，"你们回酒店吗？我开车可以带你们一程。"

"好，好呀。我是搭车搭惯了。"尤子奇率先答道。

但令陈苏红想不到的是,在车上电话联系下来那录像无法查看,公安局熟人告诉她,那里的监控录像已经封存,因为发现昨晚有黑客入侵。

坐在后座的尤子奇和凯莉听了,都暗暗大吃一惊。

·12·
发射场内外,引人关注的不光是火箭……

西昌,素有"月亮城"之美称,据说在这里的星空下,人们可以看到一轮比世界上任何地方都更大更圆更明亮的月亮。

"哇,达哥,我们还没看到美丽的月亮,却已经尝到了太阳的威力,这里的阳光真烤人啊!"忻飞跟着钟波达踏进酒店,一边摘下用报纸做的凉帽一边感慨道。

"哈哈,这就叫出其不意,我们当过兵的都有应对遭遇战的心理准备,你进入空天领域也得有这样的心态啊,风云莫测嘛!这里全年的日照时间长达320天,也正因为有了白天太阳的热情照射,夜晚才会有特别亮丽的月光啊!"

忻飞不由停下了上楼的脚步,望着达哥的背影,心想,这话有些哲理啊!

"哎,你们上哪儿去了?赶快吃饭!"身后突然响起了急切的女人叫声。

钟波达闻声回过头来,"呵,是领队啊,我们去红军彝海结盟的地方了,怎么?要提早吃饭?"

"发射基地来电话了,怕今晚路上堵车,让我们早些出发。我正要给你打手机呢!"

"噢,不吃饭也没关系,我们跑一趟远路收获挺大,没有彝海结盟就难有长征的胜利啊!我搞传播的今天也取了回真经啊!"钟波达笑着拉着忻飞返下楼来。

"你老兄这搞媒体的,三句话不离本行。人是铁饭是钢,一顿不吃饿得慌!快去吃吧!时间还来得及!"这北京来的女领队说话还带着刘兰芳说评书的味。

"好,我们十分钟解决战斗!"

这话倒也实在,十来分钟后,钟波达便带着忻飞,按通知坐上了一辆浅棕色的面包车。一行人穿越夕阳的余晖,向着心仪已久的西昌卫星发射场进发,女领队告诉大家,这次看发射虽然在半夜,但发射场还远在西昌市区西北60多公里之外,需要早点出发,一旦塞车,那就白来了。

车子很快出了市区,空调也关掉了,因为外面的空气特别清新。

这时,女领队不知从哪儿找了块彝族的彩边黑头帕顶在头上,亮开嗓子介绍说:"告诉大家啊,当年红军就是在这附近飞渡大渡河、抢夺泸定桥的!"

后排有人惊奇地说:"是真的吗?红军那传奇故事就发生在西昌附近?"

"是啊,不太远,我这导游虽是兼职的却不会造假!"女领队说笑道,"还有啊,诸位听好了,就像当年红军急行军后会迎来好战果一样,今天急着赶路也会给大家带来一个大红包。我们今天不仅能看北斗16号星的发射,还能……"她卖起关子来。

恰在这时,车子来了个较急的转弯,女领队一个趔趄,赶紧抓住了椅背。

钟波达扶了她一把:"您坐下说吧,只是别卖关子了。"

女领队笑了,依旧站着:"好吧,这次基地司令部啊,对我们这些与国防科工有紧密关联的同志特别关心!在今天发射和安保工作非常繁忙之际,还特地给我们做了专门安排,让我们在发射前的几小时内,到发射塔架下面近距离看看已经加注的运载火箭!"

"是吗,有这样的好事?!""真是额头碰上天花板了!"车厢里由惊到喜,一阵欢呼。

"我带队来过好几次了,像这样的特别待遇还是头一遭,你们真是运气好,看卫星迎来了福星高照!"

笑声中,女领队弯腰拍了下坐在副驾驶座上的忻飞的肩头,"小伙子,不过得跟你打个招呼,因为你不是正式的参观团员,到时就不能进发射场了,但我会找顺路车先把你直接带到山上的观摩席。"末了又补了一句:"你不会生阿姨的气吧?"

忻飞转过头来,脸带腼腆之色回答道:"哪里会,我能搭你们的车已经很感谢了!"

"不用谢,传递正能量嘛!发射卫星一直受到全国人民的关心,每年从全国各地赶来这里想看发射的人可不少,不同职业、男女老少都有,达哥带你来真是让你开眼界了!"

给风吹得头发蓬起的忻飞连连点头。

确实,年轻人的心已是非常满足,他迷醉地看着窗外的一切,夕阳悄然隐没在西边的山影之中,车子不知什么时候已上了高速公路,开得飞快,晚风带着大城市难有的清爽和植物清香一阵阵灌进来,沁人心脾。

钟波达看着玻璃窗上忻飞模糊的充满遐想的面容,猜想,这个年轻人的思绪肯定会比在座的都飞得更远,可能正幻想着自己的空天飞机能尽快穿越天际。

这时,车里突然响起电影《星球大战》的主题曲,原来是忻飞的手机响了,他有些慌乱地接听:"喂,哪位,是小门神啊,……什么什么?"他俯下身压低声音:"电线杆上有我的寻人启事?还有照片?你再说一遍!说清楚些!……真是活见鬼了?我哪儿去人家搞过装修啊,装修坏了逃跑了更是胡编乱造,这肯定是谁在搞恶作剧!……什么?找到我还有重谢?1000元?"

钟波达坐在后面听得清楚，也觉得颇为滑稽又离奇。不过话说回来，自己对他的了解并不充分，有好感不等于真认识，他是怎样一个人呢？他的优劣长短，他的灵性和潜力，对于他的科研事业成败都太重要了，作为记者的钟波达很想能有充分的了解。

忻飞的通话还在继续，声调里透着气恼："那寻人启事上找我的人是什么人？他叫什么名字？哦，手机号码是……我记下了，叫王先生？……我在车上，不多讲了，再联系。"

忻飞的这番奇怪的对话对车里的人没什么影响，因为他的话都给车子急速行驶的杂声和灌进来的风声悄然遮盖了。

这时女领队的嗓音又亲切地响了起来："现在我抓紧时间给各位介绍一下西昌卫星发射场的情况，在你们面前介绍我可能多此一举了，但我现在的介绍可能是最接地气的。西昌卫星发射场建于1970年，于1982年交付使用，现在隶属于中国人民解放军总装备部，它主要承接地球同步轨道卫星的发射任务，如今已跃居世界十大航天发射场之列。"说着，她转向钟波达："你这个电视人知道吗：这可是成功发射我国第一颗通信广播卫星的地方！"

钟波达笑道："谢谢，我当然知道。"他还知道今天所发射的卫星也非同寻常，这颗星对于北斗组网非常重要。他不经意地再次看了下手表日历：2012年10月25日！

他收回视线，陡然发现车子转入了一条灯光暗淡的公路，路边可看见戴着钢盔的士兵。女领队告诉钟波达，这是进入发射场的特别道路，必须持有特别通行证才行。

他看到年轻人脸上洋溢着犹如淘金者发现金矿般的亢奋，钟波达试想着自己像他那个年龄时可不曾有这样的绝好机会。但有志于空天事业的年轻人太需要这样的"开眼界"了！

车子开了一程后突然停了下来。这里是个岔路口，有两个戴白色头盔的士兵走了过来，敬礼后告诉司机到观看平台从右边上山。这时，透过窗玻璃可以看到，约一百米外就是灯光照亮的"西昌卫星发射场"

一排大字和发射场大门。

女领队匆匆下了车,站到哨兵跟前时才想起把头上的彝族彩边黑头帕拿掉,她解释说他们正等基地司令部的同志带他们进去。哨兵让车靠到一边。随后,她招手让年轻人下来,不多会儿,后面扫来两道灯光。经问询后她便把他推上了这辆也去山上观看台的车。"我们待会儿见!"钟波达挥手对忻飞叫道。

就在那车绝尘而去之际,一个军官手拿一张纸脚步匆匆地来到哨兵跟前,交代了几句,随后他和哨兵一起上了车,拿着带来的单子核对车上每一个人的身份信息。非常仔细地检查完毕后,哨兵跳下车来向司机手一挥放行了。

车子驶进了夜幕遮掩下的神秘的西昌卫星发射场,车子拐了几个弯,钟波达凭着曾服过现役和多年军事采访的经历,迅速判断着这时的方位以及基地的布局,他知道卫星发射场位于西昌市西北的大凉山峡谷的腹地——冕宁县泽远乡的封家湾中。卫星发射测试、指挥控制、跟踪测量、通信、气象、勤务保障六大系统的相应场区,都分散在峡谷之中的不同区域。

车子上了一个斜坡,右边车窗外闪现出一个高大的泛着银白色的东西,再一看,哇,那不就是火箭和发射塔架吗!在强光照明下,通体显得既漂亮又壮观。随车军官请大家把手机关机,因为马上要到塔架下了,而火箭此时已基本灌注好燃料了,怕打手机带来静电火花。

大家都立马按要求做了,钟波达也只能照办,而平时,他这军事记者一直保持通信畅通,但这次他必须关机了。就在关手机时他脑中闪过一个念头,可别这时候有重要电话啊!像台长打来的什么的,记得台长在大会上说过,"搞新闻的就得每时每刻都能让台里找得到,有些记者,特别是小青年,容易忘记!碰到汶川地震这类突发情况怎么办?我们可是个半军事化单位!"

车子离发射塔架约两三百米处停下了,带路的基地军官要大家赶紧下车,抓紧时间往塔架走一段,注意前面的警戒线和哨兵,不能超越。

说着，他率先下车，又很郑重地关照道，我们在这里只停留15分钟，大家可以留影拍照。这一说，大家立即行动了，动作麻利，一时间竟分不出是老同志还是年轻人。

鱼贯而下后，大家仰脸一看，一下子给眼前的壮美景色给镇住了，在这里才真正领略到待发火箭的伟岸雄姿！在炫目的照明灯和探照灯的照射下，那拥着火箭的塔架显得绝美异常。在钟波达的印象中，似乎还没有看到过比这更漂亮的事物。这是科技美、创造美和向往之情的高端结合，在大凉山自然之美的衬托下摄人心魄。

女领队激动地对大家说："大家知道这是什么地方吗？"

这是什么地方？那还用问吗？大家面面相觑，一时有些糊涂。这，这不是明知故问，问了也白问吗！

钟波达脑中突然一个闪念，蹦出一个闪亮的词来，他脱口大声嚷道："这里是卫星发射塔下，不就是宇宙之门吗？"

"对喽！"女领队会心地笑了，她原是酒泉基地的科技干部出身，也是在那里长大的，见证过两弹一星的艰难征程。银丝染鬓但激情不减。"在这里，我们更能体会到我们所从事的航天事业的伟大，我们以后要还要发射更多的探测器，把更多的人送往太空！任重而道远，我们得鼓足干劲继续拼搏啊！"

"对呀！""再加把油，拼命干！""赶超一流！"由衷的响应此起彼伏，掌声激越如同鼓声，一阵劲风吹来，仿佛要把这心愿随同待发的火箭带往太空！

钟波达早就按下了袖珍摄录机的按键，他要把这激动人心的场面带给忻飞、发给台里军事节目组的同事，以及预备役高炮师宣传科的战友。他这次来，军事节目组的同事要他来一次小范围的异地直播，以弥补不能一起来的缺憾，他拍胸脯满口答应了，可谁知这里的基地军官下令手机关机，首次直播就泡汤了。唉，怪可惜的，不过拍下这些照片也是很珍贵的。

他把镜头对准高大的发射塔架。这时，大家正激动地跟着基地军官走近发射塔架,多想抚摸一下那威武的箭体啊!然而,基地军官一挥手,在警戒线前唰地一个转身:"好了,不要往前了,就在这儿再拍几张照吧!今天我们的基地司令是考虑到各位都是为国防事业做出过特别贡献的,所以才特许你们来这儿近距离参观、感受。请抓紧时间吧!"

大家一阵忙乱,纷纷找寻与待飞的火箭合影的最佳角度,有些还带着极度的兴奋和快乐做着各种摆拍动作。钟波达这时成了最忙的人,人家都要他这位来自电视台的军事记者拍照,最后,他自己被人家拍得怎么样就不知道了。拍完照的人赶紧东看细看,有的摸着一旁的钢轨,想象着火箭是怎么运进来的;有的身衬箭体双手高举V字,似乎火箭将会带他上天宫……

"好了,15分钟到了,赶快上车吧,看发射都要到山上去看。"基地军官及时发出口令。

车子重新发动,钟波达落座后赶快重新开机,刚想看看有什么短信,手机的来电提示音也响了,这是一串军号声,在无边的夜空下、紧张的军营里,显得特别激越又似在召唤。

在这种重要参观的途中,他本想除了台长电话外,一概不接。可这军号声是他为军线来电特别设置的,他条件反射般按下了通话按键,把手机放到耳边。

没等他发问,对方已经自报家门:"是钟记者吗?我不久前同你在陈老将军家见过面,我是空军杨锋啊!"

钟波达立马想起来的,就是那位从空军总部来的、显得特别敏锐和帅气的空军大校。"哦,是杨大校啊,找我有事?"

"是啊,我刚给你打了几个电话都没打通,请问你现在在哪里?"

"我在西昌卫星发射场。"钟波达感觉有些非同寻常。

"噢,你是看16号星的发射啊。我想我们明天碰个头,你方便吗?"

什么事这么急?钟波达心里升起一片疑云,"明天我时间上可以,但在哪儿碰头?"

对方短暂停顿后说:"啊,这样吧,你明天上午10点前赶到西昌机场,到时会有一架顺路的直升机带你过来。怎么样?"

"行啊。"

"好,你辛苦了,见面聊。"对方挂了电话。

不觉中面包车已离开了发射基地,正在附近的山上盘旋而升。渐渐地,山路上已是车轮滚滚,有的地段还首尾相接。开了一阵,车子相继停在了一个学校的操场上,尔后是乘客们纷纷下车,步行登一段山路便上了观看平台,入口处挤了不少人,钟波达他们虽然手持观摩券但还是费点力才得以进入。里面排了好几排长椅,坐了不少人,举目望去,那发射塔架依然清晰可见,但现在直线距离至少已有五六公里,比刚才近在眼前的情形猛地缩小了好些倍。好在安装了好几个电视屏幕,正同步播放着星箭保障塔上的工作情况,大全景和特写镜头都有,观看效果不错。

这时,喇叭里正传来火箭发射倒计时的播报声,还有两个多小时。山下不断有车的前灯透迤上来。检票口外的山坡石阶上的无票观看者还在增加着,其中大多是年轻人,有的被挤得只能用一只脚站立着,但一个个脸上闪耀着兴奋的神情,他们指点着发射场热切地交谈着,其中有大学生,也有民工,口音五花八门。

钟波达赞赏地又掏出袖珍摄录机遥拍起来,有一句话此时在他的心中掀起了热浪:"关注就是力量!"当年,阿波罗飞船的研制和登月成功离不开美国人举国上下的支持,之前新型工业国家德国之所以能在航空航天领域有一系列惊人的进展,也离不开国内热爱科学、崇尚发明的氛围,以及涌现的一批科学英才乃至帅才。就像壮观的金字塔之所以有神秘超然的塔尖,是离不开宽大厚实的底座的。拍完一段录像后他随即在看台上找起忻飞来。

目光梭巡了好几遍才找到忻飞,奇怪的是,早来的他并没有坐到第一排,甚至没有坐到座席中,而是在看台尽头的栏杆处,蹲在地上在打手机,地上摊放着笔记本、计算器和微型手电筒,还有一只魔方。他一边打电话一边按着计算器,不时在笔记本上记着什么。

钟波达慢慢走过去,心中好奇又纳闷,他在忙什么呢?是在做生意?那只魔方在火车上就看到过,怎么在这观看卫星发射的观看台上,他还有时间和兴致来玩魔方?

看到钟波达来了,忻飞有些尴尬地挂断电话,手忙脚乱地收拾起摊在地上的东西,急急站了起来。"钟老师……"他不经意间还改了称呼。

钟波达把手放到忻飞肩头,以使他放松些。"看完了卫星发射,接下来你准备去哪里?"

"我打算明天就离开西昌,去广州。"

"哦?夜里回酒店后,我帮你查下列车时刻表,也了解下去火车站的公交路线。明天我有事一早就要离开西昌,你路上要注意安全,哎,"说着,钟波达突然想起什么,直率地问道,"我先前在汽车上听到你接了个奇怪的电话,你平时打工吗?"

忻飞摇了摇头,"我现在不打工,时间不够用。"

钟波达点点头。他望了一眼山下的发射场,保障塔的"挽臂"正一层接一层地脱离星箭结合体。忻飞也手扶栏杆看着那强光照耀下的火箭。

少顷,钟波达转脸问道:"我想,我来帮你打个电话给那个所谓的王先生,来摸摸底。怎么样?"

"我刚才已经给那个王先生打电话了,质问他怎么回事,可他说搞错了。"

"噢?"钟波达看着忻飞那半明半暗的脸色,"实际上你最好不要自己打。唔,我来再打个电话给他!"

"好吧。"他按亮手机递到钟波达面前。钟波达看着显示的号码在自己的手机上一一按下了,但听到的回音仅是一串空号音。

他把手机贴到忻飞耳边,"这事有些蹊跷,他关机了?没电了?还是把手机扔了?"

这时,看台上的人们躁动起来,都往前涌。原来离火箭发射只有两分钟了。扩音器里传来的倒计时越来越近了,"10、9、8……"

钟波达和忻飞都没挪位置,因为他俩本来就在栏杆边。他们停止了交谈,紧盯着聚光灯下那通体银白的火箭。当扩音器中零号操作员喊出"发射"两个字时,就见火箭底座腾起一团橘红色的火焰,但火箭没动!就在人们担心之时,银白色的火箭在烟火中冉冉上升了,越来越快,越来越高!

看台上的人们欢呼起来,可钟波达注意到,忻飞却不动声色,只是眼睛紧紧盯着越来越高、越来越小的箭体。

它渐渐变成了一颗移动的星星,从猎户座的腰带经过。最终消失了。

忻飞依旧没动,脸上混杂着激动而神往的表情,久久凝视着那星光闪烁的天幕……

· 13 ·

他们走进了一个标有"A"的绿色帐篷,外面战机轰鸣

直-9军用直升机转动着旋翼,疾速穿越川西起伏的山岭河川。

钟波达和飞行员一样戴着头盔,他的视野几乎也与飞行员一样,开阔而清晰。他想起过去曾拍摄过的一部反映和平解放西藏的纪录片,1950年初春,二野18军从川西出发,接连翻越十几座大雪山,开辟天路,最终让五星红旗飘扬在了拉萨城上。他和军事节目组的同事采访过18军的一些老战士,刻骨铭心地得知了当时进军西藏之艰难,因高原缺氧,我军战士倒在路途上的比在战场上还多得多。看着天上翻飞的雄鹰,他们当时幻想自己要是能长出翅膀该多好!后来人民空军开辟航线,飞到拉萨。相隔半个世纪,四川汶川大地震时,我国空中力量起到了很大的救援作用,但又暴露出我们的飞行器在数量与型号方面

的严重不足。

直升机做了个压坡度转弯,大地在眼前旋转着铺展开去,钟波达恍然间有了种绝妙的翱翔的感觉,这不是人与生俱来的感觉,本是属于禽鸟的特享。而人类发明的飞机既是向它们学习的产物,可也不是简单的模仿。他的心底蓦然冒出了忻飞在火车上曾说过的一句话:"人能飞行实际上已开始跨越凡人和仙人的界限。"他深感年轻创客的这句话说得有趣又有理! 也感觉此人的思路不同一般,眼光独到。啊,他希望飞行员的动作幅度来得更大些,虽然上了些年纪,但他的身体承受力并不差。

紧接着,他又想到了他的电视同行所拍摄的《飞越四川》《丝绸之路》等纪录片,正是因为航空摄影大量而精到的使用,超越了人们通常的视野而赢得了广大观众。航拍在全面性、时效性和视觉美上早就引起了发达国家电视人的重视,像NHK东京广播中心的大厦顶上就停放着直升机,欧美国家好些电视台也有相似的配备。然而他触电般地想起好些年前,我国特技摄影师搭乘运输机,在拍摄一架米格战机时迎面相撞,他心情又有些沉重,如果无人机早成熟的话……

在意识流如同云彩般的流动中,直升机悄然降低了高度,下面是一片浓密的绿荫,钟波达稳定了下自己波澜起伏的心绪,很快看到了一处简易军用机场和先进的三坐标雷达等装置。停机坪上,停放着几架军机,有苏-27、歼-10,还有歼轰-7,数量不多,但机型多样;跑道看似不长却延伸进山洞,这里军事气氛很特殊! 钟波达不由眼睛一亮。环顾四周,群山怀抱,既有利于隐蔽起降,又便于抵御外国卫星的侦察。像这样的空军基地钟波达不常见到,尽管他到过不少空军基地和试飞场站。

令钟波达想不到的是,前来迎接他的不光有杨锋大校,还有一个穿便服的工程师模样的人,在还未停歇的旋翼刮起的风尘中,杨大校与钟波达热情握手后,又把那人介绍给他说:"这位是韩老。韩逸这名字没让你如雷贯耳吧? 可与他有关的飞机你一定听说过不少! 像飞豹、枭龙,包括刚才带你飞来的直-9,都有他的心血在里面呢!"

"哦!"闻听此言钟波达禁不住肃然起敬。又打量了一下韩逸,此人头发半白但脸色红润,同时敬佩地跟他握起手来。"韩老好!"

韩逸谦逊而真挚地说:"别叫我韩老,就叫老韩。杨大校美言了,我可没当过总设计师,只是有幸参与过一些飞机项目的研发,现在已退休了。"

没等韩逸讲完,杨师长就接过话头说:"研制飞机是个了不起的工程,特别是现代飞机,它的复杂性大大增加,不是一个人就能包办的。韩高工虽然从飞机厂副总师的岗位上退下来了,可他是个宝库啊,我们现在对在研新飞行器的技战术要求也离不开他的建言啊!"

新飞行器?!钟波达心头一振。

杨大校把他俩带进了一个树林,林中隐约可见一些大小不一的军用帐篷。他们走进了一个标有"A"的绿色帐篷,里面摆设简单但电子设备不少,其中有些钟波达根本叫不出名。篷布墙上还挂着可卷起来带走的薄型屏幕——这东西几天前刚在台里看到过。屏幕上正放映着一系列外国空军战机的各种飞行画面。一个年轻军官拿着文件夹匆匆进来,叫他"司令"并请他签字后敬礼退出。

这是一个什么地方啊?颇为神秘,但肯定与杨大校的新身份有关。但不该问的别问,有多年服役经历的钟波达没有开口。

杨司令已看出了他的心思,伸手示意他和韩老在办公桌旁的两把便携椅上坐下,随后又倒了两杯水递上,"这可是品质特好的山泉水,你们在大上海可喝不到啊!"他爽朗地说着,一边坐到了办公桌后面,"这里是一个新建立的训练基地,我刚调任到此地。今天把你紧急请来,很有些突然吧?"

钟波达笑道:"没关系,我就喜欢跑军营。"随后又加重语调说:"有什么需要我出力的尽管说!"

"好,我先介绍下情况,兵圣孙子有句名言你一定记得:'善攻者,动于九天之上。'他真是非凡的大军事家啊! 直到今天我们运用现代科学知识,才对我们头上的这片天空有了分层的认识,首先是天和空的区别,哎,你这个军事记者一定知道这两者的区别吧?"

"这个我略知一二,大气层之上称为天。"

"大气层有1000多公里之高,风雨雷电就发生在最下层的15公里左右。"韩逸接上去说,语气平和,"我过去大半辈子所研制的飞行器就只能活动于这个区域,高度也就几万米。现在看来,这翅膀不够有劲哪!"

杨司令点点头,"谁认识得早,认识得全面,往往就能抢占先机,获得未来战争的主动。从上世纪80年代开始,还在我们仿制米格-21的时候,世界主要军事强国已纷纷调整发展战略,创建空天一体的作战理论,构建空天一体的作战力量,竟相抢占空天战场制高点。海湾战争、科索沃战争、伊拉克战争,以及美军在本世纪初所举行的太空战演习等,都反映出不同以往的新动向。"

钟波达听着、品味着,其感受就如同刚喝下的山泉水,沁入心脾,发人警醒。

杨锋司令说着,目光更显深邃。"总的来讲,空天战场还是个全新的领域,前些年,我们空军工程大学的蔡校长等一批有识之士就进行了相关的系统研究。他们放眼世界新军事变革的时代潮流,着眼于空天一体的发展趋势,对空天战场、对中国空军建设发展的一些重大课题进行了前瞻性的探索。"

钟波达陡然想起来了:"他们的研究成果我看过,好像名为《空天战场与中国空军》。"

"没错。你是个永不退伍的老兵!"杨司令拿起自己的绿茶缸带有敬意地碰了下钟波达的水杯,似乎是以茶代酒。他喝了一大口,心潮激荡地继续说:"如今,军事强国对于空天战场的重视已不是什么秘密,关键是看各方实际做得怎样?我们这个基地就是与我军前沿理论配套的一个试验基地,我们的理念是开放的,触角也是全方位的,从技术到战术,从人员到装备,特别是对一些新的哪怕是不成熟的也予以足够的重视,我们很看重和感谢韩老所给予的帮助。"

杨司令满怀感情地看了韩逸一眼,正要继续说下去,但帐篷外传来了飞机发动机的阵阵轰鸣。钟波达辨听出这是苏-27和歼-10在跑道上滑跃起飞,他注意到杨司令在不便说话时便低下头来处理桌上的文件,看来这位新司令的军务是相当繁忙啊。但他在时间这么金贵的情况下还把自己找来,可见事情的重要性非同寻常。

轰鸣声仍在持续,钟波达透过帐篷窗口,惊异地注意到在那两种战机相继升空后,又一种飞行器跟着起飞了,它的轰鸣声比前者要小,但混杂着一种尖啸,桌上的茶缸在微微颤动,仿佛是一种怪兽在逼近,但它不多会儿便飞走了。这是何种空天利器?

就在他惊异猜测之时,杨司令已来到他的身边,看着他说:"我请你来,是因为我们得到一个监测通报,就是你曾向空军某空管中心询问过有关不明飞行物的问题,后来引起了他们的注意,经复查后发现不是设备的误判而是确有其事,于是把有关情况编入了《空情简报》。"

钟波达大感意外,有些坐不住了。

杨司令轻按了下他的肩头,"我看到其中提到你的名字,正好同你又见过面,所以想尽快当面直接了解一下。"

韩逸插话道:"如果这种飞行器是国外的,或者是我们自己研制的,那可非同小可,这可是对现有飞行技术的重要突破!"

钟波达的血流加速,随即把情况的来龙去脉毫无保留地说了一遍,这自然就带出了尤子奇。

杨锋司令全神贯注地听着,咂摸着他所说情况的每一个细节,对尤子奇的情况尤为重视。"这个人的身份有些特别,是外籍军事记者,但又是华人,也恰是他发现了不明飞行物。他是偶尔发现了它,还是专为它而来?"

嗯,钟波达心头一紧,杨司令的敏锐是多方位的,打开了自己的另一片思考空间。

杨司令眉峰耸动,踱起步来。"有些情况看来我得对安全部门做个

玄机无界

情况通报。当然,尤记者注意到它也是可以理解的,他有这方面的军事科技知识,一般人看到了有可能就以为是模型飞机而忽略了,而且又是在深夜,你们记者还都是夜猫子!"

韩逸插话:"那尤记者我也碰到过,在运-10飞机的现场。"

"哦,"杨司令停下脚步,意味深长地说,"他真对中国的航空发展感兴趣啊!很深入啊!"随后正面看着钟波达,语调变得更严肃起来,"钟波达同志,因为你不仅是军事记者,还是我们解放军的预备役中校,我还有个重要情况要告诉你,并希望得到你的协助,当然,不可外传。"

"我会做好保密的。"钟波达心头有种回到当年服役部队的感觉。

"在我们对不明飞行物问题进行核查时,我们动用了多种手段,包括前些时预警机经过浦东时的空情资料,综合各种情况表明,那个不明飞行物在上海地区共出现了三次,在黄浦江边两次,另一次在苏州河边,尤子奇看到的那次是飞行时间最长也是最后一次,还没有人向政府或军方正式报告,但在网上查到过有关议论,但最后被网友否定了。"

杨司令说着,带他俩来到了另一个更大的帐篷,里面设施很多也很先进,四壁贴挂着各种卫星照片。按亮一个投影仪的按钮后,屏幕上立时映现出相关的照片来,其高清彩显的效果,似乎要胜过三级甲等医院的核磁共振图片。

哦,原来发现者并不是尤子奇一个,钟波达心想,我原以为他是个神人或福将咧!不过,他可是个与这个飞行器特别有缘的人!

"钟记者,请注意看这张。"这时,杨司令提醒道。

屏幕上出现了一条河流,越变越大,也越清晰。钟波达看清了,这就是黄浦江,镜头像鸟儿一样沿着河流飞动鸟瞰,它停在了世茂滨江楼群的上方,连电线都清晰可辨。

"啊,这不是我居住的小区吗?画面怎么这么清晰,连电线都看得分明。分辨度达到0.15米了吧?这像是谷歌地球。"

"不是谷歌的,这是我们对公安系统的道路监控录像使用了增强技术。"

画面中出现了一个人，正是他在遥控夜空里的奇特飞行器。像放一段电影。后来当飞行器坠落后，他从围墙外的步行道上捡起它，又跑了。在临近街口时，他的面部变大了，也陡然变得清晰了。画面定格。

啊，是他呀！钟波达一下愣住了！纳闷堵上了他的心口，竟然会是他！怎么会是他？！尔后，这人一个拐弯后就不见了。

"这个人，请钟波达特别留意，在小区附近以前见过吗？"杨锋司令像一般调查般平静地问。

钟波达心潮涌动，但一瞬间哑然失语。

"如果没见过，那以后请特别留意。"杨司令的话音在继续。

"我见过，我昨天刚见过！"钟波达腾地站了起来，"不，在前天就碰到了！"他几乎是喊了出来。

"什么？""你这两天都见过？！"杨司令和韩老犹如触电般都愣住了。

"不但见过，我们这两天还时常在一起，一起吃饭一起赶路，晚上他就睡在我身边！昨夜里还一起看了北斗卫星发射！"

"啊，这是怎么回事啊？"杨和韩两人都大惑不解。

接下来，钟波达便把他跟忻飞这几天的交往详细说了一遍。

"他现在在哪儿？！"杨司令兴奋地问，"他还在西昌吧？"

"我们今天一早就分手了，我送他到长途汽车站，他说他要去广州和深圳。"

"他去那里干什么？"

"我把他追回来！"钟波达说着就按起手机号码来，"我这就给他打手机！"但手机就是打不通。

"怪了，他的手机坏了？还是关机了？"韩老瞪着眼睛问钟波达。

"可能有情况吧！"杨司令担心地说，"你知道吗？也有其他人在找他，就在前天晚间，上海那个地段的交通监控系统遭遇了来历不明的黑客袭击，我刚才给你看的这一段很可能已被复制下载了！"

帐篷里沉默了片刻，气氛严峻。

"我非常担心有人会走到我们的前面去!"杨司令抬眼望着钟波达,"我们得双管齐下,我这边会抓紧联系有关方面,你这边也请努力配合,尽快重新联系上他!"

·14·

"那您赶紧给他打电话呀,怎么现在还做游戏?"

"豪客比奇-4000"以近900公里的时速向广州白云机场疾进,就这个速度和舒适性综合而言,这架美国产公务机比名气很大的"挑战者"和"湾流"都要强。

林之风总裁和女秘书梦韵面对面坐在舒适豪华的座椅上。乘客舱有八个座位,后面还有厨房和健身房,但此时除了空乘人员外只有他们两个,氛围显得私密而温馨。可两人却相对无语,因为林之风已不经意地睡着了。

身穿淡青色修身西装和白短裙的姚梦韵显得窈窕清新,她以一种特别的眼神细细地端详着她的这位总裁,目光中有关心、有爱慕、有犹疑。他太高明太有能力了,而现在则太疲倦了,近日连续与国内好几个地方的企业、证券公司和基金会接触洽谈,为的是让他的房地产企业成功转型。一连串走马灯似的热情接待——宴会、观剧、马会、高尔夫、夜总会,少不了还有通宵搓麻将,但林总应酬自如好似行云流水。然而人非钢铁,现在他靠在宽大舒适的座椅上坠入了梦乡。

这时,空乘小姐拿着条羊毛薄毯过来,正要给林总盖上,但梦韵却把它接了过来,格外轻柔地给林总缓缓盖上,宛如一片羽毛轻轻落下。她似乎体验到了他会感受到的温暖,愿他能彻底恢复精力。她与他的结识和交往充满戏剧性,而该"剧"的走向却难以预测。

她同他是在电视台认识的,那是一个下午,她正跟着陈苏红到化妆间,因为她的带教老师钟波达正好有事,就让妻子带她去熟悉综艺节目。在化妆间里,陈苏红和一个风度很好的男子聊得很热,两人坐在相邻的椅子上,各由化妆师化着妆。梦韵起先以为他是资深男主持人,因为他的形象和普通话都相当不错,知识又渊博。当时梦韵在电视台的实习临近结束,即将在上戏的播音主持专业毕业,但进电视台好像无望,因而心情压抑脸色忧郁,这似乎引起了那位男子的注意,他几次从宽大的镜子里投来关注的眼光。

化妆结束后,梦韵同苏红姐以及他一起走在走廊时,才得知他原来是财经节目的嘉宾,而他也了解到她的情况。他抬抬玳瑁宽边眼镜再次打量她,宽慰地笑道:"别把所学专业看得太重,实际上转业也很重要,老话说'树挪死,人挪活'。这话换成现在的说法就是'转型发展'!"接着他还自身说法,说他原来是学飞机设计的,但他没有让专业框住,而是充分了解社会,及时投身房地产市场,并把企业做大了。

陈苏红在一旁打趣地夸他说:"林总的企业这几年就像吃了发酵粉,膨胀了好多倍,很快就要成上市公司了。"在走进电梯门前,这人递给了她一张名片。说如果没有找到合适的工作,可随时去找他。也就是在那天,梦韵的心结打开了,包袱放下了。

两个月后,也正是那张名片,成了她开启自主择业之门的一张"门卡"。在上海少遇的一个瑞雪飘舞的上午,她推开了他那"天下广厦"公司的旋转门,并在他身边做起了文秘工作。很快,她觉得这里的见识和收入都比广播电视行业要高。她从公司宽大的窗口向浦西望去,那电视台大楼不也只是万千广厦中的一幢吗?她心底的那份对电视从业人员的羡慕慢慢消退了,不仅如此,她还觉得有幸碰到了一位极有魅力和富有人情味的老板。此时,她又想起了这两天他爱说的一句自嘲,不禁笑了。

"你在笑什么?"传来林总的声音,哦,他已经醒了,正静静地瞅着自己。

梦韵脸颊有些泛红地回答："我想到你说的一句话：孙悟空没有找到金箍棒。"

"噢，"林总也笑了，"是啊，这两天在华东商海里乱转，好似当年孙悟空在龙王的东海里到处寻找，可我就是没找到我的金箍棒啊！唉！"他端起桌上的咖啡杯，呷了一口。"他们感兴趣的是我的资金实力，什么与我合资办新型企业，什么合办新基金，还说我学空气动力学的，预测金融市场和股市趋势特具内功，可以打遍天下无敌手。他们给的条件似乎都很优厚，但每项我看来都很玄乎！"

"是啊，就连我做秘书的都觉得不太靠谱。"

林总点点头，"心有灵犀一点通啊！"他把目光投向椭圆形的舷窗外，但外面云雾迷蒙。他又把视线移回到梦韵鸭蛋形的脸上，这是一张漂亮而聪慧的脸，两者兼具的年轻女性并不多见。他想起了她进公司以来的表现，由衷欣赏地看着她说："把你招进来是我的幸事。"

"呀，林总过奖了。"梦韵有些惶惑，"应该说能进广厦公司是我的幸运。"

"有好些人以为我是因为你漂亮和普通话好把你招进来的，以便做公关。实际上并非如此。我最初见到你就有一些特别的感觉。"

"哦。"梦韵的眼眸脱离了他的视线，她起身拿起他的杯子到咖啡机前加了些热的，又折回来。

"在我们公司，你的适应能力之快和感觉之敏锐非常突出，可能在我过去的商学院的女同学里也不多见。你虽是播音主持系毕业的，但对于我们公司主营业务的了解和熟悉之快，有目共睹；你对全国房地产市场信息的收集和分析，在有的方面已经超过了我们的资深业务员。这次随我外出洽谈，你准备材料的精细度和针对性也很令我受益，还有方向性的价值判断供我选择，红颜好找，知音难觅啊！"

梦韵心里有些忐忑。"我哪里给您提供方向性的意见啦，您可是有着数十亿资产、好几千员工的老总啊，小女可不敢造次。"

"瞧,好眼力何必装近视呢?你看我们这次出来,并没有一家航空业界的,但你却给我准备了不少这方面的重要文摘。瞧——"他一按桌上的按钮,舱壁的屏幕上立刻滚动出好几段相关言论,有的还划了不同颜色的底线:

"随着世界经济发展高效化、快速化、网络化、一体化进程的加快,都市中心区已开始主宰世界经济的发展,仅100座城市就承载了全球经济总量的三分之一。依靠通达的全球航空网络与世界各国相连汇聚各国优势资源要素,成为新时期增强国家竞争力的战略选择。"

"就像20世纪的高速公路、19世纪的铁路、18世纪的海港那样,航空业在21世纪决定了产业的定址,促进了城市的发展。今天,国际门户空港成为全球化生产和企业系统的关键节点。"

"在美国,信息通信技术产业及高科技公司的集群主要沿机场交通走廊分布,例如进出芝加哥奥黑尔国际机场的高速公路带。航空商业在全球贸易中的地位越来越重要。邻近浦东国际机场是高科技制造商群集中在张江高科技园区的一个很好的理由。"

……

"这些不是给我的一系列暗示和提醒吗?"林总又品了一口热咖啡,微笑着看着梦韵,"哎,你不喝点什么吗?"

"哦。"她按了一下桌上的按钮,召唤空姐过来,要了一杯茉莉花茶。随后她莞尔一笑,解释起来:"自从上次在中凯酒店您与美国分析专家的一番交谈后,我觉得您对转向航空领域好像心有所动,而且我觉得她讲得很有道理,便通过各种渠道抓紧收集了相关资料。"

花茶带着独特的馨香来了,缕缕氤氲热气与原先弥漫的咖啡香气一起,混杂成一种奇特又好闻的味道。

林总端直的鼻子不由翕动了下,他把薄毯交到空姐手里,边站起来边做了下扩胸动作,感慨道:"实际上,不仅是心有所动的问题,我对航空业的关注始终没有中断过,你想想我是国防科大相关专业毕业的,年轻时代为之倾注了多少青春、激情与心血!但如今要我把积聚的大资金投进去可非同小可,商场如战场,兵家讲天时地利,这可得斟酌再三哪!"

他双手叉腰站到舷窗前,云层已裂开缝隙,可以看到下面起伏的山岭和其褶皱里的村镇。

"前些年我一直在看中国通航工业的情况,我看到了哈尔滨飞机厂有起色,他们造的运-12和直-9好评颇多,但我国低空一直没放开,政策迟迟未下来,所以哈飞啊、威海广泰这些航空股票啊涨不动,上来了又下去,通航市场潜力虽大却难有起色,翅膀太沉重啊!不过,那个美国女人的一番话却犹如助燃剂,特别是对我国低空政策放开的时间预估使我心头又加了热度。外面的有些情报可能比较准,我们有时看不清,是'只缘身在此山中'。"

梦韵用心地听着,这时候她像个学生,确实,在她眼里,侃侃而谈并伴有激情手势的林总好似大学里的教授。

林总重又回到座位上,"你给我看的这些文摘也是我喜欢看的,作者约翰·卡萨达正是我很欣赏的美国航空商业专家。记得两年前我们上海在做关于'上海崛起'和'上海模式'的专题论证时,就特别邀请他做了关于全球经济中航空基础设施、竞争力和上海新发展之间关系方面的研究。"

"呀,我刚才言论中有的就是从他的研究报告中给您摘编的。"

"哦,怪不得我觉得有些熟悉,但后面几段还是第一次看到。"

"约翰·卡萨达和林赛合作出了本新著,书名叫《航空大都市——我们未来的生活方式》,我给您的后面几段文摘就来自那上面,该书的英文版出版于2011年3月。"

这回林总更惊讶了,"去年的英文版航空专著你也看了?!"

梦韵笑了,笑得甜美而有几分掩抑不住的得意。"出发前准备资料时我在同学间搞了次网搜,查到有个同学在民航大学给空姐上形体课,随后通过她我获悉了民航大学有几个教师正在翻译这本书。于是便把了解到的一些言论弄来让您先睹为快了。"

林总的手指在座椅的扶手上连连叩击:"好,当今善用网络者强啊!"

这时,空乘人员又过来了,送上了果盘,并告知20分钟后到达白云机场。

林总转脸看看窗外,机翼下已出现了蓝绿的大海。"嗨,这里一样有海,我们这次何必舍近求远,要去马来西亚海游?"

梦韵扑哧一声笑了:"不是海游,是嗨游!嗨游是新冒出的一个词,意思是在短时间里可以得到远距离的高品质旅游。您太需要调剂可又时间太紧,所以办公室主任就为您安排了这样一次特别的旅行。"

"可我们有公务机却不能直达,还要再换民航大客机,我们这里申报航线就需要一个月,这怎么能跟上世界的快节奏?"林总直摇头。"哎,大欣主任真的来不了了?"

"本来他会在白云机场跟我们汇合,可他老家发洪水了,只得赶过去,他说他已给我们安排了一个导游。"

"导游不要了,清静些。"

梦韵在手机的记事本上记下了。

"还有,如果救援武警赶不到灾区,我们这架公务机可给大欣的老家扔些方便面下去。"

梦韵吃惊地抬起头,见林总的嘴角带着笑意,知道他是开玩笑,嗳,这个林总啊!

公务机降落后,他们出了机场,再进机场,安检,一番忙碌,大飞机却晚点了,在贵宾室里待了一个小时。当飞抵马来西亚时,天已黑了,林总悻悻然说道:"不是嗨游是黑游了!"

梦韵不好意思地说:"我们没安排好。"

"这哪能怪你们。再说有你在我身边,我心里就像被夜明珠照着,明亮而悦目。"林总半开玩笑半认真地说。

接机的轿车已等候多时,在他俩上车后便直驶首都豪华的文华东方吉隆坡酒店。

用餐时,透过宽大的玻璃窗,可看到晶莹透亮的著名的双子塔。这是一个容易让人打开彼此心扉的上佳谈话环境,使得林总了解到梦韵来自陕西黄土高原上的一个农村干部家庭,她妈妈则是一个上海知青,难怪她既有江南女子的清丽长相,也兼有活泼和坚韧的性格。令林总感到特别有意思的是,她是双鱼座。而他所居住的汤臣一品的会所前,恰有一座他常驻足观赏的法国人做的双鱼座雕塑,两条鱼结伴相处,相向而行。

这使得他更喜欢这个姑娘了,因为自己虽然成长在大上海,却是一个城市贫民子弟。但他从小刻苦好学,在考试中一路高歌,最终得以进入国防科大。然而能顺利完成本科毕业和考上研究生,却离不开陈老将军夫人——他的恩师在学业上的指导和生活上的周济。由于他常去老师家,他同老师女儿陈苏红的关系日渐变得犹如兄妹。当他得知她爱上了钟波达时,也很支持。但同时,他也为自己树立了一个择妻标杆,不过他久久未找到够得上陈苏红那样的。日子就这样一天天、一年年地过去了。但自从看到陈苏红身边的实习生梦韵时,却使他渐渐觉得标杆似乎是可以移动的。

这一晚上的倾心交谈,使两颗心的距离在悄然拉近。

第二天午后两人一同到了海滨。这时椰林摇曳的海滩上已聚集了不少人,海水碧澄,沙滩奇长,泳者躺者,黑发金发,眼睛里无不漾着仿佛到了天国的舒心。快艇拖曳着降落伞,在白浪翻腾的浪带上翱翔,身着比基尼的姑娘在天上格外迷人,身边伴着翻飞的海鸥,犹如天使。

"怎么样?你也上去坐一会儿?"林总转脸问梦韵。

梦韵望了下,欲言又止,摇了下头。然而又想起什么:"林总想上去感受一下吗?"

林总不屑地摆了摆手,"噢,我飞机坐得太多了,对这种没什么兴趣,有一句话不是说'曾经沧海难为水'嘛!不过,这快艇彩伞也是道不错的风景,我们就在这沙滩上坐会儿吧,凭海临风,理理思绪。"

"啊,您还要为工作操心啊,大欣主任是特地安排您来放松疗养一下的。"

"唉,做企业家就是被抽打的陀螺,你想停也停不下来。好的企业家就得常考虑怎么把风险降到最低,又把利润做到最大。"

他俩走向一处高处坐了下来。他注意到旁边有孩子玩后留下的城堡沙雕,便随意地抓起一把潮湿的沙子,目光投向海面。

梦韵将一瓶依云水放到他的身边。不知怎么的,林总的目光给快艇和拖曳伞"粘"住了,足足有好几分钟目不旁视,就在梦韵觉得有些异样之时,他感慨道:"梦韵,你注意到没有?好风凭借力啊!前一阵子我们东跑西跑为了找好风,实际上不能光找啊!"

梦韵回望了下领悟道:"你是说要创造属于自己的风!"而她以往所记住的只是另一句话:"等到对的风,我们就能展翅翱翔。"她心底对林总的敬佩又增添了几分。

"对,一点没错!"他腾地站了起来,额前发在海风中拂动。他富有激情地说,"如果我们有好的机型,我们转型通航就有保障了!"

梦韵注意到他手里的泥沙已被捏成了一架飞机,并放到了城堡旁。她打趣道:"可这架看不出有什么特别啊?"

"这得好好想想。不过我敢肯定,这上面准能翻出花头来!"

话音刚落,一只排球兀地像炮弹似的飞来,林总头一偏,它把"城堡"砸得稀巴烂。可那架"飞机"却还好好的。林总喜形于色地站起来,双手抱胸端详着它:"喃,老天在明示我,我刚才说得没错。"

"哎,想不到您林总还蛮迷信的!"

"这不叫迷信。人对宇宙了解太少啦!我们人在世界上犹如那大海上的一叶扁舟,没有运气哪行?所以外国有不少企业家科学家都相信星相学。你说的这迷信其实也是科学啊!"

这话又让梦韵颇感新鲜。这时远处传来嚷叫声,梦韵看明白了,弯腰捡起排球,抬手猛地一击,排球拉出道弧线飞了回去。

"噢,你在运动上有一手啊!"林总不经意间看到了她健美的一面,"我也得像你一样,在机型上出个好招啊!"随后,他双手枕在脑后半躺在沙滩上若有所思。不时还在沙子上涂涂画画。梦韵有时忍不住伸头去看看,见那上面有飞机图形、有数字代码、有人脸,真有些像儿童画,不过还夹杂有问号、感叹号和连线,显得有些深奥。她知道,规划航空企业核心产品所涉及的范围可能比一般的飞机设计来得更广,也可看成是种别样的设计,好在这沙滩就是可不断推倒重来的"演示台"。

太阳西斜时,他招呼她走进了沙滩边的一家玻璃烧烤屋,并邀梦韵坐到了吧台上,面对赤霞烧红的海天。林总把泡沫溢出的啤酒杯碰了下她的酒杯,面呈喜色地说:"我想好了,我的拳头产品就是傻瓜相机式的轻型飞机。"

"傻瓜相机型?"她困惑不解,一边抬手拢了下被海风吹乱的头发。

"哎,姑娘难免头发长见识短了吧? 中国老百姓文化程度远比西方低。要把中国的通航市场做大,就得让轻型飞机好开,非常好开! 就像开电动车!"他很是自信地说,"你得记住这样一句话:'没有十全十美的产品,但有百分之百的服务!'"

耶! 梦韵细细品味着这句话,不由赞叹道:"林总……林总真是灵啊!"

"哈哈!"林总听着她的赞美将杯中酒一饮而尽,"你知道吗,我今天做出了一个重要决定,我们公司要立马开始转型,搞通用航空!"

"是吗? 太好了! 这对公司可是天大的好事!"梦韵情不自禁地端起酒杯,碰了下他的酒杯也喝了个杯子见底。

林总自信满满地看着她那青春洋溢的脸庞。"但要沉住气,别忙着发消息。我们必须尽快拿出自己的拳头产品。这就是我说的好风、强风! 无须多先进,只要能占领市场,就像当年桑塔纳迅速占领中国的轿车市场一样,我们将刮起一股消费的旋风!"

女秘书聆听着她老总的满腹"经"纶,深受鼓舞。

"今晚我就得打一些电话。我们早些回酒店吧,你也早点休息。"林总用餐巾擦了擦嘴巴。

不想晚上十点多钟,这位让她早点休息的住对门的林总突然按了她的门铃,"到我房间来,有要事请你配合一下。"见她有些惶惑,便忙笑着补上一句:"我没喝醉酒,放心好啦!"

这弦外有音的话让梦韵的脸唰地红了,但并没完全去除她内心的诧异和疑虑,她想拿个喷雾剂防身——这是女伴教她的。然而看到林总一刻没离的目光,还是放弃了。

进了林总房间后,他奇怪地拉了把椅子要梦韵坐下,而且把自己的手提电脑也交到她手上,似乎是要她记些什么。两人的距离约有两三米。

林之风接着"啪"地把灯关了。

"哎,您干吗?"梦韵不由轻声叫道,身子也颤抖起来。糟糕!连起码的喷雾剂也没带!

林总重又按亮了灯,抱歉地说:"嗨,我喝了点酒,虽没醉但还是有点丢三落四,刚才忘了交代你怎么回事了。"于是他便把前时参加上海航天系统的博士沙龙、遇见一个"出格"才俊的经过讲给她听。"我们不是需要有新机型么?我突然想到,那个年轻人的异想天开可能对我们有帮助,我要说服他从不着边际的幻想中走到现实中来,帮我搞出能大卖的飞机来。"

"那您赶紧跟他打电话呀,怎么现在还做游戏?"梦韵还没弄明白。

林总开怀大笑,"什么做游戏,我是邀请你帮助我唤回记忆,因为他当时没留下姓名、手机号,会务组那里也没有,他像是来无影去无踪,我想通过类似催眠的方式找到他的一些特征,再去进一步查找。乘我现在正好是似睡非睡,你就提些相关问题,记下我的回答,瞎猫碰上死耗子,说不定还真能找到有关线索呢。"

哇塞,梦韵柳眉轻扬,这林总总是出手不凡,自信且自在,可有时又令人迷惑。就像他的名字所透露的,要跟上这股林中穿行的劲风还真是不易!

·15·
在"外星人往事"讲述中两人乘机离去,留下张纸条

"啊,我终于来了!来到这魂牵梦绕的地方!"

身处广州黄花岗的忻飞喃喃自语,充满敬意地站在中国第一位飞机设计师冯如的墓前,单膝跪地献上一束鲜花。这是他有生以来买的第一束花,他也从未向任何姑娘送过花。此刻他心潮激荡,思绪纷飞。这里非常静谧,只有翻飞的鸟儿的鸣叫,他觉得,这些鸟儿是冯如最好的伴侣,或许,它们就是承载着冯如勇敢探索灵魂的精灵。那叽叽喳喳中可能正隐含着冯如对后辈设计师的叮咛。

他不禁敛气凝神,围绕着四方形的碑塔走着、看着、倾听着。

刚才他通过松柏夹护的长长甬道进来时,心头就升起一种穿过时空隧道的感觉。这时他抬头透过周围那高大的树荫瞩望蓝天,上苍显得尤为高广深邃,几团白云拂过,他瞬间看到了一片历史的天空——

那是1912年8月25日,在广州燕塘,观者如潮,冯如将驾驶着自己设计制造的飞机第一次在祖国上空进行飞行表演。这次活动不仅是为了向中国民众展示世界上发明不久的新奇飞行机械,还意在"开拓民智,推动航空军事"。为此,头戴飞行帽和脚蹬长筒靴的冯如先向到场各界人士和记者介绍飞机知识,接着驾驶飞机爬高数十米,环绕附近的山岭飞了一圈,飞机飞行正常,他操纵自如,场上不断响起阵阵掌声。冯如驾机继续升高,不想由于操纵过猛使得飞机失速,坠到地面机毁人伤,送医院抢救无效不幸牺牲,时年仅29岁。

忻飞默默想到,这个年龄比现在的自己大不了几岁。而当时冯如已做出了令世人注目的贡献,他1909年就成功设计并制造出了飞机,

仅比莱特兄弟发明飞机晚了没几年。他1911年回国是为了参加辛亥革命,被广东军政府任命为航空队长。

忻飞拿出手机,想与嵌着冯如照片的碑身拍张合影。

恰在这时,绿荫中闪出个人来。"我来给你拍照留念吧?"这人圆脸庞,挎着照相机,四十左右,笑容可掬。

他正是尤子奇!并已在此处等候多时。昨天钟波达在电话中向他解开了那奇特飞行器设计者是谁之谜,告知了他与忻飞的巧遇、交往和失之交臂的经过。但好在知道忻飞的去向,他判断这个钟情于飞机设计的年轻人来广州不可能不来此地。所以他要本来就准备去南方的尤老弟提早走,在这儿找到失联的他。为此,尤子奇昨天就赶到了此地,中午也不到外面饭馆就餐,到现在干粮已尽,饥肠辘辘、口干舌燥。不过,他可耐得住,比起过去在伊拉克沙漠、阿富汗山地里的战地采访,这些苦只能算是小菜一碟。

令他喜出望外的是那年轻人果真来了,五官特征和衣着样子与达哥描述的一模一样。而他尤子奇又选在一个非常合适的时机出现了。

忻飞见到他也是如遇救星,可没等交给对方自己的手机拍摄,这人就围着自己"嚓嚓嚓"按起快门,一连给他和冯如塑像拍了好多张。年轻人大觉奇怪,"先生,你拍照怎么像打机关枪连着拍?"

"你别管,你只要放松点就行了,哎,动动,换换姿势!"

一通拍下来,尤子奇向他招招手:"你来看看,拍得怎么样?"

忻飞走到他身边,尤子奇按起相机上的按钮,让他一张张看。

"嚆,拍得还真好!"忻飞发自内心地赞叹。

"那还用说,我可是战地记者。"

"是吗?"忻飞不禁细细打量起他来,"真的,不骗我?"

"那还有假,我让你看看我在伊拉克前线拍的战地照片吧!"说着,尤子奇的手指便又连连按动起来。于是,忻飞有生以来第一次看到了第一手的现代战争照片,尤其是看到美国战机各种作战影像时,包括美军基地里的隐身飞机F-117,更是对他肃然起敬。忻飞突然想到什么,惊奇道：

"呀,我这几天怎么这么有运气,接连碰到两个军事记者!"

"哦哦,世界上巧的事多了去了,同我奇遇更不奇怪,我名字中就带有一个'奇'字。我叫尤子奇。"他故作神秘地笑道,他并不急着挑明自己与钟波达的关系,而是想通过自己的亲自接触来了解这个做出不寻常发明的年轻人,这样他就要来一番"虚实结合"了。

"小伙子,看你对冯如这么崇敬,那么你看过'中国空军之父'杨逸仙的墓吗?"

"哦,杨逸仙墓也在这里吗?"忻飞感兴趣地问。

"就在旁边,你跟我来。"尤子奇来中国前"功课"做得还是蛮扎实的。他通过一些侨胞采访和资料搜集做了不少知识储备。此时他带着忻飞一边瞻仰杨墓一边介绍说,"你知道吗?杨逸仙的父亲是孙中山的挚友,他少年时就参加了同盟会。后来在加利福尼亚大学攻读机械专科,毕业于纽约茹米斯大学航空系。到了1918年,杨逸仙应孙中山之邀回国,筹建飞机队,多次率机队配合讨伐两广军阀。他还担任过孙中山任命的航空局长呢。"

"太了不起了,他和冯如都和孙中山的革命事业联系在一起啊!"忻飞敬佩地说。

"可不是!孙中山可是推动中国航空事业发展的重要推手!"尤子奇觉得说得顺口,继续侃侃道来,"他长期游历欧美国家,耳闻目睹了西方航空的发展和应用,包括军事上的运用。当他得知冯如做出了中国人自己的飞机时特别兴奋,因为他看到了飞机可用于推翻清政府和改善交通,逐渐形成了'航空救国'思想。也正是在这思想的感召下,最早一批由清政府派遣留英学习航空工程的留学生回国了,他们是巴,巴……"尤子奇没想到突然在人名上卡了壳。

"嘿嘿,巴巴,你揿喇叭哪?"旁边响起一个公鸭似的嗓音,"是巴玉藻!刚才还听你说得溜溜的。"

尤子奇和忻飞吃了一惊,循声看去,见不知什么时候来了一个五十多岁的光头男子,正坐在身后几步开外的草丛旁。他身材结实,皮肤黝黑,一手拿着啃了一半的玉米棒,另一只手拿了听啤酒罐。

"哎,老哥,看不出你也知道点造飞机的事!"尤子奇有些尴尬,转脸面对忻飞,"他说得没错,是叫巴玉藻,还有王助、曾贻经等几个。他们了不起啊,后来出力在马尾组建了海军飞机工程处,这实际上是中国第一所正规的飞机制造工厂。"

"哎——"光头一摆脖子,"你说的我全知道,可我知道的你大多不知道。你晓得吗?1931年,海军制造飞机处并进了上海的江南制造所。抗战爆发后又迁往内地,成为第八飞机修理厂,由造飞机变成修飞机的啦!"他边说边啃完了玉米棒,"扑哧",随手把它扔进了草丛中。然后站起身来。

哟!尤子奇都不由吃惊地看着他,此人的"肚里货"可不少啊,再细看他,此人脑门鼓出而红亮。言谈和长相都非等闲之辈!

尤子奇不禁上前一拱手:"请问老哥尊姓大名?从何而来?"

那人一愣,"噢,我不从何处来,就是这处人,广州东莞的,你们就叫我大师好了。"

"大师?"尤子奇和忻飞都感到有些眩晕。

"我本名叫施道环,周围人都爱叫我大施,大师,叫起来方便,听起来耳顺。"

"噢,大施,大师!"尤子奇是个爱开玩笑的人,"好呀,我们就叫你大师啦。"

认真的忻飞却不免追问道:"你姓施,为什么不叫你老施啊?"

这光头的眼珠往上翻了翻,"这老施听起来像学校里的老师,我又没干过那个,本人是空军机械师出身,技术超一流,自然该叫我大师了!"

嚯,这回答令忻飞和尤子奇再度惊喜。"幸会幸会!"尤子奇伸手与大师紧紧握手。这人为他的这次来华采访可多了个重要线索。

忻飞也兴奋得把手放了上去。因为在他研制飞机的伙伴中,物理、电子、化学、IT的都不缺,缺的就是这种有实际与战机打交道经验的人! 能人! 高手!

三人越聊越热火,大师转身从绿丛边上拿起一个军绿色挎包,斜背在肩上,又一同向外走去。

大师说:"当年我在空军部队先是当机械员,后来当机械师,还被派到越南战场去了解战况,亲眼看到好几个型号的美军飞机的战斗飞行。那老美的飞机真叫厉害啊,别说B-52的地毯式轰炸了,那F-4鬼怪式真是个鬼怪啊,是战斗机却常能对地攻击。"

尤子奇接上去说:"那F-4我知道,后来以色列贝卡谷地空战,就是用了这种飞机,这种飞机在当时技胜一筹,结合了计算机技术!"

……

忻飞支起耳朵听得是津津有味。忻飞想起了电影《现代启示录》中衬着瓦格纳音乐的直升机机群。

走出陵区大门时,光头大师感慨地说:"嗨,可惜呀可惜,冯如英年早逝,像这样年轻的中国设计奇才再也看不到了!"

"大师,你这回就一叶障目了,我们眼前的这位就不像凡人,我看他就是与飞机设计有关的! 我当记者二十多年,看人八九不离十。"

"噢,难道是我有眼不识泰山?"光头大师围着忻飞走了半圈,"小伙子,难道你真是学飞机设计的? 不要骗我咓!"

忻飞给看得脸面热烘烘的。

尤子奇面带微笑,继续加温:"哎,年轻人,你照实说,我倒要看看我的眼力如何。"

忻飞很惊讶于这位海外记者的眼光,怎么就让他看出来了呢? 到底是战地记者! 年轻人自然照实说了:"我确实是学飞机设计专业的,是西北工业大学的。"

"你们西工大有个飞机陈列馆很不错,我记得有米格-15,中间部分蒙皮被扒开了,看得见一条条龙骨。好像还有架比它大的,一时想不起来是什么机型了?"

光头大师看似平常问话，实是在检验一下这个年轻人刚才说的身份对还是不对。尤子奇也看出来了，也注意地瞅着，静等回答。

"那是架轰-5，它的蒙皮也给掀开了，内部结构可以看得清清楚楚，对于我们教学是很有用的。"

"没错，没错。"光头点点下颔，揉了揉鼻子，"你们那学校的航空专业底子好，早先哈军工停办时，把整个空军工程系都搬过去了。"

"呵，你对我们学校好熟悉！"忻飞不由对光头大师倍感亲切。

边说边走，尤子奇看到路边有个茶馆，当即热情招呼两人说："来来，我们进茶馆里坐坐，好好叙叙。"他在美国时也很喜欢到唐人街的茶馆坐坐，有时一泡一下午。

忻飞因为口袋拮据，不由有些犹豫。大师在他后背一推，"走，我请你们，都是因飞机缘走到一起来的。"

进去后找了间僻静的小包间，三人盘腿在竹席上坐下，叫了一壶普洱茶，又要了些花生瓜子之类的零食。

"我刚才看你在冯如墓上心是很诚的。不过呢关键还是要有成果出来，才能告慰他。"大师显得老道而犀利。

"是啊是啊。"尤子奇为了挖到采访线索也使劲敲边鼓。

就像石头给火烤的时间长了也会发烫一样，年轻人忻飞正是在左右两位好心人的夹击下，防范松懈了，情绪上来了。就在这谈兴甚浓的茶室方桌上，忻飞不由激动地泄露起他的"天机"："近一年来我牵头做了个新设计，要是以后能完全成功的话，应该是个全球领先的无人机。"

"凭什么说是全球领先的？"光头剥起桌上小罐里的花生，好像根本没在意。

忻飞咽了口唾沫，胸膛起伏着。他在犹豫着，似乎不想多说。

"能不能在某些方面超过五代机的，比如说超级机动？"尤子奇可是亲眼见过他那无人机的，所以适时在关节点上又点了一句，"比如说，不是旋翼机却能做直角转弯？"

这令忻飞又大感惊讶，不禁细看了他一眼，短暂犹豫后坚定地点了点头,"我们的飞机就能够做到。"

"不可能不可能,胡扯八扯的。"光头大师讥笑着端起杯子,咕咕喝了一大口茶水,转而面对尤子奇,"嘴上说说容易,我说我昨天刚从月亮上回来,你们相信吗?"

忻飞给臊了个大红脸,有些冲动地从背包里抽出手提电脑,"不信我这就来让你们看录像。"

手提电脑的翻盖被打开了,忻飞以极快的手法打了密码和动作口令。电脑屏幕闪烁了一下,出现了一段视频:

一架无人机在江边——哦,就是在黄浦江边的高层楼群前的绿化带上空上下翻飞着,它比海鸥灵巧,比鸽子迅速,突然间,它凌空做了几个直角转弯,画了个清晰而无形的五角星。

尤子奇和光头大师都看清了,如此敏捷的秘密就在于这架无人机的翅膀可做多样变化,像是个可上天的魔方,又好似真实版的变形金刚!

"我的设计目标不止于此,还想让它飞到天外去,做成一种特别的空天飞机。"忻飞激情难抑地说。随后也"咕咚咕咚"地喝水。喝下了他才感到口渴了,而且觉得今天这茶水特别清甜。

尤子奇和光头大师面面相觑,脸色大为惊异,据他所知,美国在这方面具有绝对的领先优势。如"轨道试验飞行器"X-37B、"驭波者"X-51A,都已实现了高超音速飞行。高度也已冲破了地球大气层,可以说是最接近空天飞机的无人机了。尤子奇既为忻飞这架无人机的有些绝活感到惊异,又为他的雄心和目标感到有些玄乎——遥不可及。就像听到了天方夜谭,不禁摇头困惑。

但这时的光头大师却并未表现出太多的怀疑,连剥了好几颗花生后说:"这世界上就没有想得到却做不到的事!我听说德国火箭专家布劳恩年轻时就常做白日梦,在国力并不很强的时候就敢于大胆设想,不停地设计各种新奇飞行器。到后来,哎,居然还做成了好几项,像V2火箭就是。但可惜他的垂直起飞截击机项目——就是把截击机与火箭结合起来的设想,居然没被德国空军采纳。但美国人英明啊,把布劳恩俘虏了又让他领导登月工程。"他喝了一口茶,在嘴巴里"咕嘟"了几下才咽下去。"至于你小伙子能做到哪一步我不敢妄测,但我希望你天马行空,永远不要停下来。"

"太对了!不进入这种癫狂的状态是做不出非凡成绩的!达摩面壁十年才修成正果;唐僧不怕妖怪,一路向西才取到真经,这世间只有做绝了才能进入极境哪!"尤子奇也带着热度鼓动说。

这时,大师从上衣口袋里摸出一根香烟抽起来,吐着烟圈看它们一个个飞升又消失。"小老弟啊,我只是有些担心你的研制条件,你怎么来解决你和外国的先进飞机制造厂家在这方面的巨大差距呢?"

忻飞吞吞吐吐地:"我周围有一些特别的合作伙伴……"

"哦,是些什么样的人?"尤子奇和光头大师的脸上尽管都竭力表现出常态,但语音还是透露出了压抑不住的极为关注的心情。

忻飞可是个敏感而聪明的人,他已感到有些失言,他的眼前也恍惚出现了一双双大小不一的伙伴们责备的眼睛。他不愿再说下去了,桌上出现了沉默。

大师的手指在桌沿上弹了几下,"别担心,说出来有什么困难我帮你。我们机械师被称作什么知道吗? 是'托举战鹰上天的人',是'天梯'!"

尤子奇透过茶杯里升起的水汽看着他。

"我不仅接触过许多战机,还接触过一些了不得不得了的飞行技术。"他左右看了看,"现在大家都认为美国空军最先进,可他们的技术是从哪儿来的呢?"

大师卖关子停下了,又剥起了花生来。

尤子奇觉得有意思:"哎,说说看!"

"一个是从德国搜罗到的,这个你们应该知道吧,1944年,美国组建了一支科学家队伍,这里面包括我们的大科学家钱学森,当时他还佩戴了个上校军衔。这支队伍跟随盟军进入德国搜集了不少重要技术。另一个方面就是外星人技术。"

忻飞的眉毛陡地扬了起来,目不转睛地看着他。

尤子奇则咧嘴哈哈笑了,"这我更知道啦,1945年,美国商人阿诺德驾机飞越华盛顿雷尼尔山的上空时,看见9个闪闪发光的碟形飞行物在编队飞行。从此以后,世界上就有了'飞碟'这个词,也不断有人声称自己看到过飞碟。不过,我闯荡世界这么多年,倒还没见到过。"

光头大师脸上现出神秘的表情:"嘿嘿,尤老弟,你没看到但我看到过!你们知道外星人在哪里出现得最多吗?"

"南美洲!听说在那儿发现的飞碟最多,有一部影片《向往将来》就展现了巨大的纳斯卡线条组合,据说那是外星人引导飞碟降落的。"忻飞条件反射地说。

"还有一个地方你们就未必知道啦……"光头拖着长音说道,然后短促地吐出两个字:"西藏!"

"西藏?世界屋脊?"

"没错,我当兵时在那儿待过好几年。那是二十多年前……"大师正要往下说,突然尤子奇的手机响了。

唉,这电话来得真不是时候,就像一群人在讲鬼故事之时,突然响起了敲门声。

电话是钟波达打来的,着急地询问"截到"忻飞没有?他其实已经等了很久了,哪想这尤子奇爱搞些"小创造小发明",做事走了样,也忘了及时给达哥去电话。

"哦哦,不好意思,战场上待多了,这记性不好。"

"别啰嗦了,到底找到了没有?"

"找到了,找到了,正在谈外星人,待会儿我给你打电话。"

光头大师的目光警觉地瞥了他一眼。

电话挂了,尤子奇做了个致歉的手势,示意大师继续说下去。

"我说到哪儿了?噢,当年我在成都军区当兵,啊,成都军区管的范围可大了,我实际是在西藏当兵,更确切地说是在喜马拉雅山脉里的一个军用机场当机械员,主要是维护歼-7飞机。那地方高寒缺氧,有些像你们在电影《冰山上的来客》里看到的景象,人烟稀少,真可谓白天兵看兵,晚上数星星。不过好在我这人天生喜欢与人聊天,所以不久便学会了不少藏语。"

尤子奇觉得他讲话有些拉拉扯扯,但忍着没有打断他。忻飞也巴望他尽快往下讲。

光头大师看着他们期待的眼光,似乎意识到什么,忙言归正传:"那时候,我去农牧民家帮忙或去镇上帮炊事班买东西时,常能了解不少情况,从僧侣和农牧民中多次听到了关于飞碟的传闻。"

"传闻?"作为记者的尤子奇对字眼是很讲究的,"也就是听人家说的。"

"不不,他们是亲眼所见。"

"那应该说是见闻。"说着,尤子奇呷了一口茶。

光头不断喝茶的动作刺激了尤子奇先前就想小便的念头,这时他有些憋不住了,起身道:"我上个厕所,等我回来了再讲。"

忻飞也想跟着去,但给光头大师拉了回来。

令尤子奇绝然想不到的是,待他从洗手间回来时,小包间里空荡荡的,两人不见了,只见一张字条留在桌上——

"不好意思,机械师提醒我,因您是记者,不便与您多谈,谢谢您给我拍的照片,有空请发我邮箱。祝万事如意。茶钱已付,请您慢用。"下面是忻飞的留名和电子邮箱。

"哼!"尤子奇气不打一处来。他实在搞不明白这是怎么回事?

·16·

"哎,这个别动!"

夕阳中的苏州河泛着炫目的金光。林之风和梦韵站在西藏路桥上,手搭遮阳,远近眺望。他们已走过了几座桥,林之风手拿地图,看上去像个观光客,实际上他从小就在这段苏州河岸边的棚户区长大,只是凭读书成绩好才走出了这里,走向了大山和军营,后来又阴差阳错地进了房地产业,靠出手不凡跻身暴发户一族,住进了沪上顶级地段的豪宅汤臣一品。今天他根据上次"催眠"所挖掘到的线索来到此地,因为那年轻人对这一带好像很熟悉。好久没来,这里的变化实在太大了,他才买了张地图。波光船影,往昔岁月的回忆不时涌上心头,他不免发出感叹。

"这刺眼的阳光也像在帮着隐藏他的踪迹!"梦韵打趣道,"不过我们已缩小了包围圈。林总,这个时候可不能泄气哟!"

"没有啊,"林之风扭头看着梦韵,觉得她在逆光中的身影特别富有曲线美,"我感叹是因为我从小就是在这儿长大的!变化太大啦,看那边,那座灰色商务楼的地方过去就有我家的芦席棚。"

"是吗?"梦韵闪着乌亮的眼睛看着面前这位资产数十亿的CEO,尽管她知道他出身寒门,但过去竟住芦席棚,这反差实在太大了。林总有时就喜欢说冷笑话。"我不信!"她摇摇头,撅起涂着透明唇膏的小嘴。

"你真不信?那我告诉你过去的一些细节,你可以向这里的老人去核实。"林之风可不是对自己出身低微保密的人,在这方面,他喜欢美国那些事业成功人士包括议员和总统的做派,乐于展示自己成功前的一路艰辛和奋斗,以吸引人们对自己更多的敬佩和支持。"这里过去都是大片的棚户区,拥挤脏乱不堪,一些羊肠小弄的间隔窄得能把筷子伸进对面人家的饭碗里。"

"是吗?"梦韵的眼睛瞪得比刚才还大,自己家尽管只是陕西的一户普通人家,但住房却宽敞。她难以想象,大上海竟是从这样的状态中蜕变而来的!但从林之风真诚的眼神中,她明白这是真的。

"过去对这里印象最深的就是黑臭的河水和黑烟滚滚的烟囱,而我们当时的小学课本居然将黑烟团形容为黑牡丹。上海这几年建设得真不错,不但苏州河水治理了,整个城市也都大改观了,从定位设计到功能提升,真的成了现代化的国际大都市。你看这周围,过去沿河的厂房也几乎都搬迁或改建了,嗯……"林之风突然像舌头打结。

梦韵转脸看着他。

林总思考的目光和她疑问的目光碰上了。"梦韵,先前我们到这周围的快捷酒店都问遍了,都没问出那年轻人的名堂,我想,他又不像在上海有亲戚。"说着,他又展目看了下苏州河两岸,"那他会不会住在这些老厂房里?"

"老厂房?那人家不赶他走啊?"

"不会,你不知道,现在苏州河边好些老厂房旧仓库变成了艺术设计室和创意空间。1998年台湾设计师登琨率先入驻上海苏州河边的仓库,后来好些艺术家纷纷跟进,外地来的可不少。"

"但那都是艺术方面的呀!"

"科学和艺术不是一个硬币的正反两面吗?"林之风拉了下梦韵的手,"来,我们一起去看看!"

"好!"梦韵点头响应。

两人几乎小跑着跑下桥面,他们体力都好,所以跑得很欢。

暮色渐起,深秋的晚风颇带寒意,林之风不由张开手臂把梦韵揽紧了,她不知是因为真冷还是为林总的情绪所感染,没有挣脱。

来到河岸的步道上,林之风的脚步慢了下来,手臂也放松了。驳船在堤岸之外驶向远方,行人稀少,路灯渐亮,周围充满了诗情画意。林之风心潮起伏,不由轻声哼唱起一首上海老歌:

> 夜留下一片寂寞,
> 河边只有我们两个,
> 我望着你,你挽着我,
> 星星在笑,风儿在妒,
> 轻轻吹起我的衣角,

我们走着迷失了方向
……

两人丝鬓相磨,林之风闻得到她头发中好闻的清香,梦韵则感受得到他臂弯的有力和温暖。她用心听着,直到最后的歌词消融在空气中。

一块"三尚艺术"的招牌把林之风和梦韵引进了苏州河边的四行仓库。他俩都记得过去看过的上海美术馆主办的"油画中国"画展,就是由三尚艺术协办的。这里的艺术氛围还真不错。有人向梦韵和林之风兜售起画来,因他俩从气质和年龄看上去就像是一个傍大款的挨着个富翁。经过一个画摊时,摊主提议给梦韵画一张。

林之风颇有风度地说:"今天没时间了,以后吧,今天我想打听一个人。"

"哦,问吧!"

"我有一个小老乡,听说就住在这附近,他的样子嘛,哎,劳驾你画笔借我用一下。"林之风接过笔在一张纸上勾画了几笔,然后问摊主,"请问这个年轻人你看到过吗?"梦韵在旁观瞧,不由再次由衷钦慕林总的才学修养。

"哟,老板你的人物速写不赖啊。"摊主很意外,拿起画细看了下,"嗯,这人好像没印象,哎,你们过来,帮忙看看。"

跑来几个年轻人,其中一个看了说:"我见过我见过,那人头发就这样老是乱蓬蓬的,我好几次骑自行车时看到他从那房子里出来,"那小伙说着,把林之风拉到窗子前,"看到吗?斜对岸,就那里,灰白色的房子。"

林之风看清了,梦韵也向他点点头。

两人向这些年轻人道谢后离开了四行仓库,向那房子的位置快步走去。

他们上桥时,迎面突然响起一个声音:"嗨!姚梦韵,你怎么到这儿来啦？"

梦韵和林之风都不由停下脚步。抬头一看，发现叫声是来自右前方一个抱纸箱子的年轻人。这人头发黄黄的、竖竖的，显然喷了摩丝。

"呀，是唐老鸭啊！"梦韵亲切地叫道，紧走两步，来到那人面前，"你不是分配去山西煤炭研究院了吗？怎么跑到上海来了？出差啊？"

"出差？"那黄头发年轻人笑笑，同时迅速地打量了一眼林之风，"也算出差吧，不过是自己让自己出差，差旅费都掏个儿腰包。"

"你说话还是这个味，脾性不改，好好跟我说。"

"好好，哎，你还没给我介绍你身旁的这位哩，他是你老师，还是你的上海叔叔？"

梦韵脸上有些挂不住，随即给他俩做了介绍。原来这黄头发年轻人是梦韵读上戏时同学的"同学"，他在同济读汽车专业，来串校看学友时认识了她也爱上了她，发力猛"追"，一度也花前月下，不过梦韵最终还是没让他"追"上。两人没成眷属也没成冤家，可都在心中或多或少留下了一些感伤。黄头发告诉梦韵，他工作虽在老家山西，但有空时还是常来上海，因为他们一些有志于发明创新的朋友相约成立了个创客组织，就在上海苏州河边的老库房里设立了活动空间，取名为"奇乐坊"。

"有意思，奇乐坊，创客！我还是第一次听说。"林之风对这个称呼颇感陌生，他只知道电脑网络的黑客、朋克之类。但梦韵多少知道一些。两个年轻人便互相补充着解释给林之风听。

"创客"这新潮词汇来源于欧美，指的是一群努力把各种创意转变为现实的人。而在这过程中，"玩"是他们的最大特色。他们各有所长又富有分享精神，因而他们的协调创造常会爆发巨大的创新活力。同时得益于现代信息通信技术的发展，他们把传统实验室的边界化解掉了，常常线上线下相结合。创客空间因而成了既能在网络上实现超时空链接，又可以进行面对面交流的社区平台。

"很有意思！那么创客们搞出什么大名堂没有？"林总颇感兴趣地

问道。

"有啊,像3D打印技术等等,多啦!"唐老鸭兴奋地回答,他一脚搁在先前放到地上的纸箱上,"不过,我们现在最困难的是缺乏项目的启动资金。而外国有不少基金会和企业家会热心给创客们提供帮助。"

林之风听着若有所思地点点头。突然间,他脑中有一条思路闪电般链接了:我要找的博士生会不会也是位创客?他旋即又拿出了那幅画像,放到这位男青年面前,试探地问:"我这位朋友也在你们当中吧?"梦韵也急切地看着他的反应。

"怎么带了幅画来?有意思!"唐老鸭手按方框眼镜定睛看了下,抬头道,"没错,看那样子就是我们这个创意平台的台长。"

"他也是台长?我过去只听说过电台、电视台的台长!他叫什么名字?"林之风舒展地一笑。

"忻飞。"唐老鸭随口答道。

林之风没听明白:"心飞?心在飞?不是真名吧?"

"是真名,你看那两字是这么写的!"唐老鸭随手按出了手机的通讯录,"哎,是你的朋友怎么不知道他的名字?"

"我们是前不久在一次博士沙龙上认识的,今天想来拜访他。你们的奇乐坊就在前面那幢灰色大房子里吧?能给我们带个路吗?"林之风商量道。

唐老鸭摇摇头,"我不是王二小不肯给鬼子带路,不巧啊,他刚去了四川。"

"哦,"林之风看到下面河道中有一条驳船正"突突突"地开进桥洞,略一沉吟说道,"那就麻烦你带我们去你们的奇乐坊看看吧?"他又看了一眼梦韵,意思不言自明,推一把!

梦韵一弯腰抱起了地上的纸箱。

唐老鸭忙夺过纸箱,"怎么好让美女受累呢!我以后再出来搬一次就是了。跟我来吧!"说着,转过身来。

"你箱子里是什么东西?"梦韵边走边随意地问了一句。

"爷爷辈的联想电脑,又出故障了,我想送它去修。"

"怎么,你们这些创新才子还用那么老旧的电脑?"

"没钱哪!别看我这些创客中有博士、硕士、学士,有助教讲师工程师,可钱袋瘪瘪,人家看我们就像个'屌丝'。"他肚里牢骚不少。"我们这些创客一年也碰不了几次头,路费也是省吃俭用来的。当然,我们还是很感谢互联网时代!"

一阵冷风袭来,冷得大家都侧过身子。

"哎,待会儿我请你吃饭。以后我送台新惠普电脑给你们!梦韵,记下啊,明天就叫大欣主任安排送过来!"林之风倒不是摆阔,而是由衷地要帮这些难能可贵的年轻人一把。他一直铭记着陈将军夫人过去所给予自己的帮助。

三人边说边走,不一会儿便走上了灰色大库房外的水泥楼梯。到了二楼才拐进走廊里。

这时,从走廊尽头传来一阵争执声:

"给你商量了好半天了,你让我进去参观下又怎么啦?"

"不行就是不行,你要找的忻飞不在这块!"苏北口音的小年轻在拒绝。

"哎呀,我是他的驴友,我不是给你看过记者证了吗?"咦,这声音挺耳熟。

"哎哟喂!现在记者证满天飞,哪个知道你这记者证是真的还是假的!"

"唉,小兄弟,你也不能乱猜啊!"

这人不是钟波达吗?!林之风和梦韵都听出来了,也看出来了!因为此时他们距离门口不足几米远。

他来干什么?林之风拉了一下梦韵,想回头,但唐老鸭却加快了脚步,催促他俩:"哎,怎么不走啦?跟我来。"

此时的林之风已别无选择,硬着头皮跟着唐老鸭来到了门口,并伸手拍了一下钟波达的肩头:"达哥,你怎么在这里?""钟老师!"紧接着是梦韵尴尬的叫声。

钟波达倏然回头,看到了林之风和梦韵,也很惊讶:"哎,你们怎么到这里来了?"

林之风和梦韵一时都找不到恰当的语言来解释,干脆直说了吧。"我是来找忻飞的,就是上次跟你讲起的那个在博士沙龙发奇谈怪论的年轻人。我当时对他冷淡了些。今天想过来同他好好聊聊。"他擦了擦额上的汗,不知是走热了还是别的原因。"你怎么也来这儿了?"

"你想不到吧,他是我的新驴友!"

"是吗?世界真小啊!"林之风的眼镜闪亮了一下。

"你们都是找忻飞的!忻飞成了热门人物了!"唐老鸭把纸箱往房里用力一蹬,"来,都进来吧,外面够冷的,冷空气下来了。"他转脸对那位严格把门的精瘦伙伴说:"没问题,小门神!让他们进,这些人是忻飞和我的朋友!"

那年轻人这才让开条路,但黑亮锐利的眼神依次把他们"扫描"了一遍。

进了门来,梦韵好奇地问唐老鸭:"那个年轻人那么瘦,又不经打,怎么还叫他做保安?"

唐老鸭扑哧笑了,"这里没钱没色,养个保安干吗?他是我们的网安。过去是顶级黑客出身,后来转黑为白,成了网安了。我们这里经常冲浪又搞设计,没有出色的网安不行啊!"

钟波达仔细地听着,当然眼睛也没闲着:

这里面积虽不算大,但功能区众多,布置紧凑。侧面靠墙还有一架小梯子可通到上面一块搭出的区域。目力所及,可看到这里的航空研究特色非常明显。墙上有不少世界名机照片和幻想图,最多的还是形形色色的无人机。

"来来,快坐快坐,不好意思,这里太乱。梦韵老朋友,我今天也只能招待你和你的大老板喝矿泉水了。"

"没关系,没关系。"林之风和梦韵分别坐到旧沙发和转椅上。旁边一张由两张写字台拼起来的工作台上,放着电脑、电烙铁、书籍、茶缸、充电器、方便面等,看得出他们平日工作与生活的紧张忙乱。

可钟波达似乎没听到招呼,也没坐下来。因为他的视线被桌上的一架特别的飞行器模型之类的东西吸引住了。他伸手过去想拿起来。

"哎,这个别动!"小门神突然再次"把门",表情似乎更严肃了。

· 17 ·
在那个"怪"地方,重要资料不翼而飞

广州汽车总站候车室。人流熙攘。

忻飞拿着已充好电的手机回到原来的座位,只见大师正屈腿躺在座位上,睡得正香,口水都从嘴边流了出来,看样子他昨天是熬夜了。忻飞伸手拿过一旁人家丢弃的一叠报纸,拆分开盖在他凸起的肚子上。看着他,忻飞心中涌动着不安和激动。

之前在茶馆,乘海外记者尤子奇在洗手间时突然离去,着实是很不礼貌也不够朋友,但实在出于无奈。不光是因为光头大师的死拉硬拽,这位曾经的部队机械师提醒他不能再跟记者聊下去,他要讲的与外星飞碟的奇遇可不想让天下人都知道;而忻飞这边也同样不能同外人多聊,他想起了他们西工大航空学院贴在走廊里的一句宣传语:"不要为泄密找理由,而要为保密担责任。"于是他别无选择,往桌上扔了茶钱便跟着光头跑出茶馆,快速穿过几个街区,来到了长途汽车站旁的肯德基餐厅。

由于在茶馆时已吃饱喝足,进门后他们什么都没要,只是找了个僻静角落坐下。在忻飞非常期待的热切目光中,光头便正儿八经地讲起他与外星飞行器的奇遇。

"忻小伙啊,你要知道,我在西藏当兵时,听到一些飞碟的传闻起先我是不相信的,那不是牛皮哄哄嘛!可后来却来了个一百八十度大转弯,原因是有一次我在小饭店吃饭,同桌的是一对去拉萨的藏民夫妇和一个八九岁的男孩,就在等着上菜的时候,那小孩居然在一张白纸上'簌簌簌'画出一只飞碟来,周围是星空和山脉。这真让我大吃一惊,那小孩完全是凭想象和记忆在画,但想象也不会是凭空的啊!"

哦?忻飞的精神头上来了。"你向他们打听了吗?"

"那当然,我就在吃饭的时候对他们来了一番刨根究底。原来他们来自喀喇昆仑山口,那是与喜马拉雅山交汇的地方,在那里见到奇怪的飞行物并不是稀罕事,有圆形的、三角形的,还有雪茄形的。他们还说,最近当地学校搞儿童绘画比赛,超过一半的图画画的都是空中和山上的奇怪物体。"

忻飞听得张大了嘴巴。那个光头仿佛就是个甩鱼钩的渔夫。

"听的来劲了吧?别激动,后面更让你心动呢!那次饭店相遇使我做出了一个重要决定:今年探亲时不返老家了,就到喀喇昆仑山口去一次!百闻不如一见,我倒要亲眼见识一下!"

"对啊!要是我跟你在一起就好了!"忻飞一捋袖子。

"嘿嘿,说起来容易做起来难啊!那地方高寒缺氧,既像仙境,又像魔境,随时可能要了你的命。只能在夏天出发,我早早请好了探亲假,就在那年'八一'建军节后,我肚里油水足足的,背起背囊动身了。部队车子把我送到了日喀则汽车站,但我在里面转了一圈就出来了,搭了一辆解放牌运货卡车折向西走了,这车顺着新藏线开往喀什,就这样,我们在喜马拉雅山脉中穿过阿里地区,翻过了海拔四千八百多米的拉梅拉山口,随后就进入新疆西部。"

"哎呀呀,你像特种兵啊!"忻飞的眼里露出神往之情,"阿里地区可是'世界屋脊的屋脊'呀!"

"一点不错!那趟高原旅途可不好过,你坐在车里,可比你在内地爬山还累得多。我在喀瓦克这地方下了车,你别以为出了西藏山就少了,那可错了,这已来到了帕米尔高原上,满眼群山浩荡,后来我查地图才知道,那里是欧亚大陆的山结,什么喜马拉雅山脉、兴都库什山脉、昆仑山脉、天山山脉,好些世界闻名的大山脉都是从那里发端的。而帕米尔这词在塔吉克语里也是世界屋脊的意思。在喀瓦克我住了一晚,还溜达着寻找去神仙湾方向的车子。"

"神仙湾?这名字我在新闻报道里好几次听到过!"忻飞听得更入神了,"那里不是有个很偏远很艰苦的解放军哨所吗?"

"对,那哨所离国境线和昆仑山口都很近了,一般人根本进不去那地区,亏得我这身军装使我顺利地搭上了一辆当地牧民的皮卡,朝哨所方向往南颠簸行进了一百多公里,我在玛克苏木布拉克下了车。哎——"大师突然停顿了,轻而有力地一拍桌子,"天文点听到过吗?还有天神大阪?也都散布在那附近。听着这些名字你就该知道那地方太不同寻常了。"

哇噻!忻飞在心里惊叫道,但怕打扰他的讲述,并没有叫出声来。

"我进入了喀喇昆仑山口时天色已暗,在那里行走,你就能真正知道什么叫'星光大道'!那里海拔和空气洁净度都很高,无数的星斗所散发的光芒把弯曲的山路照得发白,而高山反应又把我搞得腿脚有些发飘,感觉就像走在天路上。当然我眼睛没忘了左右张望,抓紧往里走了一程后,腿走累了眼睛也酸麻了,也没任何发现。我就在林边放下背囊准备扎小帐篷。可就在这时隐隐看到不远处山脚有光束在闪,我以为有汽车来了,但却没听到马达声,——啊,接下来我真是大开眼界!开天眼了!"

忻飞的眼睛也蓦地瞪得老大。

"我就看见一个圆溜溜的飞碟,从山背后忽然垂直升了起来!还亮着一圈灯!我吓得赶紧趴在一块大石头后面,浑身冰冷,额头上的汗水一个劲地往下淌!"

"你胆子其实还蛮小的。"忻飞不满意地摇摇头,"有点'叶公好龙'!"

"唉,你小子是站着说话不腰疼!我真怕给外星人抓去开膛破肚做实验了。你不怕?!"光头大师伸手在忻飞额头轻敲了两个"毛栗子"。"当时我的眼神可一点不落地紧盯那飞碟,随后就看到它在右前方两三百米开外低低地掠过,像章鱼瞪着眼睛,奇怪的是它依旧毫无声息!然后幽灵似的钻入了星空。"

忻飞以为他说完了,愣在那里呆想着。过了会儿说:"不会是你的幻觉吧?因为你心里一直期盼有飞碟出现。"

"看看,你们这些大学生研究生就喜欢怀疑这怀疑那!"大师不满意地晃晃脑袋,但接着又凑过来,表情愈发神秘,"告诉你,那天天一放亮,我就往夜里飞碟冒出来的地方赶去,我看到那里原来是个大山凹,我就仔仔细细踏勘起来,没发现地上有烧焦的痕迹。但我发现有几个大山洞。我吃不准它们是不是与外星飞船有关?于是我硬着头皮摸进去了,走了一段捡到个莹亮的管状套层东西,这不是天然的,像是个零部件,但那样的零部件我在汽车和飞机上都从没看到过!"

他的脸上呈现出如获至宝的光彩。"自那以后,我就成了个UFO迷,直到现在我还一直关注着那里的各种消息。听说这几年印度军方还使用了移动雷达和光谱仪对那里的UFO进行了探测。"

"哦,我也看到过这样的报道,"忻飞想起来了,兴奋地接上去说,"但好像这些飞行物只能被看到却不能被探测到!"他可是个喜欢深入思考的人,很快疑问浮上心头,"可外星人为什么要把飞碟基地放在那儿啊?"

"这你就不懂了,那里可是地壳最厚的地方,一块板块插入另一块之下。厚度是其他地方的两倍。有专家分析说这样就便于造很深的地下基地。啊,我还听说希特勒也派人到世界屋脊去,为的是找寻超级力量。那一带真是非常之地啊!我给你看几张照片。"

说着,光头大师掏出手机,给忻飞翻看起来,"喏,这是'冰山之父'慕士塔格峰,过去唐僧的取经队伍在那附近死了不少人;这是它下面的湖,蓝幽幽的,一看就像神仙住的地方,其实神仙就是外星人!哟,看出来了吗？这，这就是我捡到的那个离奇的东西！"

忻飞用手遮挡着窗外的阳光，睁大了眼睛，这东西真是怪怪的。"那能看到实物吗？"他问。

"想看实物？年轻人！"大师瞪大眼睛看着忻飞，看得忻飞心里发毛，"这东西我通常是不让人看的，但今天看在我们的缘分上，行，现在我就带你去！"

"太感谢了！上你家？"

"对，去东莞！"

"东莞？不在广州啊？"忻飞原本想去冯如故乡恩平的，听说那里建了纪念馆，就建在恩平市恩城北部的鳌峰山顶。

"噢，我还以为你有什么急事，那纪念馆又不会飞走，以后随便什么时候都可以去。而我这外星东西可不是轻易能看得到的，过了这个时间说不定我就改变主意了。而且去东莞很近，长途汽车站有流水班车，一个多小时就到了。"

于是两人就这样来到了长途车站，当忻飞要给他买票时，他一把扯开他说："你学生摆什么阔，站旁边去！"买来车票后，忻飞突然想起要给手机充些电。

这时，电充得差不多了，光头大师也醒了，他伸了个懒腰说："走！"

上了车，大师带着他走到最后一排，说这里位子高，看景色角度最好，前后左右都可看到，就像飞行员在座舱里。

车子缓缓驶出车站，忻飞好奇地看着窗外，他想，南方就是充满活力，是因为气温高吗？按物理学原理来说，物体的温度越高，分子的运动就越快。

大师像导游似的在他耳边嘀咕："实际上东莞是非常值得来的，特别是你们这些想创业的年轻人，你知道东莞有一个什么别号吗？"

忻飞努力想着，"哦，东莞好像跳楼挺有名的，对了，富士康就在东莞吧。"

"嘻，你就记住跳楼的，东莞响当当的别号是世界工厂！"大师气不打一处来,"好名声你记不住,还搞什么高端设计？听好啰,在东莞,全球 500 强企业有 45 家,境外上市公司 800 多家！"

车行没多久就进了东莞地界。忻飞注意到,这里不像他的家乡四川那样城乡鲜明。"怎么一会儿像城市,一会儿又像乡村,有点怪。"

大师的声音又在他的耳边响起:"别说什么怪不怪的,就怕你看不明白！睁大眼睛看看哦,这里可是引进外国城市规划理论建设的,就是要城乡难分。"

下了车,已是傍晚时分,这时天幕还亮着,而霓虹灯已亮起,市容显得特别富有魅力。

大师带他进了一家档次不高的宾馆,"啊,凭我们的收入,只能住这种中不溜秋的地方,以后你发迹了,可带我去住高档宾馆啊！"

忻飞不置可否地点点头。

来到主服务台,忻飞这回坚持要自己付费。

里面一个女的登记时告诉他:"我们这里活动很丰富的,卡拉啊什么的要不要？"

"什么卡拉？"

"就是卡拉 OK。"光头大师在一旁鼓动,"玩玩嘛,入乡随俗。"

女的跟着说:"对啊,别不舍得花钱啊？"

这一句触到了忻飞的自尊心。"不是钱的问题。"

"哦,是不想参与到嫖娼活动,那我介绍你一个娱乐活动,保证没问题。"

大师接过她的话头:"说吧,你就说吧,什么活动？价钱不贵吧？"

"不贵,有益健康,娱乐身心。这活动很多人参加的,就是打飞机。"

大师:"打飞机？好啊,我这位小兄弟就是搞飞机这一行的,来来,我来付账。"说着就从口袋里掏出一张百元钞票。

忻飞伸手就拦下了大师的手,"我自己来。"说着,迅速从自己的皮夹里掏出钞票递给了女登记员。

那女的含笑道:"小伙子真爽快！待会儿保证你玩得开心！"她把一

张房卡交给了施道环,"这是你们的房卡。"

到了三楼,进了303房间,两人放下了东西,大师突然想起什么,"你先洗洗,烧点水,我去街上买包烟。你别离开房间啊。"随即带着房卡出门了。

忻飞打开电视,没坐几分钟,响起了敲门声。他过去开门。

见是一位年轻的姑娘,穿着黑色吊带衫,外套白色花底衬衫。她的模样有几分姿色。

"你找谁?"

"你是这里的房客吧?是你刚才定的打飞机活动吧?"

"是啊!"

"我就是来跟你打飞机的。"说着,一闪身进来了,同时一只手把房门带上了。随后就径直往里走。

忻飞愣愣地看着他,她身上散发出的浓烈的香气,这种香味他可从没闻到过。

姑娘坐到了床上,拍着床沿神情大方地说:"过来呀,没事的,我们又不是搞卖淫嫖娼。"

忻飞不知这打飞机怎么玩?便走了过去。这时那股香味更浓烈了,他不由看了看她的脸。嗯,有种亲近感油然而生。就在这时,姑娘突然蹲了下来,帮他解起皮带。

忻飞触电般地拉住她的手,有些发急地说:"你干什么?我可不是……"

"我知道你不是,我也不是,你出那点钱我也不会让你上身的。"说着,没等忻飞想明白,她已麻利地把忻飞的裤带解下了,同时一只手伸了进去,几乎与此同时,她的柔软嫩滑的手已握住了他的……

这一下忻飞简直是手足无措,他意识里想挣脱但他并没有那样做,他只是哑哑地说了声:"这是什么打飞机呀?!"但这话刚说出口,他心里就明白了为什么叫打飞机了。她的香气直钻他的鼻子,熏得他脑子发昏。

"舒服吧?"姑娘抬头看着他,那眼睛漾着笑意,"以后有兴致了就再来找我。"

"笃笃!"突然响起了敲门声。

啊,是警察来了?!忻飞吓得赶紧提起裤子拉着这女的就跑进了卫生间,把门轻轻关上了。他听到有人进了门,走到了里面,忻飞不知道走进来的到底是不是警察,由于电视开着,那声音遮住了房间内外的声音。可那女的毫不紧张,伸出白嫩的手摊在他的面前。哦,要钱,忻飞赶紧从裤袋里掏出仅有的一张百元钞给了她,她随手塞进了胸罩。然后又递给他一张纸。

"不不,我不要发票!"

那姑娘扑哧笑了,还是把纸放进了他手上,对着他耳朵说:"这是我们的服务项目,以后可挑选着来。"忻飞看到那上面印着什么"老汉推车""引蛇出洞""冰火两重天"等等。一种恶心不洁感瞬时漫上了他的心头。

那姑娘笑着捏了捏他的耳垂,"好哥哥,你害怕什么呀,我又不是卖淫,我要走了。"说着,她坦然地拉开了卫生间的门。

这一下忻飞可吓坏了,像给钉子钉住似的没法动步子。可那女的转脸看了下卧室笑着叫道:"嗨,哥哥出来吧,房间里又没人,看把你吓得!刚才那声音大概是电视里的声音。"随后高跟鞋"嗒嗒"地响着毫无顾忌地走远了。

忻飞跳了出去,一看,果然卧室里并没任何人影,他轻松地喘了口气。然而,他很快触电般地心头抽紧了,因为他看到自己原先放在圆桌上的手提电脑不见了!

他蒙住了。随后急得在房间里打转转,像个陀螺似的。自责、后悔、痛苦漫上心头。

此时,光头大师手指夹着冒烟的烟卷走了进来。

忻飞猛地站住了,急急地问他:"刚才你进来过吗?"

"我刚回来,怎么啦?"当他了解了忻飞焦急的原因时,也大为吃惊,赶紧帮他在房间里像篦头发似的找了一遍,但确实没有。"没想到这里的小偷还这么厉害。算啦,我就在这里给你买一台吧,东莞这里的电子产品便宜。"

"唉,你不知道,我那架在研无人机的不少重要资料就在里面哪!"忻飞带着哭腔道。

"啊,那,那赶快报警吧!"大师急切嚷道,随后又眼珠一转,"你刚才有什么疏忽没有?"

"……"忻飞眨巴着眼睛,无言以对。

"你刚才在房里,那小偷怎么跑得进来?"大师追问道。

忻飞的脸一下红到了耳朵根,掩饰地:"我,我大概低着头看书……算了算了,暂时不报警了。"

大师笑了,笑得不阴不阳。"多一事不如少一事,能忍则忍吧。"

忻飞跌坐在椅子上。

"小兄弟,天下之大,没有过不去的坎,休息一会儿就好了。"大师自顾自脱下了衬衫、鞋袜,"我去冲个澡。"

洗手间门砰地关上,水声哗哗。

这边,原本自信满满的年轻脸庞此时青一阵白一阵,他心头的那道坎真过不去啊!他迈不开自己的腿,他眼前闪过创客伙伴们一起为梦想鏖战的日日夜夜,他愧对他们!更为那手提电脑中凝聚着自己多年灵感和心血的结晶被窃而心痛万分,恍惚间他感到正在攀登摩天高峰时,脚下已攀了大半的"天梯"忽然被蒙面歹徒突然抢去了。

他额上沁出一颗又一颗豆大的汗珠。

不,不行!他腾地站了起来,不能做缩头乌龟!手提电脑失窃必须对伙伴真情相告,纵然脸面无光,不能耽搁!他拿起手机,拨通了奇乐坊小门神的手机……

没想到小门神接听后"嘻嘻"笑了,"莫得想到你也会摔在花砖上,也难怪啊,是肉身而非泥塑,我过去遭遇的比你还邪门哪!现在莫急莫急,窃贼要蹿开我设的密码安全门绝非易事,没个三四小时别想有条缝,他功夫不行时就会上网讨救兵,我会立马知道他的位置。我早在我们平台每个创客的电脑里都设了自动报警程序。"

"噢!是吗?"陷在黑漆漆心境中的忻飞犹如见到了洞口的亮光,这个黑客出身的网安就是厉害!"那怎样才能及时夺回来呢?"

"再找警察叔叔可能来不及,就是找来了还要解释老半天,很烦的!最好在当地有支我们自己的别动队⋯⋯"

"嗐,小门神,你说说就会开起无轨电车来。我在这里人生地不熟,别说别动队,就是少先队也难找啊!"

"哎,有,有了,你上个月不是说要联络深圳那边的创客朋友,叫什么灶头间?不不,不是灶头间,是柴火空间,还有什么南海空间⋯⋯"

"我是说过,本想等到有空的时候,专门去拜访一下,见个面交流一下,现在这样怎么行?太坍台了。"

"哎哟喂,没得关系!你那受骗的事先不说,只提失窃的事。他们到你那里快!南方摩托车多,有几辆在大街小巷里穿行,我只要地址一报,他们立马能赶到。你不能失去机会了,就今日联系他们了。我们上海和广东的创客早点联手不是好事么,越早越好!就像那朱毛井冈山大会师,后来成百万雄师了!"

"你又扯得没边际了。不过,说的是有道理。我这就同他们联系!"

这时他听到洗手间里的水声小了,停了,大师的澡洗完了。他可不想让自己联系的情况给大师听到,忙离开了房间,径直来到了楼下的绿化带。

拨通深圳创客的电话后仅五十几分钟,失窃的手提电脑还真就失而复得了,是在一家网吧里找到的,当时冲进去时,发现这手提电脑正放在靠角落的桌子上,连着网线,但屏幕是黑的,桌上烟蒂不少。该座位上没有人影,可能是被多辆摩托车来到门前的轰响惊跑了。

忻飞拿回了电脑十分高兴,自然要向深圳的创客朋友们表达谢意,他一手抱着电脑一手连拉带拽地把他们拉向附近的餐馆。"不用,不用。"深圳朋友说帮这点忙算不了什么,最后给拉的没办法,申明今天聚餐须是AA制才坐了下来。

聚餐会很快变成了两地创客的交流会，而异地连线又超越了距离阻隔，上海这边也有不少创客参加。创客们对于探索和创造的强烈热爱使他们很快通报起自己的项目，以及以后可能的合作方式。再接着，交流会又变成了讨论会，甚至是辩论会。只因他们都太富有见解和独特个性了。

当讨论触及一系列有关未来的前沿问题时，阵营就不是以生活和工作地方为界了。特别是探讨电脑能否胜过人脑这个时新的尖锐话题时，更变成了混战。各种稀奇古怪的例子和说法接连碰撞。忻飞很快从丢失电脑的沮丧中解脱出来，迅速恢复了"创客英雄"之本色。他拿了两个啤酒瓶突然跑到几张桌子的中央，大声说道："你们几位说人脑必定胜过电脑，有什么依据？说来说去就是因为电脑是人创造的。别说以后，现在我就感到人脑的缺陷十分明显，举一个常见的例子，人的注意力往往只能集中在一个方向上！你能一手做数学题，另一只手画画吗？而战机上的火控系统就能同时计算和指挥多枚导弹攻击不同的目标！人脑行吗？！"忻飞说着举着啤酒瓶走过每张桌子旁，豪迈地笑问："有哪位说自己能这样，我立马把这酒全灌进肚子里！"

好几位持相同观点的创客立即用筷子敲打起碗边，给他助威。

忻飞更进一步说道："我国有句老话叫'青出于蓝而胜于蓝'，我们年轻人也喜欢说'长江后浪推前浪'。"

有个姑娘快人快语地接口道："前浪死在沙滩上！"

忻飞笑着纠正道："我这里说的不是这个意思，我是想说'一代更比一代强'！子女是父母生的就不能超过父母吗？机器人就是我们人类的孩子，凭什么说他们不能或不会超过我们？！我说超越是必然的！不然我们早就还是在山林里做北京猿人了！"

"没错！""太对啦！"接连有人如喝彩般叫道。

忻飞意犹未尽，又激情说道："我觉得现在认定电脑总胜不过人脑的就如同当年持'地心说'的立场一样，说到底还是'以我为中心'的观念在作怪！这哪行啊？！人是由猿猴进化而来的，我认为进化还远未结束，而进化就意味着不断完善更新！"

掌声，起先是一阵，接着几乎是全场热爆！

创客们的掌声非同寻常，这可是进军的鼓点、奇迹的先声……

·18·
手机照片里的线索，"螳螂捕蝉黄雀在后"？

一把剑在空中飞舞，寒光闪闪的飞剑……转眼间幻化为一架炫酷银亮的战机，它在追一架外形鬼魅涂着迷彩的战机，杀得难解难分……而不觉间我机又复归为飞行轨迹精彩的飞剑……

一阵摇晃把钟波达从瞌睡的梦境中摇醒，"塘桥"的站名闪进了他的眼帘。呵，他霎时明白刚才只是脑中战境，他匆匆离座，扒开涌进来的上下班人流费力地挤出了地铁车门，接着又随着出站的人流有些恍惚地站上了电梯。他抬手拍了拍额头以使脑子清醒些，呵，这趟出差睡眠太缺了！渐渐地，一些重要的事情在他的脑屏上清晰起来，先前他从浦东机场出来坐上了这班地铁，刚落座就给过去的实习生梦韵打了个电话，问她下班后有没有空碰个头？她接到带教老师的电话热情依旧："有空呀！有什么事要徒弟帮忙尽管盼咐。"

但这次可不是台里的任务需要她帮忙，而是想要她为自己与忻飞恢复联系助上一臂之力。

梦韵是他带过的唯一一名来军事节目组实习的女大学生，竟也是令他格外满意的实习生。她反应敏捷积极主动，在传播学业颇有想法，还曾在他指导下做过一篇关于手机的毕业论文，在传播学院和电视台里皆获好评。钟波达尤为满意的是，其中对手机在未来重要性的认识与他的观点不谋而合,都认为手机会是以后最厉害的媒体,并会演化成穿戴设备,在人际传播和大众传播的结合方面无出其右,好多功能会不断添加。因而她所用的手机都是最新潮的,有空时一直把弄手机,简直是个手机控。这次钟波达尽管有忻飞的手机号却一直联系不上,这自然令他想到了这位"手机专家"。再者,他想到年轻人之间的沟通可能会更方便。

与梦韵碰头的地点就约在塘桥的麦当劳餐厅,那正是离钟波达家和梦韵下班中转都近的地方。这时他走上了人行天桥,一架民航飞机正拉着白色尾烟横贯天幕,这使他又想起了刚才的梦境。奇怪啊,怎么会做那样的梦呢?剑与飞机怎么会扯上呢?剑是他最喜爱的收藏兵器,在他家里的墙上和橱柜里可有着十来把从各地淘来的好剑,而辛弃疾的千古名句"醉里挑灯看剑,梦回吹角连营"则常使他心生感应,说到底这上面寄托着他强烈的军人情结。他边走边想,陡然心头一震,围绕那架特殊无人机及其设计者的咄咄怪事实际已透现了一个新的战场,他不由停下了脚步,啊,似乎潜意识已在提醒自己该拔剑在手了。

下了天桥,推门走进了麦当劳,他估计是自己先到,想找个空座位坐下等她。可朝里没走几步,一眼就发现梦韵已坐在左侧尽头的桌边,两耳塞着耳麦,正在手机屏上划弄着什么。钟波达没有走过去招呼她,而是径直来到柜台前买了餐食,她喜欢吃什么他知道,过去在电视台加夜班时少不了上肯德基和麦当劳,她就喜欢油炸的、辣的,这跟她从川陕那边来的有关!随后他捧着托盘来到她的桌前,轻轻一推触碰了她的耳机线。

不知是先闻到了香味还是先看到了丰盛的食物——几乎放满了一托盘。梦韵轻声叫道:"呀,钟老师,本来想我工作了今天我请客,怎么到头来还是你买啊!我还想请你到对面的喜来登晚餐呢!"

"哟,我错过了好口福!"钟波达故作惊讶地逗乐道,"没关系,以后再请。怎么?是不是林总给了你特别高的工资?"

这话不免使梦韵想到了同事对她与林总关系的猜测。她脸微微一红,忙转换话题。"今天老师急着找我什么事啊?"

"想跟你继续聊聊关于手机的问题。还记得我们在台里为手机聊得不亦乐乎吗?"钟波达说完伸手指指餐盘,"来,边吃炸鸡边聊手机才有灵感,我肚子也饿了。"

"是真的还是假的?"梦韵将信将疑地睁大了眼睛,继而又笑着摇摇头,"不,不会。你肯定有重要的事找我。"不待回答她放下手机挑了个辣鸡腿。

真是个聪明的姑娘!钟波达笑着点点头。"我确实有重要的事找你,不然可不会在下班高峰时打扰你们这些压力大的白领。不过呢也确实跟手机有关。"他注意到梦韵的手机又换了,而且是苹果最新款,真是个在时尚面前一步不落的追风女孩!

"哦?请老师细细说来。"

钟波达简单地把事情说了下,当然并没有提及找忻飞的具体原因。梦韵本是乖巧之人,对方不想说的自然也不会问,何况在军事节目组里待过,更是在这方面拎得清。这当儿她已把一个辣鸡腿消灭了。

随即她在自己的手机上按下了钟波达念出的手机号,拨出了。拨了几次都没人接。这也是两人意料之中的事,尔后她试着在网上快速查找与此号码有关的信息。

"这个年轻人既不开微信,也没有微博,好像把自己包得很紧。"梦韵柳眉微挑,看了一眼钟波达,"看来得用些非常手段来找他了,如果需要的话,我可以把他从人海中钓出来。"说着,她从纸盒中抽出一根薯条吃着,接着又抽出一根。

"什么非常手段?"钟波达感兴趣地问。

"这种手段是通信领域的独门暗器,我在研究手机的媒介文化时接触了不少。比如编发短信就能设个陷阱,只要对方接收了,不管回不回信,他的手机就会自动把里面的信息转发给我们,这样你就能了解到他的行踪了。"

"嚯,你个小丫头现在还成了手机界的武林高手了?!不过现在还用不上,他不是坏人我也没有这个权利。"他略一沉吟,"嗯,你再帮我看看另外一个人的情况。"

他给了她一个新号码。这个号码就是那天观看北斗16号星发射时,忻飞回拨过的那个陌生的手机号。

"这个手机号码的主人比较可疑,他似乎在打探刚才那个年轻人,你帮我反向了解下这人的情况。就像对方主动开启雷达后我们的反向搜索!"

"我懂的。"梦韵注意到老师急切的眼神,她纤指飞动,手机屏上的页面随之快速变动,"哎,这人与刚才那人的习性似乎正好相反,喜欢交友晒照片,曾用这个手机号在网上招募过驴友去新疆探险,噢,照片中还有张与战斗机的合影!老师你看!"说着,她把屏幕转到老师面前。

钟波达逐张细看,此人光头,五十多岁,身材魁梧,喜欢张扬的神情,照片中背景林林总总,有一张很显眼,是与歼-7的合影。"哦,这照片不假,应该是在义乌机场,不是拼接上去的。他当过空军机械师……"其他照片中有歌厅里唱卡拉OK的,有在野外进行攀岩训练的,生活好像相当"开阔豪放"。

"不过,你看这些照片的发布日期都是几个月前的,之后他好像习性有了突然改变,不再晒照片了。你看是吗?"钟波达甚为疑惑。

"哎,真是的!老师真细心!我忽略了。"梦韵像以往一样由衷地钦佩她的带教老师。

"这人会碰到什么特别的事呢?一个人要脾性改变可不大容易啊。或者说有什么需要使他变得低调起来呢?"钟波达拿起根薯条轻叩餐盘,思索着自言自语,"重要的是此人对飞行器还很内行。"

"我感觉这人道行比较深,如果要对这种人进行网络画像可不太容易,不要说我们有所禁忌,不能像黑客那样肆意潜入,就是想做也可能会反受其害。"

钟波达点点头,他明白就像做无人机的有工业级和消费级之分,他也没指望梦韵这个手机控帮他"上阵厮杀",但她对此行的了解还是蛮多的,可以弥补自己的不足。"哎,你说的'网络画像'这词蛮新鲜,现在网络上可能也忙活着不少私家侦探,甚至有福尔摩斯这样的高手吧?只是不露脸而已!"

梦韵点点头又摇摇头。她一时间觉得现在是给带教老师讲课,很来劲。"我看过瞻博公司的《手机安全报告》,单去年全球移动设备所遭受的攻击量就比前年翻了一倍还多!通过计算机对数据的分析,现在对人和事了解的精准度和及时性大幅增加了,福尔摩斯要是死而复生,在如今有些黑客或情报人士面前也只能甘拜下风了!"她已吃完了自己盒里的薯条,又把手伸进了钟波达盒里的。

"噢,信息时代也真是一个魔幻时代啊!"钟波达把薯条盒口转向她,他忽然又想到一个问题:凯莉搞专业情报分析的,她的手段也完全可能是多种多样的,她和尤子奇的偶遇是巧合还是精心设计的呢?

他的视线重又回到了梦韵脸上:"劳驾你把刚查找的第二个人的截图转发给我,今天可谢谢你啦!"他又拿起了吃了一半的汉堡吃完了,团了团包装纸,"哎,你有男朋友了吗?"

梦韵脸色微红。"没有,还没方向哪!"

"在林总手下干的还顺心吗?"

"他挺关心我的……"梦韵不知怎么往下说。

"怎么,就干定房地产这一行了,对所学的传播专业就放手了?"他喝完咖啡,清了清盘,"我有时应邀到大学参加研究生的论文答辩时常会想到你,今天还给你带了本书来,是我同事写的。"钟波达从包里取出本白色红字的书来放到她的面前。

"哦,《美丽女主播》!太好了!"梦韵接过马上翻起来,"是刘凝写的?她和鲁豫的一些人物访谈节目我最喜欢看了。"她翻看着,"……哟,这还是专门采访业内女主持人播音员的专集!"

老师送此书的用意不言而喻,是非常期望她继续走广播电视这条路。梦韵感恩地看着老师,有些伤感地说:"我是非常热爱传播这行的,也很迷恋主持人的职业,但要成为专业电视人太难了。不过我觉得在如今这样的传播格局下,也不一定要到你们那样的大台里发展,新媒体可能别有洞天,有合适的招聘机会说不定我也会去应试的。"

"好!"钟波达赞赏地点点头,"你已涉及我们行业转型发展这个课题了,实际上现在不光是你我,在N多行业和个人都面临这个问题,现在世界发展太快了,要出色应对不容易啊。"他望了眼窗外天桥上来去匆匆的人影。"怎么样,完成了我们军事节目的实习后对世界军事还关心吗?"

"知道一些,不过不多,我现在对军事动态不大关心了,老师别失望啊!"梦韵像致歉又像是打趣。

"哦,我就爱听实话,不过我不会太失望。毕竟是和平年代,不过,我劝你对军事保留一份好奇,商战也是实战嘛,现在房地产差不多已变成了一场全民战争了。"钟波达说着站起身来,"耽搁你不少时间了,快回家吧,哎,明天你们林总去参加浦江创新论坛吗?"

"他好像有事,说不能去了。"两人走出麦当劳店,来到人行天桥下。

钟波达遗憾地一挥手:"其实这个会议他这个当老总的应该去!"

"我想也是。一起走吧,我送送你。"

"你跟我客气什么,我几步路就到家了。"他伸手摁了下上行电梯的按钮,"我也不送你了,但老师有句话要送给你,就是'别嫁错了人啊'!"钟波达说完笑了。

但他此话可不是玩笑话,他的担心梦韵也听得出来。她走进电梯后便被下班的人群拥到了里面,没来得及做出回应门就关上了。

与梦韵分别后,钟波达沿着滨江步道漫不经心地走着,黄浦江水翻腾,鸥鸟在上面飞掠而过,他脑中的热区还在活跃,他觉得忻飞的电话打不通实在非同寻常,他在忙什么呢?是在与他自己的团队频繁联络吗?还是他们那个飞行器项目攻关正酣而不想让外界打扰呢?嗯,不妨去苏州河边他们那里看看,乘今晚有时间,肚子已填饱陈苏红又不在家。

他摆渡过江,像小时那样习惯性地走到船头。好久没坐轮渡了,过去在这条江上甚至发生过为了赶轮渡而严重踩踏挤死人的恶性事件,而如今江上江下已飞架起多座大桥和隧道,这轮渡变成了一种休闲观光工具。人类的发展真有意思啊,飞机这种原本似乎很贵族化的东西如今已成了大众化的出行工具。汽笛鸣响,船首激浪。钟波达想到,人类实现星际旅行很可能比预想的要快。记得十年前微电脑刚出现时,自己同领导聊起过相关现象。但对方说电脑和网络要在中国推广得过好些年。但自己不同意这个观点。因为他觉得人类社会发展有个奇妙的现象——加速度!如今想起颇为感慨,传播工作者如果不能敏锐地感知并告知大众那也是可悲的。社会的大进步离不开创造和传播两个"轮子"的推进!

他来到苏州河边,天差不多快黑了,路上行人匆匆,大多是下班族。他在一棵树下隔着马路望过去,那楼上不见灯光,这个创客空间怎么这么平静?与想象中的热闹忙碌大不一样!与上次看到的也不一样。难道忻飞一离开,这个团队就"失魂落魄"了?或者干脆"集体放假"了?当然他们有这个权利,又不归属于某个国家单位或正规企业。

正在思绪纷飞之际,他突然发现里面似乎有道光束,忽明忽暗!哎,奇怪,他们在搞什么名堂?或者,是在搞什么试验?!

钟波达回头看了看后面,立即转身跑上了就近斜对着创客空间的居民楼。

来到五楼的过道窗边再望过去,这下他看明白了,哦,原来里面在看投影录像,房间里围聚着七八个人,屏幕上人影绰绰,好像还有飞机!

钟波达掏出袖珍望远镜——在这点上他与尤子奇习惯相近,只是倍数小些,两三倍,有点"小巫见大巫",但比裸眼要强多了。不多会儿,他就搞明白了,他们是在集体观看美国影片《飞行家》!

这是一部讲述美国著名航空企业家休斯的传记故事片!钟波达看过此片,印象很深。休斯真是位极富传奇色彩的幻想家和冒险家,在20世纪30年代还是好莱坞的电影制片人,投拍了航空题材的《地狱天使》等影片,不仅如此,后来他收购美国环球航空公司的股权,不仅当老板,还当飞机设计师和试飞员,亲自驾驶飞机刷新了多项世界飞行纪录。同时财产暴富,艳遇不断,哪料后来为强迫症所困,结局悲惨。

有意思,钟波达咧嘴一笑,这帮创客倒还知道劳逸结合,并和业务学习结合起来。

没过多少时间,斜对面房里的投影光灭了,灯光很快亮了起来。传来了小门神尖亮的声音,不过听起来有点像炒菜时锅铲与铁锅边缘的摩擦声:"啊,诸位,看完了忻飞快递来的这部影片,有何感想?"

哦,这电影《飞行家》的碟片是忻飞从南方快递来的,没看出这青年科学才俊还会向影视借力!钟波达不由愈加佩服忻飞。

这时下班的高峰已过,马路上的人声和自行车铃声渐渐稀少,对面房间里的热烈议论声基本能听清:

"……精彩,精彩!到底是美国大片,要是哪一天我有休斯那么多资产,我不会找那么多女朋友,保准会比他干得更灵光,结局也不会那么倒糟!"

"你感觉别太好,我看你有了钱人生结局会更糟。"

"呸呸!"传来朝地上吐口水声,"别说倒霉话!你这乌鸦嘴!"

"诸位静一静!"这是小门神的声音,"忻飞寄这碟片过来,不是让你们想当富翁,更不是让你们谈女人的,要想回去在被窝里想!"

响起一片笑声和呼哨声。"那忻飞想让我们想什么?"

"我还没来得及念忻飞的来信,现在你们听好了!"说着,他从一边桌上的快递信封里,抽出一张纸大声地念了起来:

"门神老弟及创客诸友——"

"猪油?"底下不知是谁听岔了还是故意打岔起哄,又引来一阵怪笑。

小门神敲了敲桌子:"你是猪耳朵啊,还猪油?这'诸友'就是指我们这个'奇乐坊'的伙伴好友!我接着往下念,别打岔了啊,听着:'创客诸友,我用快递寄上美国影片《飞行家》,希望你们尽快看,越早看越好,多看几遍更好,我已经看了三遍!片中主人公休斯是世界著名的飞行家,他是我非常崇拜的航空大家,我崇拜他并不光因为他的辉煌业绩,更在于他身上有一种敢于冒险、敢想敢干的精神,哪怕是试飞中随飞机摔到地面也摔不烂的探索信念!我希望这种精神能移植到我们身上!响应我吧,伙伴们。这对于我们目前突破新无人机的研发僵局很重要!大家看完后可聊聊新思路,开开脑洞。我隐隐觉得这些日子把改善电池质量作为动力升级的唯一出路是错的,我们要从看似光明大道实际是羊肠小道的错觉中走出来!要敢于异想天开!"

"啪啪啪!"一阵掌声,小门神用苏北腔念忻飞的信,演绎得像一段小品,这掌声既是给忻飞的,也是给小门神的。

"忻飞这家伙说得轻松,他现在在哪儿?"这是唐老鸭的声音。

"他信上说现在广东碰到点小麻烦,尽快回沪,见面畅聊!"小门神回答。

钟波达听了信的内容心头发热,没想到这忻飞还颇有组织能力!原来还以为他话不多比较木讷,何曾想到该发表意见时他会如此的激情四射!很有煽动力!

确实,忻飞的来信就犹如石块扔进了水池里,立时激起浪花飞溅:

"不用电池那用什么?用弹弓猴皮筋?我们不能知难而退!"

"听我阿联酋的一个网友说,在阿布扎比,一帮顶级的工程师和科学家正在组装一架世界上最大的太阳能飞机,名叫'阳光动力 号',据说很快要开始环球飞行了,而它的能源也是太阳能电池!难道我们比他们还行?"

"难道我们就比不过他们?我听说好像还有摆脱重力的途径。"

"我国鲁班在两千年前就发明了木鸟,据记载'三天而不坠地'!我们为什么不去考察一番,可以叫山东的'猪油'先去挖掘点线索!"

……

这就是创客空间的好处,自由辩论,让不同的设想碰撞,使创意的翅膀展翅飞翔。

钟波达听得既感慨又感动,放下了望远镜。但就在此时,他倏地发现,有个人形影子倒映在右侧关着的玻璃窗上。

呵,螳螂捕蝉黄雀在后!这人也在观察对面创客们的活动!同时也肯定注意到了自己的行动!这是谁呢?!他感到后背一阵凉意,这凉意钻进脊髓。

他没有回头,眼睛盯视着这倒影。他要辨认出这人的轮廓,重要的是特征!

此人挺高,身高大约在……然而面前却忽然陷入了黑暗,他抬头一看,原来是一片乌云随风飘来遮住了月亮。

当月光重现时,那人影已全然消失!钟波达明白,一定是自己先前抬头看月亮的举动惊扰了背后的监视者!

他随即转身大步跨上楼梯,然而上面楼梯及走道里空无一人,眼前只是万家灯火。

看来此人早于自己先到了这里,自己先前在观察对面的创客空间时,恰好也落进了他的"光圈"。钟波达的心头有一种过去在站岗时发现敌情的兴奋和斗志。毋庸置疑,这一次又印证了,忻飞的研究项目已引起了某个身份不明的个人或组织的重视。

必须要提醒他们注意,刻不容缓!

他来到了楼下,待在阴影中,等小门神最后一个走出来推电动自行车时,他缓步走了上去,小门神吓了一跳。钟波达打趣道:"你搞网安的怎么这么胆小?你认识我吗?"

小门神张目细看,"哎哟喂,你不是电视台的……达哥老师么?几天前我同忻飞通电话时还说起过你,他告诉我你们是呱呱叫的朋友,上次你来我有眼不识泰山,不好意思哦!你今天来又有什么大事?"

"有啊,无事不登三宝殿,我是来提醒一下,你们可要注意防范窥视者。刚才有个人就藏在那幢楼上暗中监视你们!"钟波达转身指了指斜对面灯光稀疏的旧楼,"大概是对你们的在研项目特别感兴趣吧!"

"乖乖隆地咚,这还了得!"小门神的扫帚眉抖地一碰,"这比那次严重多了!"

"哪次?"钟波达警觉地追问。

"上个礼拜我和忻飞遭过一次窃,我和他借住在一块儿。"

钟波达得到了新的信息。"我跟你去看看,行吗?"

"欢迎,欢迎,随便看!"小门神感觉到了这位记者大哥的好意。带他来到了与忻飞同住的地方,一个石库门里的亭子间。

有时起居之所更能读懂一个人。钟波达仔细打量着,床边的墙上贴着几张照片。

忻飞去过德国?他的旅行与他的爱好和创造有什么关联?或者在去的过程中有什么特别的遭际?接触了什么人?作为记者,心中会多冒出几个问号。

他想听听小门神眼中的忻飞是怎样一个人。他需要镜子,帮助自己从不同角度来全方位地认识忻飞这个年轻人。不能以过去的经验来揣度现在的年轻人。

小门神同他对坐床头,漫聊时瞥见床头架里面塞着架俄罗斯产小型天文望远镜。"哎,你们俩谁在用这架望远镜?"钟波达问。

"还不是忻飞,他爱看天,我爱玩电脑……"小门神的讲述使他进一步了解到,忻飞对天空可是入了迷,小时候他俩常在一起玩,别看他文质彬彬、学习勤奋,但喜欢冒险,生性好奇,小时候爱爬水落管到屋顶,坐在上面看星空,有时为了等流星雨出现,冻得直哆嗦也不肯下来。他做梦都想飞到星星上去。长大后,报考的自然就是西北工业大学的飞行器设计专业了。不久前,又到德国去考察空天技术,他说世界上一系列顶尖的创造发明,如火箭、喷气机、遥控汽车,甚至有可能最神奇的飞碟都来源于德国。

钟波达不禁想起了一句话:"天才就是集中注意力!"接着他又联想到一本叫《黑太阳》的书籍,作者是蒙淘客。书中讲到,盟军在"二战"与随后的对德占领时期,发现了纳粹的不少深层秘密,大为震惊,因为它们极大地挑战了美军的想象力。除发现了大量的涉及军事工程、优生学等研究文献外,还发现了隐藏于地下的巨大飞机和火箭工厂,以及复杂的岩层中的网络通道,有的似乎还通向传说中的飞碟工厂。所有这些匪夷所思的秘密后面,还有着更深的秘密,如黑太阳会社开创的秘密团体,继续进行着第三帝国的秘密计划。

想到这里,钟波达心头一紧,忻飞会不会在赴德探访这些秘密期间,引起了这类秘密组织的注意?要是这样那就复杂而危险了!如今他的周围怪相不断似乎也就不难解释了。

·19·
相聚在浦江创新论坛,重又听到了《英俊少年》插曲

2012年11月3日,天气清冷但空气清新,在湖色潋滟的浦东东郊宾馆,平日的幽静被打破了,各型小车鱼贯而入,不同肤色的中外宾客纷至沓来。逐渐升高的朝阳给人带来了暖意和活力。

原来,一场重要的科技创新会议——第五届"浦江创新论坛"在这里举行。会议的规格非同寻常,由国家科技部和上海市政府共同主办,本届论坛的主题为"产业变革与创新生态",涉及企业、产业、未来、区域、政策、文化等多个领域,从不同层面和角度深入研讨创新趋势。与会者中不乏中外政界、商界和科技界的精英,知名院校和国际组织等方面的专家学者,以及跨国企业的首席执行官。当然少不了的还有耳鼻特别灵敏的媒体人员。

尤子奇也随同钟波达早早地来了。虽然他昨夜刚从广州飞来,但眼睛发亮毫无倦意,善于熬夜又意气风发可是战地记者的强项。不过此时,他进了大门却进不了会场,在报到处有些焦急但不失幽默地对里面的工作人员说:"哎,不难找的嘛,我姓尤,就是《红楼梦》里尤二姐的尤!也是那个尤物的尤!"

"好啦,少安毋躁。"已办完报到手续的钟波达把手里的资料袋塞到他的手上,"你先看看会议材料吧。"接着他又客气对工作人员说,"他是海外华裔记者,我帮忙联系得较晚,请看看他的名字会在其他什么地方?"

这一提醒起了作用,工作人员很快在另一张登记纸上找到了他的名字。

尤子奇笑吟吟地把媒体人员的吊牌挂在自己胸前。钟波达拉他走上了楼外的林荫小径,"走这条道去会场2号楼近一些。"

"呵呵,这次多亏你老兄费劲联系。这个会议对于我了解现在中国的创新业态和潜力很重要。因为要做好中国军机的深度报道,绝不仅是一个对往事的挖掘和解读,还应该包括对于未来的有根据的推测。"

钟波达颇有同感地点点头。"是啊,我们做纪录片也一样,记得几个月前上海电视节上一位法国名导说得好:一部优秀的纪录片最重要的是要做足研究,第二个要选好角色,第三个必须认认真真地想!"

尤子奇不由停下脚步啧啧称赞:"好,英雄所见略同!"

钟波达望着他直摇头:"你老弟一下子就把自己和法国名导画上了等号!"

不过就在这一瞥间,钟波达发现今天他们都换上了正装,不再是采访时常套在身的多口袋迷彩背心。今天尤子奇还打了条红领带,特别晃眼。

说话打趣间,两人走过了一座小桥,出现了一排掩映在常青树丛边的竹制长椅。钟波达先坐了下来,"来,我给你件东西,是陈老将军让我带给你的。"说着他从自己的皮包里小心地取出一本装订成册的打印稿来。

"哦,陈老将军,怪想念他的!我还等着你通知我采访他的时间呢!"尤子奇双手接过,一行朴拙遒劲的标题字映入了他的眼帘:"铁翼红星"。"是老将军的回忆录!太好啦!"尤子奇喜出望外地抬眼看着达哥。

"是啊,老爷子答应你采访,可他眼下做不到啦,这几天他住院了,让我向你打个招呼,并要我把这本他刚写完的回忆录带给你看,说他能给你介绍的基本就在这里面了,还希望你帮着纠正纠正字句上的毛病呢!"

"噢,不敢当不敢当!一位身经百战的将军能这样待我!我真是感激不尽!"

钟波达理解地拍了两下他的手背。"过段时间你把这回忆录看完了,再做访谈可能会更深入。"随后看了一下手机,"会议开始时间快到了,我们过去吧。"

他们很快进入了会议楼,领了同声翻译耳机后就迈进了主会场。这时,宽敞的紫金厅里,差不多已座无虚席。

凭着军事记者的眼尖,他俩还是发现了两个中间靠后的位子,随即脚步加快占领了。尤子奇用肩膀碰了下同伴。"嚯,你的同事已经架好'大炮'啦!"

钟波达放眼一看,果然,电视台技术人员已在长长的摇臂式摄像机前站位待命,并操纵它摆动调试,真像高炮部队在训练。他不由叹了口气,"嗨,我们的传播技术还得加快发展,像这种有碍观瞻的笨重设备真该尽快淘汰。以后无人机功能健全后就完全可以替代它。你说对吧?"

尤子奇"嗯嗯"了两声没怎么反应。钟波达扭头一看,哦,他已翻开陈老将军的回忆录抓紧看了起来。这家伙就是会见缝插针,这可能与他在世界战场上跑动得多有关,能适应环境感知灵敏。这些年战地记者的阵亡率可不低,不过他尤子奇连半点彩都没挂过。怪不得他自报家门时老爱说是"尤物"的"尤"!

钟波达忍不住笑了,一边打开手提电脑,浏览了下全球军情。

很快大会开幕式开始了,论坛主席、上海市领导和德国联邦教研部领导以及国家科技部部长等相继致辞和做主旨演讲。他们的发言给钟波达印象最深的是科技创新的迫切性及传播创新的重要性正成为世界有识之士的共识,而如今的科技创新离不开信息科学,正如万钢部长所说,它带动了网络技术、芯片、设计、公共管理,以及媒体的快速发展。

我们能跟上这种变化吗?能在未来的战争中获得主动吗?钟波达不禁看了眼窗外,昨天夜里小李主任打来电话,要他今天在浦江创新论坛好好听听,多取些经回来,因为她听说香港《军情观察室》的老板——凤凰网的刘长乐也来会上做演讲。她信息好灵通啊,钟波达摸了摸耳朵,隐约觉得耳廓增大了,他笑了,因为下意识觉得有好几个人都正借这副耳朵在听。

就在这时,他感到了腰间手机的振动。拿起一看,所显示的恰是那个"失联"多日、与尤子奇见了面又不辞而别的忻飞!他立时边接通边往外走。

在大厅里,他直截了当问忻飞为什么电话总是打不进?也不来电话,是把他达哥忘了吗?还是发生了什么特别的事情?

电话那头传来的年轻话音透着尴尬,解释说他的手机电池坏了,到了广州才换上。后来又碰到了非常情况,他的手提电脑给人偷了。

钟波达心里咯噔一声,糟糕!他最担心的就是忻飞电脑里那些重要的研制飞机的资料安全问题!但电话那头接着说,他的手提电脑又失而复得了。

警惕的钟波达详细询问了找回的过程,他深为深圳创客的帮忙而为忻飞感到庆幸。

接着忻飞说想请达哥帮忙,"你能带我去上海的脑科学研究所吗?"

"哦,有什么特别需要吗?"

"没,没什么特别的,我只是出于好奇想去看看。"忻飞的话吞吞吐吐。

"好吧,我问问,今晚我们晚些时候再通个电话。"钟波达叮嘱道,末了又加了一句,"路上当心啊,注意安全!有重要情况随时联络我。"

"好的,我记住了。谢谢!"电话随即挂了。

这小伙脑袋里在转些什么古怪的念头?他觉得自己对忻飞的了解还很不够,他像是个费猜的"谜"!

钟波达把手机塞回裤袋匆匆回到了座位,轻声把通话情况告诉给了尤子奇。尤子奇的圆脸一下子绷得紧紧的,大感事情不妙,偷电脑的背后到底隐藏着什么这是最让人揪心的。尤子奇最怀疑的莫过于那个自称"大师"的光头了。"不知道他是哪路妖怪?"

是骗子?恐怖分子?还是间谍?两人都从对方的眼神中都读出了这些字眼。

"好了,靠拍脑袋一时也弄不出个究竟,得等下一次通电话再摸些情况。"钟波达看了一下台上,"现在我们得把注意力拉回来,不然我们就白来了。"

"对对!"尤子奇把快译通的连线耳麦重又戴到耳轮上。

钟波达觉得他颇像个天线宝宝,好像在侦听什么。他隐隐有一种同他又进入了战场的感觉,只是战线模糊,魅影重重代替了枪炮震天。

上午的报告是在非常热烈的掌声中结束的。钟波达神情满足地站了起来,对尤子奇说:"怎么样,上午收获不小吧?"

尤子奇脸上也满是兴奋。"今天的会议不错,陈老将军的回忆录也不错,我是双倍收获,重要的是两方面还有某种内在的契合,为我写深度报道提供了很好的材料。"他一边站起身来,一边抓起不知什么时候脱下的西装。

"哦,有什么感想,说来听听。"说着,他俩跟着人流向门外走去,再回一号楼用餐。

"记得在朝鲜战争时期,美国远东空军司令曾说过一句震惊世界的话:中共空军在一夜之内就变成了世界主要空军强国。过去我和我的不少同行都认为这是因为有苏联方面的支持,但今天看了陈老将军的亲历记述才搞明白,单靠苏联提供装备或者派出一部分空勤人员参战是远远不够的,中共之所以能迅速建立一支能与强敌较量的空军,主要得益于富有远见和多年的准备。从建党初期一直贯穿到国内战争和抗日战争时期,经过长期的苦心经营,为培养空军人才和物质条件做了大量准备。"

"是啊,这种富有远见和开放性思考是极为难得的,也是快速发展的关键所在。"钟波达深有同感地说。

"我刚去广州跑了一趟,要是去之前能看到陈老将军的回忆录那收获就更大了。你也未必知道吧,中共在建党不久与孙中山为领袖的国民党合作时,就派出了优秀青年进入广州革命政府所办的航空学校,他们大部分是黄埔军校毕业生,经训练后又送往苏联深造。"尤子奇转过脸来,露出具有信息优势的得意。"而1927年国共分裂后,中共在那么困难情况下,还是从留苏人员中选调20多人进入苏联航校学习飞行和航空工程。后来在抗战中,竟然专门布置一些文化程度高的青年报考国民党空军学校,用以培养自己的人才,这真是绝顶的聪明!有的居然还被送到美国留学深造。这很有些像冬虫夏草。"

"什么冬虫夏草?你是乱比方,他们又不会变来变去。只是既善于潜心学习又善于潜伏。这些人才确实非常珍贵,其中有不少成了我们空军建设的重要骨干。"

钟波达和尤子奇走在阳光灿烂的草坪上,一对叫不出名的鸟儿"喳喳"叫着从他们头顶掠过,这个时候正是候鸟迁徙的季节,两人的目光都情不自禁跟随着那渐远的鸟影,似乎通过它们能看到历史的天空。

"那是多么令人神往的年代啊,是一个用生命抒写传奇的年代,而不是像你我现在光用笔或摄像机!"钟波达叉腰望天,"要是我能早生几十年该多好!"

尤子奇围着他兜了一圈,从包里掏出照相机,"我就知道你小子有当飞将军的梦,但把你这个地勤兵出身的……"他嬉笑道,"就是全身毛拔光了也不会见一根羽毛!摆个泡司拍个照还行。"

"去你的!"钟波达飞起脚做了个假踢的动作,"我想起来了,你刚才说的那些人真是了不得。常乾坤后来成了东北民主联军航空学校校长、军委航空局局长、人民空军的副司令,王弼当了18集团军的航空组组长,建国后也是人民空军的副司令并兼任工程部的部长,熊焰、徐昌裕则成了新中国航空工业的技术专家和高层管理干部,真是英雄辈出！"

"不过，你要是早出生的话，就娶不上陈苏红那样的美女做老婆啦！"

"嗨，天涯何处无芳草！"钟波达真假难辨地说道，一边迈腿继续往前走去，"不过话说回来，跟陈老将军有缘倒是不可或缺的。"

"嘿，哪有老婆不重要，老丈人重要的！"

"你是只知其一，不知其二，水浒英雄你很喜欢是吧？陈老将军的魅力绝不亚于他们！他从土包子变身为飞将军，真是传奇中的传奇！"

"噢，这点我在回忆录里已感受到了，不过红小鬼怎么开上飞机的我还没看到？"他拽了一下钟波达的衣袖，"啊，你可别告诉我，我会抓紧看。他的语言能把我带进那个时代，而不是你们哪个播音员能代替的。"

两人热切聊谈着进入了自助餐厅，在端着食盘找座位时遇到了韩老。

"来，这儿坐这儿坐！"韩逸一边向他们招呼一边起身，握着尤子奇伸过来的手，"哎，这是我们的第二次握手啊！"

钟波达先是惊奇，随后想起什么笑道："对了，你们两位在运-10现场就见过面，尤记者曾经跟我提起过。今天正好接着聊。"他率先放下食盘，给尤子奇拉开椅子。

三人坐下后先各自动起筷子叉子，垫了下饥，随后谈兴渐浓。钟波达给面包涂着黄油说："哎，子奇老弟，你要做中国军机的报道，我们的韩老可以提供给你许多的第一手资料啊！他参与的型号多，接待过的来访者也多，会在不涉密的情况下给你最大的满足。"

"啊，鄙人有幸，太难得了。通过陈老将军我了解了中国空军的发展之路，而通过韩老又可以了解到中国航空工业的发展情况，可谓珠联璧合啊！"

韩逸摆摆手，接过话题说："说起陈老将军，我之所以能成为飞机设计师，还跟他的鼓励分不开呢！"

"哦，"尤子奇夹着木耳的筷子突然停在了半空中，仿佛多了只耳朵,"这是怎么回事啊?如方便,愿闻其详。"

"好啊。"韩逸爽朗应允,兴致盎然地介绍说,新中国成立那时他才20来岁,是一名青年技工。在国民党的"二六"大轰炸后,郭化若率防空部队进入了上海,韩逸经常到军营帮忙维修探照灯。就这样他有幸结识了常到阵地的陈飞锤将军。将军见他技术好又善学习,便鼓励他去报考哈军工,不想竟然还考上了!从此他便与战机结下了不解之缘。韩逸说着又想起什么,转头问钟波达:"陈老将军现在住在什么医院?今晚我想去看看他。"

钟波达告诉了他,又说:"今天会议结束后我陪你去。前两天他听说我来参加这个国际性创新大会,也很感兴趣,你去顺便也介绍介绍,比我管用。"

"陈老将军真是活到老学到老啊!"

午餐后,三人分了手后"各取所需"地继续参会。钟波达和尤子奇进了二楼的分会场,香港凤凰传媒老总刘长乐的演讲刚开始,他的关于全媒体的报告让钟波达尤为感兴趣,刘老板旗下的《军情观察室》拥有大量的观众,而媒体演进的话题是特别牵动他们媒体人的,钟波达很想听听这位出身于中央人民广播电台的前辈有什么高见。

刘长乐身材高大,穿了件深色西装,系着条天蓝色嵌白点的领带,侃侃而谈:"……目前已经进入了全媒体时代,即综合运用多种媒介和终端,全天候、全方位、立体化地展示传播内容。媒体人该顺势而为了,必须有所创新和转型。什么是全媒体?我觉得多媒体、新媒体、传统媒体加在一起,才能等于或接近全媒体的概念。"他宽厚又含蓄地笑了笑,"将来极有可能出现三机合一的现象,即通信设备、电视和电脑三机合一。而智能电视则包罗了电脑的功能、通信的功能、电话的功能。从这个意义上说,将来很难区分什么是媒体,什么是通信,什么是电脑,而把它们全部搅在一起的就是全媒体!"

钟波达不时做着记录,并思考着与军事节目的关联。全媒体,唔,有道理!这有些像立体战争,但钟波达还想到了一个词——定向传播,这是先前韩逸所提及的报考哈军工往事在他大脑皮层里激起的涟漪，陈老将军对韩逸点对点的传播所起的作用非常之大。看来我们的传播往后在范围的和定向上都是大有可为的。

很快刘长乐的演讲进入到了提问环节。尤子奇低声对钟波达说："哎，我也有个问题，只是不太好问，怕人家笑。"

"会笑？你是什么怪问题？"

"你看过今年2月26日凤凰卫视的军事节目吗？专门涉及了美军捕获外星人并得到其飞行器技术的敏感问题。其中主持人董家耀说，回应一下凤凰网友问题，最近美国FBI证实，美军确实在几十年前捕获了外星人，并且获得了外星飞行器。网友问马鼎盛先生，这个消息是否属实，美军是从外星飞行器当中获得了隐形和高速飞行的能力？"

"哎，有意思，马鼎盛是怎样回答的？"

"他这样回答：如果美国真是获得了这样的高科技的话，那就远远不是隐形技术这么简单了，这个在动力学上面、在快速移动、在打击力、在信息力上面是全面的提高，但是几十年来，我们看到美国对苏联和现在对中国和俄罗斯并没有这样的超级能力。如果是有的话，那么他打仗就不用这么吃力了。所以，我断定这是一次炒作。"尤子奇抬了抬眉毛，不以为然地说道："我觉得马先生的否定是苍白的，所以我想直接问问他的老板。"

"我劝你在这样的场合还是别问吧，他只能给你打打太极。"钟波达拍拍他的后背，语调颇为神秘："对我们来讲，重要的是忏飞与光头大师、与外星技术到底会有什么样的关系？"

"所言极是！"尤子奇看看左右，连连点头。

傍晚时分，白天的主会场紫金厅魔术般地变成了宴会场地，摆了好几长溜铺着白布的条桌。乐声回荡，"浦江莱茵之夜"招待晚宴开始了。

钟波达、尤子奇和韩逸相邻坐着。一边翻看着节目单一边欣赏着。突然从背后传来西方女子的问候："哈罗，中国朋友们，你们好！"

尤子奇回头一看，"嗨呀，是凯莉！"只见她手托盛着白葡萄酒的酒杯,满面笑容。特别令人养眼的是,她今天穿了件红色的裙装,低领束腰泡泡袖。他看出来了,这是德国巴伐利亚州的民族服装,曾在慕尼黑的啤酒节上见过。他面带微笑地赶快和钟波达都站了起来,韩逸在长桌的对面,也举手向凯莉致意,凯莉向他摆了摆手。

凯莉靠近尤子奇,问道:"这次外出有什么特别收获?有空时跟我们聊聊。"

"好呀,我来介绍下,"他拉了下钟波达的臂膀,"凯莉小姐,这位是我的同行,也是我的好友,电视台记者钟波达。"

"哦,好几次听尤子奇谈到过你钟先生了。"她定睛略一打量,热情地举起透着玫瑰红的酒杯与钟波达碰杯,"你们资深媒体人来参加,收获一定比我们大吧,这也是一场全球创新思想的盛宴!"

"啊,不一定,不过确是场思想的盛宴。"随即两人交换了下名片。

"凯莉小姐,你就在这儿坐一会儿吧。"尤子奇热情相邀道。

"好。"凯莉没客套,就在旁边的空座位上坐下了。这时,在中国民歌《茉莉花》后,女声合唱《莉莉玛莲》又响了起来,因为本届主宾国是德国。凯莉显然很有兴趣,侧过脸静静地听着。

尤子奇悄然离座,很快左右手各端着一个餐盘回来了,当凯莉看到放到自己面前的食物不禁笑了,迎着大家的目光点头道:"还真是我喜欢的,用中国话说就是八九不离十。"

在笑声中大家快乐地举杯,为友谊,为中国和世界的科学创新发展干杯。

接下来是德国电影《英俊少年》的插曲。凯莉面向钟波达和韩逸,"听说这部影片过去在中国热映过,很受欢迎。"

"是啊,我印象很深。"钟波达回忆说。

"我想是影片中的德国男孩深深打动了中国观众的心,而在德国像这样的青少年并不稀缺。像布劳恩最早在研制火箭时,也才是一名中学生。"

钟波达感受到了她话语间的优越感,不由接了一句:"呵,中国现在的青年才俊也非常出色，可惜凯莉小姐还不曾遇到。"说这话时他脑海中浮现的是忻飞的面容。而令他颇为疑惑的是她为何为德国自豪？

凯莉继续着她原先的话题："不知你们对德国了解多吗，去过几次？"

"哦，去过五六次，德国的航空航天起步较早，二三十年代就有火箭协会，吸引了不少年轻人参加。"韩逸坦诚地说，"有些东西值得我们讨教。"

"德国当时确实给青年人提供了很好的支持，甚至还有军方的背景。我外祖父曾经是德国空军第三军团的……"话说到此，她扫了一眼钟波达和尤子奇，他们都很惊讶并感兴趣地看着她。

"二战时德国空军第三军团驻扎在巴黎，参谋长克莱佩后来担任过德国空军参谋长。"熟悉战史又到德国北约基地采访过多次的尤子奇脱口说道。

她莞尔一笑，继续说道："不过我外公既不是将官也不是校官，而是一名技术尉官。我十六岁时随我父亲移民到了美国。过去曾听他讲过不少战时德国空军的情况，所以我是有发言权的。"

是啊，尉官掌握的情况有时不比将校少，像希特勒的空军副官贝洛也仅是一名上尉。钟波达凝视着凯莉，这真是个有诸多特别之处、值得好好琢磨的女人。

就在招待晚宴结束不久，钟波达陪着韩逸走进了灯光依然明亮的陈老将军的病房，这是奉"命"而来。老将军对浦江创新论坛很感兴趣，而且对他俩说起的有关年轻人忻飞的创造更是特别关注。"过去有句话是：谁拥有了青少年就拥有了未来。"他坚持下床，拿出了上好的龙井茶叶招待，"哎，你老韩多说说，我有两年没见面了吧？"

韩逸点点头："很想念您啊，陈老将军！您听说过吗？在美国有一家著名的飞机研发工厂叫臭鼬工厂，大名鼎鼎的侦察机像 U-2、SR-71 黑鸟以及 F-117A 隐身战机都出自这家工厂。"

"你说的这隐身飞机不就是在 1991 年摸黑溜进伊拉克领空，投下了海湾战争第一颗炸弹的吗？"

"没错,就是它!在整个第一次海湾战争中,F-117A承担了40%的攻击任务,其效率远远超越了美军当时拥有的其他飞机。"

钟波达接口道:"由于这种飞机的隐身性和造型怪异,人们把它称作现实版的UFO。"

"嚯,妖气十足啊!"陈老将军咕噜噜灌下一大口茶。

"这家臭鼬工厂的创立者起初只是一个名不见经传的年轻设计师,他的名字叫凯利·约翰逊,是洛克希德公司的一个雇员,但当他的一个设计方案被美国军方看中,并在180天内完成研制后,他就想在公司内部建立一个相对独立的机构,专门负责新式飞机的研发工作,他说:'我希望能在设计师和制造者之间架起一个畅通无阻的交流渠道,给他们一个尽情发挥的空间。'我们的歼-10总设计师宋文骢很赞赏这种做法,还为年轻人翻译的《臭鼬工厂传奇》一书作序,他结合成飞研制一系列新型号的实践,提倡走一条中国式的臭鼬之路,让创意的种子盛开灿烂之花!"

"好,好!"陈老将军频频点头,而后沉思半响。"协同作战才能把仗打好!我们要帮助忻飞创新,要在军民融合上多做些尝试哟!"并要钟波达把他的建议带给杨司令,"只是要注意保密,不能让人偷了蛋哪!"

·20·
珠海航展,明里暗里的较量争夺

珠海"第九届中国国际航空航天博览会"——就像南方一块巨大而无形的磁石,在2012年11月中旬,吸引着国内外相关领域的专家、工程师、媒体人员、航空发烧友以及普通观众纷至沓来,自然也有一些肩负秘密使命者混杂其间。

钟波达和尤子奇是最早到的与会者之一,他们在航展开幕前一天就到了位于三灶机场旁的展区。因为钟波达告诉他:"实际上对我们这些搞军事报道的,航展开幕的前两天,表演就开始了,而且精彩度绝不亚于后面。"

此时,两人刚来到新闻中心的圆形楼前,就听到一阵雷鸣般的轰鸣声响彻周围,空气分子震颤着,那尤子奇顾不上进入新闻中心,已条件反射似的迎着响声奔去,胖胖的身躯一往无前地直往前冲,仿佛后面有一条狗在追他似的。钟波达哈哈大笑,但也只得跟跑了过去。

前面闪现了跑道,视野开阔了,就见一架战机正从低空像一柄利剑拔地而起,而且有时还旋转着,动作劲猛。他们都认出来了,这是巴基斯坦空军的"枭龙"战机!

两人情不自禁停下了脚步,仰着脖子,脸上汗水淙淙,这珠海的天气还真热,而且跑得急,但他俩都顾不得擦一擦。因为眼前的军机飞行得实在太精彩了!

"哇!这可比飞行表演更好看,这是实战动作!"

"怎么样?老弟我说得没错吧?巴基斯坦飞行员明天就要在开幕式上表演了,今天他们可是放开来进行热身,把我们的国产战机的真实性能都充分发挥出来了!"

作为老道的军事记者,尤子奇的动作还真快,他眼睛盯着战机,从取出相机到调好镜头一连串动作就像特战队员操作枪支那般快,"嗒嗒嗒",一连拍下了枭龙战机的跃升、急降带横滚、对地攻击等各种战术动作。

"啃,这真是架性能极佳的多用途轻型战机!枭龙!它的名字也起对了!真是猛禽和中华龙的结合!"尤子奇赞叹地说着,一边把遮阳帽的帽檐转到了脑后,"听说这飞机的研制从签合同到首飞成功只用了四年时间?"

"是啊,这是中国现代军机研制的一个新起点,你这次写中国军机的深度报道,这枭龙可是一个重要标本。你知道为什么起枭龙这个名字吗?"

"哦,这名字里还藏有名堂?"尤子奇不由收回目光,感兴趣地看了一眼钟波达。

"我记得在2003年9月3日枭龙首飞成功的新闻发布会上,当时的成飞老总罗荣怀一语豪言道破缘由:取名枭龙,就是寓意成飞与新型战斗机一道横空出世!"

"哦,"尤子奇连连点头,"他没说错,近些年确实闯出了一条中国现代军机的发展新路,歼-10、歼-20不都是成飞厂出的吗?!"

"是啊,他们延续了从建国初期小小的沈阳飞机设计室到后来沈飞大公司的开拓精神。崛起于西南,两方比翼齐飞,使中国战斗机从歼教-1到歼-8Ⅱ,再到舰载机、隐形战机,壮志凌云啊!"

就在这时,枭龙战机又一次挟带着巨大的轰鸣声从跑道短距升空,直穿白云,渐渐地几乎不动了,就像一柄熠熠闪亮的短剑挂在高天,不知要刺向何方……

钟波达的手机突然间响了,他把它贴到耳边。"喂……这边飞机声太响……是杨司令啊,你好你好!我已到珠海了……什么?行,我这就过去!"

他放下手机,这时枭龙战机也已掠过头顶,他带有歉意地对尤子奇说:"杨司令叫我到他那儿去一下,他前天就到了,你就在这好好看吧,我估计晚上回到酒店会很晚,晚餐你就一人慢用了。"

"不一定,"尤子奇嬉笑道,"说不定有人会和我共进晚餐呢。"

"嗨,想得美。不过也并非不可能,我们记者来珠海航展一般就集中住在碧海酒店、2000年大酒店。你不妨早些过去,正好可以多结识些同行,多了解些信息。"钟波达挥手道别,迈开急匆匆的脚步。

钟波达走了,但尤子奇觉得自己先前的话仍余音缭绕,他眼盯枭龙战机心在想:凯莉此时会在哪里?

要是此时尤子奇不在地面,而是在天上,就在那架枭龙战斗机的座舱里,那就可从机载雷达的显示屏上看到林之风的那架豪客比奇公务机,它正距珠海一百公里之外,迅速降低着高度向这里逼近。座舱里,凯莉正优雅地和林之风、梦韵以及韩逸在品茗交谈。

今天,林总特意邀请老友新朋一起搭乘他的"时间机器"——他把他的豪客比奇-4000公务机戏称作时间机器,因为他记得有这么一句话:"目前世界上除了科幻片中有假想的时间机器外,真实存在的只有公务机之类。因为它可以实实在在地帮你省时间。"

公务机在下滑航线上继续下降,海面有点薄雾,从舷窗看,一辆别克公务车正驶近停机坪。

韩老感慨地:"谢谢你啊,林总,让我坐了会儿时间机器,确实省时间,我设计了大半辈子飞机,可坐公务机还是大姑娘上轿。"

"什么意思?坐公务机怎么就变成了大姑娘?"凯莉眉毛上挑诧异地问道。

"哦,看来凯莉小姐对我们中国语言文化还得深入了解啊!"韩逸捋了捋银发笑笑,"这是我们中国的一句歇后语,意思是第一回。我的意思是今天我可享受一个老总的待遇了。"

"我过去看加拿大作家黑利的《汽车城》,其中一段描述给我印象很深,"林总几乎记得起那些文字,"就在公务机离地上升的时间里,那跨国公司总裁已同在地面办公室里一样,同下属高效处理起各种事务来。"

凯莉接过话头:"在美国,可不光是老总们坐公务机,不少有工作需要的职工也常乘坐。"

"哦,是吗?这么说来,中国通用航空的潜在市场确实很大。"林之风放下茶杯,"我这次来,就是要确定我到底是不是现在就出手进军通航产业。有幸你们专家同来观展,正好可以当一回我的高级顾问啊。"

"是呀,今天可太有缘了,东方专家加上西方学者。"梦韵恰到好处地加了一句,并给各位的茶杯续了新茶,气氛一时更活跃亲切。

他们这次来,有一个重要的观看项目就是"未来飞行器设计大赛"

的揭晓,从中既可以感受中国未来飞行器设计的潜在力量,同时也准备挖一些人。当然优秀人才并不局限于这个颁奖会上,比如像忻飞这样的。凯莉前时已从尤子奇口中获知了相关情况,上报所在机构负责人后,又接通知,从某个信息渠道得知忻飞这两天也会来珠海航展。如何接近他最好呢?她将脸扭向窗外,思绪伴着云絮一起飞动。

而令凯莉想不到的是,她所惦念的忻飞,此时也正被一些特别之士热谈着。

海泉湾宾馆。

西斜的阳光照射着海滩,钟波达和杨司令正边走边聊。钟波达望着逶迤矗立在海边的这片欧式现代建筑群,不免心中有些奇怪:这位空军训练基地指挥官,在这珠海航展即将开幕之际,怎么有闲情逸致在此"隐居"?

杨司令似乎看出了他的狐疑,爽朗地告诉他,这两天他正在这里参加珠海航展开幕前的一个重要会议,即是由中国空军等主办的"空军军事飞行训练国际交流会议",参会国有法、德等多个国家。

哦,原来有个国际军事交流会议。钟波达想,这倒选对了地方,这里距航展现场有半个小时的车程,避免了媒体人员的"干扰"。

"这次会议的主题是'人才、变革、发展',我们将人才放在了首位!"杨司令继续介绍,他举目望着浮在海平线上的夕阳,"明天就是第九届珠海航展的开幕式了,今年来参展的展商和飞行表演队都比以往几届多,航空和航天都有亮眼的装备。但说回来人才还是最重要的,这方面也是我们目前与西方发达国的最大差距。我国得加大培养和使用航空航天人才的力度。"

"你和陈老将军想到一块儿去了!这次来珠海航展前,韩老特地要我陪他到医院探望了陈老将军,并把忻飞的发明创造告诉了他,他大感兴趣,叮嘱我们要重视,还一定要我转告你。"钟波达把那夜的谈话说了。"我们谈到了如今研发飞行器的新模式,陈老将军说我们的军民融合要有新道道!"

"是啊!"杨司令连连点头,"是要开新路啊!我知道臭鼬工厂与美国空军有一种特别的连通模式,信息交流和项目合作很充分。我们既要吸收美国做法的长处,又要有我们的特色,这几天我在这儿开会,晚上抽空翻看《中国国防科技工业寓军于民研究》一书,作者是国防大学的一位教员,也是一位经济学博士,有些观点很有见地和建设性,寓军于民实际上已成了世界性的大课题,对我们国家而言还是个紧迫性课题!"

这话引发了钟波达的心弦共鸣,他立马接过话头,"不知杨司令看过美国人的《武装未来》这本书没有?它是由一群美国顶级智脑写的,在冷战结束后,美国庞大的军工企业面临着调整的问题,如何在调整中继续维持美国在军备竞赛中的领先优势,这本书已把制胜的关键放在了军民一体化的基础上,这方面思想的领先可能比武器的先进对我们的压力更大吧?"

"说的很对呀!"杨司令停下脚步,赞赏地看着他,"我倒没想到,你转业好些年了,可对军事的思考和关注一点没落伍。"

钟波达心头发热。"杨司令,我可是军事记者加预备役军官啊!在信息战时代,或许还能当个尖兵!"

"好!"杨司令点点头,"我看过你说的这本书,这本书撰写过程中,美国政界、军界、金融界和企业界等高层人士多次参加讨论,也在某种意义上表达了美国的官方立场。国防科技工业的军民结合问题,这是一条往往被人忽视的重要战线,随着高新科技的发展,军民技术的通用性增强,民用领域的技术优势凸显,这就迫切需要通过制度创新,利用民用技术发展国防科技工业,提高武器装备的供给水平。等是等不来的,我们可以边做边摸索!"

钟波达情绪高涨地说:"这方面的竞赛我们并没有先发优势,但后来居上并非没有可能!当年二战前的德军是领先者,由于他们对军营外青年科学家发明家的重视,取得了火箭技术方面的优势。但美国在二战中以及战后,很快追了上来,在航空和航天等方面实现了全面超越。"

杨司令一手叉腰,"这样,你抓紧了解下忻飞那方面的具体情况,他的新型无人机研发到底到了什么阶段？这对我们决定提供什么样的支持特别重要。忻飞这次会来珠海航展吧？你同他谈谈,当然,在了解的过程中要注意防范泄密。"

"明白！他现在应该快到珠海了。"

说着,钟波达按下了忻飞的手机号。果然,忻飞回话说他正在路上,是搭人家的车。大约三个小时后到珠海,也就是傍晚五六点钟的光景。钟波达要他到碧海酒店,今晚和自己住在一起。到了大堂就来电。

接下来,钟波达便告别了杨司令匆匆赶回碧海酒店,还为忻飞买了航展套票。但随后左等右等就是等不到忻飞,电话又打不通了,忻飞就像断了线的风筝突然不知去向了。

其实忻飞今天从东莞出发的时间并不晚。

天麻麻亮他就翻身下床,轻轻把大师摇醒了,说要早点到珠海,看航展的人一年比一年多。大师在床上翻了个身,眼皮也没开满不在乎地说:"不急,今天我开车送你去,又快又省钱。""你还有车？"忻飞喜出望外。过了近两个时辰,大师才起来,"咕噜噜"很响地刷了牙后,便提起包带着忻飞来到一个塑料大棚下,里面果然有台车,不过是台破车,见忻飞犹豫,立刻带笑喝道:"上车啊,不花钱还想坐靓车吗?!"

忻飞被挖苦却也不便回嘴,拉开车门坐到了后排,嗨哟,这个脏啊,忻飞一看两手,像掏过煤似的！

大师从后视镜中看到这情景,无声地笑了。车摇摇晃晃地上路了。

但车子没开上公路还像是往市中心开,两边的建筑越来越高大,不多会儿一旁出现了个特大水池,蓝盈盈的好似城中湖泊。

"大师,我们怎么不出城,开到市区里来了？"忻飞纳闷地问。

"哎,到了我们东莞怎么能不让你看看市容呢？这是什么地方知道吗？湖边那大楼就是市政府。"

车子拐了个弯，驶不多远又在招牌颇多的商务楼前停了下来。还没等忻飞发问，大师便解释说是要吃早茶，而且要到好地方去吃。"你看，这块店的招牌是'荟星'，多吉利，到里面坐跟你身份挺般配。"

可下车走过去却吃了个闭门羹，人家是中午营业。"没关系没关系，换一家，人是铁饭是钢，一顿不吃饿得慌。"大师接着还是寻觅到一家有早茶的，春风满面地把忻飞拉了进去。

广东那一带早茶盛行，吃得那个细啊，忻飞今天可是第一回领教。大师要了壶铁观音，各种点心叫了十来样，摆了大半个桌面。"吃吃，你跟我不用客气，不吃白不吃。"大师招呼后就自顾自享用起来，也不再说什么，两只光脚丫蹬离了鞋帮，神态惬意。吃了半小时又叫上了几样港式点心。看样子不吃上一个多小时不会离席，研究航空的忻飞深知"民以食为天"这句老话，心里犯急却不便催他。无奈地只问了离珠海的距离，随后给钟波达发了短信，说是下午三四点可到。

忻飞很快就吃饱了，呆呆地看着他悠悠然细品慢饮的样子，心想这真是个神神道道的怪人。这印象从昨夜零距离接触那"外星人遗物"时就烙印在脑中的。

昨夜里十点多钟忻飞回到小宾馆不久，便跟着大师走进了一处树荫遮蔽的院门，月光朦胧，里面静悄悄的，手电光下杂草丛生。看来他并不常住这里。有一幢黑灯瞎火的两层小楼立于其间。大师掏出钥匙打开了厚实的防盗门，按亮了电灯。里面面积不大，堆放着好些在他看来是不相干的东西：迎面靠墙一张八仙过海的烤漆屏风，上面贴着手枪靶纸，黑红两色的双节棍塞在一只没有门的西洋座钟里，旁边是架熊猫牌简易天文望远镜，忻飞知道，它倍数不高，大概能看到月亮环形山吧。紧挨着的是个斑竹书架，上面放着羚羊头骨和红宝书、儒道佛书籍，以及几只装有雪莲花和藏红花的玻璃瓶，还有一颗半人高的高射炮弹壳令人触目地立于墙角。

光头大师把外套一脱，往一把躺椅掸了掸。"小老弟，坐坐！这地方我不常来，因为没人管饭，平时大多住在厂里。"

忻飞坐上躺椅不由顺势仰坐,可哪能这样子跟人家说话,忙直起腰横着坐于椅侧。

光头看着他环顾四周的眼神,看出了他的疑惑,"哈,我这儿看着像个杂货铺。其实杂而不乱,都与我的经历和爱好有关。"

忻飞从书架上接连抽出了看面相和看风水的书,好奇地问:"你不是当过兵的吗?还看算命的书?"继而又抽出一本《周易》,"这书名气大,我还没看过呢!"

"嘿嘿,"大师得意地笑道,"别看我只有初中文化,但空下来也爱看闲书。自从我捡到了那外星宝贝,就对天文星象的书有了兴趣,渐渐地,占星术阴阳学八卦书都看,尽管我看得一知半解,囫囵吞枣,但总比不看的强啊!知识就是力量嘛!"说着,他伸手一捋光脑袋。

"哎,大师,快给我看那外星人的东西吧!"忻飞突然想起过来的目的,急切地说。

"哎,小子,不就在你右手边么!"

忻飞转过脸,只看到茶几上有一个扁花盆,上面枝枯叶黄。

光头倏然伸过手,从花盆底端取出一只小铁盒,啪地打开,里面显出一块红绸布团和一张照片来。

"呵,藏得妙啊!"忻飞见物后如屁股着火般从躺椅上跳了起来。

"我常给这宝贝换地方,比放保险柜还安全。"说着,大师把盒子往四方桌上一放,"现在你好好看看吧!"

忻飞迫不及待地解开绸布,一个二三十公分长的管状物闪现了,上面带着些白色附着物,可能是出土地的盐碱粉末。忻飞小心翼翼地抹去一些,拿起来左看右看,它像金属又不像金属,是有些不同寻常,但吃不准是否真是外星人留下的。正犹疑间,他注意到这铁盒底部那张平放着的彩色照片,不禁拿了起来。

大师也凑过来,带着一股烟味:"没看到过吧,这是西藏佛教经典《死亡之书》里的插图。看出名堂没有?在画中央佛像的右下方,有几个 UFO 图案……要知道这佛教经典在公元 8 世纪可就有了。"

忻飞瞪大了眼睛细看,哟,真的!与飞碟活脱脱像啊!一个、两个、三个!"这么重要的记载怎么会放在《死亡之书》里啊?"

"呀呀,厉害的就得跟厉害的放一起啊!你不知道死亡是这世界最强大的力量么,天底下不管是皇帝老子、平头百姓都难逃一死。就像宇宙里黑暗是最强大的力量一样,那些看不见的暗物质其实论起质量来是最大的。小老弟,我没说错吧?"正说间,白炽灯突然灭了。房间里一片漆黑。

大师也吃了一惊,"瞧,说黑就黑,天人感应嘛!"他摸索着拉开抽屉,点起根蜡烛。火苗跳动,气氛异常。

忻飞想起什么,纠正道:"刚才你说的有些不对,人类社会跟自然界可不一样,总是光明战胜黑暗吧!"

光头大摇其头:"年轻人啊,不谙世事,人世间也是正不压邪啊!我走南闯北,看到的坑蒙拐骗可不少,还有好些干部,本来是好好的,教育起别人来一套一套的,可自己往往经不住诱惑,一个个腐败变质成了贪官。妈的!我也给欺负过好几次!"说着,他一脚踢翻了脚边的小板凳,"你知道这怪相的根源在哪吗?就是因为人总要死的!而人又是有强烈欲望的,人们看到一切终将灰飞烟灭,所以难免及时行乐,甚至弱肉强食、残杀争夺。啊,别又要来反驳我,我这话可是有来头的,就来自于这本《玉历宝钞》。"

说着,他从书架上抽出一本黄封面的书扔了过来。忻飞接过此书,翻开来便觉阴风阵阵,书里有阴曹地府,还有阴间审判时锯人的酷刑。烛光摇曳中,大师的身影拉长了,有些像巫师,又有些像里面的牛头马面。觉得正把自己引进了一条黑暗的胡同,想不反驳他也难。"这不是迷信么?"

大师一撇嘴,"什么迷信?说的有理就信!哦——当然有没有阴间还得证实,但黑暗势力最强大可是事实。这是得到最新尖端科学证明的,我听一位来自德国的生意伙伴说,2008年,通过欧洲很先进的洛弗尔天文望远镜观察,发现了一些僵尸恒星……"

"僵尸恒星?"忻飞大惑不解,好生奇怪。

"那就是大喷发后的恒星残骸。它本应寿终正寝,但却通过吞噬别的星体得以苟延残喘,还能靠获得的能量给予周围的星际空间极大的影响!"大师鼓着眼睛趴在桌子的对面,像变身为一个大蛤蟆,直勾勾地看着忻飞,"这对你我有什么重要的启发吗?"

忻飞惊疑的眼光和他对视了下,眉头一拧通过手机查询起来,还真查到了相关信息,那座发现僵尸恒星的天文望远镜是在英国的曼彻斯特附近,那座天文望远镜非常之高大,犹如人类的巨眼,怪不得能洞悉天上的秘密。他心头一阵悸动,就像不经意打开了一扇魔窗,看到了与常识背离的怪异场景,可怕又震撼!而宇宙法则本来就是相通的呀!

他有些恍惚,得好好想想,自己似乎还没长大。大师的声音在继续:"查到了吧?哈,别不相信,我那位德国朋友可是位高人,厉害之人!他点化我说,天的颜色本不是蓝的,而是黑的!"

在这点上,忻飞明白是对的,因为飞离到大气层之上,所看到的是无边的望不穿的黑暗。

正在忻飞思绪漫飞之时,光头大师吃完了最后一个港式点心,招呼他重新上路。从东莞到珠海走最短路线,约121公里,差不多3小时就可到。大师驾车从中心广场向西拐入鸿福路,左边是中环财富广场。又沿莞太路行驶20多公里……

前方闪出了鸦片战争博物馆和虎门炮台旧址的路标。

"怎么样,去看看博物馆?电影《林则徐》看过吧?"

"哦……"忻飞犹豫着。

"不看遗憾哟,我后面开车可以开快些!"

"那,抓紧看看就走。"忻飞答应了,抵抗侵略的鏖战之地不能不看。

可一进去那时间就不是忻飞所能掌握的,看这看那,留影询问,他看得是热血沸腾,既为国耻悲愤,更要为国强尽力!可大师却不以为然,说中国与外国军事装备的差距不是轻易能赶上的。"我过去在越南战场亲眼看到过,美军一个波次攻击下来,我们一个高炮连眨眼间就没了。所以不能硬碰硬,小伙子你不能做白日梦啊,脑子要清醒!不醒就上车去多睡睡!"

忻飞想同他辩个明白,但一看时间不对了,回到车上闭着嘴巴,只盼他快开车开快点!可哪料上了威远大桥,车竟然坏了,抛了锚。"呵呵,有我这个老机务兵在,再破的车也能修好。"大师自信满满地钻到车下鼓捣了几分钟,果然车又开动了,但驶了一阵却又抛锚了!他也不满意了:"奶奶个熊!这车太差了,不好意思。"就这样开开停停,弄得忻飞心头火急火燎,脸上五官都挪了位。

暮霭四合中来了一个矮个年轻人,像个打工的,说要搭他们的车去珠海。大师一撇嘴,好的,收下50元,说就贴补点油钱。

车开了,这回车子似乎真正修好了,一路飞驶,夜色渐浓时驶进了唐家湾镇。

忻飞早已在车轮沙沙声中打起瞌睡来,他手机因没电也一同"睡"了,外界信息隔断。不知什么时候他隐隐觉得车停了,侧了下身子,没碰到身边的手提电脑,触电般睁开眼睛一看,真真切切是没了!再慌忙朝外一张望,那矮个子正在路灯下奔跑。这时车已经动了,忻飞一推车门急追了过去。死追!过去他在学校里就是长跑好手,硬是把那小子追上了。不想对方干脆把电脑扔了过来,忻飞伸手有幸接住,但额头不幸给砸出豁口,鲜血直流。大师慌忙把他送进医院。医生让他躺下观察、输液。忻飞昏昏然但坚决把电脑压在枕下。大师很关心他,真有些鲁智深那样的古道热肠。说他会通宵陪他,还给他买来芋头等不少好吃的,满满一马甲袋吊在他床头上。

就这样,航展的开幕式忻飞是去不成了,要想给达哥打电话也只有等手机充了电之后。

次日早晨,钟波达和尤子奇正坐在从碧海酒店发往珠海航展的班车上,从电话里得知忻飞遭劫受伤的突发情况,很是震惊,但要他安心休养,说晚上来看他。忻飞回答说:"你这么忙千万别过来,达哥要是过来我心会很不安,只是受了小伤,明天大师就会开车送我去航展。开幕式看不到了很遗憾。病房里没有电视也看不到直播,你要是方便发些手机照片过来。"

钟波达自然答应,挂了电话眉毛依然打着结没松开。忻飞显然遭到了有预谋的"伏击"——抢劫技术资料!钟波达为自己没能及时接应而感到焦躁与自责。可尤子奇听了后也觉得很奇怪,这年轻人怎么老是碰到意外?而且都发生在与那个大师在一起的时候?

钟波达深思道:"还都是与他那台重要的手提电脑有关?"

两人分析起大师,都觉得这人非同一般又有些神秘,如果说他是坏人,是他设的局,可他为什么在"小偷"已得手的情况下不干脆拦下忻飞?这确实难以断定,但也让人疑窦丛生。

车外闪过了海湾、渔场、港口。

有好几辆车子从后面超了过去,看得出来,都是去参加航展的。不多会儿,车子前方出现了好些人和彩旗,几个火箭形的东西在一个大展馆建筑后伸向天空,车子从展馆大门前经过,一行大字映入眼帘:"第九届中国国际航空航天博览会"。车子拐进了展馆旁的一大片空地上,这里已被用作了停车场,许许多多车辆差不多把它塞满了。

"来珠海航展的人真不少啊!与外国的航展比,虽然停放的飞机没他们多,但人气并不输给他们。中国航空航天的前景大好!"尤子奇赞叹道。车上的记者同行跳下车,就接连端起各自家伙来一气猛拍。

经过安检,很快有分发资料的工作人员过来给他们送上展会资料。他们首先进入了静态展区的一号馆,中航工业的展区很引人注目,一旁是"枭龙"飞行模拟器,有个非洲国家的空军将领正在上面兴致勃勃地精彩"飞行"。在这里,他们碰上了凯莉、韩逸、林之风和梦韵,大家很亲热。特别是对尤子奇和凯莉来讲,似乎还有"他乡遇故知"的味道。

这时喇叭里传来了通知声:"航展开幕式将在9点半开始。"人们向主会场走去,尤子奇和凯莉热乎地边走边说,不觉和钟波达他们分开了。两人走到了主席台右侧,这里聚集着不少外国空军军官,尤子奇随同凯莉与他们聊着,平时真难得有这样的机会能与多国的空军军官交谈。凯莉和他都获得了不少信息。

开幕式正式开始了,组织方讲话、剪彩。尤子奇有幸得以和不多的几位记者在主席台上面拍照,大多数记者只能在下面的观众席里,他快活地笑了。

然而当飞行表演开始后,歼-10战机编队在前面的跑道上飞掠而起,尤子奇忽地发现得赶快下去,因为停机坪和跑道都在观众席的后边,飞机表演基本都在那上空举行。观众们也都纷纷离开座位,跑向后面。尤子奇拉起凯莉也往那边跑。他注意到有几个高台伫立在那里,上面站着不少举着"长枪短炮"的中外记者。

一架飞机呼啸飞过头顶。

胖胖的尤子奇正费力地往上爬,上面有一双手伸下来把他拽了上去。抬头一看,竟是钟波达!"不是巧,我早就注意到你了,特地过来接应的。"接着又把凯莉拽了上去。"子奇老弟,你照顾好凯莉,我得再去忙台里的活了!"

确实,航展中的钟波达几乎没有空的时候,白天忙着采访,晚上回到宾馆,又和同事一起,在客房里摆开了战场,剪片子、写稿子。

不过,他再忙,也没忘记在次日下午2点前赶到新闻中心211室,去参加由《航空知识》杂志主办的"未来飞行器设计大赛"揭晓发布会。之前他已接到忻飞的电话,说已到了。钟波达因一时太忙走不开,便要尤子奇跑一趟,把航展的票子送到入口处去。

尤子奇颠颠地急步来到检票口,把票递给忻飞。随后便看到了大师,看到了那脸上掩不住的尴尬。

尤子奇咧嘴笑道:"哈,两座山碰不到一起,两个人却还会走到一起。你说是吧?施先生,哦,错了,应该叫你大师!"他开怀大笑起来。

"啊,我们有缘,有缘。"大师擦着额上渗出来的汗水,并说要请他吃饭,解释误会,"一定要来啊!"

尔后尤子奇见他没跟忻飞一起进来,奇怪地回身喊道:"你怎么不进来?也要我们给你买票吗?"

"啊啊,说笑说笑!我一辈子跟飞机打交道,不急着进去,我先去办点事,等有空时再进来。回头见!"

没多会儿,钟波达便在飞行器设计大赛的颁奖现场见到了忻飞,像兄长看到小弟似的按着他的肩头,上下打量着他。忻飞戴了顶帽子,显然是为遮住伤口。钟波达关切地问了几句。但不便细问,因为会议开始了。会场挤得满满当当。林之风和梦韵也来了。

主办方开场白后,空军的白将军讲话,他说了举办未来飞行器设计大赛的意义等,最后爽朗地说:"现在让媒体朋友们好好拍照摄影,向社会多多展示这次获奖的选手们!"

但忻飞的脸色越来越不好。起初钟波达以为是他身体不适,但很快明白是他看了那些获奖项目后对自己感到惋惜。确实,忻飞认定自己如果参加竞赛也一定能拿奖。他有些怨气地看了林之风一眼。他俩就在如此糟糕的心境中重逢了。

还未等会议完全结束,忻飞便匆匆离开了会场。钟波达和尤子奇赶忙都跟了上去。

忻飞回过头一脸苦恼人的笑,说:"达哥,尤记者,现在让我单独待一会儿好不好?谢谢你们啦!"

尤子奇还要表达什么,被钟波达一扯衣角,"好,忻飞真累了,晚上我们再聊。小伙子,这是你的房卡,拿好了。尤记者和我也住在碧海酒店。地址房卡上有!"

忻飞面含谢意地接过,转身闷闷地走了。在钟波达眼里,他像头受伤的小赛马。

这时,有一个人虽没有跟上去,但眼睛一直尾随着他,直到他和钟波达他们分手了还在尾随着他。这就是凯莉。她注意到忻飞的步子很快,仿佛小跑似的,径直跑向静态展馆。

然后她在新闻发布会散会的人流中迅速下楼。

·21·
他脑中掠过一个成语：喜从天降

忻飞跑向静态展馆，左手边宽阔的停机坪上停放着好多架飞机，他瞄了几眼。刚进入展馆，天上又传来表演飞机的轰鸣以及解说员激动的话音。他又跑了出来。这时武直-10正在低空表演，它像个钟摆似的摆来摆去，煞是绝妙。他看了会儿重又移步到展位众多的展馆内部，但脖颈还不时转动着留意馆外的天空。这是他第一次参观航展，真是目不暇接。身上的蓝翻领衫已被斑斑汗迹搞成了"花"衣衫。

"怎么样？老鼠掉进米缸里了吧？"身边响起了尤子奇的话音，咦，转了一圈又碰上了。

这时忻飞倒也没转身而走，因为上次在广州与他不辞而别，心中一直有些愧疚。

尤子奇凭着这两天的参观和他战地记者的素质，已能够给忻飞做起"义务讲解员"了，他告诉晚来的忻飞，今年珠海航展已是第九届了，由开办时的区域性航展变身为国际性的大型航展。这届航展有个最大的亮点是：多款先进战机将亮相，是有史以来中国空军装备参展数量最多、规模最大的一次。其中先进无人机是本届航展中的一道亮丽风景线，以翼龙-Ⅰ、彩虹-4、WJ-600为代表的一批先进无人机实体将集中亮相航展，数量之多为历届航展少有。忻飞进馆就是为了找寻它们的。他大感兴趣地跟着尤子奇来到了无人机展台。

在这里，忻飞看着它们很激动。而尤子奇却眼睛一亮地发现戴着墨镜的凯莉也在这里。"呵，我们真有缘啊！"他不知道，凯莉可是守株待兔啊！

尤子奇热心地给两人做了介绍。

凯莉摘下墨镜插进额上的金发里,微笑地看着这个外貌看似平常但才华出众的中国创客:"哦,久闻大名,听说你是超凡的无人机专家。"

忻飞脸色泛红,"哪里哪里,不好意思。"但不管怎样,她的话让他感到一阵暖意,也滋生了对这个气质高雅的外国女人的好感。

忻飞扭头仔细看着面前一架架无人机及其说明文字,目光闪亮,心无旁骛。

凯莉细细看着他:"我看到报道,中国在这次珠海航展不仅推出了'翼龙'无人机,还有新款靶机'蓝狐',显示了中国无人机的研制正加快脚步追赶西方。"

尤子奇接上话题:"我在11月18日看到一则报道,成飞无人机部部长表示,翼龙无人机2005年研制、2007年首飞。目前已有多个用户。这话似乎暗示该款飞机已装备部队。"

"无人机的发展潜力极为巨大,而中国在这方面的迈进可能是最大的!"

"哦。"忻飞心头一震,他想不到这个外国女人对无人机竟有如此见解。

凯莉似乎注意到了他的惊讶,又说道:"这话是我的一个朋友说的,也是国际上很有分量的飞机专家。如果你有兴趣,今晚我就可以介绍你们认识。"

"是吗?!"忻飞犹如铁鸟遇到了磁石,喜出望外。尤子奇也赞同道:"机会难得,对年轻人很有好处。我也去听听。"

凯莉一直面对着忻飞:"好的,今晚在粤海酒店有个珠海航展主办方的酒会,主要招待参展商,你就跟我一起去吧,"她看了下表,"哦,现在时间也差不多了,从这里到市中心得近两个小时,而且现在已是下班高峰,得走了。"说着,她转脸对尤子奇用英语轻声说道:"抱歉,我身上只有两张邀请函,尤记者,你自己想想看还有什么办法可以进去,或者跟我们车一起过去?"说着,把一张邀请函交到了忻飞手里。

忻飞不安地："不好意思，谢谢了。还，还是给尤记者吧。"

"哎哎，那可不行，你去是最合适的。"平时爱钻空子的尤子奇这时却连连摆手拒绝，他心中虽有憾意，但更多的还是对凯莉"拉人"出招之厉害的叹服。

一个多小时后，凯莉带着忻飞搭乘出租车进入了珠海市拱北区，这时正值暮霭降临、华灯初上时分，周围景色显得特别漂亮。

在车上凯莉与他交谈，问了他学业以及家庭的情况，凯莉也谈了她的孩子。很亲切。不多会儿，车子驶到了粤海酒店灯火明媚的大门，又随着电梯直上顶层。迎宾的女服务员面带笑容地验看了他们的邀请函后，便步态轻盈把这两个中外来宾带进了旋转餐厅。

忻飞注意到里面的外宾可比中国人多，他先前已经知道这个晚餐主要是招待参展商的，能够与好些外国航空公司制造商共进晚餐，真是机会难得。而且到这么环境优雅的高级餐厅还是第一次，他压抑着兴奋跟着凯莉走着一边打量着周围。内圈是琳琅满目的各种自助餐食和饮料，外圈则是宽大的环形延伸的玻璃窗，窗外的城市灯光如星星那般璀璨。下面拱北海关四个灯光大字则随着旋转餐厅的转动在"变形"。

"康纳利！"凯莉突然轻声叫道，随即拉着忻飞向右侧窗边几个喝酒谈话的外国男人走去。其中一个身材高大的站了起来，把他的毛茸茸的长手伸过餐桌，热情地握住凯莉的纤手，两人热情地打了招呼后，他便把脸转向忻飞，这人的目光很锐利，忻飞瞬间感觉到似乎那像是鹰一样的眼睛。

"哦，凯莉小姐，你身边这位就是你说的很有设计天赋的年轻专家吗？"

"是呀！"凯莉优雅地点头，接着热情地做了进一步介绍。

"来，就坐到我身边。"康纳利很亲切，并把桌上的一杯红葡萄酒杯递给忻飞。忻飞这才看到在每个座位前的桌上已摆放好了一杯杯红葡萄酒和刀叉餐具。

康纳利像个老朋友似的在他肩膀拍了一下："热爱飞行器设计好

啊！天空才是世界上最高端也是最广阔的舞台！"

忻飞连连点头，敬意油然而生，他觉得康纳利这话既实在又富有哲理。

凯莉似乎体察到了他的心理活动，在一旁说道："我们的康纳利先生不仅是航空界的实业家，还兼任着好几所大学的兼职教授，你以后如果能跟他学，你的设计专业水平会大有长进的。"

"哦，我可没有金手指。"康纳利晃着大脑袋，哈哈一笑，"007电影你不会没看过吧？不过我很愿意接纳优秀人才到我们企业工作并展开新的研究。"接着，随着他手势频频，很有感染力地道出了所能提供的多种优厚待遇条件，从工资到工作场所以及飞行休假，唯一的附加条件是他必须把手头认为最有发展潜力的研究项目带过去，不过研究费用全部由公司出，而且一旦成功投产后他还可获得一定数量的股权，即由研究者进而变成了股东。

忻飞认真地听着，心房像窜进一只蹦跳的小兔。康纳利的话对他产生了很大的诱惑，不过也令他感到困惑，如果同意，自己和伙伴们在经济上会相当不错，但做了一半的好项目就这样交出去了，前景会比这边好吗？他的目光与康纳利交汇了，就在几秒钟里他第六感里有了某种危险感，似乎在森林中闪现出了会动的斑纹。

康纳利又开口了，他的语气并不像他的眼光那么咄咄逼人，仍然和缓又很有亲和力："密斯特忻，你可以好好思考后再回复我。这是我的名片，上面有我的电话和伊妹儿。"说着，他从椅子上站了起来，"你有了想法也可以先对凯莉小姐说。我得回到窗边的那几位朋友那儿去，因为我们也在谈着一件重要的事，抱歉。"

忻飞赶紧也站起身来，"好的，谢谢了！"

"哎，不谢。"他举杯与忻飞碰了下，又与凯莉碰了下酒杯，便转身离去了。忻飞的目光追随着他的背影，觉得此人收放自如，动作敏捷，但不知怎的有些像豹子。

凯莉似乎看透了他的眼神，娓娓说道："现在是全球化时代，学航空的应该善于从天上看人间,而从天上看,哪有什么国界？有的只是广阔的非洲大陆、洁白如银的南极大陆以及蔚蓝色的海洋,国界都是人为的,应该做一个世界公民,中国这几年办移民的可不少。"说着,凯莉摇了下杯中的红葡萄酒,又继续说道,"而对于你这样的新型特殊人才,更应该消除 border 这种边界概念,对人类做出更大的贡献。"

正在这时,旋转餐厅里原先播放的轻音乐停了下来,进口处乐手坐的地方此时多了几位漂亮的女模特儿,一位着装端正的中国官员走向立式话筒。

"晚宴的致辞仪式马上要开始了。"凯莉说着,抿了口酒,把酒杯放回桌布上。在中方和美方的代表致辞时,凯莉静静地听着,忻飞觉得她的举止十分的优雅,忻飞想,自己要是会静态素描的话,一定要把她绘下来,她的形象和气质比一旁的模特更有魅力。这使她先前的话在自己大脑中烙印得更深了。

不多会儿晚宴便正式开始了。这时,有两位外宾过来与凯莉交谈。凯莉回头微笑着对忻飞说:"你自由行动吧,在这里用好晚餐,别拘束,我不会束缚你的。"随后又补充问道,"今晚要我送你吗？"

"不用不用,我住的地方离这不远,谢谢你给了我这一个美好而难忘的夜晚,真的很感谢！"

"是吗？但愿如此。"凯莉重又拿起酒杯,转过身去。

忻飞随后便去了长长的取食台。看到一只只盛着不同菜肴的不锈钢方形和圆形容器在灯光下闪闪发亮,他一时不知道取哪样好,但他看到龙虾,便走上去,用夹子夹了一个放进食盘后,正要放下夹子,但食欲使他又举起夹子伸进色泽金黄的龙虾堆中。可这时身旁响起一个银铃般的女声:"这么大的龙虾,你吃两个,很喜欢吃龙虾啊？"

这声音虽不大,又柔美,却冷不丁让忻飞吃惊得忙放回了夹子,并扭头看去,见是一个面含微笑的俏丽姑娘紧挨在自己旁边。他有些尴尬又有些纳闷：我吃什么吃多少干你什么事啊?！

那姑娘拿起夹子,也夹起一只龙虾放进自己的餐盘,随意问道:"你叫忻飞吧?"

啊!这让忻飞着实又吃了一惊,愣愣地看着她:"你认识我?我们,我们在哪儿见过?"

"是啊,你是名人,我认识你,你可不认识我呀!"说着,那姑娘又夹起一只龙虾倏地放进了忻飞的食盘。随即走到下一个不锈钢菜盒前。

忻飞感到这谜一样的姑娘很有温度又有趣。忙跟了上去:"对不起,我们是在哪儿见过?"

姑娘调皮地一笑,"在上海的苏州河边吧,瞧,我手机里还有你的光辉形象呢!"她说着从衣袋里掏出个金色手机,按了两下便放到了忻飞的眼前。屏幕上出现了忻飞坐在快艇牵拉的降落伞上迎风翱翔的场景。忻飞看明白了,这正是自己挂在上海创客空间墙上的照片呀!她怎么会有的?

"你挺勇敢哟!会在天上飞。"姑娘忽闪了下大眼睛。

"啊呀,哪里,小意思!"忻飞谦逊地说。

"嗨,在我看来,是没意思。"姑娘给自己的食盘里又添加了菜肴,她的食盘里已经很满了。随后转过脸来,正眼看着他。"你说你个搞飞机设计的就那样飞啊,那滑翔伞你就不能自己操控啊?"

忻飞给她臊了个大红脸,但又不甘心给这么一个女孩子数落,看着她朝座位走去,忙追过去争辩道:"你是无知者无畏啊,你觉得飞滑翔伞像打雨伞那么容易吗?"

女孩坐下来了,看着他在自己身边落座后说:"对我来讲飞滑翔伞同打雨伞差不多,不信你明天跟我去看看,我让你眼见为实。"说完,她津津有味地啃起羊排来。

嚯,这话可把忻飞可搞得真假难辨,有几十秒钟没回过神来,但最后还是下定了决心,一定要弄个明白。"好啊,明天我跟你去看,在哪里?"

"在横琴岛,那可是珠海有名的飞滑翔伞的好地方。明天我有车,我带你去。"

随后两人互相留了手机号和姓名。

"啊,你叫梦韵,名字倒不错,但愿到头来你今晚说的话别成了梦话。"忻飞取笑道,随后又想起什么急忙问道,"哎,你那时到我苏州河的工作间去干吗?"

于是梦韵便告知了她随林总专程去他们那里拜访,想邀他到公司工作的情况。

这一说倒令忻飞有些坐立不安起来,他觉得今天在会场里对林总有些失礼了。同时他想,今天是什么日子啊?他看着窗外徐徐转动的斑斓夜色。他挠了挠头皮:从昨夜遭窃和今下午在未来飞行器会上的失魂落魄,到现在成了中外公司都看好的"宝贝",他仿佛从冰窖一下子到了三伏天,而且又与面前这个漂亮妹子不期而遇,他脑中掠过一句成语:喜从天降。

但他不知道,梦韵与他的不期而遇其实是林总布置的"钓鱼"任务。今天下午,当忻飞气呼呼离开颁奖会,尔后他看到凯莉找忻飞聊谈时,便基本明白是怎么回事了。于是,他给梦韵下了"命令",说你来把他拉过来,你们年龄相仿,可能更容易谈得拢。今晚"奚落"忻飞的一场戏便是她精心"设计"的。

此时,林总正在餐厅的一角在注视着他,一边刀叉并用,食欲颇佳地吃着龙虾。

而忻飞并没察觉几方对自己"争夺"的竞争。他只是有种自己的才华被人赏识的兴奋。他想起了达哥,想起了下午在自己心情不好时对他的冷淡。他立时放下刀叉,在手机地图上查找起去碧海酒店的路线。嗯,很好找,待会儿顺着情侣路过去就行了。

两小时后,当他走进碧海酒店时,房间里没人,他给达哥发了条短信。怕他为自己担心。不一会儿,钟波达来了,告诉他正在和他的电视台同事剪片子,为的是及时做好节目专辑发回上海播出。接着问了些他今天的情况,似乎放心了,拍了下他的肩头,让他洗个澡,早点睡,明天还可睡个懒觉。又指了指桌上他买的芒果,"多吃几个!"

忻飞告诉他,明天他可不能睡懒觉,因为得去横琴岛看看,去参加一个航空活动。

哦,钟波达一听,"我和尤子奇明天也要去横琴岛,去参加珠海市委宣传部组织的'航展记者看珠海'活动。可惜我们的车专用,不然正可搭车一同前往。"

"不用,我已找好车了。"

钟波达有些意外:"是吗?那你早点睡。明晚我们一起吃晚饭。"

这时,忻飞的手机响了,是光头大师的,他没接。

黎明时分,忻飞便醒了,他轻手轻脚起了床,怕惊动达哥。进了洗漱间关上了门。

钟波达是军人出身,这些许的响声还是惊动了他,他眯眼看到忻飞还戴上了航展上发的遮阳帽,在镜子前照了照,把额上的小伤口遮掩了起来。他觉得有些异样。

珠海的早晨真是好看,空气清爽,海面上呈现出多条色彩变幻的光带。忻飞漫步情侣路到了渔女塑像前等着,不多会儿,梦韵驾着一辆敞篷轿车驶了过来,这令他对这女孩又有新的看不懂了。"这车是你的?"

"我哪有那么多钱?这车是我租来的!上车吧,别磨磨蹭蹭的!"

车子载着他俩迎着海风向西拐去。

车上这两年轻人很快聊开了,他虽是自小就向往天空,父辈都是开飞机或造飞机的,但她对天空的亲密程度并不逊色于他,她的表姐曾是海军陆战队的霸王花,上天入海皆行,后来转业到地方开了家航空俱乐部,手把手地教梦韵学会了滑翔伞的运动技艺。前些时梦韵在电视台军事节目组实习时,有一次采访中还向八一跳伞队中取过"真经"。

说话间,车子向南开,过了桥,上了横琴岛,对面就是澳门。不多会儿,天上就出现了五颜六色的滑翔伞。

车停了,问了租伞的价钱,人家说带你上去。梦韵一笑,没答话,从轿车的后备厢里取出一个长有半米多的伞包,梦韵扬脸招呼道:"忻飞,来,我带你飞!"

这话引来了周围的好奇和好笑,这丫头还真能带小伙子飞?!

梦韵走到他身边,"你起忻飞这名字就得飞!连滑翔伞都不敢飞?怕摔死?"

要强的忻飞硬着头皮坐到了操纵手前面的坐垫上,但心儿抑不住地突突突直跳。梦韵试了试风叫道:"听我的口令,向前跑!"梦韵拉着伞绳和忻飞在山坡上迅跑,很快他们的伞便飞入了透明的空气中,先是在海岸上穿梭,忻飞由担惊受怕变成了开心兴奋。低头看着海边的风力发电塔缩成了小孩手中的玩具风车。眼看就要着陆了,梦韵又把伞乘风拉了起来,忻飞感到自己变成了鸟儿,他情不自禁地迎风嚷道:

"梦韵,这才叫飞行哪!比坐民航飞机自由多了!"

"是呀,这里才有飞行的真正快乐!啊哈,你成神仙啦!"

"你像是敦煌壁画里的飞天!谢谢你!"

"不用谢,但你要答应我一件事,去见见林总。他十分欣赏你!"

"哦,好吧。听你的!"

"后天你就搭乘林总的公务机回上海好了!"

忻飞突然不响了,此时他在无动力飞行中悟到了一个重要启示,他的无人机能否也能充分汲取和转化空中的能量啊?!

岛上有不少人在注视他们这些蓝天舞者。这时,"航展记者看珠海"记者团的大巴也已驶入横琴岛,在一处停下了。他们注意到在天上有几个滑翔伞在飞。在蓝色的海空和绿色的山峦之间,那飘逸的彩伞特别好看。

带着高倍军用望远镜的尤子奇好奇地举起来,这一看大感意外,忙招呼钟波达:"你快来看,天上飞的是谁?就是最靠山坡的那个紫色的伞!"

钟波达接过望远镜,"……哎,好像是忻飞和梦韵?"他惊讶地张大了嘴巴又细看,"啊,没错,真是他们俩!"他看了一眼尤子奇,尤子奇微笑着望着他。钟波达:"这两人怎么会走到一起,而且还在滑翔伞上?!"

"这世界真是太奇妙了?"尤子奇补充了一句,拿回望远镜。

钟波达没有接他的话,因为他着实感到有些不可思议。他的眉毛聚成了个疙瘩。"他们怎么就这么巧碰上了?"两个本不相干的星体能碰到一起,背后总是有特殊的推力。他想回到宾馆后,得好好"审审"这小伙子。同时也旁敲侧击地问问那梦韵。

"哎——"喜欢摆弄望远镜的尤子奇从望远镜中陡然发现了大师!他就在数百米外的大石头后面也仰望着那顶紫伞。尤子奇忙把望远镜递给达哥,并指指大师那监视的位置。

钟波达很快看到了,"哦,这家伙的搜索与定位能力真是超强啊!居然又盯上了忻飞!得设法引开他!"

尤子奇点点头,剥了颗口香糖放进嘴里,嚼了嚼说:"我来想想办法。"

钟波达抬眼不太信地看着他。

尤子奇诡秘地一笑。"他这个盯着腥味不放的馋猫,准定会来我们酒店。接下来你就看我的吧!"

"噢,可别跟我吹啊!"钟波达随后又问,"哎,你自己的深度报道进展得怎样了?"

尤子奇颇为满意地:"广州之行收获不小,接下来我想到湖北和福建,看看中共第一和第二架飞机——'列宁'号和'马克思'号,再接着我想去趟延安……不过,忻飞这方面的动静也引起了我的重视,因为这些创客的研究有可能关系到中国的空天军事潜力。"

"你这个军事记者真是灵敏啊。"钟波达转过脸来,"不过也不要过敏啊!"

尤子奇听出了弦外之音,转脸笑道:"达哥放心,我不会过敏,不会越过相关国家和军方的规定。你应该知道,我只是非常渴望及时报道重要事件。这方面与你不同。"

"哦,什么不同?"钟波达感兴趣地再次转过脸来。

就在这时,人们招呼他俩上车。

车刚启动,钟波达就用手肘碰了下双手抱胸、闭目养神的尤子奇,"哎,你上车前刚说到一半,作为军事记者,我与你有什么不同?"他们坐在最后排的座椅上,和其他记者隔了好几排空座位。

尤子奇的眼皮依然合着,回答道:"你不是说过你很想成为海明威那样的军事记者吗?那不就是说,你不仅想及时报道,还想积极参与到重要事件中去!"

钟波达感慨道:"知我者,子奇也。我可是海明威的忠实粉丝啊,要既挥笔又拿枪,两手都硬!二战中,他还领导了一支法国游击队。美国战略情报局曾披露,勒克莱克将军之所以能迅速解放巴黎,离不开海明威提供的情报。我是很想在历史进程中发挥些正能量。生命短暂,贵在贡献啊!"

"是啊,对生命的短暂和脆弱,我们这些上过战场的感受最深了。可老兄,我并不看好人类的未来,我只想当个纯粹的记者,揭示真相!"

沉默,车轮沙沙。

· 22 ·
忻飞面临新选择,大师跟定了尤子奇

记者大巴在情侣路上一路向北。好些记者在翻看手机,钟波达也在其列。

但第一次来珠海的尤子奇充满好奇地左顾右盼。著名的城雕珠海渔女在右侧的海里出现了,它前面的块块礁石上几乎都站着围观的人,嗨,确实不错,很耐看呀!就在他想多看几眼之际,钟波达拉了下他。

钟波达的华为手机出现在他的面前,屏上有照片。"哎,你看看,能帮助找到真相吗?"

尤子奇翻看了几张，上面的人物都是忻飞，只是背景不同。钟波达继续说道："这是我在忻飞宿舍的床头上拍下的他的照片，像是在德国游历。我很担心他考察德军以往的秘密研究时，会不会引起了某些人的注意。"

尤子奇过去多次到北约基地采访，有一段时间还长住在德国。他拿过手机，仔细端详着它，那神情似乎要钻进去。"嗯，这张是在佩内明德，V-2 导弹的发射基地废墟，没错，滑轨还在。这一张……你别看背后没什么，净是森林。那可是法兰克福以东一百多公里的地方，那地方我去过，1945 年美军在那里找到了秘密研制中的霍尔滕-29 轰炸机。"

"霍尔滕-29 轰炸机？没听说过。"钟波达有些诧异。

"嗨，只有很少人知道，那可以说是世界上最早的隐身飞机，由德国天才的两兄弟设计，后来这飞机被专门运到了美国进行研究，听说现在还在诺斯罗普工厂。忻飞这小子在德国的考察能这样深入不容易啊！"他的眼睛漾着赞赏之情。

"只是如今探寻纳粹军事研究的可大有人在，白道黑道都有，听说近来恐怖组织是最感兴趣的。"

车子很快到了碧海酒店。天色正黄昏，最后几缕霞光透射进酒店前枝繁叶茂、盘根错节的榕树，使它显得曼妙而幽深。

钟波达对尤子奇说："今晚等忻飞回来时我会侧面问问他，真希望他能避开某些危险。我这会儿先到同事的房间里，把这次珠海航展的后续报道做出来，你先回房间休息，过一个多小时后我们上街吃饭。"

尤子奇"嗯嗯"两声，慢步上了楼。

当晚间的月亮爬上树梢之时，钟波达忙完了工作，回到自己的房间却还没见到忻飞，就再上楼敲开了尤子奇的房门，眼前的景象令他大吃一惊：

尤子奇坐在地板上，打开的罐头和压缩饼干散在身旁。床上、桌椅上摊放着地图和电脑。这情景钟波达太熟悉了，就像在伊拉克战地的军用帐篷里。

尤子奇见到他时很兴奋,"我已经找到了忻飞去德国的基本行程,通过我在德国的关系找的。"

"啊,你可以当面问他呀!这么费力干吗?"

"哎,还不是为了他好嘛!有时是旁观者清当局者迷!"说着,他把钟波达拉到写字台上的电脑前。屏幕上有条曲线。"你看,这就是现在已知的忻飞到过的地方,大多是导弹飞机工厂,还有哥德堡大学,哦,那是有欧洲硅谷之称的!可他为什么后来又去了布达佩斯呢?"

"嘀铃铃——",房间里的电话铃突然响了。尤子奇伸手接听,原来是大师从前台打上来的。果然,他来碧海酒店了,话音好大,热气腾腾:"呀,是尤大记者啊,好惦记你啊!也把老哥找得好累啊!总算在这条爱情路……不不,是情侣路旁的这家酒店找到了你,我们还真有缘分咧!"一旁的钟波达也能清晰地听到。

可尤子奇却语调冷冷地问道:"哎,哪位啊?"这几个字好似迎面扔来的冰棍。

大师给砸得有点晕,转而嘿嘿笑了起来,"嗨,别让老哥难堪啦,我知道你不会忘记我,甚至会错怪我。我这是来专门赔罪,快下楼,我请你吃饭。还有那位钟记者和忻飞小老弟,一块儿下来啊!"

"是吗?有这个必要吗?"

"错怪我了,错怪我了,给个面子!"

钟波达向尤子奇使了个眼色,示意他差不多了。

"好,等等我,等我上个洗手间。"

十来分钟后,尤子奇和钟波达坐电梯下来了。门刚打开,就见不远的沙发上有个光头触电般地跳起来,伸开双臂迎了过来:"啊呀,等得你们好久啊,请你们吃饭怎么像大姑娘上花轿似的,这么难哪!"说着,咧开嘴哈哈大笑,一手拉起一个就往门外走,"哎,忻飞小兄弟呢?"光头大师刹住脚步。

就在这时,忻飞走上台阶。大师喜出望外:

"好好,齐了齐了!来来,我请你们上这里有名的得月舫去,尽兴痛饮。"

钟波达不知如何作答,看了一眼尤子奇。

尤子奇:"得月舫？不就是在这边海滩上看得见的灯壁辉煌的海上皇宫吗？唉呀,大师啊,受用不起呀！"

"哎,客气什么,我这一是要给您老兄赔罪,上次我在东莞提前走的……"

"还记那档子事哪,过去就过去了！"尤子奇一摆手,"不过近来我正减肥呢。"

"哎呀,你减什么肥呀？正好正好,减了就没风度了。"光头大师回过头来,"另外也要给忻飞老弟补补身子啊,那天夜里他可遭罪了。"

"这倒是的。那就就近上转弯角那家餐馆。我这两天从航展回来,总看到那里,餐桌放在店门外,挺有气氛的,我在美国不曾遇到,也想体验一把,如何？"

"……行,尤大记者说了哪有不行的！恭敬不如从命,只是让各位有点掉身价啊！"

出了酒店左转,五六分钟后坐在了树荫下,几把塑料椅,满满一方桌菜,倒也别有一番情趣。大师拿着百威啤酒瓶给各位斟酒,咕嘟咕嘟,啤酒沫从杯口冒了出来还倒。"嗨呀,上次……"

"不用多说,我明白,你们中国的对我们从美国来的,总有些不放心,怀疑我们是不是间谍？"尤子奇主动给大师解围。

"对对,真是碰上明白人了。理解万岁！"举起酒杯,"来来,干杯！"

三人举杯,忻飞举起酒杯时慢了半拍,但他酒量不差。

"实际上我可仗义了,最爱看的就是《水浒传》,记得'文革'时学毛主席著作挺热火吧？我当时就在《毛选》的封皮里夹着《水浒》,学习时就看,所以太爱讲义气。"

一而再再而三地干杯,尤子奇虽酒量不足,但预先吃了解酒药。相反,大师倒有些醉了:"哎哟,我要跟毛爷爷说声对不起啊！"

但说到《水浒》,尤子奇不免来劲了。"在美国,很早就有英文版的

《水浒》书了。"大师晃着鸡腿骨:"美国就是厉害啊!"

"你别样样美国好,美国的月亮不比中国圆!"钟波达一拍他肩膀。

尤子奇也举起筷子戳指他:"你大师就喜欢胡诌瞎侃,关公战秦琼!美国翻译《水浒》有多少厉害?厉害的是它的创造力,创新方面特强。硅谷知道吗?"

大师的金鱼眼朝上翻了翻:"鬼,鬼谷?"他嘴巴一咧笑道,"怎么会不知道呢?鬼谷子么!兵圣孙武和庞涓的师父,很鬼的,长年隐居在山谷中,所以大名鬼谷子。"说完,他端起啤酒瓶咕嘟嘟灌了下去。

尤子奇愣愣地看着他,他没想到这家伙无知却还自信满满,他对着钟波达和忻飞直摇头,但没出言反驳,而是带着掩饰不住的讥笑夹起一叉空心菜送进嘴里。然后,用手指沾了点桌上的啤酒液,在大师的面前写下了"硅谷"两字。

大师低头看着,陡然明白自己说错了,但依然不明就里,傻傻地望着他,脸色涨成了猪肝红。

尤子奇依然没马上解释,有意把他多煎熬些。钟波达则表情淡然。忻飞目睹着这一幕,有些忍不住了:"尤记者,硅谷那地方对我们年轻人太有吸引力了,读大学时我们常谈起它,它就像一个发明的万花筒、孵化器。据说每天的发明多达……"

尤子奇点点头,"我们的忻飞年纪轻轻但肚里有货啊,不像有些人白活了。这才是真正的硅谷!"接着他有些卖弄地说:"不过,看到这点还不够,还要往深里看。"

往深里?这问题让桌旁的几个人都有些迷糊,钟波达也感兴趣地投来目光。

"那地方不仅新发明多,最了不起的是往往还出有世界影响的发明创造,像微软桌面管理系统、苹果的 iPhone 就是。近来又冒出了个特斯拉!发明人马斯克可了不得不得了啊!"

"我是听说过这个人,不就是用电池组换下了汽车的发动机?"忻飞有些不以为然。

"不，可不是这么简单，在硅谷，他可被看作是继乔布斯之后最具创新活力的人，他具有颠覆性创新能力。他将互联网思维与汽车制造联系了起来，还有本事让火箭在空中悬停，在原地降落。"

忻飞惊讶而钦佩地："是吗？这飞船我是听说过，但不知道原来是同一人发明的。"

大师左右旁顾，插不上话，鼻子抽抽，只能低头喝闷酒。而尤子奇不断给他劝酒。钟波达看明白了，也配合着。几番下来，大师尽管酒量好，也已经醉眼惺忪，迷迷糊糊。说着说着，乘忻飞去解手，尤子奇就谈到了下一步行程。

"听说忻飞要经麻城进大别山，去看看过去掩埋列宁号的地方，我也正好要顺着中国空军和航空工业的发展历程做沿路采访。"

"你胃口好哦。"大师翻翻白眼，"脚下像踩着风火轮！"

钟波达已迅速明白了尤子奇的用意，忙侧翼助攻："他这个我赞成，记得前些年美国作家协会主席沿红军长征路做采访，后来写了一本书《地球的红飘带》，在中外引起极大反响。那尤记者你的长途采访收获也会很大的，甚至超出你的想象！这次还有忻飞这聪明小伙同行，路上也可聊聊！"

大师尽管迷糊，但还是支起耳朵注意地听着。

钟波达继续加火。"记得当时还有我国军事博物馆的一位研究员做陪同，后来也写了一本书。可惜我单位里事情多，否则我一定跟你去。来，我们干杯，祝尤大记者此番行程顺利，满载而归！"钟波达随即端起酒杯，伸到大师面前。他心里知道，大师肯定是想尾随忻飞而去，现在得给他一个表态的机会。

果然，大师举起酒杯，脸红脖子粗地慷慨陈词道："我是走南闯北惯了。我跟你们去，怎么样？别嫌弃我啊?！"

尤子奇装作惊讶地看着他，"你跟我们去？那你的厂子不管了？"

"哎呀，子奇老弟，你我打交道到现在还不了解我吗？我最喜爱仗义疏财了，何况现在实业难做，我那个厂子也是半死不活的。"

"好啊,可这回不要又背着我一走了之啊!"

桌边响起一片笑声,笑得大师又气又恼,颇为尴尬。忻飞这时回来了,不知他们笑什么,只是跟着一起笑。

钟波达圆场道:"尤大记者你也不要不依不饶,他这回一定会像嫁给你一样一路跟随着你!"这话引来更大的笑声。大师也笑得快活。钟波达随后率先举杯站起,"各位,时间也不早了,让忻飞早点休息,我们来干了今晚这最后一杯!"

尤子奇和忻飞接连站起。

大师站起又跌坐在椅子上,他差不多已经醉了,手扶椅背又费力地站起,把酒杯使劲同尤子奇的杯子一撞。玻璃杯发出刺耳的几近碎裂的声音。惊得餐厅女服务员跑出来,幸好杯子没碎。大师全然不知地狠狠嚷道:"这回我是他妈的嫁鸡……随鸡!嫁,嫁嫁……嫁狗随狗,跟定你了!"

再次发出更大的碰杯声,黄色液体飞溅了出来。

"好,我们明天上麻城,票已经订了,你得赶紧订票。"

"订票?"大师颇感突然,"……来,你来订!"大师很有派头地把钱包扔到尤子奇面前,"你来帮我订!"

这回大师确实是跟定了尤子奇,第二天晚上,他就早早地进了广州火车站,上了去麻城的火车。一落座,他便打起了手机,忻飞的老是占线,但尤子奇的手机一打就通,虽回答"来了来了",却神龙见首不见尾,就是看不见他的人影。

他无法知道,昨晚尤子奇他们与自己分手后,回到碧海酒店就抓紧整理起行装,第二天都将离开珠海。但尤子奇把忻飞叫到了他的房间,要他帮忙打包。

钟波达随后就抓紧打开了忻飞的手机,他要找出手机里的间谍软件。这倒不是他的突发奇想,而是日前与尤子奇经过分析后得出的共同推测,否则大师不会盯得忻飞那么牢!他还特地去电梦韵讨教了相关步骤。他在台里剪辑机上是把好手,这时摆弄起手机的指法也还不算慢。随后他拨通了尤子奇的手机,"嗨,尤老弟,告诉你,我们的猜想对了!明天就看你的啦!"

此时,离火车开动还只有5分钟了,还是不见忻飞和尤子奇的人影,光头大师实在有些坐不住了。就在他提起包想往下走时,尤子奇的声音从侧后响起:"嘿嘿,还是兔子尾巴长不了吧?又想开溜了?"

随着嬉笑声,尤子奇闪身坐到了他的对面。

大师:"喔哟,我以为你们赶不上了呢?"

"怎么会呢?一个战地记者的行动就像军事行动一般精确。"说着,他解下背囊往铺位的角落里一推。

"哎,忻飞呢?"大师的眼光直往卧铺的走廊里睃巡。

"哎,他没到?他说去买个东西会比我先到的,没穿过军装的和穿过军装的就是不一样啊!我来跟他打个电话。……哎,怎么老是占线?他大概在跟他女朋友打电话。"

"他有女朋友了?"

"怎么揣着明白装糊涂呢?昨天在横琴岛上你不是举着望远镜对人家看哪!"

呀,大师没想到那天他的监视举动倒给人家侦察去了。犹如身上的隐秘穴位给他一点,口舌不免有点打结。这尤子奇可真有些奇啊,别看人有些胖,心可细着哪!得提防着点!

尤子奇从口袋里摸出军绿色的美国口香糖铝盒来,递到大师面前。"不用管他,这么大男孩了,总不会丢的!"

大师下意识地摊开手掌接了一颗,放进嘴里,他平时是不吃口香糖的,这时他在嘴里胡乱咀嚼起来,火车动了,可是还不见忻飞来。

大师急了,一股气从嗓子里冲出来,却不想话没说出来,却吹出个大泡泡来。

嘿,尤子奇乐了,"你还真绝,居然吹出这么大一个泡泡来!"

"什么绝!你跟我搞什么名堂?忻飞他他他……"

"他大概赶得急,坐到后面去了吧,没关系,他自会找过来。"尤子奇把脸转向窗外。

火车在珠江三角洲平原上疾驶,窗外变幻的景色像本连环画。

车厢里的灯不久就关了,大师没见忻飞过来也不便去找,想发作但又不能发作,脸色憋得一阵红一阵白。

一觉醒来,他忙在火车上跑前跑后,可仍不见忻飞的身影,这下知道上当了。他气呼呼地坐到尤子奇面前。

尤子奇说:"别想着忻飞了,他来不来其实没关系。我这是要一路随中共空中力量的成长历程走一下,你干脆就像那个陪同美国作协主席的军博馆的人一样,跟我同行吧!你不是当过空军吗?有你相伴是我莫大的荣幸。你的交通食宿费由我全包了,怎么样?"

大师鼓着眼睛,真不知怎样回答为好?看看这前不着村后不着店,无奈地,好吧,先走一程。

尤子奇摊开地图,自顾自地说道:"根据一位老将军的回忆录提示,我明天到新县,进入过去的鄂豫皖根据地,列宁号曾埋在那里。噢,你这爱武术的,肯定知道许世友吧,当时他就是从新县出来的,是红四方面军的。我们就随红25军的路线走,再到陕北,因为当时红军长征到达陕北后,随着抗战的爆发,国共第二次合作。当时国民党新疆督办盛世才打着抗日救国的旗号,办起了航空训练班,还得到了苏联的支持。后来红军一二四方面军中都有人入选。我很有兴趣去看看培训班遗址啊!"

"我还跟你到新疆?"大师脸部抽筋地问。

"呵,来去自由,到时再说吧。新疆去了,再到延安。当时中共成立了八路军航空处。"

说着,尤子奇又从包里取出陈老将军的回忆录来。"我念一段这位老将军的回忆给你听哦,很有意思的。"他喝了一口茶,清了清嗓子,随后念道:

"我有幸被选中学习飞行,我的心情无比激动,可这并不光是高兴,还夹杂着打小鼓,我文化低怕辜负希望呀!这天陈云召集我们说:'你们将是第一批红色飞行师,是红色空军的第一批骨干,不要怕文化低,不要怕人家看不起,要以坚强的毅力刻苦学习,一定要把技术学到手.'1938年3月初,选调的44名学员会合于新疆迪化。我是铆足了劲拼命学啊,要为革命长出飞翔的翅膀!但谁知不久盛世才反共,把我们学航空的红军关进监狱。但我们身处铁窗却坚持复习航空理论,还徒手模拟飞行咧!这一直坚持到我们被党中央营救出来,奔向延安……"

尤子奇从书本上抬起眼睛,目光越过大师,望向窗外,他似乎可以看到往日的红军飞行队。他为之感动,眼睛有点湿润,我这个跑遍世界的记者还从没有听说过如此这般的学飞行!这里面有着中国空军快速发展的不竭动力啊!

大师的眼光也顺着他的眼光朝外张望,不过他想看到的是忻飞的踪影。

他不知道,忻飞其实没"挪窝",今天他去了珠海通用航空基地参观,这是林总和钟波达对他的共同建议和安排,因为那里已成为和湖北荆门、河北石家庄一起成了我国三大通用航空飞机的生产基地之一。钟波达十多年前曾到荆门水上飞机工厂采访,这次与忻飞同住一室还跟他讲述了所见过的漳河水库边的水上机场,以及曾获得我国科技进步一等奖"水轰五",可后来因多种原因它停产了。但眼下积聚了多种新技术的新一代的水陆飞机正在珠海制造。忻飞此时前去不也"正逢其时"!

碧海酒店前面的绿草地上树荫婆娑。

钟波达来回踱着步,在等着从金湾通航工业基地回返的忻飞。他知道忻飞从金湾航空工业园区返回需要些时间。

先前他与杨司令通了电话,汇报了些新情况。司令听后沉吟了一下说:"我们现在实际上也在打一场战争,只是看不见硝烟的战争,这战场非常广阔,不仅是海陆空天电多维的,还深入人的心理和人性层面!这里面你们搞传媒的就大有用武之地了!"

"是啊,'制脑权战争'这个概念正越来越受到重视。"

"这种战争真正打破了前方和后方、军与民的传统界限。制空权、制天权、制海权几方面的争夺,背后往往是高端人才和重要项目的争夺。你实际上已进入了这种战场,那我们就要全力打赢它,我本想在航展上同那小伙子见个面,但现在没时间了。我觉得你的设想是可行的,抓紧与他谈一下。"

……

"达哥!"一声呼唤打断了钟波达的遐思。他循声望去,是忻飞额上冒汗、急匆匆回来了。

钟波达得知他今天的参观很有收获也很高兴,并还了解到航展期间梦韵转告的林总对他的邀请。钟波达若有所思没做任何表态。然后说:

"有一位空军将领也很关心你这位创客,希望你的研发在军民融合方面走出新路。"钟波达拉他坐在草地上,促膝交谈,"我搞了很多年传播,一直希望能给大家提供些有价值的信息,我觉得你的无人机项目非同一般,从项目牵引的角度看,你们那个创客空间似乎应该转变成一个专业性更强的互联网公司!"

忻飞用心地听着:"成立公司?我,我没想过。"

钟波达富有热力地直视他的眼睛。"这个公司可不是传统意义上的,是新型公司,它集合了创客精神和互联网活力,以及现代企业的先进管理方式。据我所知,高科技研发本身就是一项复杂的工作,它需要严密的组织模式和高效的工作流程,这和自由思考是相辅相成的,这样会形成一股强大的凝聚力和突破力,能以更好的'孵化'条件来催生新产品!"他停顿了下,"有个老航空专家很看好你这个领头雁,也很想加入这样的公司。"

忻飞心有所动,"是吗?让我再想想。"

"好,再细加考虑,但不要纠结,更不要为那些利益方面的诱惑所左右。"

"滴滴——"传来了两声清脆的喇叭声,两人扭头一看,从路边一辆奔驰牌黑色公务车的驾驶窗里,探出了林总专车司机的脑袋,是特地来接忻飞去机场的!

·23·
再到上海,令他有一种恍如隔世的感觉

在离开上海几个月之后,忻飞重又回到了上海。回想自己火车出飞机进,而且是搭乘林总的私人公务机进入大上海,令他有一种恍如隔世的感觉。花絮状的白云从公务机椭圆形的舷窗上轻柔地擦拭而过,大上海比在地面看更为宏大壮阔也更富有魅力,密麻麻的城市建筑、蜿蜒的黄浦江、连绵的港口等呈现出极为丰富的美妙,看不够也难以言说。啊,有了高度,就能发现别样的美!

现在上海对于他不仅是个创业宝地,还是个情感港湾,只因梦韵的微信伴随着他。

他刚和林总走出机场的贵宾通道,就看到梦韵——还有一辆蓝色的玛萨拉蒂总裁车在迎候着。他知道她是前天就坐民航飞机回沪的。她和它自然是来接林总的。

上车时,梦韵让他和林总同坐在后排。忻飞不免有些局促。在途中,忻飞知趣地说:"我就在你们方便的时候下车好了。我去换地铁。"

林总解开西装纽扣,微笑道:"你就跟我们一起用午餐好了。我让梦韵安排好了。"

安排好了是什么意思?忻飞想不明白。

玛萨拉蒂出了延安路隧道,很快来到了环球金融大厦的柏越酒店。

正当忻飞不知所措的时候,车门开了,梦韵引领他们进门时说:"林总,我们还是到世纪餐厅。"又转脸随意而关切地问忻飞:"路上累吗?"

忻飞点点头又摇摇头,他此刻头脑有些迷糊,不由自主地随着他们走进了超高速电梯,不到一分钟就上了91楼,侍应小姐见到林总,熟识地热情迎候道:"这边请,老座位,今天天气好,风景不错。"

坐下后,侍应小姐把菜谱放到了林总手上,林总又把它递给了忻飞,"你来点,别客气。"

忻飞手指僵僵地翻动菜谱,嚯,他看着一处有些发愣。

林总注意到了,"是对牛排感兴趣?那就点吧。还喜欢什么,也请随意。"

"不,在这里,一个牛排怎么要一千多元?太贵了!"

林总怀着优越感笑道:"随着高度上升就是贵啊,就像搞航空得砸大钱是一个理!"他转脸吩咐梦韵,"小伙子客气,还是你来点吧,那肉眼牛排我们要了。"

等候上菜之际,林总继续和忻飞闲聊着:"你我都是学航空出身的,你看出来了没有,随着我国经济腾飞和国民收入的增加,未来我国的通用航空方面存在着大机会,美国的公务机等通航飞机有两万三千架,可我国只有一千来架,人家机场有一万九千多个,我国只有三百多,我国通用航空肯定要大发展,飞机的需求量会在不久的将来大幅增长,但搞航空产业需要大投入,输不起啊!要我从房产业转型去做,这里就特别需要创意,啊,很欢迎你到我公司来呀!"

忻飞一时不知如何回答是好,他不想驳了林总的面子。

精美佳肴陆续上来了,忻飞赶紧埋头吃饭。

然而"树欲静而风不止",林总的话语还是滔滔不绝:"现在国内在飞的通航飞机基本都是外国机型,莱格塞、湾流、挑战者,还有达索,我们要搞新机型不容易,当然也不是没有空间,像近年来巴西航空工业公司的发展就很快……"

忻飞"嗯嗯啊啊"应和着,并不失礼节。此间也看到了梦韵作为老总秘书的工作繁忙,她不时跑进跑出,接听手机和处理事务。

林总见忻飞响应度不高,就换了个话题:"到我这里工作不会有什么后顾之忧,现在北上广深的房子多贵啊,要是你来的话,我可送你一套两居室。"

忻飞的心里咯噔一声,林总出手确是阔绰,毕竟是大公司的CEO!但他没有随便搭话,只因为自己的飞行器项目在心中高过一切!

饭吃完了,忻飞起身道谢,接着道别。林总笑着拍了拍他的手臂,笑得很有亲和力:

"你就在这儿住吧,咱们有空再接着聊。梦韵,你安排一下。噢,对了,忻飞你不是本地人吧,晚上坐我的游艇游览下黄浦江!"

忻飞愈发惊奇了,怎么节目还没完啊?但这高档舒适的环境、夹杂着佳肴美味的氤氲香气,以及走在身边的梦韵小姐带给他的感觉是新鲜而惬意的。他鬼使神差地跟着梦韵走,连假意推托的客套话也没说。

进了豪华的客房,两人对视着,忻飞一时找不出合适的话来,梦韵只是朝他绽开笑容:"你好好休息,晚上我来接你。"

门在她身后被轻轻带上了。

忻飞站着没动足有一两分钟,然后走到落地窗前,俯看下面,啊,他感慨得半张着嘴巴。过去对环球金融这幢陆家嘴的地标性摩天楼是仰视的,今天则身在其间,一览众山小,下面的行人变得像蚂蚁在动。

他望见了苏州河,试图找寻那奇乐坊,可根本看不见,就连赫赫有名的过去上海滩的标志性建筑上海大厦也变矮小了。

太阳从外滩的高楼间慢慢滑了下去,它的余晖和两岸的华灯把黄浦江映照得流金溢彩,一艘意大利造游艇从黄埔游艇会激浪驶出。

通体呈琥珀色的汤臣一品令人注目,梦韵告诉忻飞,这是上海最高端的住宅,你看它顶部形状像戴着官帽以及泛着金色,就象征着财富的至尊地位。林总就住在里面。

忻飞凝望着它,当游艇转弯时他的目光仍留驻其上。风吹乱了他的头发,过了会儿他忍不住好奇地问:"你说林总真会送我住房吗?"

梦韵没有直接回答:"我给你讲个亲身经历的故事吧。当时,我进公司时向林总借钱买房子,他说,不用借了,我也不常用现金,就给你几个钱币吧,"

"就几个钱币?切!"忻飞鄙夷地摇摇头。

"是呀,我当时也想这老板怎么这么小气,就送我几个硬币?就见他拉开抽屉,扔给我三只带汽车图案的钱币,我想可能值个几百元吧。后来他安排我参加贵都酒店的拍卖会,说是把那汽车币卖掉吧,也顺便去拍卖会看看,挺好玩的。嚯,哪是好玩,是好厉害哟!每个钱币卖了十来万。我随后就住上了一套小房子!"说完,她开心地咯咯咯笑了。

她银铃般的笑声和风中飘飞的秀发,以及经她讲述而重新认识的陆家嘴,给了他一个美好的夜晚。并使他回想起几天前在珠海旋转餐厅里同凯莉相处的另一个美好难忘的夜晚。

这天夜里,他昏昏沉沉地睡去。很柔软的大床,但他翻来覆去就是睡不踏实,只因心中很纠结,三方都在争取他,他有些被车裂的感觉。在五星级酒店的这一夜,居然成了难眠之夜。早上坐起来,脑袋还有点疼。

手机响了。是达哥打来的,问他准备什么时候去上海脑研究所?并说对方想了解他参观的目的。

"嗯……"忻飞吞吞吐吐地回答,"怎么说呢,可能也只能对你说,我看过很多优秀设计家的历程,我一直在想,要是我能综合他们的设计思路多好,那我就能变得特别聪明,就能设计出超凡的东西。我需要有个超级脑。"

"超级脑?"钟波达重复着从忻飞口中冒出的这个词,这个年轻人有着很不同于众的东西,不知道他是感到自己江郎才尽还是出于某种好奇?

"我知道了。你是想去上海脑研究所去了解大脑的构造和功能吧?"钟波达一时还找不出合适的词。"上海在脑科学方面研究方面确实很有优势,过去有个叫张香桐的教授,是个脑科学权威,很有成就。我过去到这家研究所采访过脑战伤问题,一般性参观人家会给我面子的。"不过钟波达嘴上说出来,心里却有些后悔,这小年轻的脑子里不要胡思乱想哦,有时创新与钻牛角尖只是一步之遥啊,甚至只有一张纸那么薄。钟波达边思索便把提醒的话说了出来:"兄弟你可别走火入魔啊!做正事要紧哪!"

这话之于忻飞犹如棒喝,以至于电话挂断后,还在忻飞心中阵阵鸣响。他自己也吃不准那是条近道还是死胡同?不过他想不管是魔洞还是仙境,先往里多探望几眼再说。他对这方面感兴趣也不是一年两年了。当然刚才达哥提醒得对,眼下这架无人机的研制,还得加力往前推进!我可不能让林总就这样给网住了。得赶快"逃"离此地!

他匆匆地整理起行装,然而就在此时,门铃响了。

忻飞打开门,原来是梦韵,说是要带他去见林总。

忻飞回头见房里乱糟糟的,不想让梦韵见了笑话,便把门用脚顶着,只留一条缝。

梦韵一笑,半真半假地说:"怎么,是你房间里金屋藏娇了,还是在吸毒?怎么鬼鬼祟祟的?"

这一说倒让忻飞不好意思了,脚头一松,便把梦韵让了进来。

细心的梦韵一看这房内情况,立时吃了一惊,"怎么,你昨天没好好睡?早餐也没去吃?你在折腾啥啦?要知道这房间一晚上可是两千块钱哪!"

忻飞面露羞色,吞吞吐吐地:"我……我住不惯这种高级宾馆,我想走了。"

"你要走了?怎么回事?真是身在福中不知福哦!"

忻飞要她转告林总,谢谢款待,改日再见。面对梦韵的诧异和责备的眼神,忻飞坦然说出了先前的心思。

梦韵听完了好一阵子直望着他没有说出话来,她有些理解也有些疑虑。

她目前对于林总的公司心中有底且非常乐观,她知道忻飞如果进入这公司将前途无忧,还可能前途无量。而他如果坚持自己创业追求则结果充满了悬念,她出于对他追求的尊重,以及对悬念的生来好奇,还是决定给予他支持,显然,忻飞也非常期待她的支持。她在小吧台上取出一罐雪碧打开,转身说道:"我喜欢看有悬念小说,但愿你带给我结果是大惊喜而不是大悲伤,让我祝福你吧!"她甜美地笑道,举起雪碧示意碰杯。

忻飞忙过去打开一罐可乐,砰的一声两者相碰,空气中留下了混杂的说不清道不明的奇特气味。

忻飞又一次瞥见不远处在建的上海中心大厦,充满激情地说道:"万丈高楼平地起!如今创造奇迹的周期已大为缩短,关键在于速度!"他走近梦韵,"托夫勒在《第三次浪潮》中有个关键词就是速度!现在威力的指标不再是当量,而是速度。速度也会转化成能量,你就看我的吧!"

梦韵对他的欣赏在悄然升温。

两人在窗台边离得很近,感到心的距离从未有过的接近,那是在横琴岛滑翔伞上肩靠肩时都不曾有过的感觉。

忻飞回到了苏州河畔的创客空间,重又踩上了当当作响的铁质仓库楼梯,在走道里就闻到了那如同火车车厢里混杂着方便面和汗酸味的怪异气味,然而当他抬腿迈进那间拥挤而拮据的"奇乐坊"时,涌上来的感觉就像树儿把根扎进了泥土,又像鱼儿掉进了水里,心底是充实而充满愉悦的。

"哎呀,是忻飞回来了!"不知谁叫了一声。随即响起的问候声是天南地北的各种口音,有些像兵营,确实,科学攻关也是一场特种作战。

"你可总算回来了!"小门神两手一撑台面跳了过来,过来有些埋怨地在他肩膀上拧了一把,"你到哪儿去跑了一圈?短信越发越少,我还以为你是去娶媳妇了呢?"

腾起的笑声冲出这狭小的空间。

"啊啊,"忻飞一时不知怎么回答,但他很快捡起了重要话题,"我是去跟外星人的朋友相会了!"

"外星人的朋友?"忻飞的回答立刻引来了这帮心智极高又想入非非的伙伴们的强烈感应。

"噢,说说,怎么回事?别给我们来八卦啊!"

"要是来八卦,可得把你按到苏州河水里灌个饱啊!"

于是,忻飞急不可耐地把与大师的交往,以及大师所讲的与外星人奇遇的事情匆匆道来。

忻飞虽不是评书大师单田芳,不会把故事素材"煎炸煮蒸、佐料多多",但就凭这材料的"新鲜生猛"和自己亲身经历的感受,硬是让创客伙伴们听得眼睛放光,凝神屏气。但听完了则将信将疑,继而各自大发议论。

忻飞拿起桌上的半瓶农夫山泉,慢悠悠喝了个爽,伙伴们说什么他似乎并不太在意。然而他这状态很快引起了伙伴们的注意和非议。唐老鸭更是聒噪得像个真鸭子。

忻飞他把空瓶子一放,超然地说:"我带来的这路上奇闻并不是要各位做个判断,而是引发大家对于我们项目的关联思考。不管光头大师与外星人的交往是真是假,不过外星人造访地球,已是证据多多,我个人是信以为真的。"他停顿了下,"我特别在意的,是外星人来访给我们重要的启示。"

房间里很快静了下来。年轻创客们既是为他们坊主的今日话题所吸引,也为他的语调所吸引,过去他的"主持"语言大多如厨师的"连刀块",现在说来蛮有腔调的,有板有眼。他们无从知道近些日子他常同电视台的人同吃同住,正所谓"近朱者赤、近墨者黑"。

忻飞那略带四川口音的普通话继续响起:"外星人超长距离飞行不可能带很多燃料,而且用核燃料的可能性也不是很大,因为补充和安全维护相当麻烦。过去有人用盖革计在发现外星飞船的地方测量,也没测出放射性,包括这次大师这次让我看的那东西也没有。我猜想外星飞船很可能是通过富集能量因子的途径,就像植物通过光合作用来获取能量。"

"嗯,有道理!"有个女声脆生生地说道。

"你傻啊,难道想在我们无人机上裹树叶?"唐老鸭的话引起哄笑。"我觉得我们还得在改进电池方面攻关!马斯克汽车的厉害也就厉害在电池组上!"

"哎,唐老鸭,往好里说,你是一根筋,往差里说呢,你是一条道走到黑!"那创客女立马反驳说,"集中力量攻电池问题看似一条路,实则一个坑。"

就在这时,创客空间侧面墙上的屏幕亮了,小门神过来对忻飞说:"网上会议现在可以开始喽,我们奇乐坊的主大多已在线上咧。"

"好。"忻飞拍了两下巴掌,大家的脸纷纷转了个向,转向屏幕。电脑屏幕显示出在线的有十二个人,屏幕画面被切割成不同的区,以便于创客们的所思所想能更好地表达、碰撞和超越。这其中离不开网安小门神的大力贡献。

忻飞坐下调了调摄像头的角度说:"兄弟姐妹们,我们无人机项目一波三折,分量轻容量大的电池是我们最需要的,但迟迟没搞成,不顺啊太不顺!当然微喷发动机的毛病也要尽快解决,这成了挡住我们的两只拦路虎。今天,我们再进行集中讨论,线上线下,脑力激荡!"

尔后就像引信点燃后的一串爆竹,创客们接连激动发表自以为是的"高见"。

其间,有人吹起了唿哨:"嚯——"

忻飞阻止说:"不要发怪音,刚才大家的发言启发了我,我在想,为什么无线总比有线电发展得快,为什么移动互联网这几年的发展又超快?从本质上讲因为它会飞!可以让使用者有效地克服时间和空间的限制。以后当我们在月球上开掘矿石,难道还会用飞船一船船地驳运回地球吗?大概率的做法肯定是直接在月球上发电,用微波等形式直接发送回地球。那现在我们还要吊死在改进电池这一棵树上吗?"

"你那是……不会走路你就想跑吗?"唐老鸭眼睛瞪得老大,"我们可以打个赌,你做不成的!"

"我们觉得还是忻飞讲得对！是发展方向！"

支持忻飞的人渐渐增多，啤酒瓶和烂番茄的图标接连扔向唐老鸭图标，这个团队所施行的可是完全的民主制。

忻飞乘势而进，随即提出他近日思定的选择，"由于这研发的难度极高，工程量又大，所以我提议把我们松散的创客组织升级为互联网公司，也就是线上和线下相结合的新型公司。一起来创新创业，怎么样？"

大家感到突然，质问随即密集而来：

"你怎么会突发奇想，是在晚上梦到了什么吗？"

"你想过做把CEO的瘾吗？"

"你想买房子娶媳妇了吗？请把漂亮女朋友的照片晒晒！"

忻飞搔搔头皮："我现在没有确定的女朋友，但我估计我未来的不比范冰冰、章子怡差，当然也可能最后看上我的只有猪八戒。"引来一阵哄笑，他只顾往下说，"我并没有做老板的经验和嗜好，但我非常渴望出神奇的成果，也很享受与伙伴们探索的乐趣，眼下我们的工作业态需要发展和升级，需要更为高效的团队运作形式，使得我们的创造力更强，更有竞争力！兄弟姐妹们，请同我一起继续并肩奋战吧！"他说得诚恳动情，猛地张开双臂热情揽住了唐老鸭和小门神。

这下掌声爆响了。"我们永远在一起！""打遍天下无敌手！"

忻飞振奋地笑了，笑得有点憨。"好，谢谢，谢谢大家！以后我们还要壮大队伍，注意吸收能工巧匠和专家学者，今天我就介绍一位很有成就的航空专家的加盟……"说着，他在键盘上敲击了几下，韩逸的面孔随即也出现在屏幕上，今天他还戴了顶红色贝雷帽，显得俊朗而有活力。忻飞隆重介绍了一番，大家喜出望外，热烈鼓掌通过。

韩逸很是激动："我为今天能成为一名老创客深感荣幸与快乐！近些年飞机设计研制由于计算机的帮忙，在机型和设计周期等方面有了划时代的进展。而引领时代的往往是年轻人！我因与你们在一起也将永葆青春！上海曾经在20世纪60年代诞生了中国的第一枚探空火箭和第一代地空导弹，当时的研制是在经济困难和相关技术几乎空白的基础上起步,那时的工作场所就是芦席棚,加气用的是自行车打气筒,今天我们的硬件条件虽然仍不及国外的,但只要我们的路子正,团结协作不畏难,我们大有可能造出世界超一流的无人机!"

他的话激起了线上线下一片热情的回应。

接着,忻飞恳切地大声说道:"我们以后要请韩老多多传授飞机研制方面的丰富经验,我很希望我们的项目到头来能成为'民参军'的光荣项目,为保卫祖国领空和世界和平的蓝天做出重要贡献!"他吸了一口气。"有句话我觉得在我们这里很适用,那就是:'不管博士硕士,首先是个战士'!"

"对,太对啦!""好呀!""交关对!"屏幕上也尽是赞成的卡通表情。

·24·
越野车奔赴苏北靶场,"同行者"不少

几个月后,一场连夜豪雨飘飘洒洒掠过浦江两岸,晨曦中的大上海格外清新。

钟波达驾越野车越过南浦大桥,导航仪直指苏北。

车上同坐的有忻飞,还有陈苏红。

车子在交通路边接上了最后一位乘客——韩逸。"小伙子,坐到后面去,让韩老坐得宽敞些!"钟波达像吩咐自家兄弟般随口叫道,伸手"啪嗒"给他松开了保险带搭扣。忻飞敏捷地打开车门,同韩高工边打招呼边要跳下车。

"不用不用,让小伙子在前面视野开阔些!"韩逸客气地伸手挡着,随后拉开了后车门,蓦地看到了陈苏红,"哎,苏红,你怎么也在车上?我们是去射阳靶场啊。"

"我是去大丰,大方向一致。"

"噢。"韩逸坐了上来,落定后关上车门。"哎,苏红,给我说说,你这次去大丰有何贵干哪?"

"我有同事在那里拍电视连续剧《北上海1950》,要我去看看,我也要讨教讨教。"

钟波达打趣地:"你要讨教什么,在台里人家不是叫你陈老师么?还不是心里又活了!"

"哼哼,做老公的帮不了老婆还要冷言冷语,你不觉得自己可笑又可悲吗?"

"嚯,不愧是当主持人的,伶牙俐齿!"韩逸笑着摘下红色贝雷帽,好奇地问道,"你们做主持人的光鲜亮丽、人见人爱,在事业上还有什么需要老公施以援手?"

陈苏红从右耳边的秀发中取下手机耳塞,转向韩逸,"韩老有所不知,昨天我和同事在食堂吃饭时还在聊,到我这个年龄搞综艺节目不合适,台里一批批派到英国去学习节目创意的机会都轮不上我,年龄大啦!"

韩逸感兴趣地问:"怎么,你们这么大的电视台还要派人去外国学习节目创意?"

钟波达不屑地说:"什么'达人秀''好声音'还不都是从海外贩来的,就不能自己也开开脑洞?"

"不过英国的创意确实是好!"忻飞忍不住插嘴道,一边转过脸来,"达哥,你不知道?二战后他们的军事实力虽然下降了,但大力发展创意创新能力,所以在时装设计、节目研发和航空航天方面处于世界前列!"

钟波达不由扫了眼忻飞,似有重新认识的意味。"哎,后面两位老师,听到小伙子讲的吗?我以往只看到英国军事实力的下降,却没看到此消彼长。忻飞侬不简单哪,哎,想不到搞科研还有时间上网看节目?"

在聊天聊得起劲时,钟波达就不禁会冒出上海话来。

韩老接过话头:"有啥奇怪?现在的青年科技人员与我们老一辈的不同,他们眼界宽,兼顾性好,不像我们单打一。"

陈苏红乘机嘲笑她丈夫:"达哥啊,我可是难得听到你认输啊,老是觉得在电视台看到的多,又是搞军事节目的,神抖抖!"

钟波达给揶揄得哈哈大笑,随手从衣袋里摸了几颗糖果扔给她。"这是昨天台里合唱团的小朋友送给我的,你含一块歇歇嘴吧!"说着,他一手离开方向盘,按下边窗玻璃按钮,透进一些田野里清新的风,他悠然说道:"呵,我们平时开座谈会没机会,这个车谈会倒开得蛮热闹,有意思。我们谈的涉及了发展思路这个重要问题,既关系到群体又关系到个人。说到底也是个怎样合理设计的问题,在当今设计已不是设计师的专享了。韩老,我没说错吧?"

"说的很在理哦!"韩逸这个老设计师赞成道。

"哎,上次在新天地时英国时尚大佬也同我们聊过这个话题,看来这是个时代的热门话题。那老头蛮有意思的,他现在在忙什么?"

"噢,"陈苏红回应道,"前两天他还打来电话,邀我去看维多利亚的秘密时装秀。说无论是走台还是新品内衣都很值得看!"

"没有说邀请我一起去?这维密秀我也蛮喜欢看的。"钟波达直率地说,"这走秀还带有'秘密'两字呢?我们搞军事的历来对秘密感兴趣!"

"你呀,七里搭了八里!"陈苏红摇摇头,往嘴里扔了颗话梅。

"我也挺喜欢看的!"忻飞直愣愣接上去说,还带有抑制不住的激情,"看维密秀电视直播最让我感兴趣的,是那超模和天使翅膀的结合!那天使羽翼这几年好像越来越大了,有的称得上是巨型翅膀!会带给我美妙的想象。"

"噢!"钟波达为有援军乐了,"今天是我们集体讨论设计话题的第二场,又多了个两个专业设计师,我们可以更深入啦!"

韩逸的后背离开了椅背。"啊,看看维密秀可以,爱美之心谁人没有。只是说到广义的设计概念,我可不敢倚老卖老啊,这里面牵涉到当下不少选择和判断,不是靠年龄和资历就能解决好的!对每个人都是挑战。"

这话引来了车内一阵静默,大家似乎不经意地都在认真思索这个问题。

不同的大幅广告牌从车窗外接连划过。

陈苏红看着它们说:"看来这车里边我最没有设计细胞了。听我同事说,主持人当到我这个年龄早就应该转型了,应该去搞电视剧,又有名又有利,像现在一线演员的片酬可是超乎你想象的。"

"哦,所以这次就是到片场去看看,去取点经。"韩逸脸上满是老顽童的神色,"要是让你演,你准备演什么角色啊?"

陈苏红轻叹了口气,"我现在可演不了什么好角色,比较合适的是给导演当个助手,像副导演什么的,帮着挑挑演员,或者做后期配音的指导。您老不知道,现在做影视剧要播出并不容易,搞不好把自己的房子都赔进去,现在全国一年能播出的不及产量的二分之一。"

钟波达插话道:"啊,老婆,那我劝你别走绝路哦,到时我回到黄浦江边,连套住的房子都没有。"

"我不会走绝路,而是找绝活。我们现在要做保赚不赔的。"

"哦,什么绝活?能给我们透露透露吗?"韩逸看到忻飞也感兴趣地转过头来,开玩笑地说,"哎,小伙子你听了可要一只耳朵进另一只耳朵出,可不能泄露啊!"

"韩老见笑了,"陈苏红本是直爽之人,不善藏着掖着,"这保赚不赔的诀窍就是去做惊悚片!《午夜惊魂》《床下有人》你们看过吗?"

"《床下有人》?这名字怪怪的。"韩老说。

忻飞接过话头:"陈老师,你说的这几部我没看过,但我们男同学中喜欢看惊险片侦探片的还真不少。场景诡异,迷局难破,挺烧脑的!我也想置身其中,体验体验!"

钟波达颇有意味地说:"小伙子,人有时在现实生活里遭遇了却未必感觉到。只是需要有一颗警觉的心啊!"

陈苏红自顾自地越说越起劲。"这种片子是小投资，大收益，我朋友说了'人从小时候起就有越害怕越想看的欲望怪圈'，口碑再差，也有人愿意砸钱！"说着，陈苏红突然拍了拍副驾驶座的椅背，"小伙子，以后陈老师拍的你一定会要去看啊？给我多找点粉丝！"

忻飞坦诚地回应道："不知道陈老师拍出来的是不是我们要看的。"

"哦，还担心陈老师拍的质量？"

"跟风的往往不行，和我们搞飞行器设计是一个理。"

陈苏红有些尴尬，正在找词时，车子右转，到了高速路休息区。

"下车，下车，吃午饭喽！"钟波达给她解了围。在大餐厅吃饭时，不少食客都认出了这位名主持，接二连三地过来要她签名。

回到车上时，陈苏红又恢复了好兴致。钟波达关上车门后按了下喇叭，使得跟来的人停住了脚步。

车子拐上了主道，钟波达瞥了一眼反光镜，感慨道："想当年我也是陈苏红的粉丝啊。"

这话立刻引来了车上旅伴的好奇。韩逸说："哎，茶余饭后正好说来听听。"忻飞也把身子侧转过来。

车子上了苏通大桥，江面开阔，犹如时间之水冲开了钟波达的回忆闸门：

"没在机场当过兵的人可能很难体会地勤兵看到飞行员的那种羡慕，而刚进电视台的人见到主持人的仰慕也不大为外人所知。这两种情感都在我身上都出现过。二十多年前，也就是我刚从部队转业到电视台不久，有一次台里组织我们编播人员到部队搞联谊活动，这个机场就是离这儿不远的无锡硕放机场。"说着，钟波达往左瞥视了一眼，大家也跟着往左看，似乎它就近在眼前——

军用机场的宽阔草坪上，搭起了红幅飘动的演艺舞台，一些录音和剧务人员正在忙碌着。而有些暂时没事的人则来到了跑道另一侧，那里停放着好几架歼-6和歼-7飞机。钟波达的目光被其中一位形象气质俱佳的女主持人吸引住了，就脚步生风走了过去主动跟她套近乎。

"苏红主持人,我给你和战鹰拍张合影吧?很值得留个纪念的。"钟波达举举手中的相机。

"哦,谢谢!你是哪个部门的?过去好像没……"

"没见过?对对,我是刚从海军航空兵转业的,现在在军事节目组,我叫钟波达。"

"哦,"陈苏红明眸闪亮,脸上露出亲切的神情,"我也是从部队转业的,过去在东海舰队文工团。"她走近战鹰,伸手抚摸起张扬的翅膀。

"好好,你随意最好。"钟波达不失时机地拍下了一张。

"我来给你介绍,这些飞机现在已经不是我们航空兵的主力战机了,只是用来执行些侦察任务……"接着,钟波达从这些老式飞机聊到了美苏最新颖的战机,陈苏红没听进多少但觉得此人蛮热情洒脱。

几天后,钟波达做了一架很精致的飞机模型,连同新拍的照片放到了她桌上。后来她又把它带回了家,要给她的当空军将领的老爷子看看,陈飞锤看了很满意,说这是所看到的战机模型中最好的。听说送的人是个转业军人,就带话过来让钟波达去聊聊。钟波达这才了解到这位女主持人的父亲还是个老红军,立即脚步生风登门了。

令陈苏红决然想不到的是,他父亲竟看上了这个小伙子,说是此人对空中作战有好见解,虽然只是个机场地勤兵出身。

而陈苏红则对他态度平平。就这样,奇怪的一幕发生了,钟波达老跑她的家,但找的却是她的老爸。当然,钟波达一边与陈将军热聊空军,一边也热追陈苏红。而陈将军则成了他的同盟军,有时还做起了工作:

"这地勤兵出身怎么了,关键是他有真知灼见。过去陆军出身的杜黑不是写出了《制空权》一书?"

"他写得出?!"

"很难说,我看了他空军节目的提纲,还相当不错哩!他邀我当节目嘉宾我是当定啦!"老爷子翻出了老军装,还在镜子前整了整军帽。

后来钟波达的同事取笑他,是先有了岳父才有了媳妇。

钟波达自然不服,照他自己说法是战略战术运用得当。而照陈苏红说来,是因为看在这家伙的特别聪明上,进台没几年,已是出色的编导,而且在大场面的直播方面,指挥安排井井有条……

"白驹"——车窗旁出现的一块地名牌,止住了钟波达的真情讲述。他一边减慢车速一边发问:"乘客们,啊,除了韩老以外,有谁知道这是个什么地方吗?"

"这白驹不就是个镇吗?"陈苏红打量着窗外不经意地回答。

钟波达鼻子里"哼哼"了两声,"真是个不肖女儿!你忘了爸妈是在哪里认识的了?"

陈苏红给说得一愣,但她立马想起来了,这白驹曾在父母亲嘴里多次出现过。"哦,这不就是1940年南下的八路军和新四军的会师之地吗?!"

这引来了韩逸和忻飞的兴趣。先前他们还在回味着钟波达所讲的往事。

钟波达又加了一句:"你们可能不知道,这地方还有《水浒传》作者施耐庵的故居。"

"是吗?《水浒传》可是我国的四大名著之一!"忻飞顿时兴奋起来,"能不能带我们去看看?"

"那是自然,我本来还要带尤子奇去看看。他可是个《水浒》迷,在伊拉克战场,他带着本袖珍版,常会在睡觉前抽空翻两页。"

"中华文化的影响力凝聚力强啊!"韩逸感慨地说。

"是啊!忻飞,把我的平板机打开,接通尤子奇。苏红,你这个主持人今天来个小范围的异地直播,让我的尤老弟看看《水浒》作者的故居。"

与尤子奇连线上了,屏幕亮了,出现了张满是油汗的脸,连头发也沾满了灰尘。钟波达瞥了一眼,一边把方向盘往左打一边问:"尤老弟,这会儿你到哪里了?"

平板机里传来沙沙的话音:"我到延安啦,刚去过八路军航空组旧址,我正顺着原定的采访路线走。你不知道,我把那个大师也带来了,照你们的话说,好好受受教育!达哥,你要一起来多好,搞广播电视的应该来拜访拜访新华广播电台的旧址呀!"

"好好,待会儿我再好好听你介绍,现在我和韩老他们马上要进入《水浒》作者施耐庵的故居,让你跟我们一起进去看看。怎么样?"

"什么?施耐庵的故居?啊呀,太好了!这会儿那光头正在逛市场,我正好可以跟你们一起参观!"

车子左拐右拐,很快停下了。钟波达下车后从忻飞手中接过苹果机,举高了些,尤子奇看到了钟波达车上的其他乘客,忙着互打手势招呼致意。

钟波达以摄像师般的认真端着平板机走向施耐庵故居,迎面匾额"施耐庵纪念馆"是当代书法大师启功手书的,跨入大门,映入眼帘的是一尊四米高的汉白玉施耐庵像。

为了让尤子奇看得清,钟波达有时会让画面来个特写,苏红则不失时机地进行了旁白。

"呵,这尤子奇的福气真好,是定向直播,而且是专业人员提供的服务!"韩逸不禁赞叹道。他跟着走了进来,馆内是三进大厅和左右侧厅,以半偏殿相连。置放着施家村留下的明清家具,还陈列着施耐庵主要史迹的若干图文,令人肃然起敬。

一行人参观时点评频频。钟波达转脸问忻飞:"怎么样?有触动吗?施耐庵才是真正的大师呢,要弄就要弄出一流水准的!"忻飞懂得这话的意思,脸红扑扑的,连连点头。

突然间,屏幕里的尤子奇眼睛发亮,"哦,凯莉也跟你们一起来了!达哥你怎么不早说啊?!"

"见什么鬼了?凯莉怎么会跟我们一起来?"钟波达随口说道,"你是得相思病了?"

但尤子奇一脸认真,目光只朝他的身后看。

钟波达不禁也回过头来,立刻大吃一惊,真的是凯莉!就在他们身后,大概也是刚进门。他顾不上平板电脑里的尤子奇了,赶紧同凯莉打招呼,忻飞等人与凯莉都是老相识了,也都互致问候。钟波达以为凯莉不知道陈苏红是自己的老婆,忙做了介绍。

凯莉说:"我早就知道你有这么一位漂亮的妻子了!前些时候我们在中凯酒店见过面。"

"哦,真没想到!哎,凯莉小姐,你怎么也会来这里?!"

凯莉笑着说:"我这次是来苏北考察的,到纪念馆是因为过去听尤子奇常提到《水浒传》这部名著,伟大的作家是属于世界的,今天路过此地,自然要进来瞻仰了。"

一提起尤子奇,钟波达心头一惊:不好,他给"拎"在自己手里晾在一边好久了,忙把平板端平,让尤子奇和凯莉互相看得见。两人见面凯莉是喜出望外,尤子奇也是喜不自胜:"哈,我刚才耳边老是听得到你的声音,但眼睛却只能看着地面,现在总算又能一睹芳容了。你称赞苏红主持人,照我看来,你俩都胜过潘金莲!"

"哎,怎么这么说话哪!我可不是武大郎!"钟波达抗议道,随后他感兴趣地问凯莉,"凯莉小姐,你怎么想起到苏北来考察来了?"

"前几年中国的苏南发展很快,但近年来苏北跟上来了,我觉得它的后劲还很足,南通机场、盐城南洋机场隔着白驹镇南北对峙,周边地区通信设施配套齐全。江苏滨海一带,是发展通用航空的上佳之地呀。"

韩老赞同道:"有道理,离此不远的镇江就有自己的航空产业园。"

边聊边看了一会儿,钟波达注意到进来的参观者多了,便说:"怎么样,我们参观得差不多了,一起出去吧?凯莉小姐,接下来你准备去哪儿?"

"我就在附近转悠,待会儿去大丰港考察,晚上入住半岛温泉酒店。"

"半岛温泉酒店?"陈苏红说,"怎么这么巧?跟我们住同一家酒店!"

"那我们还可以继续同行,"陈苏红热情好客地说:"钟波达,现在你带我们去哪儿啊?"

"狮子口啊!能不去那儿吗?"转而对凯莉说:"接下来我们要到八路军和新四军的会师之地看看,您对历史有兴趣吗?"

"对历史我太有兴趣了,现实不就是由历史发展过来的!"

"好,"钟波达继而正要对平板里的尤子奇说什么,不想这次"直播"由于耗电较多,影像闪烁了,尤子奇很快手舞足蹈地消失了。

出了纪念馆,钟波达他们和凯莉分头上了自己的车。随后,越野车打头,奥迪跟上,直向镇北开去。

八路军和新四军白驹狮子口会师纪念碑静穆地矗立在一片荒草地上,它离公路并不远,但平时并不为南来北往者所注意。

钟波达双手叉腰,举目望天,他耳畔隐隐听到了从历史深处传来的枪声和欢呼声。他问凯莉,又像在问忻飞:"黄桥决战你知道吧?"

忻飞:"知道啊!"凯莉也点点头。

"黄桥决战后,新四军继续北上,而与此同时,八路军黄克诚部也从淮海地区南下,1940年10月10日,新四军和八路军就是在这里实现了重要的会师。"

"哦,我明白了,这样就使得中国共产党人在华东有了强大的力量。"凯莉说道。

"是的,这次会师对我军后来取得全国的胜利意义重大。"他转而面对苏红:"这地方你虽然听到过几次,但也是第一次来吧,这次会师对我们爸妈的意义也很大。"

凯莉感觉到了什么,轻声问陈苏红:"你妈也是在这里与你爸会师的吗?"

这话引来了笑声。韩逸忙解释说:"当时他们爸妈还不认识,但这次会师为以后的见面创造了条件。她妈妈是新四军,正是在这里参加了黄克诚的南下部队,后来又从山东渡海到了东北,而她父亲则是从延安去了东北,东北可是我国发展航空工业的福地。"

凯莉："啊，我知道，张学良在上世纪20年代就搞起了航空队，阎锡山也准备造飞机。"

"哦，山西阎老西那是小打小闹，只有中国共产党人到了东北，才开始了波澜壮阔的中国航空工业。呵，你可别称呼我为老爷子，在我们中国航空界，倒有一位人们叫响的真正老爷子，连我们航空工业部的部长都这样尊称他，他就是新中国的第一任航空工业局局长，大名叫段子俊。"

"段子？说段子的段子？"凯莉揣测道。

韩逸点点头，心想这熟悉中文的外国小姐的联想够快够绝的。

"这人的名字很有意思，前面有些像孔子、墨子。后面那'俊'字，是水浒首领卢俊义的'俊'字吗？"

"没错，我真佩服你，凯莉小姐，刚去了水浒作者纪念馆，就能一语中的。"陈苏红大为赞叹。

忻飞和韩老都笑了，只有钟波达没笑，他脸上满是吃惊而狐疑的表情。"韩老，您不会说错吧？有个叫段子俊的可是我们广播电视事业的开创者之一，早在延安时，他就长期在主管通讯联络的军委三局工作，后来还参加了新华广播电台的创建。"

韩老静静地听完了他的诉说，笑微微地说："没错，就是他！段子俊既是中国共产党广播电视事业的开创者之一，又是新中国航空工业的重要奠基人。1945年9月，也就是在抗日战争结束后，他跟随中央领导彭真、陈云等一共六人，在一位苏军上校的陪同下，飞往东北。"

"哦，说到这次飞行我知道，在山海关机场降落时飞机冲出了跑道，人都甩了出来。好在天降大任于斯人也，他们都活了下来。其中还有后来担任解放军副总参谋长的伍修权，但我不知道其中还有段子俊。"

"新闻报道中确实很少报道他，情报工作出身的他历来低调。也正是在东北，段子俊应革命工作需要，开始了转行，由通信联络部门转到了创建中国的航空业，并且干得非常出色。"

"有意思啊，由信息传播转到了航空工业，"凯莉若有所思地说，"而且都干得不错,这其中有什么关联?"

钟波达含笑道:"嗯,说怪也不怪,这两个行当都有一个特点,这个特点么就是……?"

"都在飞!"忻飞不由脆生生地接口道,"一个是信息在飞,一个是机械在飞,一个无形一个有形。"

"说得太对了,这两者的关联度大着呢!飞机帮我们缩短了时空距离,而广播电视和互联网则拉近了人们心灵的距离。"钟波达停顿了下,"以后啊,当这两个有形和无形的结合得更紧密,不知会怎样呢?"

忻飞听着,脸上露出遐想的表情。

一行丹顶鹤掠过头顶。大家引颈仰望。陈苏红认出来了:"这是世界上最美丽的鸟名叫丹顶鹤。"它鸣叫声奇特而悠远。

就在仰望之际。一队炮兵车队沿公路开了过来,走近发现是带着雷达车的高射炮兵。

大家不作声地注视着。过了会儿,凯莉轻声自语道:"怪不得网上说,这里有个靶场。"

·25·
去靶场"谜团"未解,回沪上又抉择艰难

在苏北沿海芦苇丛生的大片滩涂附近,不仅有形形色色的鸟类在天空翻飞,还有一座占地面积颇大的五星级酒店,在黄昏瑰奇的天幕上映衬出华丽气派的身形,这令忻飞、陈苏红等一行人很是惊奇。他们拖着拉杆箱走进这座"半岛温泉酒店"的大堂后,不禁又止住了脚步,都被迎面金色调的大幅背景画中的某种东西所吸引。

钟波达瞄了一眼,立时明白了,像个导游似的立马做起了介绍:"这

种动物没看到过吧？它叫四不像。这里有全国唯一的这种动物的自然保护区。哎，你们猜猜，四不像有哪四个不像？"

"四不像，不就是麋鹿嘛，也就是姜太公的坐骑！"韩老这回反应比谁都快。

"姜太公？是哪儿的老公公？"凯莉不明就里地问。

钟波达忍俊不禁道："是三千多年前的老公公。凯莉小姐，姜太公是比孙子还早的著名军事家，可惜他的兵书失传了。"

凯莉脸色有些泛红："我对古代中国的了解远少于对当今的中国。"

"而中国人的思想因子、行为规范往往根植于古代。当您这方面多了解后，你出的分析报告可能会更深入更准确，对那些老板的投资决策也会更有帮助。"

"韩老，借你吉言！"凯莉拱手致谢，这手势她是从古装电影里学来的。

忻飞已看出了四不像的特点，这时待凯莉说完后，立即回答起钟波达刚才的问题："这四不像的脚像马蹄，尾巴像蛇，头像龙头，却长着鹿角！达哥，对吗？"

"对对，都说对了。但是，光看出四个像什么还不是最重要的，最重要的是得知道其中的奥妙。你们看，它的脚由于像马蹄，所以奔跑起来就比鹿既快速又坚实，很适合战场的复杂地形，另外两个有什么作用，请再看看！"

忻飞和陈苏红相继上前两步，细看起来。但这时韩老发话了："你们好刹车咧，明天再猜！我给奖品。快办入住手续吧，前台的接待小姐已等候多时了。"

钟波达扭头一看，"哦，不好意思不好意思。"忙招呼大家拿出身份证来。凯莉也翻出护照，过去独自办理起了入住手续。

但忻飞仍对四不像恋恋不舍，他跑到近前拍了一张照片又返回。

钟波达看着他笑了，对妻子说："他看跟你我看大不一样，这种四不像的东西在竞争中往往具有独特优势。说不定就会触发他们搞科学研发的灵感,就像看到苹果,牛顿看到后会引发万有引力定律的发现,而你我看到后只想吃了它。"

陈苏红捶了他一拳:"小心我吃了你!"

当晚,大家安顿下来后不久,钟波达没顾上晚餐,就悄悄地领着忻飞上了一辆停在树荫下的部队吉普车,他俩带了几个面包,更带上了一个重要箱子——样子有两个装百万钞票的考克箱那么大。吉普在夜幕中沿海滨公路向北疾驰,去执行一项秘密任务。

往北开了好一阵子之后,车子拐了几个弯,此时天上出现了几道长长的曳光弹道。并伴随着隆隆的震响。不用达哥和驾驶兵解释,忻飞就明白这是高射炮的弹道,无疑,靶场近在眼前!

忻飞愈发兴奋起来,迅速在后座上打开带来的手提箱,鼓捣起来。

军车像头黑豹似的跳跃着闯进海滩,戛然停在了一块高地上。

钟波达以军人的敏捷跳下车,拉开后门,帮忻飞提着箱子下车,并关照道:"你在这里稍候。"忻飞看到,钟波达不知什么时候已换上了带有中校军衔的军服。随后,小跑奔向五六米开外的一处伪装网。

忻飞很快发现,那伪装网下是处指挥所。

周围散布着各型高炮,雷达车的蝶形天线在转动,一阵阵弹雨掠过头顶,飞向远方。

就听达哥举手敬礼:"报告师长,预备役中校钟波达前来报到,忻飞携带无人机隐剑一号也一同前来,随时可投入演习测试,听候指示!"

就见那首长转过身来,光线明暗中看不清脸,但能感受到他的不怒而威,就听他声音洪亮而亲切地说:"你们来得正好,今年打靶我们是上海防空总群和空军合练,南空专门派了两架苏-27来支援。前些时候我们通过改造、升级、集成等方法,初步解决了空情不共享、装备不兼容等多个难题。今天的打靶成绩不错,但有些官兵骄傲了,觉得天下无敌了。但我觉得对于敌情的难险设置不够,21世纪的反空袭就这么好对付吗?"他朝吉普车这边扫了一眼,"如果你们准备好了,现在就出击吧！"

"好，立即执行！"钟波达返身跑了回来，对忻飞口令清晰地说："开始吧！"

忻飞蹲下身子，一叩按键，一架无人机就像一个幽灵似的腾空而起，转眼就在夜空中没了影。

随着刺耳的防空警报声响起。阵地上传来了广播声："敌人的第三波空袭开始，目标方位、高度不明，注意可能有隐身机。"

钟波达看到，在箱子翻盖内测的荧光屏上，忻飞调控着无人机从远处折返回来，忽高忽低，蛇形机动。不远处的阵地上，雷达车在旋转，不多会儿，一门门高炮的炮口不时爆亮起团团烈焰，条条火龙奔向天空，声震海天。但钟波达凭经验感觉到，这是仓促间的盲目射击。

情况也确实如此，在指挥部的雷达电子屏幕上，一道黄色波线不停地画着圆圈，应该出现的显示"敌机"的闪烁亮点始终没出现。

师长笑了，只是笑而不出声。

突然，一阵电话铃响。作战参谋神色紧张地接听后"嗯嗯"了两声立即把听筒递给师长。师长接听后脸色严峻地一步跨出伪装网，对钟波达叫道："赶快收回无人机，并关闭所有信号和电源！"

正在兴头上的忻飞和钟波达如遭棒喝，手忙脚乱地执行了，心中满是诧异。

师长对参谋吩咐了几句走到吉普车边，脸色凝重地对钟波达和忻飞说："你们今晚的参演很好，谢谢你们！也特别谢谢你这位小伙子！唔，钟中校向我特别介绍过你，你叫忻飞？"他上下打量了他一下。

"对，报告首长，我叫忻飞！忻是竖心旁加个'斤'字，'飞'是高飞的飞！"忻飞一个立正，把胸脯挺得高高的，只是他不知道，此时该不该举手敬礼。

师长热情地握了下他的手，"好，继续好好飞！我们需要你的飞行器！你和钟波达先回吧，好好休息！"

"是，师长再见！"钟波达抬手致了个标准的军礼，返身和忻飞回到了车上。

车子发动起来,驶离靶场。

忻飞转脸回看,对靶场依依不舍。"达哥,今天我做错什么了吗?怎么突然停下了?"

"不,不是你的问题。"钟波达肯定地回答。

"……那,那是哪方面出了问题?我感到有点不对劲。"

钟波达嘴唇紧抿,他也在竭力思考着这个问题。

半小时后,部队越野车把他们送回了半岛温泉酒店,当钟波达经过自己原先停车的地方时,蓦地发现原先停在一旁的凯莉的坐车不见了,这么晚了,她上哪儿去了呢?他停下脚步,抬起头来,目光似乎想看穿层层夜暗,想了想他打了个电话给陈苏红。

陈苏红回答说:"你不关心老婆怎么关心起美国女人来了?她跟我们在一起,我们搭乘她的车到四岔河,是我邀请他们来看电视剧拍摄的。"

"忻飞,跟我去看电视剧拍摄!"钟波达随即拉着忻飞钻进了自己的吉普车。车子又迅速发动起来。

"达哥,我们要看的电视剧就是陈老师讲的《北上海1950》吗?那是讲什么的啊?"

钟波达紧盯前方,车灯直刺沉沉夜幕。"这部电视剧大概是讲反特的,你知道吗?1950年,上海遭受到一次最大的空袭,也就是'二·六大轰炸'。当时,身兼华东军区司令的陈毅市长为了减轻城市压力,把一部分流民、妓女和地痞转移到了这里,边劳动边改造,但一些特务也混杂其中过来了……"

车子旋风般地来到了这部电视剧的拍摄现场,悄然停在了新搭的外景区的门口。

钟波达让门口的工作人员看了下电视台证件,带着忻飞走了进去。

这时忻飞先前的纳闷已为观看电视剧拍摄的兴奋所代替,他看到强力照明中,摄像机在滑轨上运行,在一处插着红旗的芦席棚里,几个面孔熟悉的影视明星在导演的启发下,一遍遍地演着剧情。而一旁的大树下,有个戴鸭舌帽演特务的正在练着出击动作。

此刻钟波达的目光并不关心这些,而是扫过陈苏红、韩老……没看到凯莉,她在哪儿?

他转身寻找起来,就在转过一个草垛时,突然间和凯莉打了个照面!两人都不由后退了半步接着又互打起招呼。钟波达感觉她好像是从外面进来的。"你没看拍戏啊?"他试探着问。

"我看了一会儿,在美国我也喜欢看拍戏,刚出去到附近转了转,这地方叫四岔河,有意思啊,记得中国有部京剧叫《三岔口》。"

"是啊,那戏很绝妙,两三个对手在黑暗中寻找打斗,动作精彩纷呈。"

"这个地方叫四岔河,想来更有意思吧!"凯莉侧过脸避开强光,声调里透着兴奋。

从射阳回到上海后不久,忻飞便通过梦韵约好了去回复林总的时间。

这天午后天气回暖,忻飞按约来到了浦东陆家嘴最高端的住宅区——汤臣一品的园区门外,他仰望着这几幢离东方明珠电视塔、环球金融大厦、金茂大厦和国金中心最近的住宅楼,心中升起一种莫名的情感,是感到相形之下自己财力和地位的低微?还是一种登山客看到高峰所激起的渴望?或是两种东西混杂在一起?他自己都搞不明白,只是感到心头有一种热乎乎的东西在涌动,给搅得有些胸闷。

他缩回脖子迈动脚步走向门口,正要向门卫说明来意,眼角瞥见一个熟悉的倩影闪出左前方穹顶建筑的玻璃门,迎着自己款款走来,一边向他微笑着招了招手。

梦韵很快来到了近前,与门卫交谈后便把忻飞带了进去。"你很准时啊。""习惯了,你不也一样么?"他跟着她也走进了那穹窿型建筑。

进了里面,忻飞只感到眼前一亮,除了发现这里是一个大堂外,还看到两只通体银亮的大熊猫坐在中间,材质像是铝合金的,体型高大如同庙宇中端坐的如来佛。忻飞不由停下了脚步。

梦韵俏皮地问:"你不会不喜欢熊猫吧?"

忻飞定睛看了会儿说:"熊猫可是我们中国的国宝,想来住在这汤臣一品里的也是重量级的人物啊!"

梦韵没有回答,只是甜甜一笑。

两人的脚步在大理石地面交错响着,梦韵引着他经过富有艺术气息的回廊,进入电梯,在门缓缓合上时说:"这里设置有掌纹门禁系统,通不过它别说房门,连电梯都开不动,可以确保住户的安全性和私密性……"

啊啊,忻飞只是点头,没提问题也没加评论。

说话间,电梯门开了,两人步出电梯,来到私家门厅。忻飞有些拘谨,梦韵没有直接开门进去,而是按了下门铃,似乎是想告知林总,忻飞上来了。

门开了,开门的是个穿白上衣的中年女子,长得清爽,穿得整洁。忻飞不能确定她是保姆还是管家,正在判断之际,女子先说话了:"哦,是忻先生吧,请进,林总在书房等您,请随我来。"

这有些让忻飞意外,怎么不先到客厅?忻飞不禁转脸看了梦韵一眼,她会意地解释说:"林总已不把你当外人待啦,一般客人可进不了他的书房。"

他跟着两位女人穿过面积很大的中西式客厅,从家具、布艺乃至摆件上便很快强烈感受到了这座住宅的奢华与气派。

"忻飞来啦?"客厅左边的房间里传来了林总热情浑厚的男中音。在忻飞听来,就像父亲或是老朋友在招呼自己。

"来了来了!"白衣女人应答着,来到门口站定,躬身伸手示意忻飞进去。

忻飞刚走到书房门口,就看见里面临窗的铺着宣纸的红木书桌旁,林总放下手中毛笔,转身向自己走来。角落的一只钧瓷坛里放着好几个卷轴。

"林总好!"忻飞尽管出身大户人家,但此时不免还是有些拘谨。尤其是当他看到林总今天穿着件对襟绸面唐装,却不失穿西服时的风流倜傥,不觉又多了几分惊讶。

"来,请进请进,这边坐。"林总客气地示意忻飞坐到一张黄杨木交椅上。

忻飞有生以来还是第一次坐交椅,他落座后感到既新鲜又不自在。两手搁到两边的扶手上又收了回来。面前是张红木和大理石拼接的长茶几。

林总也在对面的交椅上坐下。他坐得很舒展,气定神闲。

忻飞抬头看见一幅匾额,上书宋词名句:"青山遮不住,毕竟东流去。"其对主人以往的彰显和未来的昭示兼而有之。一旁的花架上摆着不少书,令人瞩目的是一部摊开的黄金版《孙子兵法》。

下面置放着一座挺大的落地珐琅质地球仪。在忻飞打量之时,林总则静静地看着他。接着牵动忻飞视线的是侧面墙上的一幅彩色国画,画上是林总的公务机腾云翱翔之雄姿,用国画来表现飞机,这似乎是第一次看到。

"张姨,你去忙吧,这儿我来。"梦韵轻声对白衣女子说,然后就在长条茶几的侧面坐下,伸手摆弄起桌上的一套茶具,她沏茶的手势娴熟雅致,宛如一个专职的茶道女子。随着水汽升腾,茶香飘溢。两个男人都没说话,目光都不由移向梦韵灵动的手指和手势,呵,这何止是"茶道表演",几乎是"指尖芭蕾"。

不多会儿,当他俩端起梦韵递上的紫砂茶杯时,林总转脸笑问忻飞:"怎么样啊,一个多星期了,考虑得差不多了吧?"

忻飞点点头。

林总隔着氤氲的茶汽,期待着他具体的回答。

梦韵的睫毛一动,也不禁投来关注的目光。

但忻飞还是没说话,只是低头抿了一口茶。

林总觉得有些异样,手指在扶手上弹了几下。

忻飞在椅子上不自在地移动了下身子,鼓足勇气开口了:"林总,我由衷感谢,感谢您对我的赏识和关爱,但我考虑下来觉得……"

"唔?"林总大感意外,他诧异的眼神透过镜片,"你觉得我给的条件还不够吗?"

"不,没,太优越了,超出了我的想象。"

"那你为什么?只管说。"林总追问道,语气显得很大度。

"因为,因为,"忻飞只觉得自己喉头发紧,但他那颗高傲的心责备自己怎么一下变得窝囊起来,随即他脱口而出,"我想学您的样,自己办公司。我想办个互联网公司。"

这话语调虽不高,但林总听来却犹如忻飞在房间里放了个爆竹,令他耳朵有些震。

"自己办公司?"林总追问道,"你资金哪里来?难道你这几天中了大奖?"梦韵也惊奇地看着他。

"哪有这样的好事,我这人的命运不大好。"忻飞停顿了有十几秒钟,然后像小公鸡叫似的清了清嗓子,"我只是有个愿望,如果能得到您的资金扶持就好了。"忻飞的情绪有些稳定下来,开始迎着林总的目光,"当然,如您觉得不便也没关系。"他不想伤着自己的自尊心。

不想来我公司工作,还想要我扶持你自己办公司?这太搞笑太过分了吧!一股怒气蹿上林总的心头,他不由站起身来,压抑着恼怒的心情在房间里来回走动。不过,他不会轻易发作,不像有的CEO随着产业的增大脾气也跟着大起来,这得益于他多年来的历练。再者他感到这毛孩还真有种!尽管说话小心翼翼。他抬眼看了下忻飞,再次感到面前的这个年轻人真不同寻常!

熟悉林总的梦韵已察觉出了他的心理活动,她对忻飞自己要办公司进而要林总资助的决定虽大感意外,但很快也觉得在情理之中。似乎应该帮忻飞一把。她在提起玻璃茶壶给忻飞杯中续水之际,委婉地问道:"忻飞,你向林总借资金,可万一公司办不下去了怎么还贷呢?"这看似质问忻飞,却无形间把话题朝前推进了一步,暂且跳过了林总直接回答的风险。

林总听到这话,当即停下了脚步,目光直射忻飞。这时,梦韵走过去把续了水的茶杯递到了林总手上。

忻飞的目光追随着她的背影,转而又迎着林总的眼神,坚定地说:"我觉得我能办好公司,而且资金并不需很大,四五百万就可以了。"

"四五百万还不算大?你不是只办个互联网公司吗?"

"我得建个数据中心,建个集装箱式的可移动的。"忻飞回答后又补充道,"万一公司办失败了,这资金我保准还给您,不会欠到下辈子去。"

林总嘴角浮上几分嘲讽,笑道:"你这个搞科学的,还相信会有下辈子?"

"刚才那话我只是表个决心,至于有没有下辈子,我觉得还很难说,或许会有。"

"或许?好,有丰富想象力总是好的。"林总笑着点点头,他是个凭实力打拼过来的人,懂得如何与伙伴和对手打交道。也就在他走回座位的短短几十秒时间里,他已盘算好了,做出了对策。"忻飞,说实在的,我很欣赏你,这样吧,我可以把钱借给你,而且分文利息不要,而且做输了也不需要你还钱。"说到这里,他停顿下来,举起他的茶杯呷了口茶。

忻飞和梦韵有些惊喜,但他和她都知道林总的话还没说完,都注意地听下去。林总朗声说道:"但有一条,当你的公司办不下去时,你就来我公司上班,你的借贷就算结清了。怎么样?"末了,又加了一句:"说到底,我只是看重你这个人才!"

忻飞知道林总说得没错,如果向私募基金等方面借贷,条件可比这严苛得多了。只是以后若是进了他的公司,自己恣意飞行的天空就消失了。想到这,忻飞的心跳加快了。今天似乎有点"赌"的意味。他的眼光下意识地投向窗外。

梦韵也有点透不过气来的感觉,端巧的鼻子上渗出了细小汗珠。她知道林总的条件算是很"厚道"的了,四五百万可不是个小数目,如果凭忻飞自己去赚,谈何容易。她是从陕西贫困地区走出来的,又在总经理秘书的岗位上见多识广,她不由直直地看着忻飞。

而忻飞却有点发蒙,他本来想林总要么同意要么不同意,想不到还有这么一招。但高智商的他倏然想明白了,天下哪有没风险的机会!他也拿起了茶杯,诚恳地说道:"好吧,我答应!相信我不会辜负林总和梦韵小姐的好意,我以茶代酒,感谢林总的支持!"

"一言为定,祝旗开得胜!"林总也举杯同忻飞碰了一下,"不过我这里酒可不缺,而且都是好酒,晚上我们再同桌共饮。"

忻飞推辞:"我待会儿就走了,不想再占您宝贵的时间。"

梦韵忙接话挽留:"今晚林总已准备了家宴,还特地请了燕云楼的厨师过来。"

忻飞更觉不安,正要在说什么,就见林总的手放在自己的肩膀上。"哈,上梁山入伙哪有不喝酒的道理。"林总风趣而畅快地说道,"何况晚上并不单独请你,还有一位我的老朋友要来。"不待忻飞再说什么,林总已拉起他的手,"来,到我家阳台去看看,你干航空的,视野开阔很重要哦!"

梦韵兴致颇高地地介绍:"林总这户是360度全景视野,又与东方明珠为伴。"

忻飞不由自主地随着林总的脚步走上了宽阔的阳台,到了这里,忻飞突然对"气象万千"这个成语有了真切的理解,万千高楼如森林铺展向天际,大上海恍如在脚边沉浮。

林总:"你知道我为什么喜欢住在这里吗?有一句广告语打动了我,前面是一种历史的风景,后面是一个国家的经济。你往下看,前面不正是外滩的万国建筑,而后面则是我国改革开放的前沿浦东!"

梦韵适时接上去:"这才叫居高临下呀,以后林总做通航飞机那高度又要高许多啦!"

林总双手抱胸。"我朋友说,与驾驶百万元级别的豪车不一样的是,要驾驶私人飞机并不那么简单。私人飞机驾照的获得远比汽车的复杂和昂贵。同时,私人飞机存在'买得起开不起'的顾虑。忻小伙,我希望你和你的团队能研制出一种适合中国老百姓的通用飞机。打个比方,就是开发出'傻瓜相机'版的通航飞机!这将是一个多大的产业啊!未来新天地会让你尽情翱翔。难道还不够吗?"

忻飞举头望天,但摇了摇头,率真地说:"可我不仅要做航空,还要做航天!"

这使得林总真不知说什么好了。

就在他们谈得热烈之际,门铃响了。

"他们来了!"林总转身,没待女管家去开门,自己就亲自过去迎接。

进来的是陈苏红。这令忻飞很意外,上周还同去过苏北,他不禁也迎了过去。"陈老师!"他和梦韵都亲切地叫道。林总则笑容满面地说:"苏红,今天不上课,我不叫你老师了,哎,达哥怎么没一起来?"

"他呀,正赶做一档节目,说是自己过来。"

闻听他们的对话,忻飞一头雾水,小声问梦韵:"这电视台的主持人怎么成了林总的老师?林总好像还跟达哥特别熟?"梦韵把他拉到一旁做了解释。

这时,陈苏红将外衣递给张姨,在厅里的沙发上坐了下来,又要了杯脱脂奶,忻飞感到陈苏红来到这里就仿佛到了自己家一样,自在而随意。

林总也坐了下来:"达哥就是喜欢忙!我打个电话催催他。"

但电话过去却没人接,接着打,却给对方掐断了。随即微信过来了:抱歉,现有紧要事,不能前来。

"什么紧要事!"林总往沙发上撂下手机,有些扫兴地对张姨说:"让厨师做起来吧。"然后洒脱地对陈苏红开玩笑说:"达哥不会是碰到什么红颜知己了吧?不过再碰到出色的也比不过你呀!"

他不知道,此时钟波达还真的碰到非常紧要的事了!

·26·
"怪中藏妖啊,只有一个答案!"

今天对于钟波达可真是特别紧张忙碌的一天,由于昨夜得知杨司令也去了苏北靶场并将于今天路过上海,他特地打电话说服杨司令来录档军事节目,谈谈关于中国空军向"空天一体、攻防兼备"发展的问题。对他们电视军事节目组来说,就得抓住"战机",过去无论像张召忠、罗援等路过上海,还是驻美武官参观上海世博会期间,几乎无一例外地进入了他们的"伏击圈"——摄像机的光圈。当然,要临时与其他节目商量录像厅的调换,那可就费劲了,但从分管领导李瑛到最年轻的编导小武都全力以赴,充分体现了军事节目团队的"战斗力"。这天下午五点过后,访谈节目高质量地完成了,口干舌燥但心头舒坦的钟波达把杨司令送到了电视台门口。

杨司令先前已给司机打过电话,这时就见一辆"勇士"车迅速驶到了首长跟前,钟波达伸手拉开后车门,但杨司令却拉开前车门坐到了副驾驶的位置上。

嗬,钟波达想,到底是训练基地的司令!他关上车门,刚要举手同杨司令挥手道别,突然间车上的车载电话急骤地响了起来,杨司令随手拿起受话器,浓黑的眉毛一扬,简谈了几句,挂上了电话。

没等钟波达开口送别,杨司令已转过脸说:"钟波达,你现在有空跟我去见一个人吗?军事情报部门对上周射阳打靶场的敌情调查有了进展。"

钟波达有些意外,他本来还想剪片子,剪完后得赶到陆家嘴林之风的家。但军情之急高于天,他当即答应了,拉开后车门钻了进去。屁股一落坐后排,看到司令反倒坐在前排副驾驶座上,他感觉怪怪的。

而司机没等他坐稳便开动了车子,并且开得飞快。此时路上车子不多,"勇士"敏捷地穿行,驾驶兵不时半踩着刹车。

这完全是野战部队的做派!钟波达心想,现在试验训练基地的兵真是做到了平战不分,常备不懈。钟波达喜欢这股劲!他右手拉住把手。车子像战机起飞般驶上了高架路的斜坡匝道,车速顶在限速上。

他感兴趣地打量着这辆远胜于自己那辆的越野车。与一般越野车相比,"勇士"在信息化水平上大幅升级,配置了一般车型所不具备的双体制全球卫星导航定位和无线集群通信系统。这当然有助于杨司令与方方面面的信息沟通和联络。

军用越野车一路驶过外白渡桥、大连路,直奔五角场附近的一处空军大院,门楣上的"八一"军徽让钟波达感到特亲切,车子没停,只是减了一下速,似乎是为了让哨兵看清车牌,也因为军营里的限速规定。哨兵敬礼放行。

与院墙外的城市喧闹相比,这里则显得异常安静,一种军营特有的宁静,蕴藏着枕戈待旦的沉着和力量。

车子沿着林荫道缓速行驶,听得见轮子碾过树叶的"喳喳"声。不多会儿驶近里面的一处院中院,同样有军人站岗和查验,到了这里车子主动在门岗前停下了,司机摇下车窗,将证件递给前来查验的哨兵,脸色淡然的哨兵一丝不苟地看过了证件,又低头扫了一眼车内后排,便敬礼放行了。

车子拐了个弧形驶上了正门前的坡道,钟波达注意到台阶上有个精瘦又精干的年轻军官迎了上来,没等那年轻军官伸出的手触到门把手,杨司令已推门跳下车来。钟波达也随即赶紧下了车。

那军官举手向大校敬礼:"杨司令,你们来得好快。"

"你说的事那能不急着赶过来嘛!"杨司令抬手回礼,接着转过身做了介绍,"马科长,这位便是电视台的军事记者钟波达,他还是预备役中校。"

"好啊,一家人啊,那谈起来更方便了!"年轻少校热情地把手伸了过来,"我名葛亮,姓马,军事情报部门的。今天把你急着找来,有点唐突啊!"

"哎,哪里,军情紧迫嘛!"两人紧紧握手,就在这一握间,钟波达感到此人是个有功夫之人,眼睛不大但很锐利。他当记者的二十多年间,常能敏锐感知对方的不同寻常之处。

马葛亮伸开手臂把他俩迎上楼去,"杨司令,我们有三年没见面了吧?"

"是啊,你怎么越来越瘦了?我们部队这几年条件改善了,你怎么反倒瘦下去了?"

"嗨,军事保卫任务重啊,这些年随着我国军事实力的大发展,国外盯着我们军事秘密的眼睛和刺探的办法也越来越多了。我们搞保卫的稍不留神,就会应接不暇啊!不敢大意不敢失职啊!"

说话间,马科长带着他俩走进了一间放置着各式仪器的房间,墙上地图、图表、投影屏满满当当,大白天还拉着窗帘,显然这是为了防窃听防侦察。侧面墙上一行遒劲的行楷墨书特别显眼:"知己知彼,知天知地。"

钟波达想,这不是解放军信息工程大学的校训吗?

"来,请坐。"马葛亮把他俩让到双人沙发上,并把桌上的一本厚书拿开了,钟波达的眼光追随着看到了书名:《空中预警》。

杨司令注意到了他的目光,便介绍说:"钟记者,马科长可是武警出身,又是解放军信息工程大学毕业的高材生,原来我们搞反谍的大多是从公安院校毕业的,可现在特别需要复合型人才啊!哎,"他转脸问马葛亮,"我一直觉得你这大名怪怪的,与神机妙算的诸葛亮只一字之差啊,我还没问过你,这名字是你爹妈起的还是你自己改的?"

马葛亮灿烂一笑:"啊啊,天机不可泄露。"一伸手从长茶几下掏出两瓶冰红茶,像提溜手榴弹似的放到了他俩面前。又随即"啪嗒"按了下投影仪的开关。

大校拧开一瓶,"你这小子还跟我打埋伏!以后到我基地我可饿你三天,看你招不招。"

这时,屏幕闪了一下,杨司令和钟波达都把目光迅捷移到了那上面——画面上数条闪光的弹道横贯夜空。

"这就是我们13日在黄海海滨的实弹打靶,我从高炮师新闻干事那儿调来一些,找出了三张有问题的,请仔细看,"随着马科的调节,屏幕上的图景在放大,看上去是一幅普通的军事新闻照片,但随着马葛亮在播放器上的调节,照片渐次放大,然后可看到在照片的右上角,有一个模糊斑点。

"这是什么?"马葛亮卖关子地问两位。

杨司令略一沉吟,转向钟波达,"根据照片下端的拍摄时间,是你和忻飞带去的新无人机吧?"

"对,就是他们带去的新型无人机隐剑一号。我用我们新的影像增强技术软件处理,证实确实是它。"马葛亮在播放器上按了一下。

画面中右侧的斑点迅速增大并变得清晰,魔术般地变成了忻飞的那架试验机。"可另一个斑点是什么?"马科长又把画面切换到另一个斑点上。

"不该是鸟吧?"钟波达揣测地说,"这个时候高炮打靶正在紧锣密鼓地进行,附近的鸟儿早就惊飞了。"

马葛亮神秘一笑,"可它恰恰是鸟!"就见屏幕上的斑点又迅速变化起来,陡然间变成了展翅奋飞的大鸟!"请问,这是什么鸟?"

钟波达仔细端详着,"从它头脚拉直的飞行姿态和白羽毛、红顶子看,这是一只丹顶鹤。丹顶鹤是盐城这带特有的越冬候鸟,这种鸟胆子很小,很容易惊飞,可照片里的这只竟然顶着炮火的响声飞翔,真是太奇怪了,太不可思议了!"

"怪中藏妖啊,只有一个答案,这是只假鸟!"杨司令断然做出进一步的判断。

"看来我们的推断正在接近,我想这是只伪装成丹顶鹤的飞行机械,也就是负有间谍使命的无人机。它侦察的目标就是钟记者你们带去的新无人机。"

说完,他探询地望着杨司令和军事记者钟波达。同时,他手指一动,画面上又恢复成两个斑点紧挨着的画面局部。

两人都很赞同地点点头。

"那好,接着引出的关键问题是,它怎么会来到那儿的?时间上为什么那么吻合?"马葛亮顿了一下,"是谁提供了情报或是引导?"

"这个间谍行动背后可能黑幕深深。怪不得那天敌人还搞了个假动作,施放了烟雾!"杨司令站起身来,走到墙上的地图前,抬手在黄海边上指画着,"就在那天早上,我接到了雷达部队的敌情通报,有一架EP-3侦察机穿越我们的东海识别区,正接近我们的靶场。当我们海军航空兵的歼-10升空后,它很快便飞离了。而当我们后续项目展开时,再也没有出现过。"

钟波达睁大眼睛:"这使我想起了过去采访过的一段往事,解放初期,蒋帮特务空投东南沿海时,那蒋军飞机先扔下的是一只白降落伞,为的是吸引我们边防部队和民兵的注意,当都去围追那方向时,真正的空投开始了,一个老牌特务是坐着黑色降落伞下来的。这次敌人的把戏只是变得更高级了。"

马葛亮朝钟波达点点头。

然后他转到自己的办公桌旁,慢悠悠地喝了几口水,理着思路说道:"情况已经比较清楚了,真正的侦察就在那虚晃一枪后悄悄开始了。至于那丹顶鹤,无疑是冲着我方那架新无人机去的。无人机侦测无人机,可能是最好的侦察途径,就像对付潜艇最好的手段还是潜艇一样。不过他们的时间怎么能掌握得那么准?那样的行动显然需要一段时间的精心谋划,尤其需要信息情报的支持。我推断,很可能在我方新无人机项目研发的周围,暗中早已有一双眼睛在窥视。几乎可以肯定,这人有条件接近那创客团队!"

马科长顿了下,走近了钟波达,"这就是我为什么急着把你请来的原因。我非常想了解你们一行人去靶场的前前后后,这些人的身份和值得注意的情况。"

钟波达的心头一震,噢,别忙了半天,问题却出在我身边?俗话说"智者千虑必有一失",我虽算不上智者,但在国家安全问题上可不能有失啊!

他竭力回忆和思考起来:"那天去黄海靶场与我和忻飞同行的有陈苏红、韩逸,他是一名老航空工作者,参加过我国多型军机的研制,此人应是很可靠的。哦,我想起来了,我们在参观施耐庵故居时,碰到了凯莉,她是美国一家分析咨询公司的。不过,这是很偶然碰到的,我们并没有把她带入靶场。"

马葛亮静静地听着,一边在掌型电子本上记着,然后淡然点了一句:"也许她不需要跟你们进去,也无须你们告诉她什么,她只需要在路上遇见你们,得到某种证实就够了。"

说完后,房间里陷入一片沉寂,马葛亮点起了烟,紧张气氛更加重了。

就在这时,"嘟……"钟波达的手机响了,他不好意思地拿起手机,电话是老婆陈苏红打来的,她的声音急切而亮丽,安静的房间里其他人都听得清清楚楚:"喂,你在哪儿?怎么回事啊?!到现在还不来,人家可是准上市公司的老总!"

"噢噢,我知道,您帮我给林总打招呼,改日我请他。"钟波达抬手致歉。

"你现在说话越来越不负责任!你请客,你整天忙得像个绿毛蜂!还有,听了你推荐的买航空的股票,今天又是暴跌,要是我当初买房子……"

"好好,不说了,回家给你赔不是,我现在正在部队里谈重要事情。"没等陈苏红回答,钟波达赶紧挂断了电话。

回过神来,他忙跟马葛亮和杨司令打招呼:"不好意思啊,正谈要紧事,给家里琐事打断了。"

"没关系没关系,正好松一松脑筋。"马葛亮帮钟波达打开冰红茶,递到他手上,"你还没喝过一口水呢。"

杨司令微笑着对马葛亮说:"小马,你知道吗,他老婆可是电视台的节目主持人,还是我老首长的女儿。"

"是吗?!"马葛亮好奇地调侃道,"好福气!那钟记者你好天天看节目了!"

"嗨,过日子跟看节目是两回事。"钟波达叹了口气,"我是给套住了。"

"哎,刚才不小心听到了你们通话听,你出了什么馊主意,怎么让她在股票上套住了?"杨司令打趣地问道。

"唉,前些时她吵着又要买房子,我说你去买航空股票吧,投资有潜力,像美国的军工股,几年来涨得多好。我采访过哈飞等企业,心中有底。可想不到中国的航空股就是不涨,你看看网友的评论,亏了又怨又骂。"

"我看过几篇,有些网评写得还很有见地!在你们的主流媒体上往往还看不到。"杨司令接过话题,"确实我们航空制造的盈利能力还不强,低空开放政策也迟迟没有下来。不过我国近年来军工开放的步伐在加快,'民参军'的热情在升温,风物长宜放眼量,我们得尽最大可能支持忻飞这样的项目和公司!"

钟波达点点头,深为赞同。

马葛亮接过话头:"像这样为我国军事装备出力的民营公司,他们的研制成果有关国家安全,我们要积极与地方安全部门合作,以提供多方面的保护。钟记者啊,感谢你已经给予了难能可贵的多方面支持!"说着,伸手要与钟波达握手。

可这时钟波达的手机又响了,"嗨,不好意思,我老婆电话又来了,刚才我挂得急,她……"

钟波达拿起手机,没看显示屏就按下了通话按钮,"哎,苏红,又有什么吩咐?……啊,是忻飞啊,对不起,我还以为是我老婆打来的呢。

怎么,明天你们公司成立?好啊,什么,到湖南?……谢谢邀请,我最近台里节目特别忙,可能跑不出来。找时间我打电话给你。"钟波达电话挂了后忙对两位说:"刚才是忻飞的电话,他们的公司就要正式挂牌成立了,还准备到湖南的芷江机场搞个成立仪式。"

"好啊,芷江机场是我们抗战胜利的受降地啊,很有意义!"杨司令欣喜地说。

马葛亮却面色严峻,甚至有些忧心忡忡。"不过,随着他们创业规模的扩大,以后所需要的支持力度和安保难度都更高了,我们一起来迎接这个挑战吧!"他有力地握住了钟波达的手。

· 27 ·
"不速之客"敲响车门,大风把公司旗子刮上了天

2013年阳春三月的一天,忻飞团队的20来名成员从天南海北陆续抵达了湘西的怀化,芷江机场就坐落于山重水复的怀化境内。所以芷江机场如今又被称为怀化机场。

忻飞是一早坐春秋航空的航班飞过去的,坐春秋班机不光是为了低价,更在于从上海飞往芷江机场的独此一家,又是新开辟的航线。

在飞机快接近芷江时,忻飞把长舌帽往后一转,脸贴近舷窗激动地看着外面,选择此地举办新公司的成立仪式,一是因为这里曾是第二次世界大战结束时中国接受日军投降的受降地,结束了近代一百多年来屡战屡败的屈辱历史;二是因为他的爷爷曾在这里同美国陈纳德将军的飞虎队并肩战斗过,这里曾是中国最大、亚洲第二的大机场,向往已久。

飞机在降落前做了几个常规性的转弯,舷窗外是连绵的苍翠山岗,

蓝天澄澈、阳光温暖,他试想着当年这里的天空上中美两国的军机和日本空中强盗鏖战的场景,可现在的空中已找寻不到任何痕迹,变幻的风云隐藏起了最后一丝硝烟!就像人们的脑海是很容易忘却的一样。

他怀着一连串复杂的感触走下飞机,当他走近出口时,却发现前面聚拢着一群人,打着一面旗,当他定睛观瞧时,传来一声齐呼:"忻总,就等你啦!"噢,原来正是他团队的成员,那旗子随风展开时,他看到了令他振奋的两个字:"奇飞"。这是他们通过微信选出的最佳公司名,也是他们团队的奋斗愿景。

他们热情拥抱,相互击掌。然后上了一辆中巴车,这是湖南的成员事先备好的,按原先安排,他们先一起赶往机场附近的飞虎队纪念馆参观,然后举行新公司成立仪式。可就在车子即将开动时,已关上的车门上响起了急切的敲打声。

这时忻飞听到一个熟悉的嗓音:"喂,开门,忻飞,开开门!"

大家感到奇怪,纷纷看起窗外。"忻飞,怎么这里有你的穷亲戚啊!"

忻飞听那声音觉得耳熟,倏地站起身跑过去拉开门,"是尤记者啊,你还真的大老远赶来了!"

面前的尤子奇一路风尘,满脸胡楂,那圆脸庞变成了个脏皮球。皮鞋上沾满灰尘。"你们这活动重要,芷江机场又海外闻名,我早就想来啦!"

忻飞走下踏板,接过背包,把他拉上了车。随即大声给大家介绍说:"你们知道他是谁吗?他可不是我在这里的穷亲戚,他是美籍华人!是战地记者!多次深入过阿富汗、伊拉克的现代战场!"

"是吗?看不出!太看不出了!像个要去北上广的民工!""待会儿验证一下,让他给我们讲讲美军在阿富汗的空袭!"姑娘小伙议论着。

"好,好!一言为定。有没有水?给我先来瓶水。"尤子奇跟着忻飞跌跌冲冲来到没人坐的后座,像个沉重的麻袋似的"咚"地坐了下来。

车子又开动了。

"大记者,你怎么搞成这个样?是路上遭劫了吗?"

尤子奇顾不上回答,接过一瓶从前面传过来的雀巢矿泉水,拧开盖子"咕咚咕咚"连喝了几口,"遭劫倒没有,是新疆的路太远,我们走的地方又多。"

"跑了哪些地方?"忻飞说着,从口袋里掏出一个飞机上没吃的小蛋糕给他。尤子奇一口吞下。"到了八路军驻新疆办事处,训练班旧址,又顺着当年陈老将军的足迹到了延安,收获很大啊!"他又想起什么,"这次还去了新疆魔鬼城,哈,就是在那里,我把大师给甩了。不能让他跟过来!我觉得他太不对劲。"

"魔鬼城?"

"嗬,那里怪石林立,真是鬼得很哪!"他脸露笑容,快意地连吃了几个前面传过来的面包点心。

他吃饱了,车子也停下了,车门再次打开,原来飞虎队纪念馆就坐落于芷江机场的东边。大家鱼贯下了车来。小门神把导引的红旗举了起来,"啊,大家跟着这面旗啊!我今天就充作本地向导!"这个黑客出身的网安,早已通过百度、谷歌等电子地图和实景照片把这里搞得清清楚楚,仿佛昨天夜里已潜游过此地。一行人跟着他走进展览馆大门,这里绿地和建筑错落有致,不远处一座通体白色带廊柱和三角形大顶的建筑引人注目。

"各位兄弟姐妹们,同胞们,这纪念馆是为了纪念美国飞虎队参加中国的抗战而建造的,当时在我国政府和人民的支持下,他们以芷江机场、云南昆明机场等为空军基地,对日本空军和地面部队进行了沉重的打击!"

忻飞他们充满敬意地跟着他走着,听着他那苏北口音的真情"解说"。

"大家看那块——"他看到所有人的眼光都随着他的手转动,"那伯(白)色的是飞虎队纪念馆、左手边深色的是空军作战指挥塔,后面的是中美空军联队俱乐部,如今人去楼空,嗨!"

步入白色建筑的大厅,迎面一架机头绘着鲨鱼利齿的 P-40 扑入眼帘,忻飞一下收住了脚步,这就是抗战中他爷爷战死后打下日寇飞机最多的机型!他凝视着它,专注而动情。

小门神左右一看没有女解说员身影,不知是吃饭去了还是这里本来就没专职的,清了清公鸡嗓子正要继续解说,却不由给忻飞轻拽到了一旁,"呵,我来给大家介绍几句吧。"忻飞转过身来面对他的团队,抬手指着战机:

"这架P-40是当年抵抗日军零式战机的主力战机,说起来有意思,这种飞机刚研发出来的时候并不为美国所重视,可后来竟成了日本零式飞机的克星。"他又把手划向另一边的零式模型,"零式飞机曾对我们当时的国民党空军造成了极大损失。"他想到了当年血洒长空的爷爷,心中一阵刺痛,"抗战时候,死于零式飞机的我国军民可多了,因为它在数量和质量上都占有绝对的优势。"

"当时我国空军有多少飞机啊?"

"抗战开战时可用于作战的只有300架。"忻飞顿了一下,继续说下去,"对于空域十分广大的我国来说,这个数字显然太⋯⋯"

"怎么这么少啊?"

尤子奇插上去说:"这个我知道,我可有第一手资料,当时主持航空委员会的蒋夫人认为,买飞机的经费不多,而好军机价格很贵,世界飞机型号日新月异,于是她就有一个对策,她自认为很对的对策哦。从1935年起就暂停购买新机,把购机经费存在香港银行,为的是以后能买到好飞机。但战争的爆发使得国民党空军措手不及,难以招架。"

"可悲,太可悲了,这就是受制于人的惨痛教训啊!"大伙唏嘘不已,慢慢向馆内继续走去。

"兵者国之大事,不可不察也。"孙子的这句名言此时在这些年轻人的心头犹如警钟般震响。

馆内设四个展览大厅,以大量的珍贵文物、实物和照片真实再现了美国飞虎队和中国军人在二战期间并肩作战的英勇事迹和生活场景。其中包括"飞虎队"和中国空军使用的各型战机,中国民工修建芷江机场所用的石磙,以及在国内外征集到的"飞虎队"用过的风镜、军衣等。

尤子奇不紧不慢地跟着忻飞团队,看得也很仔细,并不时拿本子记记,用相机拍拍。

出了主展馆,这一行人经过"飞虎队"雕塑,来到了空军作战指挥塔旧址。门边挂了块木质绿字的牌子,木色灰黑像历经岁月风雨。年轻人竞相用手指扣响木牌,那坚实的回响仿佛是从历史深处传来,带着叮咛。

这是座"丁"字形结构的三层小砖楼,建于1938年10月。上了楼来,看到了二战时芷江机场的无线电指挥中心、发报中心、机要室、情报室、作战室等。从介绍文字上得知,当年陈纳德将军和中方芷江空军司令张廷孟等在这里指挥了上千次空中作战。"飞虎队"后来发展壮大为"美国陆军第十四航空队"。

在楼顶上,大家举目四望,似乎看得见当年中外飞行员英勇抗击日寇的壮观场面,大家激情澎湃,有人提议"奇飞"公司的成立仪式就在这里举行。忻飞也觉得有道理,不必到下面找地方去举行了。这里是一个特殊的平台,这个历史鏖战地由于他们这拨年轻人的到来,与未来又有了不凡的联系。

"好,我们站队吧!"忻飞扬手招呼道。这群平日散漫自由的年轻人这时却以近乎军人的敏捷,很快齐刷刷地站起了横队,小门神手举着公司的旗子挺胸站立在队列右首,阳光照耀着他们年轻热情的脸庞。

风呼啦啦地吹着,忻飞的心头鼓胀起了征帆,他站到大家面前满怀激情地说道:

"今天我们来到中美空军击败日本法西斯空军的光荣之地,来汲取能量,以继往开来!1945年7月,日军代表坐着飞机飞来芷江机场受降。刚才的参观实际上已为我们公司的成立做了很好的动员,我们看到了,不能捍卫蓝天就不能拥有和平,而没有先进的装备就无法捍卫蓝天,更别提去探索那蔚蓝后面更广阔的苍穹了!这方面的启示将为我们这些创客带来不竭的动力。从今天起,我们的'奇乐坊'就将转变为

'奇飞'公司了,让我们抢占先机,飞出精彩无限!伙伴们,有信心吗?"

"有——""一飞冲天!"大家豪迈地叫道。回应声和着劲风下旗帜的飒飒作响,飞向四周。

尤子奇条件反射地举起相机,抓拍下这个动人而有意义的场面。

大家打开可口可乐罐、啤酒罐,激情碰杯。有人还打了彩带枪。

小门神向忻飞做了个看手表的动作。忻飞明白了,又对大伙大声说:"好,下午我们还要继续讨论我们公司的章程和规划,这会儿我们就去抗战纪念馆参观。为了节省时间,我们就在车上用午餐,怎么样?"

"好!"大家纷纷下楼,重新上车,不知怎么的,车子开动时,车壁上又响起了敲打声。"又有谁来了?"有人问。

"别开玩笑了,再敲就是鬼敲门了!司机快开车吧!"

车里响起一阵哄笑,就在这欢乐的笑声中,大家吃起简便的午餐,尤子奇也"顺手牵羊"搂了几块,不过,他也没忘了做贡献,他把新公司成立的照片发给了忻飞,又按忻飞的要求发给了韩逸——这位老创客因为重感冒不能前来。自然,尤子奇还不忘把快照发给他的好朋友钟波达和凯莉。

钟波达在上海及时看到了这些照片,与他同时看到的还有马葛亮。而马葛亮的手里还拿着另一张照片,上面是一个金黄头发的外国人。

此时,两人正坐在电视台的咖吧里。今天马葛亮来电视台,并不是如日前提及的来看节目录制,而是有重要情况与钟波达沟通。

"上次你介绍的情况很重要,"马科长说道,"这几天我与国家安全和公安部门进行了沟通,综合所收集到的线索和情况,基本搞清了忻飞前年去德国的行程路线以及某些特别情况。"

"哦?"钟波达把放三明治的盘子往前推了推。这马葛亮真是谨言慎行,先前不肯跟他到人多嘈杂的职工食堂。这里现在就他们两位。

马葛亮从刚才取出照片的公文包里,又取出了纸和笔。

"忻飞去德国显然不是旅游,而是与他航空航天方面的研究密切相关。他先是从上海直飞法兰克福,待了两天,你看,"马葛亮边说边用笔在纸上面画了一个小圆圈,标上所说的地名。然后由此拉出一条线,随着他的述说,这线的延伸线上依次出现了相关地名。"接着他去了西面不太远的亚琛,又到了北面的佩内明德,然后回到法兰克福,请注意,他没有从法兰克福飞回上海,而是坐车向南,去了匈牙利的布达佩斯,随后飞回国内。"马葛亮说到这里直视钟波达,"这路线呈现一个往右下拉的圆弧形,对一个钱不多的高校生来说,他为什么要绕这样的圈子?"

钟波达盯视着行程路线想:真像个大问号啊!显然这行程路线比前时尤子奇画的讲得更详尽,所提的问题也更敏锐。他思索着回答:"忻飞要去的地方对他来说无疑是很重要的,我猜想,他去法兰克福是因为那里不仅是德国和欧洲的国际空港和重要中转站,还因为在二战中遭受过盟军的猛烈空袭而差点毁灭,就在法兰克福东北一百多公里的地方,据说发现了过去纳粹研制的早期隐形飞机,那飞翼式样子跟现在美军的B-2很相像。"

"我们找到了他在那里考察的照片。"马葛亮又从公文包里取出了相关的照片。

钟波达很惊异他怎么弄到这照片的?!

马葛亮往咖啡里加了一包黄糖,用棒子搅拌着,悠然说道:"他去佩内明德是去考察V-2导弹的遗址,忻飞显然对处于时代发展前沿的东西特别有兴趣。那么,他为什么要去亚琛和布达佩斯呢?难道那里也有尖端飞行器?"

钟波达感觉马少校在卖关子,心想我这个资深军事记者可不能输给你这个军龄比我短的小马啊!他竭力思考起来,忻飞为什么去布达佩斯?这问题尤子奇也提起过,可现在又多了个亚琛,这之间又有什么联系呢?他的手指在桌面上不停叩击着。啊,他想起了,那两个地名在过去做我国航天之父钱学森节目时曾见到过,不由脱口说道:

"忻飞去那两个地方,是因为那是'航空航天时代科学奇才'的家乡和重要工作地!"

"是吗?那人叫什么?"马葛亮刚咬了一口三明治便放下了。

"冯,冯……"

"冯·布劳恩?"马葛亮接口说出一个名字。

"不,你别误导我。"钟波达微笑着摇摇头,"他叫冯·卡门!"

"哈哈,你很厉害啊,我是这两天才知道这个名字的,他是世界顶级的航空航天专家,钱学森的老师,他在美国创建的'古根海姆实验室',领导了两代科学家和工程师闯进科学技术的先驱领域,有'现代达·芬奇'之称!"

钟波达点点头,"我想起来了,二战刚结束,就是他就带着钱学森,组织了科学小分队去德国搜查纳粹的秘密军工项目。"

马葛亮点点头,脸色又严峻起来。"接下来我说个你肯定不知道的情况吧,忻飞就在又回到法兰克福时,在街上发生了一次车祸。"

"哦,有这样的事?伤得怎样?"

"不严重,确切地说只是被车右侧擦碰了下,车主很负责把他送进一家私人诊所,免费治疗和休养了几天。"马葛亮举起了桌上的照片,"主治医生就是此人,汉斯。"

钟波达细细看了一眼,又转向马葛亮,等待着他的下文。他说:"此事看上去很普通、很正常。然而,就在不久前德国警方对一名恐怖分子住宅的突袭中,搜到了一份有关忻飞的医学检查报告。出具报告就是这位汉斯医生,但这报告并不是关于忻飞伤情的,而是他的智商与脑部检查的综合分析报告。报告分析了一系列数据认为,忻飞有着极高的智商和非凡创造力,他主持科研项目的成功率为 96% 。"

"嗯!"钟波达大为震惊,这意味着汉斯是与恐怖分子一伙的,而那车祸也是精心设计的。显然,忻飞在德国的不寻常考察已引起了他们的注意。

马葛亮自然明白钟波达的推理结果,他喝光了杯里的咖啡,"我们与德国警方有着相似的判断,但要确定他为恐怖分子还缺乏足够的证据,而他有着良好的社会形象,还常来中国做医疗仪器的买卖。"

钟波达心里"咯噔"一声,国际恐怖组织实际上已比我们更早地关注忻飞!关注他的新型无人机!

马葛亮站了起来,"你可以拍一张此人的照片,以便注意下忻飞周围是否有他的身影,他和他的组织可能是我们难对付的暗中对手,或者是对手之一!"

芷江。一座造型别致的民族风情木塔从车窗外闪过。

司机特地带他们在城内弯了下,车子重又驶上公路,一条碧澄的小江在右侧奔腾着,秀色可餐。小门神又自觉充当起导游来:"这条青江可以伴随我们到两里外的中国抗战纪念馆。"

当大伙在颠簸中"酒足饭饱"之后,车子也驶近了那座纪念馆,就在车子快进停车位时,车门上又响起了"砰砰"的敲打声。这回让大家顿感惊奇不已,纷纷都往车窗外看去,就见敲门人正坐在一辆疾驶的摩托车后座上,摩托车与面包车并行!那人拿下了头盔,蓬头垢面。

这人是谁啊?

"尤子奇,忻小伙!停,停一下,我是大师!停停车!"

坐在后排靠窗的尤子奇伸头一看,也大吃一惊。他辨认出真是光头大师!他怎么追来了?!

车子停下了。大师急急跳下摩托车来,随手塞给驾车者两张钞票。几步蹿到中巴车门前。

忻飞和尤子奇下车了。大师伸出双手,一手拽住一个,亲切异常,犹如见到亲人:"啊呀,我在飞虎队纪念馆就叫你们,到这里才碰上了!"

大家都围拢过来,好奇地看着,怎么忻总的朋友一个比一个邋遢,一个比一个落魄?

"大师,你怎么来了?还搞成这样?"忻飞接过他的背囊,与大师的交往在他心头积累的情感是复杂的。

"妈的,你问他!"大师用手一指尤子奇,气不打一处来,"我这一路给他害得好苦,本来我就想直接跟你到这里的,可被他莫名其妙地骗到新疆转了一圈,还被他在魔鬼城给扔下了!"

"哪里哪里!"尤子奇红着脸辩白道,"我们都在魔鬼城迷了路,我出来后,想给你打电话,可手机摔坏了,昨天下了火车才修好。"

"好了好了,不说了,总算让我给赶上了,忻飞老弟,我就是要参加你们的新公司,我把那个外星人遗物给带来了,算作加入公司的见面礼。"

忻飞有些诧异:"大师,加入我们公司可不是我一人说了算哪!"

"唉,俗话说,人才难得,我一个退役的空军机械师还加不了你们民营公司吗?"施道环又摆起谱来。

尤子奇拉了一下大师的肩膀,凑近他耳朵轻声说:"哦,你这话千万别往下说了,他们公司人才可不少哪!博士都有好几个!"

"噢噢,"大师眼珠子一转,把语调放了下来,"忻飞老弟,不,从今天开始要叫你忻总了,那我今个儿先郑重向你提出加入公司的申请。请你们审批,也请各位多多包涵。"他抱拳转向周围,皮笑肉不笑。

"来,你先歇会儿,还没吃过饭吧?"尤子奇说着,又把人家先前给他而他没吃完的食品和矿泉水塞到光头手上。忻飞又从一个女生手里拿过一个便携式充气板凳塞到他手里。

大师照单全收,不过那板凳一坐上却泄了气。"哎,不用不用,我先跟着参观吧!这地方以前我来过……"

一行人走向受降馆,一进大门就见一座高大的四柱三门纪念坊,举目望去,这座白色石坊的领额上刻着"震古烁今"四个大字。立柱上还题写着两副对联,中间一副是"克敌受降威加万里,名城揽胜地重千秋",侧联是李宗仁所题的:"得道胜强权百万敌军齐解甲,受降行大典千秋战史记名城"。

就在年轻人和尤子奇在念对联的时候,大师没看,低着头坐在台阶上抓紧闷吃,转眼间一瓶水和一个面包已下了肚。尤子奇注意到了,问了他一下那两副对联是谁写的?他倒全答对了。

"哦,这就是中国的凯旋门啊!我在海外听说过。"尤子奇调侃地拍了下光头大师的肩头,"你老兄还真行,我原本以为你就是一介武夫呢!"

"嗨,你真是有眼不识泰山,我们干空军的可是技术兵种,当时部队组织我们参观学习可不少呢!好好跟着我,我再给你说说。"

正是在东拉西扯中,他与创客拉近了距离。然而,当公司准备继续开会时,忻飞却劝退了他,说这是公司的内部会议,让他和尤子奇一起在走道旁的椅子上坐坐,歇一会儿。待会儿再坐他们的车一起去怀化。

大师扫兴地在椅子上坐了下来。眼睛却紧紧跟随着忻飞他们。他看到他们在不远处的草地上坐了下来,围坐成一个圈。

他靠在椅背上,懒散地吃着东西,一边和尤子奇东拉西扯地闲聊着。

尤子奇注意到他的眼光不时地瞟着忻飞他们。自己也顺着那紧盯的眼光不时瞅瞅那边,他们言语热烈,掌声不断。突然间,大师叫了起来:"哎,你看,你看,他们好像吵起来了。"

尤子奇望过去,哎,忻飞他们头颈直直的,像斗鸡似的在争论着什么。

奇怪啊,公司成立第一天,气氛刚才还很热乎的,怎么却吵起来了呢?!为了什么呢?公司一分钱还没赚呢?!

大师和尤子奇没看错,也没猜错,奇飞公司的下午会议开始时气氛还好好的,热烈的掌声顺利通过了公司章程,通过了 CEO 忻飞对财务、网安、公关等几个部门负责人的提名。然而当忻飞做完公司发展报告后,却引发了不同的意见,尤其是将核心项目确定为空天无人飞机时,分歧更大。发难的还是公司内学位最高的唐博士唐老鸭。

"请问忻总,现在世界上还没有一架真正的空天飞机,你不感觉风险很大吗?"

"创客就是要做前人没做的,怎么了?"

"我知道你是很有梦想的,但现在这个公司不是你一个人的,到头来失败了你是不是只对我们说一声对不起啊?"

这话尖锐,又有煽动力,很快引来了几个附和的。

忻飞有些措手不及,但最后是用自己 CEO 的权力维护了空天无人飞机这个核心项目。

他一抬头,发现天色在悄然变化,先前还是阳光灿烂,可现在,乌云从西边压了上来。

接下来,小门神谈起了网安问题:

"创客弟兄们,不不,现在得称呼各位亲爱的员工了,我们这个研发团队由原来的创客平台发展为互联网公司,以后对网络的依赖更大,网络安全成了突出的问题,最近这段时间以来,我比较了好几个网络安全系统,也去了几个公司考察。"

大家知道,小门神之前的身份是黑客,网络上的攻防能力顶呱呱,他的铁哥们有的已是大公司的首席安全官或网安主管。所以大家都静静地听他说着:

"赛门铁壳(克)是全球领先的信息安全提供商,我同他们也挺熟。他们过去的 CEO 还是核潜艇的指挥官,又到美海军研究生院学过计算机工程,了不得吧! 不过在美国斯诺登事件出来后,我对国外的网安不太放心,前些时候,我加班加点专门为我们公司设计了一款安全插件,为我们的企业运行提供完善的在线防护,并将不断更新,希望各位务必像保护自己的眼珠子一样保管好,如万一掉了必须……"

就在这时,一阵强风刮来,地面上砂石弥漫。"啪啦!"公司旗子一声响,大家抬脸一看,那旗面竟然飞离了旗杆,飘上了天! 众人都看呆了,不知这意味着什么?

十几米外的大师惊呼:"不好,大旗吹折,出师不利!"

尤子奇伸手堵住了他的嘴巴:"乌鸦嘴! 这怎么叫出师不利,旗杆又没折断,公司旗面飞上天是件好事,要知道他们这家公司可是飞行器制造公司!"

"啧啧,等着瞧吧!"

·28·
重回苏州河边,有人担心他"走火入魔"

在芷江的参观聚会及公司成立仪式后,忻飞回到上海便一头扎进了新无人机改进升级的研发中,不久新机性能虽比前时有所提高,还经达哥推荐去苏北靶场参加了一回军演,但在那短暂的飞行中有些指标未能达到设计值,还得花大力气攻关!他像母鸡孵蛋似的整整一个月没离过窝。

这"窝"还是苏州河边原来的仓库大楼,不过现在可是旧貌换新颜了,财务主管拿到林总的资金后,立即扩大了租借面积,并经物业同意进行了现代化改建。电脑全换成了"联想"新一代,两个楼面的内部上下还架起了玻璃钢楼梯,小门神把在"美甲美睫"打工的表妹弄来当前台小姐,唐老鸭则在办公室和走廊里挂了几幅美术小品,走进公司感觉简洁而时尚,像是个不折不扣的现代企业。因为按议定的思路,公司虽是互联网公司,但并不等于全"悬浮"是在外面的,而是移动网络和固定办公场所的结合。公司本部设立了几个部门,还招了五六个年轻的大学生,这里面有毕业于名牌大学北航的,也有来自挂牌时间不长的南昌航空大学的。小门神眉飞色舞地对他们鼓劲说:你们都好好跟着一块儿干,忻总就是日后的郭广昌和马云!

可忻飞还压根儿没想到这一层,他只感到压力山大,新无人机项目本身的科研难度空前,在公司成立聚会上唐老鸭的诘难不无道理。可他坚信自己的目标没错,虽然有些"远",但抓住了今天就是抓住了未来。他很明白现在已没退路,他望着静静流淌的苏州河水,想起了一个小时候就熟悉的成语:"背水一战"。

为此，他坐进自己的办公室时就提醒自己要有进入上甘岭坑道的那种感觉，能拼才会赢！他把这间办公室搞得多功能化，既是设计室，也是卧室、会客室，某种程度上还是简易厨房——小冰柜上的电水壶旁放了几盒雀巢速溶咖啡，以及成排的康师傅方便面和矿泉水，柜子里则是好些随时可食的小番茄和咸鸭蛋，这样菜场食堂都不用去。他还在墙上张贴了一系列世界著名飞机设计师的图片，他们的名机模型则由细线从吊顶垂挂下来，常会碰到人的脑袋，员工要帮他把挂线提高些，他却坚决制止。他正要与它们"亲密"相伴，以激励自己，悟成功之道。

"堀越二郎为什么能在日本工业相对薄弱的条件下，设计出性能优异的零式战斗机？为什么约翰逊能在时间短、成本低的条件下，设计出P-80原型机、开启了喷气式战机交战的新时代？"他会冷不丁问自己，也在问伙伴。

诸多的问题和思考连同电脑上变幻的设计图形、试验的大量数据，以及和伙伴们头脑风暴所产生的交流意见，常常如瀑布般冲击着他的心灵，他渴望突破，创造奇迹！

然而，日复一日，周复一周，研发虽有些进展，但进展不大。新无人飞要兼顾空天两个领域着实不易，无论在气动外形还是在动力推进上，他都遇到了强大的阻力，就像当初飞机设计师碰到音障似的，一次次败下阵来。时间在流逝，成本在上升。

他烦躁，苦闷，情绪不佳。这引起了朋友的担忧，唐老鸭、小门神通过微信等使林总和梦韵、钟波达都有所知晓。而实际上，这也是他们多次主动关心问询的信息反馈。

一个淫雨霏霏的下午，头脑昏沉的忻飞接到了梦韵的电话，邀他去花园酒店喝咖啡。

"怎么想起去那里？"忻飞随口问道。

"这酒店有个'空中走廊'，我想让你在大上海的半空中散散心，怎么样？"她笑声甜美而亲切。

怎么样？当然去！忻飞的身心已十分疲惫。"那好，几点？"

"我们这就一起出发吧！"

"好！谁晚到谁买单。"

锦江饭店和周围的上海老民居，以及淮海路商圈、浦江两岸广厦如孔雀开屏般渐次展开，忻飞和梦韵并肩站在花园酒店的观光电梯里，缓缓升空，愈升高看到的美景愈丰富。当电梯门打开时，他俩都舍不得出来了，于是又乘坐了一次，笑声灌满了电梯，现在他们比珠海时已更熟稔。忻飞注意到，今天站在他身边的梦韵穿了件韩装，过去常扎的马尾辫今天变成了披肩长发。

电梯重上顶楼，一下进来好几位客人，忻飞他们不好意思再乘下去，便跨出了电梯门。

梦韵把他带到南边靠窗处坐下，不远处是文化广场的设计建筑。下面是红砖新式里弄。这里是区别于南京路的上海另一片繁华商区。忻飞很喜欢，但看到送上来的菜谱，不免有些紧张，小声地说："今天你约我来喝咖啡，怎么换成晚餐了？"

梦韵抬起手上的腕表，"时间不对了，点吧，我付钱。"随后看着他诡秘地一笑，又补了一句，"以后报销就是了。"

"你能报销？找谁报销？"

"等你以后发迹了，当大老板了，找你报销呀！"梦韵笑得很甜美。

说笑间两颗心靠得更近了，是友情还是恋情难以说清。

侍者来了，梦韵轻松自在地点菜。

"你经常来这种高档的地方吗？"忻飞问。

"是啊。"梦韵一甩头发，"大家都生活在同一个地球上，同一片蓝天下，为什么不呢？我就是喜欢有品质的生活。"

作为一个青年设计师，忻飞早就惊讶于她的服饰、手表都很新潮和有品牌。此时不由接着她的话语道出了疑问："你高消费……钱有那么多吗？"

"我过去大学期间，靠暑期家教就挣得了一块浪琴表。现在，林总给我的工资可不低。但钱到用时方恨少啊!"她点菜后爽快地聊着,"哎,你感到什么是你想用时最缺的呀?"

"我啊,"他认真想了下,眉宇间聚起了疙瘩,"我感到最缺的是灵感!"

"你这么聪明还说缺,那我不就该辞职了?"她说着做了个怪脸。

"我说的可是真的。我本来一直觉得自己聪明绝顶,从中小学到读大学、考研,考试时常常全是满分,同学给我取了个绰号叫'发达脑袋'。"忻飞说着有些神采飞扬,"在几次智商测试时又都是高分值,有一次据说比霍金还高了2分。"

"哇塞!"梦韵惊叫了起来,她一看周围有几双朝自己看的眼神,不由捂住嘴,小声地说,"这么厉害!我不信,你那仪器是大兴的吧?"

"最近的一次测试是在德国。"

梦韵更不解了:"那你为什么还那么谦虚呢?"

"我哪会谦虚?现在设计高端无人机时真感到脑力不够用!"

梦韵睁大眼睛听着,似乎有些明白。

"跟你说句心里话,我现在最想的就是有什么好办法能开掘大脑的潜能,据脑科学家测算现在人类的大脑只使用了10%。"

"我也听说过,你想怎么样?"

"我近年来抽空翻看了好些关于人大脑和神经学方面的著作,比如《大脑如何思维》《从神经元到脑》《双脑记》等几十来本。"

"哦,几十本?这么多啊!你可别,别……"梦韵说话可难得结巴。

"别什么?"

"别走火入魔,变成个傻子、呆子。"说完这话,她自己也不由笑了起来。

"我再傻,也会认得你梦韵的,会找你管饭吃!"他不假思索地回应。

梦韵突然体会到这话的非常意味,不由把头低下了。忻飞也自感有些唐突,挠了挠头。恰好这时餐食也来了,两人便暂停了聊谈,闷头进食。

不多时,忻飞的手机响了,一接原来是达哥打来的。邀他去东方电视台看"达人秀"节目的录制,说是应该劳逸结合,别拒绝。

"嗯嗯,几点?……7点?"忻飞瞄了一眼梦韵精巧的红色腕表——现在才5点多,犹豫着答应说,"那好吧,我过来,谢谢达哥!"他关了手机后把电话内容告诉了梦韵。并说达哥好心邀请,他不得不去。

"咦,你应该去看呀!"梦韵端起面前的红色石榴汁的杯子。"不仅要去看,你以后还应该参加达人秀。"

忻飞心弦给拨动一下,他早就认为自己是中国达人,而且可能是达人中的达人,但这看法从这位丽人口中说出又不同一般了。"可我的东西比较高精尖,别说观众,就连评委也未必搞得明白。"

"嗬,你还小看评委,"她撅起小嘴,"评委也都是大牌达人。你去电视台录制现场感受感受再说,现在的现场观众不光是阿姨大妈,大多数是年轻人呢!哎,"她突然想到什么,"我跟你一起去吧!前两天陈苏红老师还跟我说过,这几天东视录制新的达人秀,要我有空去看看。"

"这好呀!东方电视台怎么走我还不知道哩!"

"我带路!来,看谁先把自己盘里的吃掉!"

"好啊!"忻飞是个情绪易受感染的人,当即来了兴趣,三口两口便把盘里的食物一扫而光。接着就招呼侍者过来结账。但这一步没有比梦韵快,她付了钱后还真的要了张发票,冲忻飞笑笑,背起小挎包拉起他就走。

快到电梯口时,忻飞像发现了什么,突然急跑了起来,使劲往电梯前的人群里挤。可电梯门在他跟前倏然关上了。但他还不甘心,左右摆动着脑袋,似乎要找消防楼梯往下追。

这使梦韵感到很意外,她快步走过去。"忻飞,你在找什么呀?"

"我刚才好像看到了一个熟悉的外国人,他走进电梯了!我想从消防楼道追下去!"

梦韵看了一眼电梯门上方闪烁的数字,拉住了他:"你追不上了,电梯已到一楼了。"随后赶紧摁了一下按钮,"我们还是坐电梯下去再看看,他是什么人呀?"

"他是个德国医生。他治过我的伤。"

"你受过伤?在德国?"梦韵很意外。

忻飞点点头。当电梯门重新滑开后,他头一个一步跨进去。然而,到了楼下,厅廊里中外宾客熙来攘往,根本就找不到那德国人的身影。梦韵提醒说:"你可以打电话问问他,是不是来了中国。"

"在德国时我给他留了电话,但他一忙忘了给我他的联系方式了。"

忻飞和梦韵走向地铁口。在地铁上,他回应了梦韵的好奇心,给她讲述了前年在德国考察时发生的小车祸和医治经过。

"还好,你那车祸是小碰伤,以后你在马路上得小心些,不要老想着你的研究。"梦韵关照说,"哎,这个医生挺不错啊!又是拍片又是全身检查,还检测你的智商。不过,我怎么觉得他有些小病大治的味道。"

"哎,你没有跟德国人打过交道,德国人做事可是认真严谨。做那个测试他说是怕我摔在地上有脑震荡。实际上我是屁股着地。"

两人都笑开了。"你是真有福气啊。"梦韵说。

"是啊,你不知道,住在诊所的那几天,他对我可关心了,跟我聊得也很多。我在那里还看了不少医学资料。你知道吗,德国在医学方面也是走在世界前列。"

"我不太清楚,我只知道纳粹医生门格勒用战俘和犹太人做活体试验,非常残忍。"

"那是在二战中,战后德国在民主和科学两方面都发展得不错,近些年像什么工业2.0啊、《中小企业促进法》在世界都很有影响。啊,你听说过德国的鲜活细胞疗法吗?那是从黑山羊的胚胎中提取抗衰老物质植入人体,世界上有好多位要人名人专程去接受治疗。我在德国考察火箭技术时也到这样的诊所去看过,那是在法兰克福以南的一座历史悠久的山林别墅里。"

"你怎么对医学也特别有兴趣?"

"是啊,这跟我父亲因肾病去世早有关,我至今清楚记得那个刻骨铭心的夜晚,当时由于医院人手少,一个男护士要我跟他一起把我父亲的遗体抬进太平间。他走在前面,我跟在后面,那夜北风'呼呼'地响,真像阴风阵阵鬼哭狼嚎,我们走了一段路来到太平间,他也没开灯,里面昏昏暗暗,只有惨白的月光,就见他来到像大橱柜一样的东西前,拉开了一只大抽屉……"

"哟,别说了,别说了,亏得是在这人头攒动的地铁里,不然我可要逃了……哎,你怎么不害怕啊?"

"害怕是有些害怕的,但当时我心里主要让伤心占满了。我当时老是在想:人为什么要死呢?我亲爱的爸爸要能再活过来多好啊!从那以后,生死问题就常萦绕在我心头,也引发了我对医学和人体的很大关注。"

梦韵理解地点点头。"我有时在夜里会想到人总是要死的,想到我以后将永远不存在了,胸口就闷得透不过气来……"

两人深聊着,从二号线转乘六号线,在临沂路站上到地面。他虽说是第一次来,但东视大楼却是没等梦韵指引就感觉出来了,缘于那大楼的造型和气势,穿过东方路走近它时,就看到主楼莹亮的玻璃大厅上方,有个常在荧屏中看到的台标——一只白色的海鸥衬着红色的太阳展翅飞翔,它一下子飞进了忻飞的心里,因为这和他的心态很契合。接着引起他注意的是大门前围着好些人。梦韵告诉他,这些大多是来当录制现场观众的,这种机会很难得也很受欢迎,它往往能在一个人的心里种下希望和梦想的种子。

忻飞跟着梦韵来到东视门口,她正要打电话给熟悉的编导老师,就见门口戛然停下辆小轿车,从里面走下了竟是他的贷款金主林之风!而这时,陈苏红也从大门里出来了,她和林总几乎同时看到了这对年轻人。大家都有些错愕。

但梦韵还是很快做出了恰当的反应,她跑过去揽住陈苏红的臂膀,亲切地说:"苏红姐,林总好,今天我推荐忻飞来看看达人秀,为他的研究鼓鼓劲!"

忻飞也忙跟他俩打招呼,不过脸色有些发红。

林总是最感意外也最先明白过来的,他体察出梦韵和忻飞的关系可能已不仅是工作上的了。但他仍赞许地说:"好,文武之道,一张一弛。是应该到这儿来充充电,人总是需要激励的!"

陈苏红拉了下梦韵的手:"那我们进去吧。今天我也是特地请林总过来看的,今天周立波到场,选手们也很有特色。"

说着,陈苏红分开人群,一边同门卫打招呼一边带他们进了大门。身后传来好几声惊呼:

"哎呀,你们注意到吗?刚才进去的是名主持陈苏红!""是吗?你怎么不早说!我阿奶就喜欢看她节目,不然我请她签名带回去,老太婆开心的嘴巴都要笑歪了!""侬看,侬看,别看伊上了点年龄,看伊背影步态,一点不输给现在的当红花旦!"

林之风他们都听到了这番话,不由都冲着陈苏红赞慕地笑笑。但那议论在陈苏红心底所撩起的感受却大不一样。

陈苏红带他们穿过大草坪间的步道,走向主楼右边的裙房。"我们一起先吃个晚饭,达人秀录制要7点半才开始。"

啊,还要吃!忻飞和梦韵不由面面相觑,但又不便提起先前已在花园饭店用过餐了。只得硬着头皮跟了进去。

这顿饭可苦了忻飞和梦韵他俩了。等一起离开餐桌时,梦韵忍不住对忻飞做了个怪脸,把手横在自己的喉咙口,示意自己进食已满到喉咙口了。而忻飞则小声说了句:"我快成气球了。"

"什么气球?"耳尖的陈苏红不解地问。

"哦,"梦韵忙岔开去说,"忻飞脑子里想的都是飞。"

陈苏红把他们带进东视演播剧场,又带到舞台侧幕旁的上下场区。这里有几排座位是留给记者和剧务的,他们找了几个空座位坐下。这时,就看到录制导演拿着移动话筒在对现场观众大声关照遵守事项。"听好啦,听好啦,拍掌不要拍得有气无力……"

"嗬,当个观众也不容易啊,不能兴之所至啊。"林总对陈苏红说。

说者似乎无意，但听者有心。忻飞感到脖子有些发硬。

在一阵热烈的掌声中，评委杨丽萍、金星以及周立波"真人现身"了。在主持人的精彩开场白中，各怀绝技的达人们也依次登场。

这里的视角真是不错！既能近距离看到舞台和不远处的评委席，还能透过侧幕间隙看到观众的反应。令忻飞感觉特别新奇的是，评委和达人们在上下场时的言谈举止和答记者问清晰可辨。这是平日里光看电视荧屏所远远不能相比的。

林总转过脸来借题发挥："真可谓旁观者清啊！我过去的老师跟我说，人要眼观六路，而航空人尤其需要做到这点，因为你不仅要看到前后左右，还要看到上和下，因为飞行面对的是三维空间。稍有不慎就会掉下来的。"随后又加了一句，"判断不明的时候就要及时找地方安全降落哦。"

他这话使得忻飞不由问自己："我到头来会怎样？难道会从半空跌落？"一阵阵音乐、掌声、评委间的争论汇成声浪在耳边震响，而肚子中的过多食物又不断滋生胀气，忻飞就像在空中遇到了乱流，胸口发闷，肠胃生疼，他忍不住站了起来。

坐在林总右首的陈苏红侧过身问："怎么啦？"

"哦，……我去上个洗手间。"忻飞急急到厕所里呕吐了一番。

随后他回到了侧幕旁的椅子上，由于灯光转暗，陈苏红和林总都没看出他脸色的异样，但敏感细心的梦韵看出来了。

节目录制到近夜半12点才结束，随着人流，忻飞他们来到东视大门。门外停着好几辆大巴，这是来接学生观众回学校的。

突然传来两声喇叭，循声望去，就看见一辆停在近旁的吉普车上，钟波达正把头探出驾驶窗外，并向他们招手。

两个年轻人忙跑过去打招呼，林总和陈苏红也一起走了过去。

"哎，忻飞，你上我的车，将近半夜了，这里的公交车没有了！"达哥又转脸看着梦韵，"你是上林总的车还是我的车？"

"还是我来送吧！以往在公司加班晚了，都是我的车带她回去的。"

林总回答。

"还算是个好老板!那你明天干脆让她晚点上班嘛!"钟波达亦真亦假地说着,待忻飞和陈苏红上车后,他一踩油门,吉普车率先蹿了出去。

钟波达感到忻飞的脸色不太好,心中有些纳闷,但也没问什么。没多会儿,世茂滨江就到了,他将陈苏红先放下来,然后专送忻飞。

"哎,小伙子,节目看下来怎么样?"路上他随口问了声。

忻飞起初不想讲什么,但在达哥善意的不断追问下,还是像挤牙膏似的渐渐把心里的苦闷倒了出来。

钟波达的眉头聚拢了,嗯,看达人秀本身是个好事,想给忻飞点正能量,但没想到林之风"念歪了经",正逢忻飞研制很不顺的时候,所起到的负面作用可不小!

夜深车子开得快,不多会儿就到了苏州河边"奇飞"公司门前。这么晚了不便留他多说什么,但钟波达觉得有些重要的哪怕点拨一下也好。"忻飞啊,有人不看好你的在研项目,但陈老将军很看好啊,他今天在医院里还向我问起你的情况,让我一定要转告你,要你有红军不怕远征难的勇气和毅力!"

"是吗?"忻飞转过脸来,移动的路灯在他脸上闪烁着迷离的光。

"他参加长征时还是个红小鬼,年龄比你现在要小好几岁,又没念过书,但后来竟然成了我军的首批飞行员,在朝鲜战场上打下了好几架美国的喷气式战斗机呢!这经历现在听起来像天方夜谭,但这就是事实!可惜那时没有达人秀节目,不然他就是个超级达人!你说对吗?"

忻飞给说得笑了起来:"对呀,这倒是的!"

车子缓缓停住了:"你到了,睡个好觉吧!"钟波达从变速杆旁的储物盒里取出个光盘,递给忻飞,"给你拷了些我们的军事节目,既是让你了解信息动态,也是给你打打气。知道吗,美国人的汽车飞机研制成功了。"

忻飞欣喜地接过,"知道,谢谢!你快回去吧!"钟波达看着他走进大门,然后缓缓掉过车头。

就在掉头的过程中,他发现不远处的树下也有一辆车,透过玻璃,隐约看到里面有红亮的烟头。他放慢速度,记下了车牌号。回来路上他与马葛亮通了个电话,告知他发现的可疑情况。马葛亮回答说,这车是安全局的,刚执行了一个任务,就在一小时前,他们发现这里有个伪基站,但赶来时已无踪影。

而忻飞上楼后也吃了一惊,因为听小门神说凯莉在等他。"她怎么来了?人呢?"

"她人就在这个大仓库的平台上。"小门神伸手往上指指,"哎哟喂,先前我打了你多少电话就是打不通!"

"哦,我在电视台看直播,关机了。哎,你怎么不让她在我的办公室坐坐?"

小门神鬼鬼一笑:"嗨,我怕给她弄走了本公司情报,而且上面风景好又凉快!我还给她买了罐装咖啡,不会亏待她的!"

忻飞转身三步并作两步跑上了楼,见凯莉的身影正衬在远处大悦城发亮的大转轮里,她坐在公司新安的长条靠椅上,脚下是新植的草皮,正聚精会神地看着手机屏。

"呀,凯莉小姐,我不知你来,让你久等了。"忻飞满脸歉意。

凯莉看见他,高兴地站起来,"没关系,没关系,你们这上面月白风清,景观不错,我也来得唐突。"

"找我有什么重要事情?请坐下说。"忻飞闻到周围的空气中弥漫着她身上浓烈又好闻的香水味。

"这事对别人可能不重要,但对你,我觉得非常重要,就是一年一度的美国'飞来者大会'就要开始了。这全球性的通航聚会你听说过吗?"

"我知道,过去也很想去看看,取取经,只是因为费用问题而没去成……"忻飞有些不好意思。

"这次我邀请你去!"凯莉热情地拍了下他的臂膀,"费用问题你不用考虑,你搞通用航空、搞无人机的怎么能不去?"

·29·
"八荒采奇石",飞来者大会上的奇遇和诱惑

凯莉邀请忻飞去美国参加"飞来者大会",这消息不胫而走,在公司内部激起阵阵涟漪。而在公司外部,林之风是最先得知此消息的,是由忻飞本人直接打电话告知他的。因为这个新企业的负责人明白,在他经济未独立前,自己的重要行动包括出国之类应向投资方林总及时通报,最好能得到他的同意。

这是个看似普通但又不普通的电话,令经常出国的林总感到吃惊,他自己庞大的公司资本已布局转型通航产业了,像一头大象正掉过头,但到它奔跑起来发起进攻还需要一些时间,林总自己也正准备去这届世界通航的大聚会看看,以便让自己企业的出手更精准、更有力。他也在考虑是否带忻飞一起去。然而没想到美国女人凯莉却捷足先登了。企业之争,说到底是优势产品之争,而优势产品之争,说到底又是关键人才之争。

他握着电话听筒没有吱声,视线为窗玻璃上许多条雨水纹路所阻,不少企业总部大楼都隐在雨雾之中。他一时拿不定主意。电话那头的忻飞似乎已感觉到了他的犹疑,急切地说他如果有空就准备去美国奥什科什参会。林总不置可否地回应道:"嗯嗯,我知道了。"随后忻飞匆忙而礼貌地道了别。外面的风声雨声更大了,但林总的思路很快理清了,他明白自己对忻飞说同意或不同意都不管用,这小伙子肯定要去,他是个"一条道走到黑的人"。但此事也不能就这么定了。

忻飞的实际态度确如林总所判断的那样,他已拿定主意要去,因为现在手上的无人机项目正需要多汲取些能量,而科学是没国界的。他

挂断电话后以为林总没发声反对就过去了。他猜的是直线,而高手打出的球往往是曲里拐弯的。

他不知道林总又拿起了电话听筒,拨通了钟波达的手机号,介绍完情况后加重语气说:"不说是黄鼠狼给鸡拜年吧,但那凯莉真是心有所图,她是在跟我们争夺人才啊!你劝劝忻飞吧,我想现在也只有你的话能起作用。"

钟波达也意识到了问题的严峻性,甚至他看到了比林总所说的更复杂的方面。他与林总通完话后没有放下话筒,思忖了片刻后立时拨通了马葛亮的电话。果不其然,马葛亮对这个情况也相当重视。他分析道:"现在已经了解到,这个美国女人除了公开身份是咨询公司的高级分析员外,还是一家猎头公司的兼职人员。她的这份特别邀请的真实动机是什么?在她后面有没有特别的角色?现在都难以判断。你的意见呢?"

钟波达的眉头聚拢了,这真是一道困难的选择题啊!他听出来了,马葛亮的意见已偏向于林总,而马科长的意见会直接影响到有关部门的看法。钟波达没有答话,他在迅速而认真地思考。

"哎哎,你说话呀!"

"嗯,马科,我接到林总的电话后一直在考虑这问题,觉得让忻飞去或者不去都是把双刃剑。但现在我想明白了,不去看似保护了他和他的项目,但也有可能伤了忻飞的心,保守不等于保护,对正常的国际交流也不利。创客天生与全球化视野相关联,所以我觉得还是多给予他爱护和支持,让他多汲取些新能量吧!"

"嗯,说得有理!"电话那头传来马科明快的话音,"但我们要尽可能多掌握忻飞此行的情况,以便及时做出恰当的反应。"

忻飞走进了公司的会议室,里面已坐满了接通知来开会的在沪员工。他需要就参加"飞来者大会"的有关情况做个说明。公司虽小,但沟通和管理要规范,在与林总接触中,他也学会了些现代企业领导者的做派。

他在做了有关今年的美国"飞来者大会"的简略介绍,并放了多张相关的照片投影后说道:"我已决定去奥什科什参观学习,至于差旅费,我既不想用公司的,也不想用美国人凯莉所提供的,因为我不想欠人家的,所有差旅费自己承担,创业就应有创业的样子,我们公司同事中有谁想去的,可以跟我一起去,但也要自费。"他扫视了下大家,见没人表示,便继续说道,"我想这是一次难得的国际间的展示与交流的机会,对于我们了解世界航空动态会很有好处,我也将把我们的新型无人机带过去,在北美的天空上飞行表演一下,听听各国来宾的意见,相信会对我们的加速研发很有好处。我听电视台钟记者说,过去古代炼石造剑有个说法,叫'八荒采奇石',我想我们造飞机与之有异曲同工之妙啊!"

"忻总,要是你把我们的新无人机带过去,那就不妙啦!"不想小门神率先反对,"会泄露我们的核心技术的。"

"对对!""带模型可以,带活的可不行!"附和声一片。

忻飞颇感意外,摆着双手忙解释说:"大家放心,我把它带在身边,24小时不离身,所有密钥我都不会透漏半点。创客就是要交流分享,但我也会掌握分寸的。"员工中赞成他的也不少:"对嘛,现在是互联互通时代了呀!"

"那也不行,万一你给人家下了药呢!"

公司内部的两方意见愈争愈烈,有的干脆站到了椅子上,各自拿出了在大学里参加辩论赛的劲头。没办法,最后只能投票表决,投票的结果是忻飞这方仅少了一票。忻飞无奈地宣布散会。

他回到自己的多功能办公室,双手交叉放在脑后闷坐了一会儿,然后在电脑上打开了美国地图,他琢磨起这次到美国的行程,他看到奥什科什在美国北部的芝加哥附近,东面不远处是著名的汽车城底特律,他早就想先去看看这个美国三大汽车制造公司的所在地。汽车可是人类发明最早、使用最广泛的交通机械,但如今底特律已从繁荣的汽车之都演变为"破产"之州和犯罪高发地区,这里面昭示着什么?很值得去探访一下。而再往西不远就是西雅图,那里有世界著名的波音飞机公司,更应在此行"弯"过去实地考察一番。于是他便把自己的想法和想去区域的截图发给了梦韵,梦韵不仅很赞成,还热心介绍了一位她熟悉的旅行社朋友给他。

这位朋友借助与多家航空公司多年的合作关系,给他订了几张"特别"机票,先从上海飞底特律然后住一晚,再飞芝加哥,接着坐大巴抵达威斯康星州的奥什科什,随后坐美国航空公司的飞机续飞西雅图,最后从西雅图经停日本成田机场飞返上海。这不是一般意义上的往返打折机票,而是靠一段段拼出来的。这位朋友在订票过程中打了好些电话,得以享受到优惠的票价——总共飞了六段,花了一万二千多人民币,正在忻飞的承受范围之内。忻飞离开时紧握着那年轻人的手,连声道谢。他恍惚感觉中就像是握紧了梦韵的手。

出发的那天晚上,钟波达特地开着越野车来送他,当看到忻飞没带样机出去颇为欣慰,但同来的尤子奇却不免扫兴,本来他期望能亲眼一睹那新无人机的真容。

道别后的忻飞有种莫名的失落感,不知是因为即将远离达哥和梦韵,还是因为别的什么。安检后他进到浦东机场候机厅,呆呆地趴在面向停机坪的栏杆上,看着泛光灯下一架架不同国籍的客机在滑行,他感到它们犹如一条条大鲸鱼在游动。确实,从流体力学角度讲,这两者所面临的环境有些相像,"飞"和"游"在相当程度上是相通的。自己这次是飞行和游历的结合,但愿有不凡的收获。

他带着近些日子来的压抑、疲惫以及向往上了飞机。

飞行中,他注意到这架达美班机的航线正掠过日本上空,昏昏沉沉中他不由想到了零式飞机和它的设计师堀越二郎。他对这位天才设计师的感觉是复杂的,因为零式飞机既是击落他爷爷的"凶手",又是一款世界公认的设计很棒的战机。他看着依稀可见的岛国灯光,脑中泛起了有关堀越二郎的经历以及宫崎骏所拍的相关动画片《起风了》。渐渐地似乎看到了这位设计师清瘦的脸庞,他似乎在向自己发问:

"你,你知道我为什么能在我国工业比美国落后的情况下,设计出了当时性能领先的战斗机吗?"

"呵,是啊……为什么?"他努力抬起沉重的眼皮,但那著名设计师没说话,慢慢地他的影像不见了。

但那问题继续吸引着忻飞。莹亮的月光浸润了他的瞳仁,他渐渐悟出来了:靠的是设计思想的领先!那是能超越物质超越时代的!这也是一个非凡设计师和普通设计师的最大区别,后者可能作品多多,名誉多多,但却无法引领时代!

他的思绪伴着飞机飞经灯火迷离的北海道、如珍珠般串联在一起的阿留申群岛以及阿拉斯加的积雪山岭……他联想到了中途岛的海空大血战,也想起了吸引多国选手参加的麦金利山峰的体育竞技……

傍晚时分,飞机降落到了底特律机场,他有些焦急,原本不想天黑了进城,因为从新闻报道和朋友口中都得知那里的治安情况很差。无奈排队过海关办理入境手续费去了不少时间。随后他拉着拉杆箱急匆匆地向机场出口走去,途中碰见一个亚裔机场工作人员,便忙拿出自己的旅馆订单向这个阿姨年龄的她问路。

"你这时候还敢进底特律城?"她瞪圆眼睛好心地劝说道,"就住在附近吧!"

忻飞已悬着的心又被有力地提了一下,犹豫片刻,他决定还是去闯一下。这就是忻飞,有时虽有些纠结和彷徨,但生命底色中浓重的冒险色彩却主宰了他。出了机场就见一个站牌,但等了好久才来了一辆巴士,上车扔了钱币后他坐进空无旁人的车厢里。开了一小会儿,那黑人女司机就要他下去,原来这车不到城里,他得在这个车站换进城的公交车。窗外的夜色已经漫上来了,忻飞有些懊丧地提起拉杆箱下了车,迎面撞见有个黑人正伸展双臂坐在站台座位上。因为听说抢劫的大多是黑人,他有些惊慌地走到几米外的灯柱下。

可左等右等,车就是不来,等来的又是几个黑人,他们还很熟,互打着招呼。忻飞更担心了。就在他用手护着衣袋里的护照和皮夹时,车终于来了,和他们一起上车后,一个年轻黑人凑近他身边,问他到哪里去,是什么国家的人?

忻飞结结巴巴地做了回答。不料那人就在他侧面坐下了,关照道:"下车时跟着我。"

麻烦来了!忻飞转脸看着车窗外,夜色黑沉沉的,心扑腾乱跳。外面闪过好几家麦当劳的灯光招牌,可里面都好像空荡荡的!他似乎瞥见了一幢有点熟悉的别墅,暗无灯火,那不是国内上网时看到的以"一美元抛售"的底特律房产吗?

忻飞想换到临近车门的座位,想不到那年轻黑人也站起身,站到他与司机之间的过道里。就在这时,忻飞似乎被蛇咬了一下似的,身子抽了一下,因为他看到那个黑人的腰间别着一把手枪!

接着,黑人青年又追问他进底特律市区住哪里?这使忻飞更紧张了,在追问下他还是实话实说了。黑青年竟然马上打电话去核实了。好不容易熬到换乘站了,那个黑人青年拿出个东西在他眼前一晃。这一看却使忻飞惊喜交加,简直像玩了场脑筋急转弯的游戏!原来亮出的竟是个警徽!下车时忻飞不由紧紧跟着他,身旁伴随着的是一起下来的好些黑人,包括女人和小孩。在一家亮着红色霓虹招牌的比萨饼店前,黑人警察细致地告诉他,上了这线路的公交车后要坐几站,待下车后,再走百来米就到他预订的旅馆了。

忻飞感激地望着他消失在夜色中的背影,庆幸自己很幸运,夜闯底特律居然有警察保驾!以后得跟伙伴们"吹吹"!但接着他感觉还有什么更有意味的东西在拨动着心弦,他想起了中学时读过的一篇印象很深的文章《背影》,那是讲父爱的,今天自己所见识的背影也是关于爱的,是一种超国界超种族的对于陌生人的关爱。他不由也想起了钟波达给予自己的支持,那是近似兄长又胜过兄长的爱,很真挚很丰富。是啊,人世间因有这些爱而变得美好和难忘,地球村才会变得更名副其实。

上了车后,他的思维在惯性进行,但就像从先前的光亮里走进了这昏暗的车厢一样,他突然想起了另一些人,想起了挑杀孕妇的日寇,想起了用毒气车集体残杀犹太人的德国法西斯,还想起了在电视上所看到的极端分子手刃记者的"割头"行径。他们与前面那种人的区别是何其之大,两类人似乎是生于两个星球!不过这两种人之间似乎并没有不可逾越的鸿沟,人是会变的,有些年轻时可为民请命,可后来却成了卖国大汉奸;有些人原先是改革的先锋,但后来却演变为腐败分子。

人究竟是怎样的一种生物啊?!我以后又会变成什么样的呢?

突然间他想起下飞机这么长时间了,居然忘记开启手机了。他忙打开手机,嚯,"嘟嘟嘟……"好似蟋蟀争鸣打斗,竟来了好几个短信和来电,显然是积压的。一看,这里面有梦韵的,有小门神的,还有钟波达的,他特别问道:"有没有碰到不速之客?"

忻飞感到很奇怪:什么不速之客?他背脊陡然透过一股凉气,警惕的神经又绷紧了。

他在指定车站下了车,按照司机告知的方向,拉起行李箱匆匆向旅馆走去。这时,街上空荡荡的,右手有个餐厅,虽亮着灯但已关了门。拉杆箱在路上的滚动声特别刺耳,他怕惊动了坏人,忙把它提了起来,尽管很累,但心头却轻松了些。可没走几步,一阵刺耳的"隆隆"声突然在寂静的街上响起,紧接着逼近身边。忻飞吓得回过头去,原来是一个戴头盔者驾着一辆人马力摩托车急速从身边掠过。

就在这时,他看见了左前方出现了一家旅店的灯光招牌,显示的正是自己预订的旅馆。他小跑着穿过马路。登记后来到自己房间,一座亮着灯的大桥映现在窗前黑色的夜空中。他知道那是横跨界河的桥,对面就是加拿大了。

他在一个旧沙发上坐了下来,有一种紧张后的舒适,先前遭遇黑人警察的一幕在他脑中再次映现,过去对美国印象最深的是电影里看到的持枪扫射的美国大兵。两者叠加令人回味!

但他没有注意到,就在自己仰坐在沙发之际,窗台下有双眼睛正慢慢移上来,用手里的一个棒形物对准他的手机,悄然发射了一组信号。

次日,忻飞早早离开旅馆,出了门就看到,那通用公司的圆柱形大厦耸立在不远处的天幕上。这时,向人问路已成多余,走过灰狗长途汽车站后,底特律的 CBD 就在脚下了。

底特律的中心城区也弥漫着萧条的气息,大白天的街上行人都很少,猫咪旁若无人地栖息在街头。建筑群漂亮而气派,可见昔日的风光。还有轻轨列车不时从高大建筑物间穿行而过,但上面几乎看不到乘客。他朝着大名鼎鼎的通用汽车公司渐行渐近,不多会儿就来到了河边广场,在这里可以清晰地看到河对岸的加拿大,一艘黑白两色的轮船泊在岸边。风吹动着地上的落叶直打转,忻飞兴致勃勃地仰起脸看着通用大厦顶端的"GM"和显示屏。

突然间忻飞闻到了熟悉的烟味,那是光头大师爱抽的香烟味,但转脸看周围,没有任何人影。他感觉怪怪的。

过了会儿他下意识地一看手机,离登机时间还有三个小时,可仔细一想,算上去机场的两个多小时。时间实际上已很紧了。他赶紧找汽车站,可一时难以寻觅。只能打的了,可出租车竟然看不见一辆!

他在街边着急地跑动。就在这时,手机咚地来了条短信:"到宾馆里面,要前台叫车"。忻飞吃惊地看到发信人竟然是大师!一个多月前同他是在湘西见的面。忻飞环顾四周,他是从哪里观察自己的呢?是在国内还是在美国?难道是从天上?他禁不住抬头看天,看到的只是一片蔚蓝,没有大量汽车尾气的汽车城的空气是多么纯净啊!

他来不及多想,赶飞机要紧,快步走进前台,用英语对前台侍者一说,就见那人打起电话说了几句,然后请他在一旁的椅子上坐下等候。几分钟后,忻飞就坐进了一辆黄色出租车,车子沿着 90 号公路疾驰。

心情轻松下来的他在车上东看西看,可冷不丁就从后视镜中发现,有辆保时捷在紧紧跟随!

忻飞觉得这次美国之行真有些神秘兮兮,到了机场结账下车,他想尽快进入机场登机,管他跟着的是强盗还是幽灵,或是达哥提醒的不速之客!

就在他打开后备箱取背包时,先前那辆尾随的车蓦地停在了他的侧面,拦住了他的去路。车门随即打开,忻飞的嘴巴一下张得老大,出来的这人,穿着浅蓝色连衣裙和黑白相间高跟鞋,不是别人,竟是梦韵!而另一扇门里出来的是着白色西装的林总!

原来,梦韵一直牵挂着忻飞,当她随着林总的公务机飞来参加通航大聚会时,就估计了忻飞可能遇到的多种困难,最担心的就是他在底特律的安全问题和行程中每段的衔接。于是主动向林总挑起了忻飞的话题。林总有些意外,但最后还是勉强同意在底特律机场多停留一些时间,以接应忻飞。所选择的最佳接应地点,显然就是通用总部的附近。

尔后他们果然远远地看到了忻飞,看到他上了一辆黄色的出租车。随后林总他们的保时捷便像"保镖车"一般尾随着他。直到此时忻飞到了机场时,他俩才现身而出,却也让忻飞吓了一跳。他们都笑迎着他。

但忻飞没有注意到林总的笑容里面其实有点僵硬。接下来忻飞自然不会辜负她和林总的好意,一起上了豪客比奇-4000。公务机轻快地在跑道滑行,一抬头向着芝加哥腾飞起来。密歇根湖宽广的湖面不久就呈现在眼前了。

"啊,底特律,这大名鼎鼎的世界汽车之都就这样远去了。"林总感慨地回望着。

"林总感伤起来了?"忻飞不禁问道,他想,这是一种看到夕阳的心情吧。

"不,不是感伤。"林总把目光收回,手指在栗色扶手上弹了两下,"底特律可能正面临着一次重生,凤凰涅槃似的重生。你知道吗?以它为中心,方圆800公里,也就是一日车程之内的区域,居住着美国和加拿大三分之一多的人口,所创造的国内生产总值GDP,占到美加两国生产总值之和的42%。这意味着这个地区蕴含着巨大的能量,有人就开出药方,要将汽车城改造成航空城。荷兰建筑大师说过:'城市追随机场,最终机场变成了城市。'这可不是一般意义上的城市,而是集聚多种重要功能的航空大都市。"

梦韵的嘴边漾起笑意。她为林总能记住她提供的信息感到高兴。

"是啊,等以后空天飞机发展起来后,我们人类就可以从机场直接奔向太空了,我们上海现在已经有两座国际机场了!"忻飞充满遐想地说道。

梦韵为他们的意见趋近、互相补充更感到高兴。她从冰柜上端来了空姐备好的鸡尾酒和西点,希望他俩能促膝畅谈一番。

林总品了一口,语气很亲切:"小伙子啊,这是美国,我们离它现在这模样还要发展一阵子啊!"

"可我们不能习惯于跟在外国人后面,中国前些时候发展汽车工业,到头来光把市场做大了,自己的汽车品牌却没发展起来,空气污染也变得严重了。如今我们发展航空业,就得突出后发优势。"

"可不能一步跨太远,到头来'一失足成千古恨',我上次跟你提起的开发便于操作的'傻瓜'型通航飞机,就很适合我们的国情,应该是我们的拳头产品,这次我到底特律来,发现发展汽车飞机也可能是另一条金光大道!"

梦韵感觉他们又有点话不投机了,忙努力弥合,"我听说航空工业不是有句话叫:'生产一代,试制一代,预研一代',还有一句……"她的睫毛眨动着。

"'探索一代'!"忻飞接口道,他拿起一块没吃过的点心品尝起来。

"对呀,你们两位正可分工合作!就像家里的兄弟一般。"梦韵如同有了重要发现而欣喜。

"哈哈,借梦韵的美言。"林总开怀大笑,把杯子往忻飞面前的杯子一碰,"好好,但愿到头来别是难兄难弟!因为资金精力都有限,生命更有限!哎,你知道一个真正的男人应该是什么样的吗?"说完,他很有风度地把背往宽大舒适的椅背一靠。

见忻飞和梦韵都有些迷惘,便自问自答道:"一个真正的男人就应该有准备地去做正确的事情!我把这句话当作我的人生指南,这是我从美国电影《谋杀绿脚趾》里看到的。"

"谋杀？谋杀可跟我们无关。"梦韵嬉笑着逗乐道。一转脸她看到椭圆形的舷窗外有条巨大的连接到地面的彩虹,忙惊奇地指给他们看。

就在这时,忻飞的手机响了,上飞机时他忘了关手机了。但在空中能接通他很意外。林总告诉他,该飞机已作为试点可以进行空中通信。这得归功于梦韵。梦韵则解释说,是她在民航的朋友推荐的,现在几架私人飞机上试用。听说移动互联网这两年就可以向空中延伸了。

忻飞好奇地在飞机上接起手机,电话是钟波达打来的,"忻飞,告诉你一个情况,过去你在德国旅行时,在交往的熟人中有一个可能是坏人,据德国警方的通报,他也到美国了,你碰到这人时得多加小心。"

忻飞听得有些没头没脑,"哦,他是哪位啊？是男的还是女的？"

"见到你就明白了,但愿没碰到。"钟波达似乎在电话里不愿多说。

豪客比奇中型公务机在奥黑尔机场跑道轻盈地降落了。

林总对梦韵说了几句,然后她对忻飞说:"我们住在芝加哥市中心的万豪酒店,就在芝加哥的'壮丽一条街'上,林总请你跟我们一起住。这样明天我们一起去奥什科什也方便。"

"不添麻烦了,谢谢你们。"忻飞脱口说道,"我已预订了唐人街中国酒店的房间。"

林总和梦韵知道不宜勉强,出机场登车后便顺路把忻飞送到了那里。

在登记时,忻飞在职业栏里写下了"飞机设计师"。

"啊,你是飞机设计师？"那做接待的年轻华人如见亲戚般亲切,"我爸过去也是学飞机设计的。"

"哦,这么巧？"忻飞颇感诧异。

"因为十多年前在国内找不到对口的工作。"

两人相谈甚热乎,那小伙当晚给他订好了去奥什科什的长途汽车票。

第二天天未亮,忻飞就起了个早,寻路到长途汽车站,坐上了车身绘有蓝色灰狗图案的大巴。

车子离站后,忻飞发现车上还有几个中国人,没过多久,大家便互相攀谈起来,知道有一个是到奥什科什的一家中国餐馆打工的,还有一对夫妇也是去参加'飞来者大会'的,为的是讨教些经验,回来在国内办个通用航空机场,而且他已经在陕西老家圈了几百亩地。这使忻飞感到已有越来越多的中国人开启了对于飞行事业的关注和介入。那种学飞机设计的却做着旅馆生意的时代已一去不复返了!

"灰狗"在美国北部的绿野中疾驶着,过了大约三个多小时后,天空中出现了好几条白色的飞机拉烟,其中似乎还能看到已变成小黑点的飞机。这表明,奥什科什快到了!忻飞兴奋地忙掏出照相机拍了几张,不过,过了十来分钟后当他换乘上EAA(飞来者大会)的专用巴士时,先前拍的照片就算不上什么了,因为他看到了更为振奋和震撼的景象:

窗外的绿色旷野里中出现了紧挨着的许多白色翅膀,细一看竟是许多架型号不同的轻型飞机,多的难以计数!一片又一片!这是什么国度啊!过去只听说过美国是"车轮上的国家",可现在已悄然变成了"长翅膀的民族"!

下了车,从大洋彼岸的国际大都市来的这位年轻人,竟感觉有些眩晕,刺眼的阳光下,这里的热闹真有些像国内的庙会,肤色不同的人擦肩而过,空气中弥漫着淡淡的燃油味,耳畔震响着飞机的轰鸣声。此时,一架飞机正在做着连续的环形旋转,然后消失在展馆后。

忻飞在售票窗口的长队里遇见了林总和梦韵。进了大门后,一个美国姑娘把忻飞领到了五十多米开外的一个超大帐篷里。

林总看着奇怪,拉着梦韵加快脚步,很快也来到帐篷门口,刚踏进一只脚,却不料给里面一个把门的伸手拦住了,问他有没有邀请函。林总刚沾了点里面空调舒适的凉意,眨眼间只得又退回到烤人的暑热中,这位平时注重仪表中的他不由松了松领带,白金框眼镜后干瞪的眼珠大惑不解:"哎,忻飞在美国居然面子这么大,有人还专门请他到这么一个招待贵宾的地方。"他刚才已看到了,这里面摆着好些白色的圆桌和椅子,里面的人还吃着冰激凌。"这是什么地方?"

梦韵边走边扭头,看到了那大帐篷屋上的壳牌石油的彩色Logo。"这应该是大公司壳牌石油的。"

"噢,坐在里面多舒服,我们只能看露天场啦。"身处异国的林总内心失去了往日的优越感,这时的语调酸酸的。

"飞行表演就是要看露天场呀,飞机是在天上飞哪!"梦韵安慰着说,从挎包里拿出一把精致的淡紫色折叠伞,"腾"地一声打开,举在林总头上。

林总接过伞,挽着她的腰,向聚集着好多航空迷的跑道走去,梦韵轻轻把他的手移开。

确实,忻飞走进的是壳牌石油公司搭建的帐篷房。壳牌是航空界的大佬,地球上空许许多多正飞的飞机离不开他们的能源供应。

美国姑娘把忻飞领到一张圆桌旁,一边介绍道:"这位就是来自中国的忻先生!"原先坐着的好几个肤色不一的人站了起来,纷纷把手伸过桌子同忻飞握手:

"呵,中国天才的设计师,你好啊!"

"我们盼望见到你的天才杰作!"

"你好,你比凯莉小姐发给我们的照片上更帅!"

忻飞先前还诧异怎么被迎进这里来的,但闻听此言立时明白是凯莉把自己推介了出去。他不知道自己的信息引起了一些年轻的设计师、航空工程人员以及创客的兴趣,他们今天是特地聚在这里同他见面和交流的。

忻飞有些惶惑,一时尴尬得不知如何回答是好。好在他泛红的脸色给大热天的暑热给遮过去了。他为没能也无法带自己设计的新飞机来而抱憾不已。有一种埋怨、责怪的心情在他周身血管里蔓延。他的心空渐渐浮起了愁云。

这时,一阵震耳的飞机轰鸣声从帐篷外涌了进来,大家不约而同地朝窗外望去,有架漆成蓝白两色的飞机从跑道上飞掠而起,像强弓射出的利箭超快地钻上云天。"嚯,这架飞机的推重比可是超纪录的啊!"

"是牛杰克的还是疯兔子的？"他们议论着。

忻飞急迈步子站到窗前，仰脸望去，目光紧追这架喷气式飞机。像这样动力强劲的轻型飞机在国内还未曾看到过。

望着它在空中凌厉地展翅翱翔，忻飞体会到了那四个字的真正含义：劲舞苍穹！他真想多看看，以回避尴尬的谈话，可就在这尖锐的轰鸣声渐远之时，他的身后传来问话声："哎，忻先生，听说你的新飞机是不烧燃油的？那动力真的能行？"

有一架短身材的红色飞机在不远处拉烟。可在座的都对这话题的兴趣赛过了对这飞机的兴趣，仅朝那瞥了两眼便把目光重又聚焦起他。忻飞归座后突然咳嗽起来，不知是因为帐篷里空调开得太低还是自己内心的烦躁所致。

一杯橙色饮料推到他的面前，他抬头一看，推杯人就是迎他进来的大学生模样的姑娘。他边致谢边点头端起来喝了一口，咳嗽渐渐平息下去了，"……噢，理论上应该是可以的，我做过精确的计算。"

"不不，这不能说明问题，你们中国有句很出名的话是，是……"

"事实是检验真理的标准。"有人跟了上去。

"不是这个词，是实践！"

"可你好像不光没事实，也没实践，两手空空。"有个脸上有雀斑的一撇嘴，"徒有虚名！"

忻飞一时间感到迎面有好几块"砖"接连飞来，给"砸"得晕头转向。可在这当儿，他的肚子"咕咕"响了，太饿了！他今早为了赶时间，几乎没吃什么东西。

那姑娘大概也听到了他肚里的响声，好心地说："先用餐吧！"随后带他到一旁排队取食。

没想到这顿午餐倒挺丰盛，但忻飞吃下去却感觉不出美味，只因心中苦不堪言。抬头间看到了玻璃窗外有一张熟悉的脸，啊，是大师！正笑着向自己招手。他真的来美国了！现身了！这个神秘莫测的家伙！

这时他的餐盘里已所剩无几,他指指窗外的中国人,正好趁机告辞,说以后再聊飞行器。这些飞行爱好者也给了他美好的祝愿。

来到帐篷外,忻飞冲着光头大师气不打一处来:"你怎么老是跟着我?你怎么知道我在这里?"

"嘻,我可是神人,你在哪儿我都能感觉到。"大师怪声怪气地说,"哎,你在人家大石油公司的帐篷里享受美食,却谋划着摆脱石油,这是不是有些说不过去啊?"

"唉,别看我吃着,可心里不是滋味啊!"

"别诉苦啦,饱汉不知饿汉饥啊!望着你大吃我牙根发酸哪!"大师讪笑着从口袋里掏出一个大番茄咬了一口,"当然,我也知道你的苦处,所以今天我给你带来了一个上上策!"

"你老是神神道道的,很大兴的。"

"哎,你以后可别后悔啊,这可是让你的新飞行器早日升天的最佳捷径啊!就看你敢不敢了!"

"有什么敢不敢的?"

"呵呵呵,"大师干笑着,然后正色道,"你听着,听了我说的,你不想去也绝不能跟别人说!行不行?!"

忻飞不由睁大眼睛盯了他一会儿,然后点点头。

"你听着,我这次来,就是为了到美国人发现外星人的地方去实地探秘。这样结合我过去在喀喇昆仑山所拿到的东西,就不难找出外星人超远飞行的秘密喽!"

"哦?!"忻飞感到有种非同寻常的震撼和诱惑,"要去的地方在哪儿?"

"51区附近!"大师一字一顿地说,然后哑着嗓子压低声音厉声问,"你敢不敢去?!"

"你,你真是吃了豹子胆!"忻飞的眼睛瞪得铜铃似的,语调激动得有些失声,但心底另一个声音却在低沉而顽强地说,"但那地方还……还真值得去!"

·30·
黑夜似魔布幻生变数，战地与险地迷影重重

正当忻飞对光头大师的"上上策"做紧张抉择之际，奥什科什的机场跑道上传来巨大的轰鸣声，循声望去，一架海鹞式军机正在做垂直起降。

"飞来者大会还有军机参加？"忻飞既惊讶又兴奋，惊讶的是这是通航的大聚会呀，仿佛羊群里突然冒出只豺狼来！兴奋的是今天竟有幸一睹这世界名机的风采，过去在电视上看到它在马岛战争中大展身手，其垂直起降的研发在飞机设计史上具有开拓性的贡献。他浑身来劲地凝视着它。

航空技术真是很难区分民用还是军用，天空本来就是一整块的嘛！他想起了一个数据，在航天方面，直接用于军事目的的要占到一半以上。

这时，草坪上林总和梦韵疾步走了过来，越来越近。大师警觉地看到了，"你好好想想，待会儿见！"他悻悻地走开了。

两人走到跟前，相继问起刚才那人是谁，忻飞也难以解释，再加上刚才的话题很敏感，就敷衍道："没什么，正巧碰到一个驴友。哎，我们一起到静态展区看看吧？"

"好啊，我正想找个凉快的地方坐坐，梦韵今天也晒得够呛。"林总的额上汗水涔涔，领带散乱，鳄鱼皮的名牌皮鞋上泥巴、草叶和水渍沾在一起，真像钻出水塘的小鳄鱼。这位平时仪表和风度俱佳的林总今天在忻飞面前"走了样"。再看他那手中花伞下的梦韵，虽给中午强烈的紫外线晒得皮肤略带黝黑，不过她那天生丽质和快乐面容依然如故。

忻飞不由多看了她两眼。敏锐的林总自然注意到了，他情绪不佳的脸上更增添了几分不快。

聪颖的梦韵伸出两手各挽起他俩的一只臂膀，向着室内展馆走去。

不久，静态展区内适宜的温度和丰富的内容，使得林总渐渐缓过神来，他突然想起，来参加飞来者大会，飞行表演不能不看呀。忙又招呼梦韵和忻飞再出去观看。这时，最热的时光已经过去，但飞行表演的高潮还在延续，一系列不同型号的轻型飞机相继升空，以飞机不同的技术性能和驾驶员不同的个性在蓝天白云间尽情挥洒，他们三人看得是目不暇接。而俗话说得好："外行看热闹，内行看门道。"由于忻飞近年始终在航空科研的第一线，这时又注意与周围的外籍航空专家和航空发烧友交流，所以他的收获要大得多！发红的脸上呈现出如痴如醉的神采。

不知过了多少时间，不时可看到飞机一架接一架地在眼前飞离跑道，不做表演而是飞远了，不见了。一问旁边的外国人，才得知今天的飞行表演差不多了。而晚上，这里还有一场大型的露天演唱会要举行。他们顺着那人手指的方向看去，陆续离开跑道附近的观众正不断围聚到另一边的草地上，那里有着巨大的舞台和高高的照明灯架。"好啊，那我们也接着看吧！"梦韵兴致犹在地提议道。林总和忻飞也予以响应："行啊！""好呀！""那我们先在这里吃点东西吧。"三人围坐在原地野餐起来，不远处演唱会现场的试音也断续传来，环境怡人。食品和饮料来自忻飞和梦韵所带，虽刚够填饱肚子，但气氛融洽，犹如临时家庭。

忻飞举着塑料叉子问道："哎，接下来你们准备去哪儿？"

"赌城，拉斯维加斯。"林总喝着可乐答道，"你也应该去看看。"

他把罐子往身后放时蓦地发现了一双耐克鞋。抬头一看，先前看到过的那个光头正站在一旁。

这人就像没见到林总和梦韵似的，对忻飞嚷道："嗨嗨，找了你半天，你蹲这儿啊，我找了个美国朋友，他那架塞斯纳可以带你上天去体验体验！"

"是吗?"忻飞喜出望外,一下站了起来。

"跟我来呀,还愣着干吗?"说着,自己转身就走。

"林总,梦韵,我去天上转一下!"忻飞没待林总他们回答,就冲动地跟了过去。

梦韵感觉异样地也站了起来,"忻……"

林总拉了她一下,"你别叫他,叫了也没用。他看见飞机比爹娘还亲!"他仍坐在松软的草地上,打开了一罐八宝粥。

但梦韵的目光紧随着忻飞,她看到光头把忻飞带到一边,又拿出张地图摊在地上,指指点点。上天转转为什么还要用地图?她跟上几步不失时机地用手机对着那张图拍了一张照。

就见忻飞边听那光头讲述边点头,然后朝她挥了挥手,喊道:"别担心我!你们去听音乐会吧!"随后跟着那人匆匆上了塞斯纳轻型飞机。

飞机很快起飞了,但它没有像她预想的那样绕着机场飞,而是同前面几架一样,飞走了!不见影了!

"不好,忻飞被他们带走了!"林总听到梦韵的这声叫唤,抽筋般地站了起来,八宝粥一下撒在了裤子上。

他俩转动脑袋瞩望着周围的天空,巴望着那飞机回来,但就是不见踪影。用手机联系他,也杳无音讯。

天色渐渐黑了下来,舞台那边已响起了激越的摇滚乐,但听来是那么不顺耳,犹如野狼的嚎叫。他俩四目相望,都从对方的眼睛里读出揪心的疑惑:

"他去哪儿了?"

"他不会出事吧?!"

此时远隔大洋也有另一个女人特别惦记着他,同他联系也没联系上,但她以为是自己所处的地理环境的原因,她就是美国人凯莉。她同尤子奇正驾车行驶在太行山区里。说来有意思,前几天她刚在郑州做了调研,因为她获悉那里成了中国第一个航空港经济综合实验区,2013

年3月7日,国务院批复同意了《郑州航空港经济综合实验区的发展规划》。她得去好好了解考察。中国有句话叫"春江水暖鸭先知",她要做次鸭子,必须下水。以出份有关的新分析报告。考察很顺利,结束后她想明天去西面不远的安阳看下殷墟,同时她想到了尤子奇,知道他已从延安东渡黄河到了山西,准备顺着当年中共组建空军的进程再到东北。

两人已有数月没见面了,而同他一起聊也挺快乐的,于是她打了个电话给他,推荐他也到安阳转转:"那里可是甲骨文的发现地哦,作为华人你不能不来看!"凯莉这次主动约他去,他尤子奇自然及时响应,还想做次探知他俩交往温度的"鸭子"。

但问题是他这次从延安到山西,阳明堡不能不去,因为夜袭阳明堡可是中国抗战中与平型关大捷、血战台儿庄齐名的大胜仗。而且这仗打得很绝,正如参战者陈老将军所言,打了一次陆地上的"空战",居然击毁日军战机24架!这要在空中打多难啊,况且当时国民党空军几乎已损失殆尽!共产党军队的出奇制胜,对于他写报道可是特别好的材料,因为这种精神贯穿至今,是中国军魂的重要组成部分。几天前他把自己的采访计划电告了钟波达,没想到这老兄热血沸腾也要来,说是早就想到那里看看,因为他的纪录片也要用。尤子奇竭力要"鱼和熊掌兼得",于是便打电话"好心"劝说凯莉,说看完了安阳很值得就近到山西看看,因为山西可是加深了解中国文化"根脉"的好去处!凯莉欣然同意了。

于是尤子奇借了辆车直接去安阳接凯莉,参观后在带她来晋途中提出"顺便"到阳明堡看看。凯莉居然也很有兴致。尤子奇得意地把这些"战果"都及时通报了达哥。

钟波达早已到了离阳明堡不远的原平,他知道,由于尤子奇巧妙地使凯莉成了他多日的旅伴,他们的行程可能会拖沓些。于是,钟波达也不急着赶,在原平市里转了一圈后,又给车加满了油,然后去电问尤子奇到哪里了,叮嘱说山路行车得特别当心。

尤子奇回答说,不远了,请放心!两人都是驾车好手,在美国购物、上班都要开车。钟波达让他们千万别犯困,技术虽好,但在山路上一犯困那就非常危险。

钟波达随后又打了个越洋电话给忻飞,想问问他"飞来者大会"参加得怎样了。没想到又打不通了,过了会儿再打还是不通。就在他好生奇怪之际,梦韵来电了,告诉了数小时前忻飞突然离去的可疑情况,并发来了她拍的手机照片,说是她自己没看出什么名堂,却感觉不大对头,所以想想还是发来请钟老师看看。

这使得钟波达非常警惕,立马去电马葛亮,转发了照片。马科长还在办公室里忙于军务,当即把照片输入电脑投影到屏幕上,并用增强技术放大那光头摊在草地上的地图。他拿着话筒似在问自己又像在问钟波达:"忻飞为什么要去那里呢?那可是个敏感区域啊,那里有内利斯空军基地,美军无人机在海外的活动有不少就是在那里控制的,还有51区,美国的先进战机常在那里试飞,哎,等等!"他注意到进一步放大后显示的格鲁姆山上有个打勾的记号,那是居高临下观测51区的好地方,也是警戒十分严密的区域,"不好啊,忻飞有可能被带往敏感地区!"

"是吗?那太糟糕了!"钟波达已在车前盖上急切地摊开了美国地图,他看到了马葛亮所说的区域,在那片延伸进内华达州的科罗拉多高原上,在赌城拉斯维加斯西北一百三十多公里开外,人烟稀少,沙漠纵横。但自从1987年传言在罗斯韦尔发现外星人以来,那里就成了高端飞行器研发的地方,像U-2、SR-71先进侦察机等都是在那里如幽灵般试飞的,他思索着回应马葛亮:"这样我们要联系忻飞就更困难了,我看到过报道,在那里,外来的通讯信号会被屏蔽。"

马科长:"我想想办法。你别急,急也没用,路上行车注意安全!有新情况再通话。"他把电话挂了。

钟波达呆立着,他知道忻飞有着耽于幻想、勇于探索的性格,但他怎么会突然前往呢?这小子浑啊!搞设计的反而钻进了人家精心设计的圈套!他望着愈发暗淡的夕照,却力图使自己的脑屏透亮起来,显然,那圈套不是光头大师一人能设下的,冲在前头的往往是小卒子。他陡然想起忻飞说过凯莉曾借给他关于在罗斯韦尔解剖外星人的片子,非常精彩。还说那地方和51区都在美国西南部,相距不是太远。这凯莉会不会是这圈套的编织者之一?他压着心中的怒气,重又上车,他要尽快与凯莉见面,要试探其虚实。

他和尤子奇的两辆车分别从西南和东南方向接近阳明堡镇。钟波达把手机按到免提模式,关照尤子奇也开快点!但没想到自己在"火"里而那尤子奇却在"水"里,他说对不住啊,黄昏时他俩在太行山"农家乐"里的晚餐时间长了些,那静谧的山村真美啦!太行山山崖堆叠,云蒸霞蔚。几天来一路上不仅饱览风景,还顺路到林县那修在半空中的红旗渠看了看。

接着就听到电话里凯莉兴奋的赞叹声:"钟记者,真是不看不知道,一看吓一跳,中国人的创造力和坚韧度太难以想象了!"

"是吗?"钟波达吃不准在这个美国女人脑子里在想些什么?!他现在能做的就是把车子开得飞快,尽快赶到阳明堡镇。当他在半个小时后到达时太阳已经下山了。

在昏暗的路灯下,驾车缓行的钟波达看到镇口停着两辆小面包车,车门上漆着"阳明堡"几个字,像是拉生意的。他正准备靠边,却见一辆小车迎面疾驶而来,是尤子奇爱开的路虎!钟波达用远光灯对着它闪了两下。

来车就近停下,随即车门开了,凯莉和尤子奇相继跳了下来。尤子奇和钟波达已有好几个月没见面了,两人一个激情大拥抱,尤子奇还在达哥的背上连拍了几下,凯莉在一旁看着忍俊不禁道:"据我对华人文化的了解,你们应该结成把兄弟啊,我来给你们写份金兰帖!用中文写!"

"我们还用那证书吗?我们是战场上结下的生死友谊啊!"钟波达笑着转过身来,出于礼貌问,"凯莉小姐,这次去郑州航空港实验区收获大吗?"

"噢,非常大!"她不假思索地答道。钟波达注意到她这会穿的是牛仔裤加耐克鞋,一头长发用彩带系扎着,显得很干练。

尤子奇笑逐颜开地接上去:"哈,你不知道,她跟我在车上说了好多啦,说郑州是中国承东启西、通北连南的国家战略要点,这个郑州航空港经济综合实验区是河南的机遇,也是向世界开放的新通道新平台,会引领中国的航空工业取得更大的发展。"

钟波达频频点头:"是啊,前些时候我听河南台的朋友说,他们那里虽是中华民族人文始祖轩辕黄帝的故里,又地处我们中国的中心,但不临江不靠海,要想在对外开放的经济大潮中突出重围,迫切需要一对腾飞的翅膀。他们正在拍《筑梦长空》的纪录片,就是想要传播这种时代新知。"钟波达说完,心想,哎,我怎么给拉过去聊上了?时间紧,得尽快进入正题。

尤子奇也催道:"哎,我们这就去找阳明堡机场吧!"

钟波达点点头,看了下手机,哟,已近晚七点了,便问路边面包车里抽烟的年轻司机:"小师傅,我们去阳明堡机场旧址,该怎么走啊?"

"哦,就是陈司令打鬼子的那地方?去那儿的路不好走。"另一个凑上来招徕生意:"住一夜吧?我给你们找的店便宜。"细一看,"哦,还有外国人!这倒难安排。"

"别难为了,给我们带路吧!"钟波达见那人不愿意,便问了机场旧址的方向,然后招呼尤子奇和凯莉道:"上我的越野车吧,我先前刚加满了油!""好吧!""行!"尤子奇泊好了自己租来的车,和凯莉上了钟波达的车。

车子开过阳明堡镇区,向着黑暗中东面的方向驶去。前灯光像柄利剑刺穿黑幕。

这时钟波达已想好词了:"这夜好黑啊!尤老弟,凯莉小姐,你们对黑夜是什么感觉?我从小对黑夜特别有兴趣,因为黑夜往往跟神秘连在一起,听说在你们美国的内华达州沙漠里,黑夜里常有神秘飞行器出现,有的听说还是外星人的飞碟。"

凯莉没回答，尤子奇抢着回答说："呵，那已是公开的秘密啦，51区藏着世界的顶级机密。我几次申请进去采访，都给挡住了。"

"忻飞对那地方兴趣也很高啊，他这次会不会去那里啊？"他同时用眼睛的余光从反光镜中注意着凯莉的反应。

凯莉的脸上闪过诧异的神色，似乎有些意外："忻飞想冒险去那地方吗？那一带可是军事禁区啊，密布美军军事基地，不会有危险吗？"

钟波达一边开车，一边思索着怎样回答。最后决定还是单刀直入："可现在我与他已断了联系，我担心他会不会真的去了那里？！"

尤子奇："你还别说，真有可能！我们在广东时就聊起过那地方，当时还有那个光头也是兴趣十足！我前些时还从美国为忻飞要了一个相关的电视节目光盘，我那时在新疆，就让凯莉代收了转交给他，"说着，他转回头问后排的凯莉，"哎，你给了他吗？""我早给了呀。"

车子跳了一下，有黑影倏然蹦出，原来是一只野兔从车前蹿了过去。"好险啊！差点压着了！"

钟波达："他这次如果去的话，肯定是有人给他做了特别安排，那会是怎样的人呢？"他费力地开着车，因为这里土坎多。

"哦。"凯莉是个绝顶聪明的女人，她听出了这话的弦外之音。但一时不知如何回答好。尤子奇不知道他俩对话的深意，一心只想着怎样尽快找到阳明堡机场旧址。"我看过有关阳明堡之战的回忆录和资料，当时的机场不小，有很大一部分深入到了崞县境内。"尤子奇热情给同伴做着介绍，同时也显示着自己作为军事记者的专业素养。

但这话不经意地却把钟波达的提问岔开了。

钟波达无言地缓缓踩下刹车，让车慢慢停了下来，因为此时他发现失去了前进方向，车灯前全是农田和坑坑洼洼的土路。三人全下了车。仰望天上，星月全无，钟波达在眼中、在心中皆已"迷路"。

这时，身在美国的忻飞也在仰望天空，不过是在内华达沙漠中的一处山腰上、乱石间。他看了下手机,早已过美国西部时间半夜了,为了赶到这里,坐飞机和步行用了六七个小时,饥渴难熬。他全然不知道此时钟波达对他身处险境的关切。也不知道手机实际上已失去了通讯功能,他手拿一张黑白照片用手机光照着细看,并对照着眼前的地形地貌。这张照片是由大师认识的那个红色络腮胡子的外国飞行员带来的。忻飞不知他是哪国人,但大师叫他不要问。但此人的眼神让忻飞觉得有些特别,特别在哪里他说不清。

络腮胡看他把照片颠过来倒过去的样子,就让光头过来告诉他:"这是多年前拍摄的一张照片,可以看到远处中间偏右的三角形山峰,那是唯一一个可供好奇者从远处窥视51区的地点。"

"现在,我们就站在这三角形山峰上。"大师补充道,一边抬起脚踩到了一块大石头上。但忻飞觉得那照片与现在所看到的似有些不同。

刚才,他们挤在防电子侦测的帐篷里,一起再分析了罗斯韦尔外星人的某些资料,一致认为外星人也到访过此地,并用电脑对外星飞船可能的飞行路线做了几次模拟,最后优选了一条人机共同认为最有可能的降落路线。他们要循着这条路线仔细找寻外星人或飞船的遗物遗迹。他们现在是一支小型精干的科学考察队,为了不被这里的军队方面误解,他们都穿起了迷彩服。但这乍一看,却像是一支军事小分队。当然最主要的区别是他们不佩枪。

络腮胡子用望远镜观察了会眼前广阔的地形,用手指在地图上点划着行动路线和标志物,然后率先走出帐篷,大师手忙脚乱地收起帐篷、塞进背囊,但塞来塞去还是没塞进,他要忻飞过来帮忙,那络腮胡子看着有些不耐烦,返身过来自己来弄,他把薄型尼龙帐篷重新折叠了一遍,背囊里的指南针、攀登绳、净水器等东西一一取出,重新有条不紊地塞进背囊。也就在这过程中,忻飞看到了他动作的精细程度,以及他手指上的一枚嵌着蛇形图案的白金戒指,这些似曾见到过!在哪里?在哪里?!他努力回忆着,蓦地想起来了,就是那个他在德国考察时住过的私人医生诊所里,这人的手势和戒指都属于那个汉斯医生!他从侧面再次细细打量他,除了那蓬松的红色络腮胡子外,那身形就是一个活脱脱的汉斯!他为什么要在我面前乔装打扮?忻飞又想起了钟波达的电话提醒,不由打了个寒战,他霎时明白自己落入了圈套!

怎么办怎么办?!忻飞一边跟着他们继续爬山一边紧张思索,显然他应该尽快离开他们。但现在要离开又谈何容易!这时荒漠上起风了,沙尘渐起,弥漫到了山上。他观察着周围,想着可利用的工具,他想到了那背囊里的每样东西。此时,那两人还在装模作样地寻找外星人的遗物和遗迹,大师的目光不时扫过灌木丛,"红胡子汉斯"则间断性地用盖革计数器来测周围的放射性数值。

但情况突然发生了变化,林子外响起了狗吠声,借着光柱,有一队人进来了,他们看见了头盔的闪亮!是美军巡逻队吗?!

巡逻队越来越近了,他们似乎已发现了闯入者的踪迹。

必须撤了!赶快撤!他们没有经过商议,便慌忙收拾起手里的仪器和其他工具来。红胡子脸色慌张,抢先拔开他的长腿跑了,大师紧随其后,悄然无声。忻飞虽然知道被抓住的严重性,但没有跟上去,他迅速向那只被丢弃的背囊跑去。"哗啦",忻飞被一根横倒的小树干绊了一下,这一跤把他摔得够呛,但他忍住痛坚持把那只背囊抓到了手里。这时,下面树丛中的手电光柱更亮了,它们晃动着像是在织一张网。忻飞的心仿佛要从喉咙里蹦出来,他从背囊里取出自己所需要的东西,然后抑制着手的颤抖急急忙乎了一阵,然后拼力向山的陡坡上跑去……

差不多就在这时候,他在大洋彼岸的朋友的心弦也抽紧了。

下车后的凯莉走到一边点了支烟,她难得抽烟,差不多只在比较棘手和费脑筋的时刻。她默默抽了会儿,然后翻看了下手机。钟波达扫视了一眼她的背影,闻着那飘散过来的带有薄荷味的烟气,吃不准她是哪种"角色"。

她掐灭烟头走了回来,眉头紧蹙地对钟尤两位说:"如果,如果忻飞为了探寻外星人的踪迹真的进入了敏感区域,那让美军巡逻队发现并逮捕的可能性非常大!他会被当作间谍抓起来的。尽管我相信美国的法律,最终会搞清这一切,但这一套程序走下来,那将会耗掉很多时间以及好多费用。我想,"她的身影被车前灯拉得长长的,"我想提前回美国一趟,我刚才看了下,这里附近有代县火车站,我得尽快赶到北京机场。"

钟波达觉得看上去她的担心是真切的,但不知这是演戏还是真情流露?

尤子奇忙宽慰道:"我想忻飞还不至于真的出事,我觉得你们都想多了。来,我们找我们的,达哥,得找个老乡问问吧。"

钟波达看到左面影影绰绰像几个房子,便把车开了过去,北方不像南方,夜里静悄悄的,他想敲门但还是感到有些为难。恰在这时,一个老汉出来解手,经问询后他答道:"往东头开,很快就会到了,那里有个高高的牌子。"

重新上车,十来分钟后找到了,那里根本看不到任何机场遗迹,但有一个水泥基座和纪念碑。钟波达把车倒至稍远又用车灯照到那里,扇形光柱照亮着这片昔日的战斗热土和纪念碑,碑文正面是陈锡联将军的手书题字:"阳明堡飞机场遗址。"

他和尤子奇,以及凯莉都抬头凝望,似在说,啊,终于找到了,我们来到了陆上空战的奇胜之地!

尤子奇眼珠一转突然发问:"哎,为什么这碑正面不写'胜利'两字呢?"

钟波达细加端详,沉思道:"我觉得,这正是昭示后人,我们与法西斯、与邪恶势力的斗争远未结束,光明需要牢牢守护!"

"哎,给你这么一说,这'阳明堡'三个字很有深意啊!"尤子奇点头赞道,接着又提议道,"来来,我们三人合个影!正呼应了当年中美是抗日联盟!"

就在这时,凯莉突然叫道:"呀,那是什么?!"她的声音带着惊奇和莫名的恐惧。

两个男人顺着她举起的手臂望去,啊,远处的天上有无数个亮点,像是城里一大片楼群的灯光,但那绝不会是灯光,这里是乡村,周围都是农田!也不会是星星,今夜云层遮天,而且星光也不会仅在那么一块区域!那到底是什么?!大家一起盯视着议论着。

猜测未果之际,钟波达的手机骤然响起,把大家吓了一跳。钟波达赶忙到一边接听电话,此时来电非同一般,尤子奇和凯莉的目光不约而同都追随着他。

电话是马葛亮打来的,所说的内容确实太不寻常了:由于忻飞的在研项目以后可能涉及国家安全,他的安危至关重要。马科长得以获准调阅实时卫星影像,但他发现,在那个51区的外围地区,并没有人员活动的迹象,而在偏南一些的地区,即赌城拉斯维加斯以北三四十公里的地方,却有一小队人员在接近另一个人的活动斑点,经电脑技术辨认,那单个人的行为动作有忻飞的特征,而那队人员持有枪支,是军方人员还是别的武装分子难以判断。事情的真相已揭起帷幕一角,忻飞是掉落到了一个有预谋的圈套中,而那个圈套实际和51区没有关联,诓骗忻飞的目的很可能性是为了劫持他!同时又做得"合理合法"!这样,以后要把忻飞解救回国就非常困难了!现在得尽最大可能使忻飞明白过来,脱离险地!但糟糕的是,现在根本联系不上他!

钟波达通话后重又上车,脸色紧绷脑子混沌,他驾着车子在田地里七转八转,野兔子被灯光一照惊得乱跑。退出来的路也不好找。

这时,迎面来了两辆摩托车,一问原来那后座上的是两个军迷,他俩叽叽喳喳地大声议论着阳明堡夜袭战。接着凯莉则从驾车的本地人那里得知,先前看到的天上奇怪的亮点其实只是矿山上的灯光。

他们走了,旷野里又恢复了平静,周围黑黢黢的。越野车慢慢往前开,钟波达心想:

阳明堡!这奇战之地,虚虚实实,惊险犹在,至今还连动着世界风云。

同一片天幕下,远在美国的忻飞扯动用尼龙帐篷和细绳自制的滑翔伞,在荒原上空的黑暗空气里奋力挣扎……

· 31 ·
"漏网之鱼"的奇想，引发两个女人的察觉、错觉及警觉

黑暗，无尽的黑，疾风啸叫。面目不清的黑衣人在后面紧追不舍，一把刀刺进了他的背部……

一阵痛感将忻飞从昏迷中唤醒，他惊恐万分地睁开眼睛，周围一片黑暗，但其中有些闪亮的东西，啊，那是几颗星星！他条件反射地抬手急摸胸口，连衣服都没破，他只是"死"在梦境中。他费力地抬头打量着四周，眼睛渐渐适应了微光环境，拖带他的滑翔伞落在五六米外的坡地上，右边不远就是深渊——那是蜿蜒曲折的大峡谷，犹如一条张着大口的巨蟒。他在大脑皮层中清晰地区分了梦境与现实。

云层渐渐变薄，月亮现出半个脸来，远处的星星在增多，似钻石般晶亮迷人，有什么东西正在移动，他的心一阵悸动。

——那是无人机！对此种飞行机械特别敏感的他忙滚进旁边的岩石草丛间。无人机幽灵般地在峡谷中无声地飞着，飞远了，忻飞感到周身发冷，这寒冷来自这大峡谷和周围的荒漠，更来自他内心的恐惧，他已明白先前掉进了一个精心设计的陷阱——包括汉斯医生和光头大师在内的一伙人正要绑架他！而现在他们还在寻找他！

他在寒冷中爬起来，荒漠中的温差真大。这里的一切都是那么陌生，害怕、孤独、饥渴，像一群小狼噬咬着他的心。他条件反射似的掏起手机，幸好还在！他一阵狂喜，此时此地这联络工具可赛过任何宝物。他颤抖的手摸到键面，但他突然停下了，现在该打给谁呢？他脑屏中闪过好几张熟悉的脸，他看到了那双眼睛，那双美丽而温柔的眼睛，那是梦韵的眼睛！透着关切、鼓励和深情，而且还同在美国。他的手下意

地按亮了屏幕,他看到标示手机通讯功能的小图标已恢复活跃。

他找到姚梦韵这个名字,正要按下,但又触电般停下了,他想到了GPS定位系统,幸亏他的手机早已关掉了这个功能,这是小门神让他养成的习惯。他抬头看看天,夜幕上闪烁的星星霎时幻变成了阴毒的眼睛。他不能用自己的手机打,他必须用公用电话!可这附近哪里有公用电话呢?!他必须首先搞明白他所降落的位置。

他打开地图,并把指南针放在地图边——这两样东西都是先前从红胡子的背囊里拿到的。他估算起来,自己是从内华达州南部起飞的,乘着滑翔伞顺着夜风向东南飞行,他记得风力大约有五六级,按照方向、风速以及时间,他用手指在地图上丈量着,嗯,哪怕有些误差,眼前如此规模的大峡谷应该就是科罗拉多大峡谷!

记得在降落时看到一个折射着月光的玻璃样东西,好像是在右边。他摸索着走了过去,在手机电光下看到了一块景点说明牌子,原来那闪光东西是架在大峡谷边缘给游客增添刺激的玻璃游览桥。这进一步证实了自己的位置判断。

于是,他整理好东西朝着拉斯维加斯的方向走去。

在公路上走了一阵子,饥渴疲乏以及滑翔伞急降时所造成的伤痛都愈加强烈地折磨着他,他感到自己很难步行到二十多公里开外的赌城,他必须搭车。

就在他怀疑在这深夜能否搭上过路车而困惑时,他听到后面隐隐有汽车的喇叭声,一回头,就见有两道光柱越来越近,他不假思索地站在路当中挥起手来。他有幸遇上了一辆从盐湖城开往拉斯维加斯的大巴,并让他上了车。

他摸黑在后面几排中找了个空座坐下,周围的乘客发出阵阵鼾声,脑袋七倒八歪的,像是个华人旅行团。如此情形他想讨水喝或买水喝都难办,月影摇曳中他看到自己面前的椅背网袋里,正有瓶可口可乐和一袋沙琪玛!他兴奋得瞪大了眼却又不能伸手,焦急中他忽然想到了长征途中的红军,立时拿出了两块沙琪玛,再从自己的裤袋里掏出一张十元美钞,把它像标签似的插在那沙琪玛的塑料包装袋口上。随后又心安理得地拿过那瓶可乐,急急旋开盖子,"咕咚咕咚"大喝起来,奇怪的是倒进嘴里的味道却是怪怪的,那东西甚至不像液体!别喝错沐浴露或消毒液了!他忙看那瓶上的标签。过了会儿他才明白,是自己脱水过多,舌头都麻木了。可乐逐渐呈现出原味,而且越喝越好喝,加上两块沙琪玛,那种渗入心底的好滋味犹如在享用天上美食!

望着车窗外静谧但又隐藏着凶险的旷野,他为自己的"破网逃脱"感到后怕和庆幸,他做梦也想不到自己到美国竟会有这样的遭际。光头和汉斯他们为什么要这么做?大有可能是与自己的研究项目有关,幸好新无人机没带来,他感激地想到了小门神,他这个网安真是充满警觉。他又想到了梦韵,亏得在珠海时教他初步学会了驾驭滑翔伞,否则几小时前就不堪设想了。这时候,他舒坦地坐在旅游车上,感到腿和脊背也不那么痛了,疲乏感渐渐从四肢弥漫开来……

不知过了多少时间,他为眼前的一片光芒刺激而惊醒,只见大巴窗外闪烁着连绵不绝的绚烂灯光,商场、宾馆,甚至喷泉都散溢着奢华之气。啊,拉斯维加斯,世界闻名的赌城到了!他感到自己不由自主也是来赌一把的,他不图发财,押上的却是自己的人身安全和未来命运!他明白光头大师那帮歹人正在死劲找他,肯定也会来拉斯维加斯,因为附近就这么一座大城市,不过要在这么个人头济济、商业繁荣的不夜城找到他,进而绑架他,恐怕也不容易。但他想起军事记者钟波达和他闲聊时所说过的话:人在进入险地时最大的危险是抱有侥幸心理。于是,他下车后没有到街上找电话亭,而是低着头随着车上的旅客走进了一家宾馆。这时已曙色微露。

在宾馆大堂的一角他找到了投币电话机,摸出美元硬币扔了进去,听到硬币掉下去发出的"叮当"响声,他一激灵如小偷受惊似的回头一看,正巧瞥见有个人弯腰拿着棒状东西走过来,吓得他一侧身,再细一看,原来是个给大理石地面做保洁的清洁工。唉呀,他摇摇头,知道自己已成了惊弓之鸟,不过他还是看着这人慢慢离开才快速按下了一串号码,因为他这个电话可不能让别人听到。电话那头传来了最盼望听到的声音。"嗯,找谁?"梦韵好像还没入睡。

"是我,"他没报自己的名字,喉咙有些发紧,"你听不出我的声音吗?"

"啊,是忻……你在哪里?急死我了,没出事吧?"

"没,没有,但差一点。"他眼睛紧张地扫了下周围。

"你在哪里?我开车来接你。我跟林总说一下。"

"不,不用,我来找你们,没别的事,我来拿下我那个背包。"忻飞由于昨天在奥什科什上塞斯纳飞机时走得急,他的背包落在了同梦韵一起坐的草地上,但他知道梦韵一定会给他保管好的。那里面除了手提电脑挺重要外,还有个笔记本也非同寻常。

"好的。你明天早晨赶得过来吗?不,是今天早晨,天快亮了。今天上午我们就飞西雅图了!"

忻飞略一沉默。"没关系,我也是从西雅图回国的。我明晚前一定赶到西雅图!我会提早两个小时告知你碰头的地点。"他也不知道自己怎么如此肯定,实际上人地两茫茫,不可测因素太多。打完电话后他呆立了一会儿,理了下思路,他明白,尽管现在非常疲惫,可能汉斯他们还未必这么快就赶到这里,但也必须尽快离开拉斯维加斯,好在先前在大巴上打了一会儿瞌睡,还撑得住。

心动立即行动!他先到盥洗室里洗了把脸又刷了牙,也没忘了把皮鞋上的泥土草叶擦掉,然后来到宾馆接待台前问了去西雅图的班车、航班和路线,顺手从一旁的广告资料架上取了一张地图。接着出门到便利店里买了不少食物和饮料,再买了彩色字母套衫和过去西部枪战片里常看到的宽檐草帽,以使自己看上去像个当地亚裔人。

此时他虽紧张但已不慌张了,重新走进纸醉金迷、美女弄姿的街头霓虹之中,令他忍不住多看几眼的是赌城一系列建筑的新奇设计……

梦韵接了忻飞的电话后,一直悬在半空的心才算放下些,先前她联系不上他睡卧不宁。尽管林总晚餐时要她别太担心,说忻飞就是比较冲动,不过也不会出什么事。而她却有种不祥的预感,几小时前钟波达的来电则加深了这种担忧,他说:"据我们这边了解,忻飞确实碰到了情况,你在美国争取与他联系上,一有消息,及时告知。"现在她手指飞动赶紧向钟波达发信:"已与你学生联系上,我将会与他在西雅图会面,再告。"她用了钟波达一看便明白的隐晦表达。

搁下手机,她的眼光触及了忻飞的那只双肩包,嗯,得给他的电脑充满电。她过去把背包放到了茶几上,拉开拉链想从里面取出手提电脑,谁知一拉带出本绿色封皮的笔记本来,砰地掉在地板上,从本子里还掉出好几张照片来。她捡起来,照片粗看起来只是一般的旅行照片,但照片上出现的人物只有他一个人,这显示出他心灵中有孤独的一面,呵,这和创客喜欢交流共享的共性也是相辅相成吧?就像人自身有左就有右,而且在两个方向上的伸展可以是等长的。她又翻开笔记本,这不像是日记,这使得她怀着好奇浏览起来。扉页上用钢笔粗描着这样一行字:"我思故我在——笛卡尔",今天她才知道这话原来是笛卡尔所说,在他记忆中,他是现代哲学之父,好像还是解析几何中坐标系的发明人。随着一页页翻下去,她心底不由冒起凉气又倍感神秘……

就见笔记本里居然有不少关于脑的解剖图和影印附纸,还有医学记述、传奇摘录和心得感想,在这异国他乡的深夜,有些像看盗墓笔记,或者说走进了医学陈列馆的灰暗一角。她了解到,原来在古代,人们并不知道心智存在于人脑,而是以为是在心脏,所以保存尸体时会将人的大脑从鼻腔里吸出扔掉。而经过笛卡尔、布罗卡等科学家、医学家的考察,才逐渐认识到大脑的极端重要性,可开始时连保存方法都很缺,人脑从头颅中取出后,很快就像一堆豆腐般塌陷和腐烂,于是人们尝试用盐水烧煮、油里浸泡、红酒腌渍等方法,后来才找到了用甲醛保存的办法。现在世界多地分散保留了好些名人的脑组织,如拜伦、高斯、列宁……在研究方法上也是从颅相学逐渐演变到用核磁共振等先进手段,揭示出一些秘密,如发现贝多芬的脑与普通人相比,"脑回有两倍之多,脑沟有两倍之深",等等。

哎,那么爱因斯坦的呢?正当梦韵联想到这位最伟大的科学奇才的大脑时,翻过一页便看到忻飞的专门记述了,爱因斯坦曾对自己的遗体有过关照:火化、秘密撒掉骨灰以阻止偶像崇拜。但是他的医生还是偷偷地把他的大脑取了出来,后来还带去费城切割成了两百多小块,不时有谣言传出要拍卖。后来有的小块落到了某些脑研究者的手里。值得注意的是,关于名人脑及其研究本身也充满了神秘和惊险,还和军队有着特殊的联系,那位脑科学的创始人笛卡尔,最早形成对心智和脑关系的看法恰是在他军队服役期间,可他死后自己的头颅竟被一位上尉盗卖。而世界上保存脑器官最多的地方又是费城的陆军医学博物馆。

梦韵忐忑不安地翻阅完忻飞的笔记本,坐在地板上掩卷而思,啊,这忻飞居然花了好多时间和精力去了解脑科学,过去听他偶尔提起大脑和电脑比较之类的,只当是一般的业余兴趣,就像有的科学家爱唱歌,但没想到他会到了如此痴迷的程度。很明显,他好像在做无人机研发时感到才智不够,而求助于脑研究,实际上这跟求助于神灵有什么区别?她气得摇了下地板。看得出来,为此他已分散了不少时间和精力,这必然会影响到了他的飞行器设计。而且看他记述的时间越到近期越多,是不是感到"江郎才尽",要急切求助于"旁门左道"呢?这可非常危险,他似乎已经"走火入魔"了!

我得好好劝劝他!啊,还有什么办法?她想到了达哥,但又不能将忻飞的笔记本内容转告他,那有违做人的规范。她有些犯难了,伸手关上了放在地上的台灯,但室内还是亮的,一看光线是来自窗外。原来朝阳已初露,能睡多少就多少吧!她重新倒到床上,拉过被子一角。

当林总来敲门要她去吃早餐时,她感到脑袋发沉,脑袋中像塞了一团搞乱的绒线——"理还乱"!

在坐上飞机后,她不经意就闭上了眼睛。愁容倦容一起袭上她俊俏的脸庞。

林总看着她关切地问:"你没生病吧?"

"啊,没没。"梦韵不好意思地睁开眼,她知道林总一直要求员工上班时要精神饱满,"我,我昨晚看东西看晚了,没睡好,对不起。"实际上,这句对不起还包含着她过去为忻飞"说情"和"力荐"的歉意。

不过林总这会儿可没听出来,悠然说道:"有部美国电影叫《西雅图夜未眠》,你可是还未到西雅图就夜不眠了。"

两人不禁都笑了起来。"哎,这部电影你看过吗?讲的是男主角在西雅图找到爱人的故事。"

这话梦韵听来像一语双关,脸上不由飞起了红晕。"哦,这电影听说过但没看过。"

"有空了在网上看吧!哎,说句玩笑话,说不定你到了西雅图后,自己也会有类似的经历呢!"林总热切地看着梦韵,他讲话就是富有技巧,以玩笑遮掩,却一语中的,"人啊人,爱情友情就在于一个缘哪!只是有时身在缘中不知缘。这得靠旁人点拨或自己感悟,你说对吗?"

梦韵只能点点头,不过,自己确实得好好想一想,最后的抉择总是躲不过去的。她扭头转向舷窗,机翼在迅速划开云层。

"噢,对了,今天下午你就在宾馆好好休息,我们不忙着去波音厂参观。我呢出去看个同学,去年他移民到了这里,西雅图这里中国移民还不少。西雅图是我们美国之行的最后一站,不仅风景很好,还是微软和星巴克的总部所在地。我们可以在这里多看看。"说着,林总优雅地举起手里的咖啡杯。

"好呀,我就想东看西看!"梦韵嘴角绽笑地也举起杯子,喝下一大口。林总高兴地看到活泼重又回到了她的身上。

这时,舷窗透进一片梦幻般的金辉。

梦韵感到晃眼重又闭上了眼睛。她太累了,很快就迷糊过去了。不知过了多少时间飞机颠簸起来,她睁眼看到飞机又钻入云层之中,在雨前的昏暗中费力地降落在西雅图机场。当豪客比奇公务机滑行时,梦韵看到机场里有些飞机的尾翼上竟然绘有人脸,这是她第一次看到,过去只看到袋鼠啊什么的多种动物,但人脸可是第一次看到,这个人是谁呢?

雨滴一颗接一颗落到了舷窗上,划出一条条水纹,那些机翼上的脸模糊了。梦韵想到,其实令自己费猜测的脸何止这一张,如今忻飞的脸不也同样模糊不清吗?她知道,在平日看惯了的那张熟悉的脸背后,还有个隐秘的忻飞。

午后,梦韵站在宾馆的落地窗前,雨多绿重是她对西雅图这座城市的强烈印象,这里地处美国的西北,气温有点低,人也不多,林总走了后,周遭显得特别安静。她有些想家了,思绪伴着雨丝一起飘飞,前些时候就想回趟陕西老家了,但想想还是等到11月在那里举行全国第三届通航大会时回去,本想说动忻飞,还有陈苏红和钟波达一起去的,正可在老家好好招待他们。可现在呢,还想和忻飞一起去吗?现在真说不清自己对忻飞的感情和印象,然而不管怎样,现在最让她牵挂的还是他。她又一次看表,在等他的来电!

搁在桌子上的手机突然响了起来。这是一个陌生的号码,她犹豫了下还是接了,里面传来个陌生的声音:"梦韵小姐吗?"

"你是谁?"

"你不认识我,但我知道你啊,你是忻飞的很好的女朋友,我可是他很好的男朋友。"然后,这人换了种神秘的口气,"你知道吗,忻飞现在很危险,你一有他的消息要马上同我联系,我会帮助他的,我的秘密身份是中国国家安全局的工作人员。"

听着这人的广东口音,她想到可能是忻飞提起过的光头大师,无疑他们在撒网追踪忻飞!梦韵尽快让自己镇定下来:"你找谁跟我没什么关系,我很快就回国了。"不待回答她就把电话挂了。

之后,又等了好长时间,在街灯亮起之时,终于等来了忻飞的电话:"我们八点见,行吗?"他的声音带着气喘吁吁,显然是赶过来的。

"行呵,在哪里碰头?"她也受了感染,语气不免紧张。

"你看下这座城市的游览图和照片,你就会知道我最喜欢去哪里,凭你对我的了解！"

梦韵明白他怕电话泄露他的行踪，便不追问。

他这么有把握？梦韵觉得有些玄，随即快步下楼到前台，要了份西雅图的地图和游览资料。刚看一会儿她就明白了：天空针塔！她一见到飞碟状的电视高塔图像，就好似接通阴阳极后电流瞬间通过那般。这个热爱空天的人一定会钟情于这个地方！无疑就是它！"我对制高点有着特别的向往！"——这话是在上海时他望着东方明珠时亲口对她说的。

她打了辆出租车来到了天空针塔下。此时夜幕四合，她仰望着灯火异常璀璨的它一步步走近。这里的电视塔下不像在上海，从海洋馆一路过来，尽管嘈杂的音乐飘散在耳际，但行人已稀少，她担心地紧了紧忻飞那背包的带子，站到通亮的灯光下，睁大眼睛环顾四周。

她看到他了，正在不远处麦当劳餐厅门口向自己招手。

"啊，忻……"她轻声呼唤着疾步走了过去，忻飞一把揽住了她。梦韵喉头发紧，一时竟找不出合适的问候话来，或者说就是这一拥间，任何问候语都成了多余！这唤起了往日她对他的感情，但他真值得倾心爱慕吗？

两人走了进去，此时已近晚间九点，餐厅里的人也很少。他们买好餐食找了个角落坐下。梦韵发现美国的麦当劳食品比中国的要大一号，好在两人此时都饥肠辘辘，再大一些也吃得下。不过梦韵最急于了解的还是那天忻飞上了塞斯纳飞机后的经历。忻飞也急于给她讲述亲身遭遇的惊险一幕。

梦韵听得是眼睛一眨不眨，好几次嘴巴里塞满了食物却忘记了咀嚼。她真为忻飞感到后怕，但又很佩服他："嗬，看不出你这个书呆子倒还猴精，竟从圈套里跑了出来。"

"我那点幸运还多亏了你啊，没你教我的飞滑翔伞那几招，我可脱不了险哪！不管他们是正规的军人还是冒牌货，要是我在军事基地附近被抓那就麻烦大了。"

"逃离那地方你就不用害怕什么了。美国可是个法治国家。"

"经历过这事我可不敢大意了,那伙歹徒既然瞄准了我,那他们肯定会再找机会绑架我的。"忻飞心有余悸地朝周围细看了几眼。

"他们哪有那么大的能量?"梦韵说着,不免也跟着察看了下周围有没有可疑的迹象。

"我担心我面临的不是几个歹徒,而是一个组织。我听达哥说过,现在恐怖分子对航空航天器的兴趣比任何时候都大,震惊世界的'911'就是个大实例。我感觉到诓骗我的就是个跨国的恐怖组织!你看刚才我给你讲的人里面,有我们中国的光头大师,还有德国的汉斯,他是我在德国撞伤后帮我看病的医生,过去我跟你说起过他,还当他是好医生!大好人!刚才你听了我的讲述一定很吃惊吧?"

梦韵睁大着眼睛点点头。

"现在想来那次被车撞也有些离奇。我在来此地的路上想了很多,我很怀疑他们瞄上我已有一段时间了,看来都与我的新无人机的研发有关。"他叹了口气,"而实际上我的研发成绩并不像他们所想的……"

"那么大!"正在忻飞说得吞吞吐吐之际,梦韵接口道,"实际上你的研发已陷入困境,是雷声大雨点小啊!"

"你,你怎么知道?"忻飞大为惊讶。

"我还知道你已经分心了,你搞飞行器研究的,却化了很人精力来搜集大脑研究方面的资料,在走旁门左道,没错吧?"

"你看过我的笔记本了?"忻飞一下拉过她先前放在椅子上的背包。

"没错,因为不是日记,我翻阅了,看了大半夜非常吃惊也非常纳闷。你对自己的脑袋失去信心了吗?是不是觉得自己……"梦韵像给什么噎住了,没往下说。

"你想说什么,尽管说,我有承受力。"

"你,你是不是觉得自己志大才疏?"梦韵说完又后悔了,两眼直盯着忻飞。

果然,忻飞的脸上青一阵白一阵,好半天才憋出一句话:"不是,因为我觉得只有超凡的大脑才能设计出超凡的飞行器来!"

哦,梦韵觉得窗外好像亮起一道电闪。

"更具体地说,我觉得只有一个聪明的脑子远远不够。"忻飞激动地说,"你想,要是我能有十个甚至二十个天才设计师的心智,该多好啊!因为空天无人机的研发太复杂,太难了!单靠优秀飞机设计师的才能可不够,还需要相关领域的大量知识。有一句古训你应该知道,工欲善其事必先利其器!"

梦韵不明就里地数落道:"那,那你有这个办法吗?你是想入非非!"

哪想忻飞靠近她的脸庞压低声音说:"我正在设计一种软件,可以大量下载以往顶级设计师的设计图稿和论文资料,包括生平资料、访谈报道等等,并把它们转化成生物电信号。而我下一步,或者说关键一步是寻找到人机通联的端口。我把它看作是'天门'!"

啊,梦韵怔怔地看着他,觉得又是一个陌生的忻飞!更新的忻飞!

梦韵的手机响了,在这人少的餐厅里显得很响。梦韵缓过神来,慌忙接听。电话是林总打来的,问她这么晚了怎么还不回宾馆?她回答在天空针塔,马上打车回来。她看了下腕表对忻飞说:"啊,十点半了,我得回宾馆了。"

"好呀,我们也谈得差不多了,我送你。"

"你住哪里?"

"我找了个比较偏远的马可·波罗汽车旅店。"

"有意思,马可·波罗也是个冒险家啊!"

出了门,忻飞和梦韵不由都仰望起夜空里亮丽夺目的天空针塔。他动情地说:"梦韵,以后我再陪你登塔吧!这天空针塔的名字起得真是太妙了!"

梦韵不明白地撇起嘴:"这名字起的有什么好?这么大一个高塔却叫针塔!""你不知道吧,针尖虽小但压强很大,它可以刺破连剑都刺不破的东西,我在无人机这个局部领域里搞人机结合的探索,说不定可以取得连国家队都难以取得的大突破呢!"

"真的吗?"

"相信我,等着吧!"忻飞豪情万丈地一手把提着的背包甩到了肩上。

梦韵看到他的瞳仁里闪闪发亮,不知是映射着天空针塔的光芒,还是他的智慧之光在燃烧?

忻飞还未到西雅图以北的波音工厂艾弗雷特厂区,就有人在参观入口等了他一天了,今天一早又来了,这人就是美国人凯莉。她坚信忻飞必定会到这里来。可好长时间没等到却也让她焦躁不安起来。但她很快稳定了自己的心绪。她具有钓鱼者的耐心。

太阳升高后,驶来辆皮卡,下来了一个美国老人和一个年轻中国人,两人很亲切,她颇感奇怪地把太阳镜上推到额上金发之中,仔细一看,哎,正是忻飞!忙迎了上去。

忻飞见到凯莉也是又惊又喜,犹如在森林里碰到了美人鱼。两人在情感上是接近的,一番交流便很快明白了其中的缘由。凯莉是专程为他的安全问题而提前返美,忻飞深为感动。他简要告诉了凯莉自己的遇险经过。凯莉听了也是吃惊不小。大姐般地细看了忻飞脸上的擦痕。忻飞接着又给她讲了刚才来波音厂的小"插曲":

今天一早他坐了一程坐公交车,换乘之际他走进路边的餐店用早餐,同时寻思接下来该怎样去波音厂,可又不敢用手机打电话询问。一番犹豫后向邻桌几个美国老人问路。几个美国老人热情地给他边说边指点比画着,但忻飞还是搞不明白具体走法,接着其中一位干脆开着皮卡专程送他到了这里。

凯莉嘴角漾出笑意:"是啊,我们美国人就是友善,你对我们美国朋友可要敞开胸怀呀!"

忻飞听了这话似感话中有话。

随后凯莉带着他向人流涌动的波音工厂的参观入口走去:"好了,

我们进去参观吧。"忻飞听后就要去买门票,凯莉拉住了他,因为她已给他买好了,"今天我来给你当导游吧!"

参观时,忻飞深为美国航空工业的发达而震撼和钦佩。尽管他早就看过波音-747的总设计师乔·萨特所写的介绍该机的书籍《未了的传奇》,但当他走在这种宽体客机的总装厂房、亲眼目睹生产线上一架接一架这种庞然大物时,还是充满了新奇感,他举着在旅馆借的望远镜细细端详。但厂方的引领人员来到了他身边:"望远镜交给我们吧,下车时还给你。"忻飞无奈:美国人的保密工作是不是做得过头了,这是民用机啊!秘密不在这里呀,他知道波音可是一家民用和军用结合得很好的企业,它生产的"蜂鸟""X-45C"等无人机也很出色。

凯莉接着又带他到了宽大的露天平台上,看厂里试飞飞机的起降。忻飞注意到周围有不少年轻人,甚至还有小朋友,都看得兴致勃勃。他感慨地想到:这种参观对于激发国民的航空热情有很好的作用。大飞机工厂的这种做法与通用航空的"飞来者大会"是两相促进的。就在忻飞饱览之际,忽然发现在左下方几百米外的车辆入口处出现了汉斯和光头的身影。他们居然真的追踪过来了!可能也跟凯莉"设伏"一样,把波音工厂看成了自己的必到之地?他紧张地把情况告诉给了凯莉。

她意识到了问题的严重性,明眸闪动了下:"来,跟我来,我带你去个地方。"

忻飞跟着她脚步匆促,来到了厂区对面的一家掩映在绿荫中的豪华酒店。在大堂内侧,有一间间可供餐饮的隔间,墙上张挂着好些过去年代里著名航空实业家和飞行员的黑白照片。这里谈话最好,凯莉要了两杯饮料坐了下来。

忻飞忍不住站着看起了那些照片,其中有几位是他心仪已久的。凯莉等他静静地看了几分钟后才开口说道:"你订的是明天的返程机票吧?可现在这样的情况,你要如期回国会有风险。"

忻飞拉回了视线,坐了下来,"那怎么办?"

"你跟我到硅谷转一圈再回来吧!"凯莉似乎早有准备。

"硅谷?"这个富有磁力的字眼立刻抓住了忻飞,"我本来这次想去的,但离得较远。"

"距离对于我们这个汽车轮子上的国家来说,并不算什么,"凯莉微笑道,"我开车带你过去几个小时就到了。我问你,你的签证期限到几号?"

"还有五天。"

"那好办,机票办一下延期就行了。"

忻飞给她说动了,点了点头。

"那我们吃点东西就走吧!"凯莉抬手叫来了侍者。

两个小时后,凯莉驾车行驶在了5号公路上,不觉间已将忻飞的追踪者甩得远远的。两人也愈谈愈近,可忻飞在地图上却找不到硅谷。

"硅谷呀实际是高科技云集的加州的圣塔克拉拉谷的别称。位于加州北部,旧金山湾区南部。最早是研究和生产以硅为基础的半导体芯片的地方,现在依然是电子工业的王国,也是高科技创新创业者的乐园,可贵的是周边既有一些名牌大学的支撑,也集聚着不少风险投资。如果你以后带着项目到这里,那肯定会大喜过望的!"她说着转脸看了一眼忻飞。

他没吭声,但若有所思,过了会儿问了句:"加州理工在这附近吗?"

"怎么?你想上加州理工?"

忻飞不置可否地"嗯"了一声。

凯莉感觉有些异样,用平缓的语气追问道:"你有亲戚朋友在那里上学?"

"没,没有。"忻飞稍顿了下,又问道,"加州理工是有个心理生物学系吧?那里的罗杰·斯佩里教授获得过诺贝尔医学奖,他对于人脑两半球功能的揭示,有力地推进了脑科学研究。"

"是啊,你学飞行器设计的也对脑科学感兴趣?"凯莉颇为惊讶,并随即意识到这其中非同寻常!

· 32 ·

"是项羽兵败到的乌江？还是我们红军长征到的乌江？"

钟波达下了火车，跺跺脚定了下神，这几日一路滚转，人都要成皮球了！他随出站的人流走出上海站，大钟面在雾霾中现出，刚早晨七点，离上班时间还早，但想来军营已吹过起床号，他决定打车直奔马葛亮处。他得及时向马葛亮通报忻飞的最新情况。

他扬手叫了辆出租车。这也使他想起了自己的越野车，昨天午后他和尤子奇各自开车到了太原，待尤子奇把租来的车还掉后，钟波达则把自己的车钥匙递了过去："尤老弟，我要赶火车回上海。你喜欢开车，这车自然就交给你了，把中华大地的大好河山看个够！"

尤子奇无奈地把钥匙圈套在手指上，转了转："只能这样了，我想起了一句成语。"

"我知道，是'乘兴而来，败兴而归'吧？"钟波达知道他本想这几天同凯莉在旅途中多聊聊，便带着安慰拍了拍他的肩头。

"不不，"尤子奇大摇其头，"是'树倒猢狲散'！我们现在三个人是各奔东西。"

钟波达大笑："你怎么想起这句的？正宗的中文没学好！回上海后让苏红嫂子再教教你。"

"好呀，你也得多教教我上海话，以后我可能兼个驻上海记者的活儿。"

"哦？那好呀！我现在就教你句上海闲话，'开车勿要翻到沟里去！'"

尤子奇张了张嘴，努力学着："开车…务要…翻到沟里去！"

"嗨!"

……

钟波达赶到部队正是早餐时间,马葛亮自然把他拉进了食堂。

"我来的可正是时候!"他笑着接过餐盘,迫不及待地咬了口大包,又端起豆浆。他目光瞥到马葛亮的餐盘,别看他精瘦,饭量可不小,抵得上一个彪形大汉。国际军事形势的紧张和空天较量的繁忙,看把人折腾的!

钟波达说了所掌握的忻飞的最新情况,马葛亮一愣,一个茶叶蛋塞在嘴巴里竟忘了吞咽,只是眉毛在动。"这小子在搞什么名堂啊?怎么还想去费城?不会是冲着《独立宣言》去的吧?他的经费并不多啊。可惜我还没跟这小家伙打过照面。"

钟波达点点头,他很快也放慢了咀嚼,因为马葛亮接着告诉了他一些重要情况,说是已侦察到大师的"原形"。

大师原名施道环,早年确实在部队服过役。后来自己办厂,做的是鞋业,自己脚头也喜欢跑,爱交朋友,染有赌嫖的恶习。近年来同香港的养生所曾老板交往甚密,该人常在游艇等处举行小型聚会,七八个常客里国籍多样,成分复杂,有商人、有拳师,还有公司高管和宗教人员。这背后是否有个阴谋组织或别的什么?还有待进一步查明。但值得重视的是,其中的德国医生汉斯与一名被击毙的恐怖分子过往甚密,行踪飘忽不定。而据查最近施道环也到了美国。

"哦,很不妙啊!"钟波达像吃到了一颗霉花生,"啪"地放下筷子,"我判断啊,这施道环是冲着忻飞去美国的,而忻飞的在研项目已受到国际恐怖组织的极大关注!"

"危险的关注!"马葛亮赞同地点点头。

"在全球化加信息化的时代。我觉得他这项目要是研发成功,可能对目前的飞行器特别是军用飞行器带来不小的影响。"

"是啊!这些年世界航空器的发展日新月异,现在既有 F-22 这样的隐形飞机,还有高超音速像什么 X-51A 这样的无人机,你肯定看到这两天的新闻了吧？美国的 X-47B 刚在美航母'华盛顿'号上举行了着舰试飞。前几天你在外地时，杨司令还来电问过我忻飞的情况，他说：'现在发达国家来定义什么四代机五代机的，规定了隐身性、超音速巡航等指标，我们中国人既要在这方面奋力追赶，但也不能仅停留在这个层面上啊，应该有自己的一套绝招。我们要促进忻飞的大力创新！'"

"杨司令说得对，'善攻者动于九天之上''兵贵神速'，这些我们熟读兵书的都知道。在具体项目上，剑走偏锋，可能是更适合我们的制胜之道。近几年，我们国防科大的超级计算机连续几届在国际上夺冠，就是走出新技术路线的明证！这点我在国防科大采访时是深有感触的。"

"好呀，但愿忻飞天马行空，马到成功！"马葛亮的话音戛然而止，"哎，你觉得会不会到头来，梦醒时分一场空？我们也跟着白忙了？"他轻声笑了笑，带着皮笑肉不笑的自嘲。

嘀，真是个尖锐的问题。钟波达闷头喝了几口豆浆，缓缓抬起头来，"你把我问住了，说句老实话，在这个事情上面，我们就像盼望有好收成的农民，只管护好好苗，添肥加打虫，至于这苗最后能否长成奇花异果，这得看它的造化，以及是否天遂人愿，这里面因素太多了！"

马科长点点头，"说得好，我赞成！"他顿了下，"哎，我们正通过外事部门关注忻飞，让他安全回国。必要时也会联系美国警方，当然暂时以不惊动为好。现在及时了解忻飞的去向很重要，他现在又给我们出了道难题，可能去费城？但我对他了解不多，就像打仗一样，离不开知己知彼这一条。"他见钟波达把餐盘里的"消灭"得差不多了，就提议到，"怎么样，到我办公室再聊会儿，我给你看些东西。"

"好呀！"

马葛亮带着钟波达来到办公室，一进门就按亮投影仪，接着说道："就像分析一枚导弹的弹道可找到弹着点一样，从一个人以往的人生轨迹中往往可以推测出某些行为动机。"他给钟波达看起忻飞的一系列照片来，并给其点了支烟。钟波达可难得抽烟。

钟波达没想到这位情报军官短时间内收集到的还不少，他仔细地一张张看着,这里面有忻飞出生后到如今的一系列照片。有幼儿园合影、有毕业照,还有参加下棋比赛的。

屏幕上出现了一张忻飞在四平战役纪念馆前的留影。

"哎,等等,他怎么这样留影的?"

"怎么?"马葛亮看了一下说,"没什么特别呀!"

"这四平战役纪念馆我也去过,你看啊,人们留影一般以某个纪念性建筑为背景时,都会把不相干的建筑排除掉,而他这张,却把纪念馆后面的脑科医院都清楚地放进去。"

马葛亮定睛细看,"哎,是啊,'吉林脑科医院'几个字这么清晰醒目!确实有些不同寻常。"然而他又嘿嘿笑了起来,"哎哟,钟记者你过敏了!你要知道,这张照不是他自拍的,而是请路人拍的!"

"不,"钟波达想起了忻飞曾要他介绍去上海脑研究所的往事。"这画面很可能是忻飞要求人家这样拍的,我估计,他不仅拍下了这脑科医院的照片,还进去过!"钟波达随后把那件往事说了下。

"是吗?"马葛亮听了一捋后脑勺,"有意思,难道他患了精神方面的疾病?他要悄悄地求医?听说如今高校生中这类疾病有增多的趋势。"

钟波达摇摇头,"我想这方面的可能性小,可能另有原因。这样,你方便将这些旅行照片拷一个U盘给我吗?这也不是什么私密照片,我到台里再看看相关线索。"

"行啊,你保管好就行了。"马葛亮当即拷了一个U盘给他,随后又想起了什么问道,"最近忻飞去美国后,他的公司由谁在打理啊?"

"哦,韩逸,一个已退休的原航空企业的副总师,现在也加入了忻飞的公司,担任首席顾问。忻飞走后,研究上的短期主持就由他代管。忻飞出国前,曾召开过一个技术会议,进一步明确了分工,在总体设计上他们维持原来的气动设计,就是会变形的方案。"

"哦,天上的百变金刚!我听杨司令介绍过,忻飞的这架新无人机能做十二种变形,既能适应大气层内外的不同飞行要求,也能更好地隐身。这帮创客真是厉害,在气动外形设计和相应的机械设置上都很绝妙。要是他们能克服材料和动力方面的拦路虎,一款真正的空天飞机就飞起来了。"

"没错,忻飞他们在找耐高温的轻而薄的机体材料,也在找长航时的电池材料,他们的研制较长时期来主要受困于动力方面。最近他们认为石墨烯可能曲径通幽,同时他们也在找新的动力源。在那次会议上确定由唐老鸭负责这方面的日常试验工作。"

"唐老鸭?"马葛亮一抬眉毛,又故作认真地问,"那米老鼠做什么工作呢?"

"哦!"钟波达不由笑道,"这是他们那个理科博士的绰号。在分工方面,忻飞除了主管气动外形设计外,还负责这架无人机的航电部分,这可是这架新型无人机的大脑啊!秘密中的秘密!"

马葛亮望着照进飘动烟雾中的几缕光线,"现在世界上围绕六代机的研制,有几个普遍认可的重要指标,其中就有无人化和智能化,而在我看来,智能化就是真正的制高点!军事记者同志,你同意吗?哎——"他不禁顿住了,目光和钟波达的触碰了一下,犹如云中的正负电荷相碰倏然亮起了闪电,"忻飞难道也正在这个方向上使大力气?!"

"大有可能!现在国际上这方面的争夺竞赛,就像有部军事电影里的抢占摩天岭!"钟波达手举冒烟的烟卷,好似举着小火炬。

"嗬!杨司令也举过这个例子,他说,相对于吨位大的作战飞机来说,小型无人机的进入门槛低,而且自由度大,忻飞他们有可能是一支抢占摩天岭的编外奇兵。我们要尽可能提供支援和不让敌人伤害到他们!"

杨司令的话一直回响在钟波达的心间,当他到了台里,在技术中心的合成机上做完一集节目后,便把马葛亮的U盘插进电脑里。刚看上两眼,蓦地发现左右多出好几张脸来,扭头一看,原来是同事大刘和技术中心的几个年轻人经过他身后,也对他的照片感起兴趣来。"达哥,好久不见,到哪些地方游山玩水了?""对呀,你这些照片让我们也养养眼嘛。"

钟波达心中一动:"来来来,养眼养眼!你们出去外录和学习的机会多,这些照片上的地方你们看得出吗?"

"好呀,这小帅哥是你年轻时吗?""那不是四平吗?""这张是海德堡大学,离法兰克福不远,黑格尔在那里执过教。"

哦,忻飞跑大学去干吗?黑格尔不是早死了?

待同事们走了后,钟波达上网查了下相关资料,这海德堡大学了不得啊,诺贝尔奖获得者就有十几位,是世界顶尖的研究型大学。神经医学也是强项之一,世纪之交时做了一项别开生面的研究——为了比较音乐家和非音乐家的脑,他们通过计算机成像测量他们颞叶的解剖学差异,并记录他们大脑对音乐刺激的反应时间。研究成果发表于2002年的权威期刊《自然神经科学》……

钟波达觉得自己有可能踩上了忻飞的脚印,他很可能在无人机的电脑系统里引入人工智能。不过,问题也来了,凭他的这么点力量,他能成吗?

他边思索边拿上节目带走进了电梯,不过,他没回军事节目组,而是来到了科技节目组。他觉得电视台本身就是宝库,集合了多方面的专家和通才。他要了解如今世界计算机介入脑科学研究的最新研究情况。将近一个小时后,他便收获不小,当他回到办公室仰靠在座椅上时,脑屏上还在映现着刚才收集到的情况:

2005年5月,就有一个世界级的"蓝脑计划",洛桑瑞士联邦理工学院牵头召集了十来个来自欧盟的团队,加上少量来自以色列、美国、日本等国的研究团队,决意要在彻底了解大脑结构与功能的基础上,用计算机完全模拟一个大脑。到了2013年更进一步,由欧盟政府牵线联络了更多国家的和地区的研究机构,出资一亿多欧元,将其扩展为"人类脑计划"。而美国也不甘其后,就在同一年,奥巴马政府启动了"利用超前创新神经技术的脑研究计划",简称"脑计划",号称要"绘制人脑的地图"。在这场较量中,美国在人力和财力上占上风,不过欧盟蓝脑计划积十年之功抢得先机,模拟 3 万多个神经元很了不起,但面对拥有上千亿神经元的人脑来说,仍然不过是沧海一粟。

如此难度!前景如何?忻飞小弟啊,你可别陷入泥潭!钟波达在心底呼唤。他拿起桌上的铅笔模仿飞机从眼前划过,他恨不能长出翅膀飞到美国,与忻飞来次深谈,尽管他与这小伙交谈的次数也不算少,但真正敞开心扉的深谈似乎还未到来!这可能因为自己是记者他有某种防范,更在于他性格中像有种不成功便不愿说起的做事品性。唉!他什么时候能回来?他在忙什么?此时能穿破云雾的只有电波。他下意识地又拿起手机,然而就在他要按号码时,手机响了,是凯莉从美国打来的!

"钟先生,你好啊,这会儿忻飞正在回中国的飞机上,我专门送他到机场的。"随即她报了航班号,之后继续说道,"你这位军事记者肯定记得住吧?不用我再说一遍了吧?"

"记住了,美联航 871 航班。谢谢了!"

"客气啦,实际上你们放心我也放心,只是像他这样的人才,在美国发展会更好些,对人类的贡献也更大。有句话不知您听说过没有?'在中国发财,到美国创业。'"

钟波达笑了,"是有这句话,去年我在芝加哥时,在唐人街还看到过这样的霓虹广告。不过,风不会总朝着一个方向吹,如今中国的创业热度正越来越高,吸引了不少风险投资,也吸引了不少海归人员,现在我们这儿最流行的一句话是'站在风口上,猪也会飞起来'!"

她在电话那头也笑了起来,"过十天半月我就会返回中国,我倒要看看哪些猪会飞!"

"好呀,祝你先把假期过好了!上海见!"

"上海再见!"

钟波达把手机放回桌上,眼前浮现出她优雅敏锐的面孔和那双看不透的蓝色眼睛,这凯莉无疑是有力的对手,在与我们争夺人才和项目,但施展的似乎不是谍战窃密的非法手段,而是用她的眼光、才智和温情,并有着对人才浓浓的爱惜之情,她出于担忧忻飞的安全就会匆匆回国,这样的对手倒也值得尊重与钦佩,唔,得对她有所表示。

这时,一双手搭上了他的肩头,他扭头一看,是陈苏红,也不知她是什么时候进来的。

"你出差回来也不告诉我一声,我是刚听录音员说的。哎,在跟谁打电话呀?这么投入?打完还要沉思呆想。"

"刚才是跟美国的凯莉通电话,哎,你说说,如果要向她表示谢意的话,送她什么礼物合适啊?"

"喔!跟美国女人通完电话,还要送她礼物,这是怎么回事啊,跨国婚外恋啊?"陈苏红半真半假地说道。

"哈,我是谢谢她对忻飞的照顾之情。"接着他便把这里面的情况给妻子说了一遍。

"好吧,没几天她就来中国了,我们这就上街买吧,正好也在外面吃个饭。"

这个将军之女可是个通情达理的爽快之人。

"行,我在食堂吃得太多了,不像你们主持人在外面饭局多。"他收拾起桌上的东西,"哎,你说上哪儿?"

"去新天地吧,那里晚上热闹,离我们台也近。哟,说起饭局,我正要跟你说,林之风邀请我们明天到海市蜃楼晚宴。"

"海市蜃楼?到天上的影子里晚宴?"

"装!你就会装!这海市蜃楼听不出来啊,是个会所。这次一定要去哦,不要再次驳了林总的面子,晓得哦?"陈苏红顺手拎了拎他的耳朵。

"哟,我得到机场去接忻飞。你去吧!帮我打个招呼,以后我们请他!"

"唉,不可教也!"

次日下午,钟波达按航班时间提前到了浦东机场,意外的是尤子奇也早早地到了,是直接驾车从外地过来的。一脸油汗,军绿色马夹上还留着口香糖的痕迹。"你来凑什么热闹？回到上海不先睡个好觉！"

"噢,顺便顺便,也尽早还你车,你没车不方便。"尤子奇没提及昨日收到的一份邮件,这是原先要他采写中国军机报道的那家报社发来的,现在要他注意摸清忻飞新型无人机的情况,并争取率先报道。而作为记者,能成为报道重要事件的第一人,那是最有诱惑力的！

不多会儿,就见忻飞从"国际到达"处出来了,显得非常疲惫。

钟波达和尤子奇热情地迎上去,一边问候着一边从忻飞身上接过行李,钟波达率先拉过背包,尤子奇动作慢了半拍,但硬是把很轻的装航空食品的马夹袋拿了过来。

就在他们带着忻飞准备上车之际,滴滴！身边响起喇叭声,一辆蓝色玛莎拉蒂总裁轿车倏然停在了旁边。哎,这不是林总的座驾吗？他也来接了？

然而,前后排乘客坐上并无一人,只有司机走下车来,径直来到忻飞面前："林总要我来接您,说是同您约好的。"

忻飞面露诧异之色："我……没同他约过呀！"

司机不为所动,不紧不慢地回应："林总让我提醒你,今天的面谈是半年前就约好了。"

"噢哦……"忻飞犹如梦中醒来。他没再说什么,从钟波达手里拿过背包,脸色晦暗地钻进了玛莎拉蒂。钟波达和尤子奇都注意到,他疲惫而略显迟钝的脸上掠过几分紧张。

司机"嘭"地关上前车门后,才转过身来脸带笑容地对钟尤两位说道："钟先生尤先生,林总关照过我,如果在机场碰到您两位,也非常欢迎你们一同前来,今天林总正在那里的一个会所举行工作晚宴。"

工作……晚宴？与忻飞又有什么关系？钟尤两人不由面面相觑,但眼神交换之中很快做出了同样的决定：走啊,哪有不去之理！尤子奇对于猎奇又特有兴致。

随后,吉普跟着玛莎拉蒂下了高速公路,在一片农田之间,拐上海塘公路,在农田和竹林间左转右转,正当疑无路时,一座漂亮的现代别墅映入眼帘。车子没有减速,大门自动打开,门区有几个身穿黑西装手持对讲机的汉子,两辆车子相继在主楼前的大草坪边停下,这里沿过道站立着一排穿粉色旗袍的迎宾女子。忻飞他们刚下车,便看到梦韵迎了上来,把他带到草坪上和林总见面。钟波达注意到,她和忻飞走在一起,不知说些什么,但两人的目光是那么的亲切,有如挚友家人。

林总张开双臂迎过来,比往日更洒脱也更热情,一手拉着一个:"两位大记者能来我太高兴了,无冕之王大忙人啊,欢迎光临,待会儿再细聊。"

他又走到忻飞跟前,拍了下他的肩膀,"怎么样?刚在美国相会,今又在中国重逢,我们俩很有缘哪!"

忻飞机械地点点头。尤子奇和钟波达注意到,小伙子的倦意没了,林之风硬是让他打起精神来了!

"来来,入席吧。"林总引着他们走上台阶,来到了一张超大的圆桌前,桌边已有二十多人围坐。"啊,我来介绍一下,这几位都是当下影视界和金融界呼风唤雨的人物……"

一番寒暄过后,尤子奇悄声问道:"林总真要投资影视业了?"

"不不,套用你们军事记者的语汇,应该用'进军'这个词才准确!"林总半开玩笑半认真地说道。

"你怎么没开新闻发布会?现在大佬进军新产业往往爱赶这种时髦。"钟波达坐下时调侃道。

"哈,我不喜欢那种虚的,还是来点实在的!"他又压低了声音,"告诉你,以后演艺这一块准备就交给苏红打理啦!"

什么?钟波达有些吃惊,凭什么呀?

对面一个艳丽女郎轻拍手掌,嗲声说道:"我们林总总是不断开拓商业帝国,这两年把腿伸进影视产业的大佬可不少,比如马云,还有王健林。"

"是啊,"一个身着白西装脸有点像黄渤的喷出一个烟圈,"哦,对了,我们林总同王健林一样,都是从房地产业开始的。英雄所见略同啊！"

"什么英雄所见略同！扯淡！狗屁！"说这话的胡子拉碴,不知是导演还是基金经理什么的,"都是逐利者！我国这些年影视产业的增长快得惊人,高回报率超过了任何实业！我们林总是谁？我们做朋友有五年了,我最清楚,不是英雄是枭雄！"

热烈的掌声,碰杯声。

"据我在业内所知,这个战场可是腥风血雨,钱不是那么好赚的。"钟波达淡然说道,低头喝了口清茶,超然避开投射过来的异样目光。

"呵呵,"尤子奇干咳两声,他可是与达哥进退相依的战友,"我给你们提供个电影超级大国的数据,我在那里有不少朋友,在那里,投资电影的三分之二是亏损,剩下的三分之一中的一半打了平手,盈利的只是剩下的另一半。不知你们的取胜把握何来？"尤子奇脸带微笑,绵里藏针。

林总的朋友颇为尴尬,而林总则淡然一笑,"俗话说,狡兔三窟,我可不会把鸡蛋放在一个篮子里。人们说房子绑架了中国经济,我这个房产商则盯住未来的市场,别人走一步,我看三步四步,汽车市场大家都看到了吧,前些年多么大的市场,多么大的资金流！接下来就是影视业和通航飞机,影视业有赖于诸位的大力支持,而通航产业我正在网罗新秀,这位就是我选中的青年才俊忻飞！我公司新任的开发三部主任！"他抬手拍了拍坐在右手边的忻飞,看到他惊诧莫名的脸,便凑近他的耳朵说:"我们约定的时间已到,我也知道你那项目推进困难,我们就自然过渡吧,安心做好你的新工作！"说着,他率先举起杯来,宾客们的碰杯声响成一片。

但这响声在钟波达和尤子奇听来简直就是电闪雷鸣,甚至是炮声隆隆！因为这是宣布忻飞在研项目的中止和流产！

他俩四目相对,又一同看着忻飞,他此时面部僵硬无奈。在钟波达的脑海里,浮现出一只被绳子缚住放进锅里蒸的大闸蟹。

确实,此时忻飞的内心痛苦不堪又难以挣脱,比前时在美国大峡谷里的飞行更黑暗和无助,因为当时他还手拉着自制的滑翔伞可努力操控,而此时的他则如折断了翅膀的年轻雄鹰,心中虽有高飞的梦想,身子却往深渊里滑坠。他想到了他朝气蓬勃的团队,他们为之热情畅想、为之全力以赴的新无人机项目,而眼下就因为他与林总的"赌约"到期而不得不中止研发。他深深地自责,责骂自己预估不足、把控不足!

钟波达和尤子奇明白,忻飞不得不转型去做林总的"傻瓜相机型"轻型飞机项目,林总真有驭鹰之道啊!如果忻飞要继续手中无人机项目的研发,就必须立马还清从林总那里借来的五百万,可他哪来这五百万啊?除非他转向凯莉介绍的那家美国公司,而且可以挣到更多的钱,但殊途同归……

晚宴散时,忻飞迈不开步了。"喝醉了?""他没喝多少呀?"

尤子奇扶着他,钟波达有所感觉地拉起他的裤管,一看就明白了,急步过来的梦韵也明白了:他是在美国大峡谷受的伤,膝盖周围红肿一片,还伴有溃疡。

忻飞在尤子奇和钟波达的搀扶下,坐到了吉普车上。车子没马上动,这既是因为林总赶来问候关切,还由于钟波达正在给他熟悉的医生打电话。忻飞执拗地要回苏州河边的公司,但打完电话的钟波达一把按住他:"你还认我这个达哥吗?听我的!"

晚上10点多钟,车子来到了市中心的大医院。尤子奇歪头看那夜空中的霓虹灯字,好像是"长征医院"。

忻飞刚想往"急诊室"的大门里挪步,却给钟波达一把拉住,"我带你去看的比急诊室还好。"

他让尤子奇看着车,随后扶着忻飞曲曲拐拐来到了老干部病房。钟波达对门卫说:"哦,我们是来看望陈老将军的。"忻飞听了颇为奇怪,刚想问,钟波达侧过身来,用食指竖在嘴唇上。

门卫放行,两人走了进去。忻飞忍不住问:"怎么不是来看病,是来看将军?"

"啊,一样一样。"

到了11号楼,钟波达带忻飞坐电梯上了三楼,推门而入,进了一间宽大的带套间的病房。

里面一个穿白大褂的和一个穿军便服的老人正热乎地聊着天。见他俩进来,白大褂迎了过来。那老人也脸露微笑。

钟波达忙做介绍:"忻飞,我在电话中联系的就是这位医生,他可是位医林高手!"

白大褂忙连连摆手,他脸色清癯。

钟波达扶忻飞坐下,一边轻声对他说:"我可不是吹,他是顶级的战伤专家,你这次也算是战伤吧?不过只是小伤,他可是能看各种大伤的,也一直在为我们的老将军看病,你瞧这位老人,是曾经身负十多次伤的老红军。"

"他就是你讲的参加过长征的老红军?"忻飞惊奇地吐了吐舌头,"嚯,在街上遇见还以为是个退休工人呢!"

"哈,没错,我年轻时当过打铁匠。"老人的耳朵还特灵,"小伙子,你就是那个爱想入非非的忻飞吧?"

"什么想入非非?"忻飞有点摸不着头脑。

"你不了解我,我可听说过你不少故事啊!以后亲口对我讲讲。我就爱听故事。"老将军随手指了指窗台上的一台袖珍收音机,"先前我正在听袁阔成的《三国演义》咧!"

这时,医生已在仔细检查忻飞的伤情,他说了几个动作口令,又伸手在他腿上轻叩了几下,然后连连摇头,"怎么会这样?再拖下去,你要变成瘸子的。"

"啊……"忻飞吃惊得嘴巴张了张。

医生听忻飞断断续续讲了受伤的经过,随后口气不容商量地说:"明天你就得住院!"

"这,这可不行!我要回公司!"忻飞不答应了。

"嚯,什么紧急情况比你身体更重要?"

钟波达对医生解释:"他心情不好,遇到了大麻烦。"

"哦,遇到什么困难了?说出来听听。我遇到过的困难也很多。"老将军在床上直起身子来。

钟波达一时难以说清,支吾着打了个比喻:"就像当年打仗,部队到了乌江边,前方没路,后有追兵。"

"我听不明白,你说的是项羽兵败到的乌江?还是我们红军长征到的乌江?这两支军队的精气神和结局就大不一样啊!"

忻飞听着,眉心一跳。

·33·
老将军与创客成了忘年交,"突围转进"谱新篇

忻飞不得已住了医院,病不饶人,但也因病结友。

他与老将军做起了"邻居"。尽管住在两幢楼,但在医院宽大的草坪上,两人还常见面,除了巧遇之外还有"约会"。这场景在不明内情的看来有些奇怪,老人拄一根拐杖,年轻人却坐着轮椅,而且一谈起来似乎没有年龄隔阂,谈兴甚浓。

个中缘由就在于各有强烈吸引对方的东西。首先是年轻人就像铁针遇到了磁石,非常要听老将军所讲的在国内和朝鲜战场上的战争亲历,那些在生死边缘的搏杀尤为惊心动魄:长征路上遇到马家军骑兵追赶时,他在山的这一侧看得到另一侧山路上红军的人头被马刀接连砍落,极度的恐惧又转化为巨大的斗志;在朝鲜战场上他凭着"空中拼刺刀"的精神,驾机逼近美军飞机连续开炮,随着敌机凌空爆炸自己也差点钻进了火焰……说到激动时,他手中的手杖便频频挥动,变身为刀枪和战机,老将军的炽热情怀和率真性格极富感染力,忻飞觉得他面对的就是小时候连环画里看到的传奇英雄,既像武松,又像秦琼,还像赵

子龙。

老将军除了喜欢讲"激情燃烧的岁月"外,也会感兴趣向这位年轻人问起当今世界的航空科技发展动态,因为他是第一线的研发人员,"肚里有真货"。忻飞就给他讲最先进的东西。比如讲 X-51A 和 X-37B,不仅讲它们都是高超音速飞行器,还细致介绍两者的不同——前者用的是冲压发动机,后者用的是火箭发动机。又进而介绍它们的来龙去脉和媒体报道,说超级大国正加紧获取对近地空间的控制能力。

"唔!"老将军听得津津有味,啧啧称道,"小伙子,你讲得好啊,比我那个女婿强多了!"过了会儿又说,"我们在空天领域里还要加紧追赶啊!要超过他们!你们年轻人更要豪气冲天!兵贵神速!"

"得令!老将军!冲啊!"忻飞前倾身子积极回应,差点从轮椅上翻下来。

"哎,坐稳了!"陈飞锤伸手扶了他一把,"以后别叫我老将军老将军了,就叫我老陈,这样我们俩靠得近!"短短两个星期,两人就成了忘年交。

这天下午,他俩正在柳树下"嘎山湖",接到了钟波达的一个长途电话,说他正在从天津滨海机场赶往宾馆的出租车上,这次出差是参加 9 月 5 日开始的"第二届中国天津国际直升机博览会"。因为台里通知得晚,他走得急,没能来看望他们,要他们好好休养,回来时会带天津大麻花给他们。

这个电话搅动了他俩的心,谈兴甚浓转为沉默无语。忻飞仰望蓝天,老将军则低头看地。

过了会儿,沙泥地上多了条用拐杖画的阴阳鱼。老将军含笑转过脸来:"我知道你在想什么?你想去?"

忻飞收回目光,点点头。"是呀,当然想去。老陈,您知道吗,在无人机里,直升机也是一种很有独特优势的类型。"上一届天津直升机博览会他就想去,这是我国唯一的国家级直升机专业展会,由中航工业集团公司和总参陆航部以及天津市政府联合举办,为全球直升机厂商提供了展示和交流的平台,有论坛、有飞行表演,还有项目签约。可以搜集到不少有价值的信息。

"哦,"老将军从长条座椅上站起身来,"你知道我在想什么吗?我想我们一块儿去!"

忻飞吃了一惊,瞪大眼看着老将军。"啊?您……"

"你怕我吃不消?我硬朗着呢!"老将军把拐杖当枪扛在肩上利索地走了几步。"怎么样?我们一起来搞个特别行动吧!"见小伙子脸上泛起犹豫为难的神情,立即转了个语调,"怎么,是没胆量还是没办法?连这样一个小小的转移行动都设计不了,还设计什么高性能的飞机?"老人摆了摆手又坐回原处。

这个激将法立时把这个酷爱飞机的年轻人给鼓动起来。当一个富有军事经验的将军和一个富有想象力的年轻设计师合谋起来,一个周密的"突围转进"计划便很快制订了出来。其中的关键一步是忻飞在老将军的医护监视器上耍了点小花招。

第二天,当阳光照亮高干病房,护士要给老将军送药时,房间里却空落落的,被子叠得整整齐齐,只见放着一张粗铅笔写的字条,上写:

"尊敬的医师和护士:谢谢你们对我精心加热心的医护!但我病房住腻了,忻飞小伙子再有两天也可出院了,所以我们稍稍提前点出去了,请他带我在附近转一转,与大自然亲密接触一下。你们见条请别着急,也别搞得风风雨雨,不几天我们就回家了。要再来医院也行,打个电话即来报到。致以革命军人的崇高敬礼。陈飞锤"

而这所谓的"附近"可是离上海两百多公里的飞机上,并且距离在迅速加大,因为他们是在空客 320 的民航飞机上。

老将军为重新"飞起来"兴致勃勃,脸上洋溢着孩童过年般的喜悦。这回他没以老中将的头衔坐在宽敞的头等舱座位里,而是穿着便服和不同职业的普通乘客挤坐在经济舱里,一起聊天和对这架空客飞机品头论足,当周围乘客对我国的民航工业腾飞缺乏信心时,老将军就话音洪亮地告诉大家:"哎,同志哥,眼睛不能给树叶挡住咧,我们的大型客机 C919 也在加紧建造中。这像打仗一样,没抢占先机也别泄气,鼓足劲追上去就是了!"

忻飞也加以配合:"是呀,在科学上叫'后发优势''弯道超车'……"

随后他的一番解释说得周围人们频频点头。老将军脸泛红光,侧过脸对忻飞挤挤眼睛,小声说:"这场协同作战打得好!这就叫传递正能量!"随后又加了一句,"你应该到国防科大去,去报考那里的博士。我来为你写推荐信,写给他们的校长!"

忻飞心中一热,他对那所大学是了解的,不仅有航空航天学院,还在超级计算机研制方面后来居上,两次世界夺冠。听达哥说他采访过国防科大,以后我得请他带我去看看那机器中最聪明的大脑……

飞行了一个多小时,客机安全降落在天津滨海机场,陈老将军没让忻飞通知钟波达来接,而是叫了一辆出租车直奔他所住的宾馆,为的是省去不必要的折腾,"嗨,过去八路军打仗要求不浪费子弹,我们过去就是了,也顺便给我女婿一个惊喜。"

忻飞听了前半句连连点头,但听了后半句却大摇其头:"老陈,这次去恐怕不是惊喜,而是惊吓吧!"

"是吗?没关系。"老将军继而轻唱起来,"我们都是飞行军,哪怕那山高水又深……"但才唱两句,钟波达的电话来了,急急地问他俩在哪里?因为医院已就陈老将军留条离院的事通知了他。当钟波达从电话中得知他俩不但私自出院,竟然已到了天津时,一时吃惊得不知所措,"啊"了半天才回过神来,"我,我马上到门口接你们!"此时他已从展区回到宾馆,正在赶写稿子。

出租车开得很快,接近宾馆时才放慢了速度,透过驾驶窗看见钟波达正在门口急步来回走着。瞧他急成热锅上蚂蚁的样子,陈老将军和忻飞自然明白他们做得有些过了,忻飞怯怯地问:"怎么办?"

"别发虚,兵来将挡,水来土掩。"陈老将军自己推门下车,拐杖拄地。

钟波达喘着气跑到面前,脸色铁青但一时真不知说什么好。

反而是老将军先打招呼了:"来得有些突然,你这个曾经的军人没想到吧?不过我俩对新飞机的情感你不会不知道吧?抱歉啊,添麻烦了!"

这一说倒使这位女婿不好意思了。忙说:"空军老将领来看航展,应该应该,我只是怕你俩身体顶不住。"说着,他严厉地瞪了一眼忻飞。

"别那样瞅人家,是我下的命令。要知道我和他身体都康复得差不多了,是该出来活动活动筋骨了!"接着他话锋一转,"这届直升机博览会办得咋样啊?先听听你这个记者摆摆龙门阵。"

钟波达稍顿了下,硬把情绪缓了过来:"哦,航展办得好啊,很亮眼,你们明天就可以看到我们的明星机型武直-10,上次我是在珠海航展看了它的首次亮相,这次在开幕式上看它的表演那才叫过瘾哪!今早我们一部分记者还有幸到了飞行表演队的机库,在把武直-10推出机库时我还加了一把力。哎,说来真巧,八一风雷表演队就住在这里。来,先登记入住吧。"

随后在上行的电梯上,他们遇见了几个带着风雷表演队臂章的年轻军人,忻飞是格外的新奇和兴奋。不过,更大的兴奋是在第二天在航展上,恰是公众开放日。他们驾着武直-10以密集队形低空通场令人深感震撼,接下来又表演了交叉钟摆、对头绕点飞行等精彩动作,尤其是那莱维斯曼机动更是牵动人心,就见直升机高速拉起跃升,大迎角爬升到顶点,突然间旋翼倾转,机头由向上改为向下,沿原轨迹俯冲返回……当多架直升机在半空中打出一连串闪光诱饵弹时,犹如满天焰火,全场观众喝彩声、掌声顿起,国人的心花与天上的礼花一起迸放。

钟波达看着老丈人高兴的神情犹如畅饮陈年佳酿。是啊,我国这些航空精品的横空出世,不正是多年来甚至是几代人用心血"精心酿制"的成果吗?再看那忻飞像鸭子似的伸长脖子左转右转的神态,无疑他是从专业的角度在细看门道。他突然觉得,他们"爷儿俩"这次心血来潮来天津是来对了!

回到宾馆晚餐时,老将军脸上兴奋的红晕还未退去,钟波达特地叫了些低度酒助兴。喝了几口,老将军突然带着不寻常的微笑把杯子凑近钟波达:"女婿啊,跟你商量一下,我想得寸进尺啊!"

得寸进尺?钟波达没听懂。

"这里离黄河入海口近,我想顺便去看看。到中国母亲河的入海口去感受一下,这可是我好多年来的愿望啊!过去尽管在华东打过仗,但那时哪有空闲去看啊,这次有劳你了,帮老头子完成一个夙愿怎么样?"

"哎,言重了!"钟波达心头一热,"作为女婿能有机会帮助您了却一个心愿,那是求之不得啊!"他举杯与老丈人"当"地碰了下,"但我有个要求,您今晚必须早早休息,睡个好觉!哎,这两天奔波下来,您老身体感觉如何?"

"好,好得很哩!"老将军此时的表情有些像急于春游的孩童,"前些日子还感到身体有些发虚,但这几天脚头精神头忒棒!"

"那好,我来安排下路线。"他把手机上的百度地图打开,看了一会儿说,"我们可从两大油田穿过,这样最快捷,明天我去借辆车。来,小伙子,你也来看看……"

忻飞顺着他的手指看到了一条经沾化、垦利到黄河入海口的沿渤海湾的行车路线,当达哥的手指划过大港和胜利两大油田时,他的眼前浮现了井架林立的图景。

第二天,当他坐在副驾驶位置上时,所看到的远胜于想象,两大油田正处于海陆交界面上,公路像一条黄色游龙穿行在水塘、树林和草甸杂处的滩涂上,散布其间的一座座采油树不断上下点头,好像在热情地欢迎他们的到来,不时还能看到远近有不少高大的发电风车。大油田与风车群相伴,在夕阳的橙红色光芒中,引发了他们关于绿色能源的思绪。

"这好啊!"老将军亲切地看着一架由远而近逐渐变大的转动着的风车,"不能老是做从地下挖化石资源,放到地面上烧的勾当,这一百多年经济大发展的代价实在是太大了,再下去就划不来了。像我们坐的这汽车,"他拍了下坐垫,"现在好些大城市,包括上海,它成了第一大污染源!坐着舒服,心头难受咧!"

"汽车还是人们注意到的,老陈,有些我们没看到的污染其实也很严重。"忻飞接过话头,"一架飞机完成一次飞行任务就要烧掉几吨到几十吨燃油,如今世界上每天上天的客机、战斗机多达上万架,加起来在大气层里排放的污染那真是厉害了去了!"

"唉,人们有时是'眼不见为净'啊!"老将军叹了口气,"小忻啊,你的飞机会咋样啊?"

钟波达在一旁大为惊讶:这爷儿俩什么时候以"老小"相称了,多少将校进出我老丈人的家门,哪有谁称他"老陈"的?可见他俩这缘分不浅哪!

"您放心吧!"就听忻飞自豪地回答老将军,"我们的飞机一开始就用清洁能源,以后也可能用氢能源或太阳能。哎,你们知道吗?现在世界上有架太阳能飞机叫阳光动力一号,正在做环球飞行,去年从阿布扎比起飞了。"

"哦,听说过。"钟波达敏捷地打着方向盘越过坑洼,尽可能让车走得平稳些,"这架飞机好像还要来我们中国,但太阳能飞机飞得慢动力不足,要是你们的无人机要想变身为空天飞机的话,那就要克服地球强大的引力,用太阳能可能不行吧?"钟波达抓住时机提问,他知道现在有着很好的深谈氛围。

就听忻飞回答:"嗨,可不要小看阳光的威力,比如用放大镜把阳光聚焦后,就能点燃火柴,古希腊的阿基米德,还曾用多面大型反射镜来聚焦太阳光,把入侵的敌人舰队烧掉。这其中的关键是看转化的效率。就像同样是烧火煮东西,用普通锅和压力锅大不一样。再有,如今的特斯拉汽车充电后不仅能跑好几百公里,在时速方面也有了很大提高。我们要抓紧寻找更好的能量储存材料,也需要转换机理的新发现,这些都离不开出色的分析和计算。"

钟波达舔着嘴唇入神地听着,似乎在咂摸这每一个字的味道。他们新无人机的"秘密"无疑就隐藏其间。

晚上入住小渔村的小饭店。昏暗的街上只有一家小超市。他们简单买了些吃的,泡杯清茶,坐到小晒台上。此时万籁俱寂,背后衬着灿烂星光,忻飞有种奇妙的错觉,好像他们三人正坐着飞船闯入了宇宙空间。视野特别开阔,激情溢满胸间。

忻飞情不自禁地说:"要是现在能看到我们的空天无人机冲上苍穹该多好!可就是怕梦想难以成真啊!"

老将军俯身把茶杯的盖子揭开,奇香扑鼻。"忻小伙,你气色不太好,胆囊不行吧?"

"没有呀,只生过盲肠炎,开过一次小刀。"

"那医生会不会在开刀时弄错了,把你胆子拿掉喽?"将军啜了口茶。

"不,不会吧?"忻飞惊诧地看了一眼钟波达。

钟波达忍不住笑了:"老将军是在跟你开玩笑,你小子听不出来吗?"

"不,我可不是开玩笑,"老将军正色道,"你们要知道,人的梦想只是种子,而信念才是浇灌它成长的最好养料!我们年轻时在长征路上当突击队,就是靠着为人民敢打必胜的信心和胆气,才攻克了一道道常人看来绝对拿不下的难关!那泸定桥、腊子口自古都是'一夫当关万夫莫开',还有那技术高超的美国王牌飞行员真像是天上的妖精,但我们的信念和斗志会激发出无穷的战斗潜能!"他爽朗地笑笑,一边拿起蒲扇把讨厌的蚊子一通扫,然后语重心长地说,"呵,在我看来,你们创客就是和平年代里的突击队!你们的知识比我们丰富,能耐比我们大,但如果你缺乏有我无敌的气概,那你在战斗意志上就输了!你就创造不了奇迹!"说着,伸手在忻飞肩头重拍了两下。

"对啊,生命之精彩就在于挑战不可能。"钟波达给老丈人和年轻人续起茶水。

"这话我赞成,这里面还得包括挑战生命自身的有限!"老将军端起茶杯饮了一口。

茶壶悬在半空,钟波达一愣:"您老这么想?"

"是啊,此话可不是心血来潮。记得有一次疗养时我和一位大学哲学教授谈到生死问题,他说人们对于有限生命的超越有三条路:一是虚无主义的超越,觉得人生来就没意义;二是宗教式的超越,自造幻象有点像服了麻醉药;三是通过审美达到心境上的'天人合一',认为'宇宙即是我心,吾心即是宇宙'。呵,这很有意思啊!"老将军唰唰摇了两下大蒲扇,"可我总觉得应当还有第四条路,你们赞成不?"

钟波达刚想笑,但很快收住了,因为他想到了一句话:"天无绝人之路。"

而忻飞只感到有股神奇的力量随风注入心间,他不由点点头,仰望璀璨的银河,瞳仁里满是熠熠星光,有一个声音在心底呐喊:"去勇敢而坚定地挑战不可能吧,人可是宇宙的精灵!"

一颗流星划过天际,接着又是两颗,犹如特别的信号弹,天地显得异常高远而神秘莫测。

一个电话打破了沉寂。钟波达拿起手机,是马葛亮来电:"刚得到有关部门通报,施道环在美国因心梗暴毙了。"

"哦?是真是假?"

"你猜吧,奇怪的是,他死在了亚利桑那州图森市的霍普金斯山上。那山上有着世界十大天文望远镜之一的多镜面望远镜。呵,有新情况再告诉你。"

钟波达缓缓放回手机。这消息来得蹊跷啊,敌人就这样悄然罢手了?还是酝酿着更大的阴谋?他把这消息告诉了忻飞,忻飞也颇感奇怪,光头大师死在了这么一个地方,他是怎样一个人啊?

次日他们起了个大早,乘坐越野车穿越晨雾中的芦苇滩,驶向黄河入海口,这附近已被划为地质公园。在码头上,他们移坐驶往黄河与海水交汇区的小游轮。随着船行,黄河口成喇叭状越张越大,那船机的轰鸣声还夹杂着歌声,原来是老将军在低沉吟唱:"黄河之滨集合着一群中华民族优秀的子孙……"

钟波达知道,老人一定是想起了当年的峥嵘岁月,果然他唱毕又感慨道:"我年轻时多次在黄河边行军打仗,有时在岸边山岭上会迎风吼上一句,'黄河之水天上来'!这可是我在八路军中最早会念的诗句,也是我当时最真切的感受!可今天我到了这里却发现,李白这诗句还可这样念:'黄河之水天上去'!"

"黄河之水天上去?"钟波达和忻飞听了哑然失笑。

"是啊,黄河携带着百川之水在这里入海,而后又蒸发到天上,再化成雨水滋润大地。这就是转化之妙啊!所谓'一生二、二生三,三生万物',也同此理。就连当今所谓的万物'互联互通'其实也暗合于此!小伙子,你赞成不?"

忻飞不禁由衷点头,而钟波达对老将军说话有时隐含哲理是早有体会的。

渐渐地,附近已看不到堤岸,船随滔滔黄河水已进入茫茫大海之中,海天一色,只有鸟儿在伴飞。

游轮拉响了汽笛,老将军激动得身体往上抬了抬,又拄仗而起,钟波达和忻飞忙扶他站稳,就见他极目远眺而有泪光闪烁:"今天我随黄河之水来到了海洋,感到特别的畅快和感动。我们中国有句古话叫'望洋兴叹',曹操曾说'老骥伏枥,志在千里',我也有好多事没来得及干哪!但不久将化为泥土尘埃,遁入无边的黑暗和寂静,心有不甘啊!"

他们没想到老将军会发如此之感慨,而同为生物体,自己也因将殊途同归而谐振。但钟波达还是衷心祝愿老丈人:"您老今来黄河入海口,会福如东海,寿比南山!"忻飞没说出什么,因为他知道那样的话是苍白的。

老将军的话音在继续:"人生易老天难老。说到底,天是最奇妙的!"

"它就像块帷幕,隐藏着许多秘密和能量。"忻飞若有所思道,"它还像块魔布,能变出意想不到的东西来!我想握住它的一角!"

谁能想到,就在他们返沪后的第二天一早,护士查房时却发现老将军没有醒来!

这一消息来得太突然,真如晴空霹雳!陈苏红、钟波达、林之风以及忻飞都相继赶到了病房,他们晕了,蒙了,傻了!万万没想到老将军的离世来得如此之快!不过也真应了那句老话:生命其实只有一张纸那么薄。

房间里挤满了家属和医护人员,忻飞站在门口,听到里面的号啕哭声也看到了"老陈"安详的遗容。刺耳的议论声不时扎进他的耳膜:老将军肯定是因为跑到天津太累了,不然不会走得这么快!那小青年"太没清头了"!指责声最高的是哭红了眼的陈苏红!她也责备丈夫钟波达,没能见到老丈人后立即把他送回上海!只有将军夫人没说什么,她似乎伤心过度泪已干。

忻飞脸色惨白,自责不已。极度悲伤和心理重压几乎使他要跪下来,他扶在门框上的手颤抖不已。好在医生澄清说,他昨晚对老将军做过身体检查,并没有过度劳累的症候,结合他的高龄,他在睡梦中辞世应看作蜡烛燃尽的自然之死。而他之所以能以较好体力支撑这次向往的远行,是人体走向生命尽头时常会有的"回光返照"。这才使得对忻飞和钟波达的"声讨"告一段落。

一位开国将军、长征老红军的辞世惊动了方方面面。但遵照老将军的遗愿,不开追悼会,不搞遗体告别仪式。在火葬场的一角,忻飞透过树冠呆望着那袅袅上升的白色烟气,一缕缕融入天空。恍惚中他蓦地看到了有个白色的老将军的面孔映现在天上。但那出现也就是几秒钟之间,再定睛看就没有了。

等到陈苏红他们走了,忻飞才最后一个闷闷地离开火葬场,走了一段路后没料想一辆玛莎拉蒂无声地滑到了他的身旁,车门打开,林总招呼他上车:"忻飞,上来吧,我送你去公司!"语调温文尔雅但不容置疑。梦韵在副驾驶座上,她的目光包含着责备和探询,到现在她也不清楚他和老将军的天津之行的具体情况。

忻飞低着头上了车,刚要关门,尤子奇的圆胖脸出现在后车门边:

"忻老弟,钟波达和我正分头找你呢,你去哪儿啊?"

"哦,我回公司。我已有几个星期没去那儿了。"

"你给达哥发个信,他正在停车场等你呢。哎,林总,那我也搭个车吧?"说着,他半个屁股已坐了上来。尤子奇就是这样,有些玩世不恭而所向披靡。

林总把身子往左边移了移,笑着说:"别说搭车,就是专程送你也没问题啊!"

玛莎拉蒂总裁车轻快地飞驰起来,上了漕溪路高架。

车子越过苏州河,来到那幢旧仓库前停下了,一行人下了车,现在这楼除了外墙还留有原来旧仓库的红砖和水泥柱外,门面已装修得完全是一个现代办公楼,事实也确实如此,那门旁增多的铜质铭牌上,增加了某某创意公司以及外国公司的培训点。忻飞紧咬嘴唇,脸上的表情在急剧变化,因为他看到他的"奇飞"公司的牌子已换成林总公司的研发三部了!

林总自然注意到了,率先迈步进入大门,他们坐着经过改造的老式电梯上了四楼。在秘书梦韵的引导下,穿过美观而气派的大幅玻璃门,看到了右侧沿窗铺展的是一张张带转角的写字台,显然这是员工区,左侧是一张放着各种咖啡和饮料的白色长条大理石台。紧挨着的是间放着跑步机和哑铃的小型健身房,林总得意地说这是他们公司的"标配"。随后他们走进了忻飞原来的办公室,宽大的褐色发亮的"老板台"和高档牛皮转椅引人注目。梦韵转过身来对忻飞说:"这里的布置都是林总特地为你费心安排的,"她的语调是机械的,失去了往日的灵动,因为她明白这次公司变动对他梦想的打击可能是致命的,"后面还有一间卧室,林总希望你劳逸结合,工作愉快。"

可忻飞愉快不起来,因为那垂挂着的各色飞机模型也都"飞"走了。"变化真大啊!"

林总志得意满地说:"我把三楼的整个楼面也租下了,正在装修。"他拉起忻飞的手,"希望有不凡的结果。"正在这时,走廊里一阵脚步响,原来是唐老鸭进来了,他兴奋地抓住林总另一只空着的手,"林总您来怎么也不通知一声,好来接您呀！今天是星期天,员工没上班,不好意思。"

林总大度地说:"这没什么,不要老是叫员工加班,转型嘛不能来得像汽车急转弯,那要出事的。但后面要抓紧！你这个副经理要好好配合忻飞忻主任！我昨晚还看了一份凯莉发给我的很有分量的行业分析报告,在2015年和2016年,通航产业的利润将达万亿！我们公司可要好好分一杯羹！"

"时不我待,我现在要开始工作了！"忻飞招呼小门神过来,"你这就下去把我们原来的牌子换上,现在新老公司在业务和财务上还没有完成交接,以后挂新牌也应搞个仪式。"

林总有些吃惊,但也没表示反对,可他在心里说:我不怕你招法多！就是拖上一个月也没关系。如果你是孙猴子,终将逃不出如来佛的手心！"梦韵啊,你给司机打个电话,让他把车开过来。"

而尤子奇则独自继续参观,看了行政区后又推开消防门,看得还特别仔细,甚至走到安在外墙上的露天铁梯上,进而看到的是后面一大片拆迁中的旧居民区,大悦城的游览大飞轮在不远处缓缓转动着。

三天后,小门神踩着滑板赶来电视台向钟波达报告,说忻飞陷入了很大的痛苦,他把自己关在办公室里又拍桌子又扔杯子。

哦！怎么会这样？钟波达最担心的就是忻飞连遭"厄运"后的承受力,忻飞的心里有"岩浆"在奔涌、在积聚。它会喷发,但朝哪个方向至关重要。至于是摔杯子还是摔盆子都无所谓,重要的是他可贵的创造能量不要随着愤怒白白散失了,所以他没做评价,只是问了一句:"你们公司的业务还在正常进行吗？"

"别提了,忻飞回公司的第一天就通知大家放假两个星期,他说他出去多少时间,员工同样可以自行安排多少时间。所以现在公司里没什么人,静悄悄的。"小门神还把林总上次来时忻飞要他换牌的事说了一下。

那就是说,忻飞对奇飞公司还是情有独钟的,但他把员工放走不是自相矛盾吗?"走。我现在就跟你去看看!"

半小时后钟波达见到忻飞时,就见他正在吃方便面,一脸倦容,脸色苍白。"晚餐就这么对付?身体要搞坏的,我们一起到下面吃个饭吧。"小门神也凑上来:"好呀,我也没吃,楼下转个弯就有个洪泽湖人开的小餐馆,我请你们吃小龙虾。"

"哪能让你请客?不然你们叫我达哥不就白叫了?来,走吧!"说着,把忻飞拉了起来。

来到那个街边餐馆,钟波达要了一大盆小龙虾和三瓶啤酒。吃喝时,钟波达没有劝说什么,他知道对与忻飞这样高智商的人来说那一套是无用功。因而是完完全全的聊天,海阔天空,好在他经历和见识最多。当半盆小龙虾消灭后,他似乎是随意地问:

"哎,你们知道天上飞的鸟是从什么变过来的吗?"

"鸟是什么变过来的?这倒不知道。""想也没想过,不过这问题有意思!"正当两人乱猜之际,钟波达笑道,"你们这样猜下去,就是猜到天亮也猜不出来,还是我揭个底吧,是恐龙!"

"什么?就是自然博物馆里那比大象还大的恐龙?"

"不会吧?打死我也不信!"

"没人会打死你,但你必须信,因为这是科学,我过去到辽宁采访,亲眼看到过这方面的化石。"

哇哦,两个年轻人的脸上满是惊讶。

"你们想,从体形庞大笨拙的恐龙演变为轻盈会飞的鸟,这过程中要舍弃些多少东西啊?但它最后赢得了天空!"

听到这话,仿佛有根银针扎到了忻飞的穴位上,他一下子抬起眼睛,和钟波达对视了下。

这顿饭吃得很轻松也很成功,钟波达很满意。哪想几天后小门神又急匆匆地来了,这次他的神情语调更慌乱也更紧张了!

小门神告诉他,忻飞已经好几天不出办公室了,连食物和水都是他递进去的。忻飞不见任何人,电话也不接。公司里一片哗然,当然这个"哗然"牵涉到的没几人,因为留在公司里的人只有唐老鸭和小门神,还有从美睫美甲店转业来的前台小姐。但博士似乎要"夺权",公司内部面临危机。林总派梦韵来了,但忻飞居然也不让她进他的办公室。

钟波达这回深感意外了,难道忻飞还没从心理阴影中摆脱出来?还在被情绪的旋涡卷着往下掉?呀,心灵黑洞有时比自然深渊还要深。当夜,钟波达做完节目后就匆匆赶了过去,但这回他没有走进那幢仓库大楼,而是又上了大楼斜对面的住宅楼,在公用走廊里往忻飞的房间望去,就见窗帘拉着,而过去忻飞是不喜欢拉窗帘的,沉沉夜幕中那窗帘所透出的光线又相当亮,他在忙什么呢?!

钟波达走上一层楼想换个角度再看看,不想来到上面陡然发现尤子奇也在!只见他正用军用望远镜在观察着对面。尤子奇闻声转过头来,两人先是惊讶继而理解地伸手一击掌。"看出什么名堂没有?忻飞会不会像过去休斯把自己关进房里那样,沉沦了?"钟波达先问他。

尤子奇摇摇头:"不,我感觉不像,两天看下来了,这灯光几乎亮个通宵。而且这窗帘白天也不拉开,我觉得他的房间像是个魔盒!有什么东西在孵化,在畸变,说不定会跑出个怪物?"他爱开坑笑地抬起双手抓挠着。

"是吗?"钟波达也举起望远镜,但效果与下面看的差不多,那窗帘居然没留一条缝,在镜头中他看到有只苍蝇在窗玻璃上瞎碰撞。他想,要是这苍蝇是敌方的微型飞行机械,那也是无法窥见其中秘密的。

这时尤子奇拍了一下他的肩膀,亦真亦假地说:"该进去探访一下了,我们当军事记者的在这方面应该有能耐!对吧?"

钟波达非常清楚他这老朋友的行动力,为获取新闻有时会不择手段。他摇摇头。

"你担心我会擅入啊?"尤子奇含笑也摇摇头。他是个何等聪明的人物,第二天他就找了林总,征得了他的同意,因为这公司的所有权已归属林总。林总要他把情况带回来。

当天夜里尤子奇就心安理得地"持证上岗"了。他头扎安着"鱼眼"的迷彩布条,身上马夹里揣上夜视镜、小绳梯,以及一把防身和破障兼用的带锯齿匕首。他心里真有点怕怪物。

尤子奇一如既往地很够朋友,之前用短信把情况告知了钟波达,约他"晚上11点前往观摩"。当钟波达赶到时,他塞给他一个手掌监视录像器,随后从大仓库后面的露天铁梯上轻手轻脚走了上去,夜色遮住了他的身影。钟波达在望远镜的镜头中看到,他在建筑暗影中伸手扒开卫生间的窗子,胖身子在窗口卡了卡,但扭动几下还是进去了。

他怎么这样熟门熟路啊?钟波达不得其解。他不知道,尤子奇是最先陪同忻飞回到这里的,出于军事记者的灵敏,那天他就做了有心人。

看不到尤子奇的人影了,钟波达便将视线移到了手中的监视器上,他注意到尤子奇还设定好了同步录像:黑暗的走道……静悄悄的……不远处有光晕,哦,那就是忻飞办公室的门上窗……他能感受到尤子奇又走近了几步……那磨砂玻璃上忻飞的人影在晃动……"哇!"突然传来尖利的惊叫声,像是受到了什么刺激而发,如猿啸,如狼嚎……画面抖一下低了下去,显然尤子奇受到了惊吓而蹲下了身子……过了会儿,镜头又前进了,抵近门上的磨砂玻璃,有手指在玻璃上抹了几抹,窗玻璃的一角变清晰了,啊,那手上肯定沾了水或唾沫……镜头凑近这透明的一小块:

看见忻飞了!只见他正俯身在一架银色无人机旁,这无人机的机身有一张写字台那么大,还有个气泡形的座舱,似乎也可坐人。机翼正在自动变形。忻飞手持一个东西在挥动着——钟波达认出那是个智能光标,面前有好几个显示屏,上面数据翻滚曲线变化,映在他脸上的是各色变幻的光影,此时的他像个乐团指挥,又像个像个巫师!脸上的表情如痴如醉……

·34·
试飞天门，波诡云谲天外天

新月如钩，穿云破雾。

树影摇曳下，尤子奇眼睛放亮地从钟波达手中拿过监视录像器，说马上要给林总送去，他得履行"君子协定"，事先约定过要信息共享，当然他与钟波达的关系远胜于君子，那是生死兄弟，一有"战果"，立马转告。

钟波达跟着他走到街上，看着他钻进一辆出租车，转眼没了影。他也上了自己的吉普，但就像行驶在云朵中心头发飘。这场"观摩"如一场急雨般来得快去得也快，当时来不及恰当评估和反应。现在想来，此事非同小可，如果尤子奇拍到了重要东西，那会带来什么后果难以预料，须及时跟进充分感知！他扫视下路面，迅速调转车头，车轮发出急切的嘶叫，他从旁观者立马变成了追踪者，奔向林总的家。在第一个路口吃红灯时，他抓起手机拨通了马葛亮的电话，又切变到免提模式，通报了刚才的情况。

马科长的语调里透着战友般的信任，"我知道你会找我，我已从布设在忻飞公司外的摄像头里看到了你们的身影，尤子奇的举动非同一般。刚才监测到他身上的信号源相当强，接收距离可达两三公里，已超出了现场之用。"这就意味着，在钟波达闷头观看尤子奇爬楼之时，另在不远处可能也有人在神不知鬼不觉地实施录像，而他那方面对录像内容的分析研究可能已经开始了！

钟波达感到背脊上透着股凉气！在短短半小时之内竟悄然上演了一出"谍中谍"的短剧！

在深夜迷离的黄色光晕中,吉普车疾速穿越车稀通畅的延安路隧道,他的思绪也在飞转:如果是那样,那尤子奇将探知的信息发给了谁?或者说他也不知道自己充当了"免费中转站"?而他那个摄录设备是从哪儿来的?车子跃出隧道口,陆家嘴的景象与白天像换了个世界,那巨人般的高楼大厦像沉睡的巨兽,主干道上的灯光横幅像它醒着的神经,它变换播映着世界各主要城市的气象和股市信息,巴黎、香港……钟波达心中一动。不久前尤子奇去香港会过他的约稿方,他们之间……他眉峰耸动。

钟波达赶到汤臣一品时比尤子奇还早,以致尤子奇在大门口见到钟波达时浑身一激灵,连揉了几下眼睛,以为自己有了幻觉。

钟波达上前拉住他的手,"别揉啦,再揉还是我,我有分身术!"

"你,你怎么也来了?"尤子奇大惑不解。

"跟你一样做新闻的,你懂的!"

"嘿,兄弟之间就不用抢新闻了嘛!"尤子奇拉住他的手,一并朝里走去,"这样这样,中国这边的新闻你来发,国际上的由我来!"

当天夜里,林总和马葛亮两方面对录像内容的分析都在加紧进行,军地专家的分析进程还"不分彼此"。那透过浸湿的磨砂玻璃一角所摄录的数据流毕竟有限,而详加分析下来并不完全是飞机方面的参数,还有些不知是哪方面的,但又似乎非常深奥复杂,短时间内读解不出,得另请高明。钟波达由于和马葛亮保持短信联络,这两方面情况都有所掌握,心里明白也都不得不暂且收工了。

钟波达端着咖啡杯来到了宽大的阳台上,浦江两岸繁华的灯光已暗淡下去不少,大上海森林般的建筑变得影影绰绰,但海关大钟的金黄色钟面却愈显明亮,提示着时间正无情地流逝,指针已指向凌晨两点。钟波达最担心的是对手比他们领先获取了重要信息,从而赢得行动的主动。钟波达的手指不由烦躁地在扶手上连连叩击着。

"在弹什么呀?肖邦的夜曲吗?"尤子奇打趣的声音在耳边响起,他也端着咖啡来到了阳台,远远望见万豪酒店那透着光的三角形顶端,他有感而发,"上次我在万豪听凯莉弹夜曲还真难忘啊!"

"不知凯莉在美国忙什么,尤老弟啊,你这次去会你的新闻买家,怎么不去美国而到了香港?"

"噢,是我老顾主介绍了一个新买家,这对于我们自由撰稿人是常事,跟你们这边不一样。"尤子奇及时收口,似乎不愿多谈这个话题。

飘散的咖啡醇香中突然混进来一阵刺鼻的烟味,只见林总手夹雪茄也走上了阳台,他把精致的银烟盒递到他俩面前,"来,抽一支,提提神。"

钟波达点上一支深吸一口,然后把夹着的烟卷往下一划,红亮的烟头犹如激光笔划过黑缎带般的黄浦江,"你们说陆家嘴这边的黄浦湾像不像香港的维多利亚湾?"他巧妙地又"迂回"接近先前的话题。

"哎,是有点像,都是两岸高楼夹峙。"尤子奇不喜欢抽烟,随手摸出颗口香糖扔进嘴里,这是他最好的提神方法,"嗯嗯,只是维多利亚湾更宽大些,那毕竟是海啊!"

"江海相通嘛!"林总手撑着扶手,丝质领带随风飘起,潇洒的风度中有一种雄视天下的傲然,"现在的上海常会牵动世界的眼光。你们看,近些年世界五百强企业接连落户这里,为的是灵敏地感受这里,借道这里!在我这幢大楼旁边,有一巨型LD屏幕每晚都照亮陆家嘴江面,那上面的一句话说出了很多人的心声——"

尤子奇虽嚼着口香糖但还是迅速接口道:"我爱上海,我爱魔都!"

"没错,魔都!在这里当个出色的魔术师那会令世界瞩目的!"林总激情难抑,吐出一口烟。

钟波达想到了他要忻飞研发的"傻瓜型通航飞机",无疑林总看重的是巨大的市场和盈利。但聪明人一叶障目也是常事,林总并不明白忻飞最热衷的研发会给世界带来多大的震撼,那才是盛大的魔幻演出啊!

林总转过脸来:"现在时间晚了,你们两位今夜就住我这里吧?"

"好呀,恭敬不如从命,"尤子奇像受感染地打起了哈欠,"那就谢谢林总的好意啦!"

"我就住浦东,回家方便。"钟波达掐灭烟卷,当即告辞。别看他与林总他们谈得有滋有味,心里边却火烧火燎,他要把新的线索及时告知马葛亮。

钟波达拖着疲惫的身子回到家里时,裤袋里的手机突然响了,在寂静的夜里显得刺耳而不同寻常。陈苏红给吵醒了,她那穿透力极好的播音员嗓音越出卧室:"哟,你回家晚也就晚了,还把电话铃声带回家。半夜机(鸡)叫!"

钟波达忙躲进卫生间接电话。起先以为是马葛亮打来的,一接听不由惊喜交加,是忻飞打来的!声音里透着极度兴奋:"达哥,我们的新无人机'隐剑二号'已经做出来啦!我第一个告诉你,一起来看试飞好吗?"

"好,好呀!我一直在盼着这一天!我一定来!"钟波达也激动难抑,"你们到哪儿试飞?"

"张家界的天门山,我想明天下午出发!"

"你可选了个好地方!预祝首飞成功!"钟波达知道天门山可是世界上最好的竞技场所之一,近几年里,各路"极限"高手相继献艺,有俄罗斯空军特技飞行表演队驾着重型战斗机的冲天呼啸,有法国轮滑大师布朗杜挑战99弯山道的成功滑降,更有美国的顶尖翼装运动员杰布·科里斯穿越天门洞的惊世飞行。不知忻飞这次献演的是哪一出?

钟波达心里高兴得就像揣了个欢蹦的兔子,但开门出来时还是没忘轻手轻脚,不想陈苏红已起身在厨房里忙活着,待他洗好手回到客厅,她已端了一杯牛奶和几块蛋糕出来:"喂,你'半夜鸡叫'没有周扒皮的下场还有点心吃,好福气呀!"她穿着睡衣、蓬松着卷发,就像一个睡美人。

他一拱手:"多谢娘子,快去睡吧!"

不想妻子干脆在他对面坐下了:"喂,你在搞什么名堂啊?这后半夜的电话是谁打来的?不会就是那个给我们家添乱的年轻人吧?"她心里对忻飞和老爸结伴去天津的事还是余气未消。

钟波达拿起蛋糕却没顾上吃:"你还别错怪他,你不是说你是最了解你爸的吗?要是老爸在你面前说要去天津航展,你拦得住吗?"

妻子睫毛动了动没说话。

"你呀也没想想老爸为什么特别喜欢他?"钟波达突然觉得夜里做思想工作比较见效,这当主持人的白天特忙心也浮躁,这急性子老婆更是听不进他的半句忠告。这当儿得乘胜进击!"苏红,你知道夜这么深了忻飞为什么还要打电话给我吗?"

"有什么大麻烦吧!前几天梦韵还跟我说起过忻飞把自己关在房里,连她都不理不睬。忻飞胸闷了是要找你这大哥倾诉?你可不行,他该找我们台里《相伴到黎明》节目的女主持人。"她随手从茶几下拿过面膜盒,给自己敷起来。

"牛头不对马嘴!"钟波达摇了摇头,"你可猜不到,忻飞的新无人机研发出来了,刚才他是第一个打给我报喜!"

"呵?他还真把那飞机做出来了?!"陈苏红突然扬起那张只露出两个眼睛的白生生脸,"我听你说过,那可是空天飞机呀!"

"哟,半夜三更可别吓我!转过去,转过去!"钟波达把视线移到他的食物上来,"你记得这么一句成语吗?'精诚所至,金石为开'!关键他能全力以赴,对事业的规划设计有眼光有定力,而不像浮萍随风飘动,见异思迁。"钟波达一边说一边吃着。

陈苏红呆了会儿,又拍了下他的手。"你别阴不阴阳不阳地数落我,我服你这个理。哎,我觉得你对他的感情比对我还深哪,真好似亲兄弟!"

"嗨,这是桥归桥路归路!实际上我对他的感情比对亲兄弟更深,因为他可是我们社会探索创新的尖兵,犹如一把剑的剑尖,既尖锐但也脆弱,需要剑身的支撑,更要唤起社会更多的理解和支持,这也是我们传播工作者的责任。"

"你搞军事节目的,怎么想那么多?"她抬手拉下面膜,不知是为了

· 34 · 试飞天门,波诡云谲天外天

让钟波达多看看她,还是为了更清楚地看明白她的丈夫。

"你看过我床头放的那本《世界传播与文化霸权》的书吗?法国传播学者阿芒·马特拉在其中,把战争、进步、文化作为传播的三个支撑点。我是深为赞同的,传播因战争而生,但后来更多地关注整个人类社会的进步。军事节目并不光是介绍先进兵器和分析战例,传播先进文化也是其重要任务,而且手段是可以丰富多样的。我这次做军机的纪录片也会做次新探索,你来当解说吧,等配音时我会给你提要求的。"

"哎哟,行啊!你还记得你刚转业时,我还当过你的老师哩!连前后鼻音都分不清,老是跟着我问这问那,哼哼唧唧,像个八哥鸟似的,没说错吧?"

"啊啊,"钟波达并没听清妻子说的话,他突然想到刚才自己所说的,不正好为明天见李主任要说的理了个思路嘛,得让我们军事节目组派个摄制队!

没睡上一两个小时,钟波达就早早地赶到台里,在第一时间里说服了部主任李瑛。这位年轻干练的女领导深为赞同,只是时间过紧,技术中心不可能派出人去,说让小武跟他一起去,他的摄像业务不输给专业摄像;还答应派辆采访车去,为此她专门去找了台领导。钟波达大感畅快,"那好呀,有采访车正好可以让忻飞一同前往,既帮他省点钱,也便于路上采访。"他当即打电话给忻飞。

而与此同时,马葛亮也差不多在做着相似的工作:上报情况,求得支持。但过程要复杂一些,部队走程序更严格,地方安全部门又得协调,好在前一阵子就忻飞的无人机研发项目军地安全部门有过沟通合作,"升级版"总好做一些,加上熟悉情况的杨司令又调任军区空军任职,并晋升为少将。他在副司令员的岗位上有效地疏通了"瓶颈",马少校所要求的"隐形保护"方案得到了批准。一通忙下来,他是口干舌燥,喝下了一整瓶可乐。

随后他与钟波达互通了情况,当然电话里不便多说,一些用词他们两人各自肚里明白就行了。"达哥记者,待会儿我派人给你送一个加密的可视对讲机。但愿我们两个就像'哼哈二将'能护驾成功啊!"

下午2点,忻飞和小门神按时来到了电视台搭车,钟波达已提早等候在门口了。钟波达看到忻飞时,很是吃惊,就见他经过这阵子奋战已瘦得落了形,衣服皱皱的,眼睛里带着血丝,胡子拉碴,头发蓬乱,像陡增了七八岁。啊,要出非常之成果就得下非常之功啊!好在蚕蛹完成了蜕变,即将惊人展翅了。

钟波达一把紧握他的手,又搂住他的肩头,有力的手劲传递着热切的问候和鼓舞。"你简直像是从战场上下来的!待会儿在车上赶紧睡觉!这依维柯车蛮宽敞的。小门神,你给看着点。"

"哎,我还带来了电动剃须刀,路上给他刨刨!"小门神起劲地表示。

"这倒不用了!"钟波达对小门神摆摆手。本来马科长关照他要给忻飞化妆,以便路上不被注意,钟波达也约好了新闻综合频道的化妆师。但现在看来多此一举了。他从包里拿出遮阳帽和墨镜递给忻飞。"这个你在饭店和休息区戴上,目标小些。"又问了句,"你们这次去有谁知道?"

忻飞把帽子随手安到脑袋上,帽檐歪到了一边。"哦,林总知道,他派了梦韵作为公司总部的代表,直飞张家界。还有尤记者,他挺关心我的,我也通知他了,他可能明天和梦韵同一个航班。"

"是吗?"钟波达沉吟片刻,挥了下手,"那我们上车吧,向天门山进发!"依维柯面包车里,采访装备他先前已搬上去了,还有压缩饼干和牛肉干。以及李瑛主任特地到小卖部买的牛奶和水果。她叮嘱小武要照顾好钟老师,钟波达却撸了一下小武的脑袋:"还不知道谁照顾谁呢?放心吧!"

车子开动时,钟波达通过加密对讲机向马葛亮通报了出发的时间、路线,以及采访车的车型车号。他隐隐觉得这不亚于一场重要的军事行动,因为涉及空天领域行动能力的突破。他料想马葛亮那边也是紧绷着神经,一张无形的保护网正在撒开。

一路上倒没多说话,钟波达在忻飞补觉的同时,自己也眯眼打起了瞌睡。途中除了住宿一晚外,风雨兼程。但愿那里有个好天气。

汽车在高速公路上犹如离弦之箭,掠过城镇、河流和田野,于下午三点多已进入张家界地面,此时雨后放晴,远望天门山,在一片起伏的绿岭中拔地擎天,雾气氤氲,那千仞崖壁上的透空溶洞真如通天奇门,洞后的一抹天蓝深邃浸心,仿佛连着宇宙黑洞。司机减速正要转弯进市区找宾馆,但忻飞急不可耐地叫道:"别,别拐弯,今天我们就上山试飞!"他眼睛直勾勾地望着天门山如痴如醉。

"好,有句话叫'择日不如撞日',那就今天吧!"钟波达一拍司机椅背,赞同道。他深知此刻的忻飞犹如一个运球到球门的射手,哪能没有临门一脚的冲动?又如同一个拼力冲锋的战士,哪按得住把红旗插上山顶的激情?钟波达掏出手机联系起梦韵和尤子奇,得知他们的飞机也已到了。"好,那我们现在都赶到天门山的上山处会合,不见不散!"他知道,张家界机场离得不远,就在山脚下。

刻把钟后,两拨人马就会合了,热切的招呼犹如影视里两支红军队伍的会师。只是忻飞和梦韵的相见,眼光热切却有些尴尬。在前时忻飞闷头鏖战阶段,给她吃了几次闭门羹。梦韵为他着急为他忧,寝食不安,坐卧不宁,像是相思病却又重于相思病。此时忻飞一脸歉疚,低声说了几句旁人听不清的话。接着递给她一个用绸布包着的东西,她接过塞进了挎包里。这是什么?是致歉信?是生日礼物?还是别的什么?谁也猜不透。

"咔咔咔",尤子奇举起相机连拍了几张,一边咕哝道:"达哥一路上肯定已经有不少采访,我得补一下。"一行人把行李扔在车上,逆着西斜的阳光和下山人流向山上爬去。上到半山腰,身手矫捷走在最前面的梦韵手指下面:"你们看,那就是我们先前来的机场。"

尤子奇举起挂在胸前的望远镜,看了机场又东张西望,钟波达用手肘碰了碰他:"你在找什么啊?"

"听说这里有块鬼谷子先生的化身石,我要拜它两拜。"

"那要到天门洞附近才能看到,还远着呢!"

"天门……真是妙啊,进去不知什么样? 天有九重,云有九霄,深不可测!"他看着忻飞和小门神各自背着一个高出肩头的背包上来,便走到他们身边要帮上一把,却给谢绝了:"这包不重,刚才达哥也要帮忙,我们自己能行。"

尤子奇伸手拍着他们的"藏宝箱"问:"哎,忻飞,能不能透露下,你们空天飞机所用的是什么新动力?"

忻飞若有所思,脚步没停。

"或者说,你觉得世界上最强大的能源是什么? 是核能还是氢能?"尤子奇迂回发问。

"不,人的向往才是最强大的能源!"忻飞语出惊人,令听到的人都不由一怔。钟波达望着他攀登的背影想,极有道理! 这就是"没有做不到,只有想不到"的最好注解吧!

天色暗下来了,游客稀少,山林在偶尔响起的怪异鸟叫中显得异样幽静。钟波达慢慢落到了最后面,这样能看清队伍的前后左右,他目光中满含警戒。蓦地眼角闪过个黑影,转脸一看,左侧几米外有个大蝙蝠,再细看,是个穿翼装飞行服的人! 钟波达不由走近两步,那"蝙蝠"忽地飞走了。他们是运动员还是敌特? 或是马葛亮他们派出的警戒人员? 难以判明。

众人沿着石径走上了一个刻有"上天梯"遒劲字体的宽大平台,这里既是休息处,也是视野开阔的观景台,仰望"天门洞"已近在眼前了,但还需登上陡峭的数百级石阶。

就在大家坐下休息时,忻飞和小门神把两只背包平放到了地上,靠在一起,又悄然拉开拉链。钟波达注意到了,明白试飞马上就要开始了。忻飞会让大家看到些什么"拿手绝活"呢? 会像"无人机教父"拉菲罗·安德烈那样,让无人机架桥、盖房子? 还是在航拍功能上远超大疆公司性能优越的航拍一体机? 或者……

就见两只背包的软织物四壁奄了下来,其中的灰色东西连到了一

·34·试飞天门,波诡云谲天外天

起,倏地伸展出机翼、尾翼,像一只活物,一只灵鸟,扑动着翅膀,在众人的惊叹声中于上方绕飞了一圈,像是致意。接着机翼不动了,似乎出了故障要掉下来,可陡然间,它似一枚射出的利箭沿着的石阶疾速前行,眨眼间穿越"天门",待人们找寻它之际,它突然从众人身后飞掠过头顶,像颗流星直冲天穹,小武的摄像机和尤子奇的照相机拉长焦距在竭力追踪着它。钟波达不时瞄两眼忻飞手中的监控屏,就见上面显示的高度数值已达36公里!他俩注意到忻飞直接用语音操纵它,人机交互非常先进。再看那无人机,从高空"失速飘落"后又贴着山形做起了蛇形机动、翻转、倒飞、直角转弯等一系列动作既炫酷又实用,恍如是把神出鬼没的飞剑。转眼间该机又横滚着飞了回来,犹如宝剑入鞘,悬浮在忻飞跟前。

掌声爆响,还夹杂着游人的喝彩声,但这一切又戛然而止,因为那无人机的形状再次发生急剧变化,突然出现了一个气泡形驾驶窗,啊,这是个兼容有人无人两种模式的无人机!忻飞意气风发地抬腿跨进了座舱。他戴上了小门神递来的头盔,热切深情的目光触及达哥和梦韵的眼睛,然后向朋友和游客扬了扬手,显然他要亲自驾机升空!这着实令大家大吃一惊。他会开飞机吗?但不容他们思考,该机已飞腾起来,升入天门洞溢出的七彩霞光中,然后划了个弧形轨迹向东疾飞而去,转眼间无影无踪!

钟波达和尤子奇忙把脸转到忻飞留下的操控器的监视屏上,它现在拿在小门神手上。那上面不断切换着"远中近"等多种观看模式,钟波达看到了忻飞的面部特写,他神采飞扬!钟波达感觉这架新型无人机作为"空中转播平台"的也是相当不错的。就见它正以超音速的时速越过苍茫大地,方向直指东部大海!

钟波达又对握在手里的加密对讲机说了几句,从试飞开始到此刻,钟波达一直没忘了与马葛亮保持着密切联络,并适时点对点"转播实况"。

其实,该机的试飞航迹一直在我空军的雷达监测之中,这突发情况也同样进入了马葛亮的视野。但这时让他心里打鼓的不仅是这架试飞中的新无人机,还有两架拉开距离进入东海防空识别区边缘的外国无人机!一前一后,好似狼狈为奸,此时它们正在向我无人机的前方运动。

我军两架巡航的歼-10对其迅速实施了跟踪识别和驱离。但那两架"死神"无人机很狡猾,从高空到低空与我战机玩起了猫捉老鼠的"游戏",这场缠斗逐渐远离了"隐剑二号"的飞行路线。

马葛亮松了一口气,那东海上空数百个飞行目标的亮点中已没有了军机的身影。他端起茶杯喝了一口水,然而就在他的视线重回雷达屏幕之际,他的心仿佛被狼爪子抓了一下,决然想不到的惊人一幕出现了,不远处一个原本正常飞行的民航飞机亮点——"猎鹰-7"公务机突然改变航线,如老鹰扑食,迅速逼近忻飞的"隐剑二号"无人机。并施放出强大的电磁干扰,造成了局部盲区。

相隔千余公里的钟波达等人也看到了这一幕,而且比马少校看得更清楚,由于监控屏上的图像直接采自新无人机的驾驶舱,就如同忻飞望出去,清楚看到一架猎鹰公务机采用战斗机截击姿态从右上方迫近。他和尤子奇都知道,这种"猎鹰"是最快的公务机,航程和速度均可与战斗机媲美!生产厂家就是生产幻影和阵风战斗机的达索公司。正待他们要看清它的下一步动作时,监控屏上突然"雪花弥漫"。

"啊,上帝,做梦也没想到是一架公务机发起了电子攻击!"尤子奇惊得忘了拍照。

一分多钟后,钟波达面前的花屏变成了黑屏。而马葛亮面前的雷达屏上的局部盲区也消失了,雷达操作员急急报告:"我方新无人机失联!猎鹰公务机也失去回波信号!"

难道两架飞机相撞全坠海了?!这一切来得太快而怪异,恍如梦幻!

我方的军事和安全部门迅速采取了一连串侦搜措施,出事海空域很快出现了涂有"八一"军徽的舰机身影⋯⋯

天门山上，忻飞的朋友们几乎都惊呆了，不知所措。钟波达把迷彩帽紧紧抓在手里，但额上仍渗着豆大的汗珠；尤子奇看着他，几番欲言又止；梦韵则死盯着小门神还调节着的监控屏，巴望着出现奇迹。

加密对讲机里传来马葛亮急切地呼喊："钟记者，那监视器还在你那里吧？现在有一架直升机来接你，我们需要马上对该仪器和其中的信息进行分析。听清楚了吗？"

话音刚落，一阵巨大的轰鸣声从山谷传来，一架军用直升机突然从山的一侧升起，然而又平移过来，悬停在钟波达他们头上。旋翼刮起的大风把地上的枯枝落叶，以及地面上的矿泉水瓶全扫得乱转，梦韵因站立不稳跌坐在地上，一脸茫然。钟波达大声对小武交代了几句便跑向机上垂下的吊篮。

尤子奇条件反射地像在过去战场上要跟过去，但给小武拉住了。

轰鸣声带着大家的深切呼唤远去。

机身颤动，钟波达的心也在颤抖：忻飞是死是活？这试飞算是成功还是失败？是悲剧还是正剧？"好兄弟，你在哪里？"

天地不会作答，暮霭四合。

直升机飞越过一座座灯火初上的城镇，疾速向东，在长江南岸的一个野战机场降落了，从这里众多的各型天线可看出，这是一个有着很好的指挥通信功能的基地，可能也是个平战结合的应急中心。

舱门一打开，他便看到马葛亮满脸焦急地等候在下面。钟波达被带去见了杨副司令等几位将校，送上了忻飞那个监控器，并按要求汇报了亲历的试飞情况。在交谈过程中，他注意到他讲的信息由电子标绘员迅速补充到大屏幕上，在那上面可看到忻飞失联的基本位置——那是一片临近公海的区域，那附近有一些红绿信号在移动闪烁，应该是舰机搜寻的信号。

"好，谢谢你提供的情况，有需要时我们再找你。辛苦你了！"杨副司令离开铺着绿绒布的会议桌，走了过来，眉宇间透着深深的焦虑和惋惜。"信息化时代真是难分平时和战时,忻飞的研发太有价值了,但也引来了敌人的孤注一掷!我们会尽力找寻他!"

钟波达同首长告辞后,由马葛亮送了出来。两人脸色晦暗地并排走着,真像难兄难弟。沉默地走了几步后,马葛亮告诉他:"搜寻正在抓紧进行,海军也给予了大力支持,在第一时间就派出了水轰-5。"

钟波达知道,水轰-5的反潜和救护性能都是不错的,获过国家科技进步一等奖,它的生产厂家自己还去采访过。只是那机型稍老了些。"哎,那水下情况怎样?"

"好在侦测下来暂时还没发现有潜艇活动。不过有没有隐蔽性更好的别的什么就难说了。"马葛亮望着机场上星星点点的各色灯标和朦胧机影,停下了脚步,"这次敌人的突袭组织得很周密,显然有情报的支持。我们会展开深入的侦察。可在网电侦测方面,我对忻飞公司的保护篱笆扎得还是蛮紧的呀!我一直有个隐忧,就是那次尤子奇所拍到的东西可能是个关键,如果真有敌特接收,而敌方的读解能力又比我们强……"

"那针尖大的窟窿也能透过斗大的风。"钟波达握拳砸了下一旁的树干。

有几片落叶飘了下来,马葛亮随手接住一片。"上面对这情况很重视,我也补充了你提供的尤子奇的香港之行,我正等着这方面的反馈消息。"他下意识地捏碎树叶,抽出茎脉来。

钟波达望着那掌形茎脉,心头也一抽,"哎,现在至关重要的还有忻飞办公室里的物品,可能藏着重要信息。不知现在能封存吗?"

"嘀,你跟我想一块儿了,因为是民营企业,还要与林总沟通。好在那里已处于我们严密的监控下,什么东西都出不来。我马上就要去那里,你是搭我们的直升机回上海,还是送你回天门山?"

"与你同行吧!那我跟天门山那边通个电话。"钟波达按亮手机。

当晚10点多钟,在飘起的雨丝中,钟波达和尤子奇赶到了苏州河边的奇飞公司,林总是得到梦韵通报而获悉忻飞出事的,他比马葛亮他们早到了一个多小时。

他俩见到林总时,他正坐在前台一侧的沙发上,手托下巴,苦笑相对,就像到一家破产公司捡回点东西的投资者。

钟波达乘马葛亮和林总交谈时进入了忻飞的办公套间,睹物思人,他感到胸口发闷。这里是忻飞研发冲刺阶段的"鏖战地",卧室里床铺凌乱,一次性拖鞋和穿过的袜子扔在床下,桌子上留着吃剩的方便面纸碗、没吃完的辣椒酱瓶,看得出他研发紧张时也不分什么白天和黑夜,吃饭也是有一顿没一顿的。但办公室里却是另一种景象:资料夹、几台电脑以及叫不出名的设备都摆放得井然有序,钟波达知道,会有专业人员把这些连同废纸篓都一一检查。而他最关心最惦念的是那本绿色笔记本,听梦韵提及过那是忻飞记录他研发心路的。可此时无论他怎么找,就是找不到!难道已被谁拿走了?!

手机响了,是梦韵的电话,急切的语气说她有重要事要找他,她已搭乘红眼航班到了虹桥机场,一个小时后便可到电视台。如此之着急,钟波达感到非同寻常。他来到外面,听了下他们的谈话便告辞了。

这时夜雨已变大了,一颗颗豆大的雨滴在路灯下显得特别的晶亮,钟波达抬头望了下黑沉沉的天幕,感慨地想这是老天的还是忻飞的眼泪呢?

忻飞的那个绿本子被轻轻推到了钟波达的面前,梦韵乌亮的卷发上粘着几颗莹亮的雨滴,她脸上的水渍分辨不出是雨痕还是泪痕。但办公桌对面的钟波达是第一次看到她微红的眼睛。

她告诉钟波达,这是忻飞在天门山试飞前交给她的,说这个记录本他最想让人看的只有两个人,一个是她梦韵,另一个就是达哥。"我已经在飞机上看过了,这里面除了我在美国看到过的大部分外,还有他新写的和补写的。这里面有着天大的秘密,我想让你尽快看。"

"好,我今晚就看!谢谢你了,这么晚还给我专门送来。你就在这附近的宾馆住一夜吧?"

"不了,我打的回家也很快的。"她拿起折伞,忽想到什么回过头来,"钟老师,这个本子忳飞别让第三个人看,请一定要保存好,我想放在你这儿比我那儿要安全。"

钟波达认真点点头,"你放心!"

送走梦韵后,钟波达重回军事节目办公室。

大楼里静悄悄的,走廊的照明灯也关了几盏,连做晚间新闻的编播人员都走了,他想这里的环境也许是最安全也是最能避免监视的,大院门口还有武警站岗。他按亮台灯,端坐在那绿色本子前,他的心有种压抑不住的激动。如果说,前时好些人要搞清忳飞的研发情况是盲人摸象的话,那这本笔记本就是拼图中不可缺少的关键一块。他的手有些颤抖地地打开了忳飞的遗物——

本子的封皮有些磨损,还有些厚,因为里面还夹着些照片和附纸。随着翻页,钟波达进入了忳飞隐秘的心灵世界。

原来忳飞在他中学参加航模小组时就喜欢上了无人机,令他特别感兴趣的是该机种的"远大前程",他很快成了超级"无人机迷",他竭力搞到世界上每一型无人机的照片或视频,不管是"全球鹰"等察打一体的军用无人机,还是工程用无人机,或是送外卖的商用无人机。当然他对国内的无人机也很留意,如跑到大疆无人机的用户去问使用情况,也会买一两百股无人机相关企业的股票,涨跌都不抛,为的是可以参加股东大会,便于了解企业的研发情况。

后来他作为飞行器设计专业的硕士生,更渴望能设计出超一流的无人机,他把空天无人机作为自己的事业目标。尽管取得了不小进展,然而也遇到了难以逾越的巨大困难,他意识到借助计算机辅助设计固然有很大帮助,但人脑这台中央处理器的先天缺陷如"注意力单一性""易遗忘"以及在学习前人知识上得花十来年的时间等直接制约着效能的提高。"人机结合"必须提高为"人机融合"。这样可以获得超快的学习能力和超凡的解决难题能力,同时也通过机器保留了灵魂。人就此走上了自主选择进化的新路,而不同于以往的自然进化之路。人将变得更理智、更完善而战胜贪欲,在群体上将上升为近乎"神"。然而现在的电脑容量及设置还远不能完全纳入人脑的信息,不过可尝试保留一个人的"核心"信息,只是无法预测人机的双向沟通会把人带入何种危险之中?但他听了老将军的"创客就是和平年代里的突击队员"的激励,以及达哥所讲的"恐龙变鸟"的史实后,决定在新无人机上冒险一搏!

文字到这里没有继续写下去,落笔的时间是他试飞的前夜。

钟波达看得入迷又震撼,他慢慢抬起脸来,呵,如此看来,即使忻飞在遭袭中丧命了,只要他在坠机时把自己的脑信息及时输入机上电脑,那他仍然可能活着!

想到此,他陡地站了起来,把视线投向窗外,天幕依然黑暗,但上面似乎映现出了忻飞模糊的面容。只是……钟波达瞩望着远处东方明珠电视塔上变幻不定的炫目彩光。

他会是"怪物"还是"新人"?

·35·
是尾声却也是新传奇的开启,只因心在飞

一个星期后,对忻飞及新无人机失联海域的初步调查结果出来了,当然这不会在媒体上公布,而是在军队和安全部门的一次联席会议上宣布,由于涉及多种侦测手段运用等机密情况,作为军事记者的钟波达也未能参加,但被允许在会后获知部分情况。

会后的当天中午,脸色晦暗的马葛亮连食堂门都没进,就把"猛士"车开了出来直奔电视台,接到电话后的钟波达在大门口迎候,把车引导到了编播大楼前的停车区。马葛亮熄了火却没下车,而是招手要他上

车。钟波达感到有些不同寻常。上车后马少校跟他握了一下手说:"本来杨将军是要约你到他办公室面谈,可今天他接到通知要参与组织中俄联合军演,事情多忙不过来,要我来登门找你,尽快告知一下调查结果的基本情况。还说你为忻飞的项目起了很好的推动作用,难能可贵。"

钟波达点点头,明白这是一次保密性很高的交谈,在这军用车里谈无疑是很合适的。

"这几天来,通过空天侦测和安全部门调查的双管齐下,忻飞失联事件的基本眉目出来了,这是一次策划周密的空中袭击事件。"马葛亮激愤地打开公文包,拿出几张卫星照片递过来,"这照片上的就是袭击忻飞无人机的达索猎鹰公务机,它的主人是马来西亚的一个富商,飞机最近正在做维修保养,它是在忻飞新无人机试飞的前夜从机库里被盗走的,当时厂方并无察觉。该机在东海上空接近忻飞新无人机时,施放了强电磁干扰,从我们截获的干扰信号来看,其中包含试图改变它的飞行指令,从而引导劫持它。但这一步没成功。"

"袭击者没有想到忻飞也在新无人机上!而且当时正处于有人驾驶模式!"钟波达回忆说,他目光满含焦灼,"那忻飞有没有下落?"

"新无人机虽然没被劫持,但它的航电系统受到了很大干扰,它坠海了!"马葛亮一脸悲哀,"那天虽然云量不少,但从这张红外照片上还是能清晰地看到它坠海的影像。"

钟波达急急接过照片,对着照进来的阳光细看,他仿佛置身于那片浊浪如群狼的海域,新无人机的机头正呈80度角扎进海水!最担心的一幕被证实了。"那,有没有找到残骸或遗体?"他追问道。

"没有啊,"马科长摇头又无奈,"海军已经做了较大范围的声呐探测,到目前还没有找到任何东西。那里海水很深,不巧的是还有股西太平洋环流黑潮的存在,找寻就更困难了。"

钟波达知道这就像大海捞针,太难了!如今国际上有时找寻在海上失联的客机,有多国参与常常还一无所获,何况这无人机既小又涂有隐身涂料。他愣怔地望着大楼门口进进出出的人。

马葛亮伸手开亮了车载显示屏,一边调阅图片一边说:"那架'猎鹰'公务机后来在五十公里外也坠入公海,驾驶员跳伞逃离,在一座无名岛的森林里失踪了。"

"哦,也失踪了?线索全断了?"钟波达心里一震,"真是道高一尺魔高一丈啊!"

"是啊,组织得很周密。他背后是某种国家力量还是恐怖组织,还有待进一步侦察。"

"有待于……进一步侦察?"钟波达转过脸来,"等到什么时候啊?你这个情报军官能不能再……你还,还起了个同诸葛亮很相近的名字?"对忻飞的怀念使平素冷静的他一下子变得有些气急起来。

马葛亮倒也没生气,"马葛亮也不会比诸葛亮差,马可比猪强啊!你别犯急,我重要的事还没讲完哪!"

"哦?"钟波达望着他,哟,还有戏!。

"有句话怎么说的? 东方不亮西方亮,前天我到小门神那儿待了一天一夜,彻底排摸了试图闯进忻飞公司的黑客情况,查到了其中几个攻击次数最多的黑客指纹。"

"什么? 黑客指纹?"他还是第一次听到这个词,满脸疑惑。

"它指的是黑客攻击时所形成的特征性的东西,比如他常用的攻击手段、喜欢攻击的网站类型、习惯用的浏览器,以及他从掌控的肉鸡电脑里输出输入的信息内容,等等。"他瞥见几个荧屏上常见的主持人从车头前经过,"喏,就像你们台里的主持人、播音员,尽管都讲普通话,面对的都是话筒或屏幕,但都能找出各人的……"

"不用跟我打比方,我明白了!那么你就能顺藤摸瓜了?"钟波达急不可耐地问。

"在我们这里叫反溯,有个黑客的真实名字你不会陌生,他就是德国人——"

钟波达几乎和马葛亮同时说出了这个名字"汉斯!"钟波达说的时

候心头一震,自己只看到他劫持忻飞时受阻于美国西部,以为还在大洋彼岸,却没想到他借助电波竟一直"紧随"在忻飞身旁。

马葛亮带着侦探的表情继续说道:"我和小门神潜入了汉斯的电脑,从里面查到了他发给尤子奇约在香港见面的邮件。汉斯假冒自己是他熟悉的报刊老板介绍的,重金约他写一篇有关忻飞无人机的报道。而他所用的摄录转发设备也是汉斯提供的。"

"唉呀,这个尤子奇!为鱼腥迷惑的馋猫!万万没想到,我的战地好友却不经意帮助了敌人!"钟波达的手掌"啪"地猛拍到膝盖上。

"要知道组织那样一次空中袭击是很费力的。尽管敌人盯着忻飞的项目已好久,但使敌方定下孤注一掷的决心可能正是他拍下的那些东西。这次试飞我们可是大败,损失惨重啊!"马葛亮无力地仰靠在椅背上,情绪沮丧。

心由境生,车内狭小的空间显得压抑而令人窒息,有些海底的意味。

车内突然响起了"嘟嘟"声。马少校按亮了加密可视电话屏幕的按钮,屏幕上出现了杨锋少将刚毅而有些倦容的脸,从背景看他也在车子里,"两位好啊,我刚接待完一个外国军事代表团,现在有几分钟空挡正可以同钟波达聊一聊。怎么样?小马你已经介绍完情况了?"

马少校点点头,"是啊,我介绍完了,我们俩这会儿都胸闷得很哪!"

"哦,情绪低落啊,看来我们一起交流下看法很有必要。"杨将军锐利的目光扫视过他们的面容,"是不是损失大就意味着打了败仗?我觉得不能简单这么看,在战史上,'杀敌一千,自损八百'是常事,关键是看你有没有实现了预期目标,我认为这次新无人机的试飞取得了很大成功,从我们的雷达资料分析,在空天道路上已有了很大突破,当然是否是真正的空天飞机还有待认证。尽管样机已坠海,但相关的研发资料还保留了相当部分。前天韩高工刚出医院就打来电话,他告诉我现在中航集团有个规模不小的创客培养计划。他准备用余生来推动这个计划,首先就想竭尽全力来帮助忻飞所带出来的这支出色的团队。"

"好啊,韩老那里我正准备这两天去看他!"钟波达心头涌上股暖流,"这样正可有更多的创客凭借忻飞的资料,来继续发展完善空天无人机的研究!"

"没错,我们得发扬不畏千难万险的长征精神!老红军陈飞锤和青年创客忻飞之所以很投缘,首先就在于心怀大目标、绝不放弃这个基础!"说到忻飞,杨少将深深叹了口气,目光满含伤痛,"忻飞的离去是我们的巨大损失,这个年轻人富有远见和深明大义,他以极大的热忱投入到引领性创新中。他的勇气不亚于我们在战场上,这里面有一种真正的军人气质和献身精神!"

马葛亮已直起了腰,脸上重新焕发出往日的干练和斗志。

"坠机的情况通知了忻飞的家人没有?"杨将军又问道。

钟波达回答:"还没有,包括追思会之类我建议先缓一缓,我还抱有某种希望。"

"哦,我听马葛亮介绍过一些相关情况,但凭借现在的科学水平,转换过来可能性不大吧?"

钟波达想到了对梦韵的承诺,但又不想对首长说假话,稍顿了一下郑重说道:"我觉得局部突破还是有可能的,就如我军打赢过的有些看似根本不可能成功之仗,像长征途中飞夺泸定桥、突破腊子口。"

"嗯,有道理。你们再找找看,有什么需要尽管和我说。"

忻飞如果还"活"在机器里,他这时会处于一种什么样的状态呢?这个全新的又充满诱惑力的难题牵动着钟波达的神经,在海水浸泡下他(或它)能维持多长时间?浑然一个现实版的天方夜谭,这问题在他刷牙、吃饭、坐地铁时都常常困扰着他。

钟波达知道这问题同样会困扰着梦韵,甚至折磨着她。而她前几天已感冒发烧吊盐水了,无疑极度的伤心使她的抵抗力下降。钟波达工作上一时走不开还让陈苏红去探望过。昨天她退烧后给自己来过电话,说是马上要回趟陕西老家,因为已经好久没回去了,而且11月在西安举办第三届中国国际通用航空大会,这是一次通航飞机的盛会,本来她已和忻飞约好一起过去的,可惜如今忻飞不能成行了。但她还是想参会,并拍一些照片放到手机上,她觉得如果忻飞还真"活"在电子世界里,或许他能看到。这话犹如一根无形之手搅动了钟波达的心肠,他觉得很难受。"你也发给我吧,我也挂到朋友圈里。但愿他能看到,给我们回信……"

钟波达觉得自己掉进了"迷宫"中,而且这是一个超级版的别样迷宫,他这个军事记者要走出迷境需要个聪明的帮手,就像福尔摩斯破案身边得带上华生才行,空中作战时长机还得有僚机伴随。他自然想到了尤子奇,尤子奇圆乎乎的脸、胖胖的那样子还真有些像福将,往往能带来意想不到的发现,不过,这家伙这次是给人蒙了,在忻飞的事情上还帮了倒忙,成了个"问题助手"。他自己好像也感觉到了,最近老是躲着自己,去了东北采访,说是要到哈军工旧址、老航校旧址以及哈尔滨飞机制造厂看看。

倒是凯莉在忻飞出事的第二天就从美国打来电话,她似乎已了解到了忻飞的状况,这个情报女士的情报真是灵啊,就像一个感觉敏锐的蜘蛛,网上有什么动静,就算离得远,它照样能迅速地感知。这不,说过几天她就飞来上海,她说她从他们国家的卫星照片上看到了那一幕,公布是迟早的事。问他有没有什么线索?你们记者是无冕之王,信息总多一些。但钟波达搪塞着说牙疼,因为他知道言多必失。

几个月探询下来并无进展,而人世间好些事情时间一长就会淡忘,渐渐归于沉寂,犹如一块巨石扔进湖里后,激起的涟漪再大终究会平复,时间是治疗心理伤口的最好药膏,也是遮住秘密的绝妙帷幕。但钟波达明白自己对忻飞的感情并不会这样。

这一天,2014年4月15日,亚洲公务机展在上海虹桥机场的霍克中心举行,钟波达跟许多爱好航空的人一样,挤进了参观的人流,哪知在安检处竟和尤子奇不期而遇。尤子奇有些尴尬地忙解释道:"我是刚下飞机,看到这航展就来凑热闹了。想晚上与你通电话的。晚上我请客!"

"不用你请,你来的也正是时候！有福之人就是有福之人啊！今晚在安达仕酒店有场巴西航空公司的用户答谢酒会。林总今晚要开董事会,就把邀请函送我和陈苏红了,而陈苏红今天应邀到新天地为时装节帮忙了,前年你见过的那个英国时尚大佬也来了。那我们俩就一起去酒店吧！"

"好好,哪有不去之理！正可以畅聊一番！"尤子奇拍了一下钟波达伸过来的手。接着两人便走马观花地看了不少公务机,其中有赵本山、成龙等名人的座机。据展会人员介绍,中国的新买家在逐年增多。他俩还饶有兴致地看了一会儿中国夫妻买家在翻译的帮助下和外商洽谈购买公务机的过程,谈的可不是小型公务机,而是"世袭-1000""湾流-650"这种高端公务机。钟波达惊讶地对尤子奇嘀咕道:"中国通航的'春天'升温好快啊！高端机、低端机都有市场啊！"尤子奇比他还惊讶地打量着买家肤色黝黑穿着普通,他的嘴巴咧到了耳朵根:"我们遇到了'便衣'版的超级大款啦！"显然,他们是通航市场的有力新买家——改革开放以来崛起的城乡企业家。

随后钟波达和尤子奇便坐地铁10号线来到了新天地站,走了没几步便跨进了安达仕酒店。

由于从展会过来得早,他俩就穿过酒会内厅走到了露台,钟波达看了看周围,又领着尤子奇走到左侧尽头。在这个僻静处,钟波达与他认真聊了汉斯设骗局的情况。尤子奇本来已是心中发虚,一提是满脸愧色,显出的是揪心的痛。"中枪了,中枪了！怪不得他后来与我彻底断了联系,像人间蒸发了一般！"闯荡世界惯了、脾性满不在乎的他霎时变得手足无措,"真对不住忻飞！"

好一阵子两人都没说话,钟波达真想痛骂他一顿,但这样也于事无补。他悔恨交加也无须多说了,让尤子奇静静思量段时间吧！他们的视线都投向露台外面,这里视野很好,面对市中心地带及大半个苍穹。就在这静观中,他们吃惊地看到从市中心上空通过的客机流量可真不小,它们远远近近、高高低低地掠过电信大楼、K11、上海博物馆,而在市中心地面上行走时并无这种感觉。

钟波达感慨道:"所谓空中纽带或无形桥梁,在这上面能体会得非常真切,有次我从电视上看美国的飞机流量图,真是比蛛网还密,好似一个蚕丝茧!而这几年,我们中国已成了世界上飞机数量和航线密度增加最快的地区,当不久通用航空的蓬勃发展这一块加进去后,又会有力地推动整个世界的交往与交流!"他注视着一架架飞机飞过外滩,飞过陆家嘴的多幢摩天大楼,飞向天际,"不过,来自空天的危险也在迅速增加,不仅有类似'911'的恐怖袭击,还有美国'一小时打遍全球'计划的实施。空天领域已成了战争进程与和平发展的制高点。"

"说得很精辟啊,就像一张扑克牌的正反面。"随着略带沙哑的女音,凯莉突然出现在他们面前,她身着米色高领羊毛套衫,脚蹬暗红色漆光皮鞋,显得窈窕而高雅,"我在上面的窗子里看了你们好一会儿了,我这次来住在了这家酒店,离新天地近些。"

尤子奇看见她很是惊喜:"中国有句成语很有意思啊,'螳螂捕蝉,黄雀在后'。"

"我可不是螳螂也不是黄雀。"凯莉还是像以往面带傲然的微笑,"你尤先生的脑子里有太多的战争思维,战地记者啊!"她伸手在侍者递来的酒水托盘中拿起一杯红葡萄酒,和他俩接连拿起的酒杯碰了下。

"你错怪他了,很多战地记者骨子里都是爱好和平的啊,甚至不惜生命!很高兴与凯莉小姐不期而遇,再次重逢!"钟波达举起酒杯一饮而尽。

凯莉也抿了一口,"记得德国哲学家赫尔德说过:'国家有很多好处也有很多坏处。'我是德国移民,又是美国公民,这两个国家一个是现代最大的战败国,一个却是最大的战胜国,我对战争的感受可能不会比你们两个军事记者少。在我记忆中有两幅画是印象很深的,它们在德国也很有名,其中一幅画,呵,确切地说是一个组画,名叫《战争》,画家自己就是一战的机枪手,他的画让你真切地感受到战争能将人变成可怕的禽兽。你们讲到'911'空中袭击事件,那你们知道80年前在地球的天空上还发生了什么重要的袭击吗?"凯莉发问。

钟波达略加思索回答道:"如果我没记错的话,在1944年的9月8日,德国的V2导弹就飞向了英国,所使用的是世界上第一枚弹道火箭,总设计师是布劳恩。"

凯莉不无钦佩地说:"没错。但后来人类登上月球靠的也是弹道火箭,那是土星五巨型火箭,而总设计师也是这位布劳恩。有意思啊,战争与和平是可转化的,而美国显然起了关键的作用。"

"要是我过去能采访这位布劳恩先生多好啊!"尤子奇插上去说,"哎,凯莉小姐,你说的第二幅画又是怎样的一幅画?"

"哦,那叫《天空的漫游者》,那幅画上有一个面对翻腾云海的年轻人的黑色背影,你看不出他的面容,但能感受到他的思虑不同寻常,这使我想起了忻飞,他不就是相似的一位漫游者吗?"她直盯着钟波达,"你同忻飞交往得多,我说得对吗?"

钟波达吃了一惊,漫游?她有什么特殊发现吗?

凯莉见他默不作声,补充道:"哦,你可别用冷战思维看待我,别误会我,我只是很想念他。"

"我明白。"钟波达也深感到了她对忻飞的真心爱护之情,"有一段时间我确实是误会你了,因为忻飞的研发遭到了有些方面的窃取危险。但你以美国人的优越感来挖人才,以为他在美国才会有很好的发挥,这我到现在都不赞成。我想说的是你们只是在一场竞赛中暂时领先,但暂时领先不等于永远领先。而且有充分的竞争才会出好成绩。"

这回轮到凯莉不作声了,刚才没留意的迎宾乐曲这时悦耳地随着春风飘散,宾朋也多了。尤子奇不知什么时候去拿了一盆烧烤和一盘点心过来。"来来,坐下边吃边聊!谈心怎么能没有点心?凯莉小姐,中文里'点心'这个词起得多妙啊!"他拉着钟波达坐了下来。

"是啊,心不点不明。"凯莉用纤指拿起一块也坐了下来,坦率地迎着钟波达的目光,"你说的很在理,说服我了。忻飞是我们共同的朋友,我心头有个问题也希望你帮我点明一下。我看到了他飞机坠海的卫星照片,但这么长时间下来你们怎么没举行忻飞的追悼会或追思会,这太不合常理,你们是不是跟我的感觉一样,他可能还在这个世界上?"

好敏锐的分析人员!好犀利的美国女人啊!钟波达不想误导她,他尊重她对忻飞的感情。他努力组织着合适的句子回答:"哦,我也希望这样,但现在的科学水平好像并不支持我们的愿望。他在汪洋大海中失联的时间过长了。"

"前些时候尤子奇将他偷拍下的视频资料发给了我,"她看了一眼像被蜇一下的尤子奇,"哦,他了解我,知道我不是中情局或军方的人员,我也只请了我非常信得过的一位顶级IT专家帮忙看了。他告诉我,这架无人机的机载电脑可不是我们通常熟悉的串行或并行电脑,而是神经网络计算机。"

"神经网络计算机?"尤子奇瞪大眼睛却空洞迷茫。当时他把视频发给凯莉后石沉大海,没想到还真有些重要发现,但他不知道这种计算机有什么特别。而钟波达在科学素养上可比他强多了,他知道这是一种应用类似于大脑神经突触连接的结构来进行信息处理的新型计算机,但目前在存储量、可靠性等方面都还不完善。

这时,内厅里的音乐变得热烈而富有南美风情,透过敞开的玻璃门可看到巴西漂亮的女演员在左侧中心区域激情演唱。而迎面墙上的屏幕正放映着巴航公务机多姿多彩的飞行视频。

凯莉的视线在那上面停留了一会儿又继续说道:"专家的解读使我想起忻飞给我的另一个重要印象,就是他对脑科学的多年痴迷和钻研,我判断这是架融合了较多人工智能的先进无人机。"她接着试探地问,"我还猜想这里面是否留有忻飞他本人的智能?"

尤子奇停止了嘴巴里对甜美点心的咀嚼。他品出了另一种奇绝的味道。

她快接近事件的重要节点了!钟波达的心脏加速了跳动,他冲动地想要告知他俩忻飞的勇敢抉择,但他迅即又意识到他无权泄露忻飞本子里的秘密。他抬脸看到月亮升起来了,洒下宁静而曼妙的光。

突然间,周围一阵躁动,原来是作为巴航形象大使的中国影星成龙到场了。他的到场使与会者新奇而激动,好些露天平台上或坐或站于烛光摇曳中的宾客快步走进了内场。成龙的精彩发言令气氛活跃。

但钟波达、凯莉和尤子奇没动,尤子奇看着有些奇怪:"怎么巴西的航空公司却请了中国人当形象大使?"

凯莉接口道:"没什么奇怪的呀,成龙的座机就是巴航生产的莱格塞公务机,还有近年来巴航与中国也展开了紧密合作。全球化时代,就得加强跨地区跨国界的合作。"

"是啊,这会非常有利于世界的和平与发展。"钟波达给凯莉和尤子奇的杯中斟满了酒。夜色中他们看不清彼此的脸,但对忻飞炽热的感情使他们的心灵在接近。

露台空气中弥漫的巴西烧烤的香味更浓烈了,尤子奇起身旋风般又拿来了一大盘熟食来。凯莉叉起她爱吃的烤鱼却又放下了,就在钟波达他俩觉得异样之时她说道:"我想还是把一个重要情况转告你们吧,有的国家和组织正策划打捞忻飞的无人机,只是那里的海水太深不容易作业。"

喔,钟波达心头一紧,他的目光和尤子奇交汇了,他们都想到了德国人汉斯,这其中不会没有他的黑手吧?!

酒会后,钟波达走向近在咫尺的新天地,准备接陈苏红一起回家。他心想:忻飞可能也在另一片"新天地"。只是不知在异度空间的他会怎样?他这次是尖兵突进,孤军深入,由于现在的神经网络计算机的容量远未达到人类大脑1 000亿个神经元的规模,因而他的大脑信息无法全部进入无人机电脑,甚至他的自我认同都成问题。他的境遇可能会非常糟糕和艰难,甚至是极度痛苦。太需要我们的帮助和接应了!

这个想法如同闪电照亮他的脑海,他停住了脚步,仰头望天。但该如何进行呢?这个"孤魂"的信息完善至关重要,也是忻飞之所以还是忻飞的关键所在。他觉得梦韵在微信上挂照片的做法不错,但还应大大加强,他望见一团团灰白的云在幽暗的天幕上飘过,啊,有了!应该利用现在的大数据技术,广泛搜集忻飞的各种信息,他不同时期的毕业照旅游照家乡照,所写的作文本成绩册等各种资料,以及使用过的物品,哪怕是他童年时的玩具,都设法"编码"在"电子云"中,为他建立一个专门的数据库!当大数据和云技术结合起来,那信息量是非常非常之大的,会超过他原来的脑容量!当然,还得要为忻飞做个能找到那里的"寻路"软件,让他尽可能早日"青春焕发"!

钟波达想得是热血沸腾,激情难抑,一捋膀子,他决定尽快与小门神、马葛亮等电脑高手会商,"该出手时就出手,风风火火闯九州啊!"平时不大唱歌的他突然激情唱起了电视剧《水浒》主题歌,不想吓得身旁几个正看橱窗的姑娘小伙闪开了……

很快,一个策应创客在人类史上新突进的了不起的"配套工程"启动了!

但一连数月下来网上竟毫无动静。难道这次的"出手"只是个荒唐的做法?

就在钟波达颇感不顺之际,梦韵突然给他来了个电话,告知了一件奇事:几个月前她在网上发了一篇去西安参加中国第三届通用航空大会的感受博文,其中说是她赶到展会时已是最后一天的中午了,但还是强烈感受到了中国老百姓对通航的热切期盼。她在会场门前就看到农民大叔推着自己装配的小型飞行器在自行展览,围着的好些人问这问那,希望能有自己的小飞机停在家门前的绿茵上——那用于农田作业和出行多方便啊!而她进入展览区后,看到了中外厂商各种各样的轻型飞机的起降,还看到了忻飞的校友陈墨是带来的自制木头飞机,这飞机曾在公路上起飞,一些媒体还报道过他。令她特别感动的,是她在展区闭馆时所看到的,陈墨和他的女友是最后撤走室内展品的人,他俩细心地拆下木飞机的组件,再一件件费力地搬上拖车,配合默契。自己在门边静静地看着,看着木飞机拖车被机动车拉着驶出了展区,颠簸着驶上了公路,直到老远她还在看,看得泪水模糊了视线,因为她多么希望自己也能陪伴在忻飞身旁,为他鼓劲为他喝彩为他分忧!可惜他已消失在远天下的大海深处……

此文是在几个月前发在网上的,当时点赞多多。可就在此文淹没在如雪片般新增的博文中时,在昨天深夜她却收到了这样一条点评:"你会有相似的这一天的,他就在你身边。"署名是拼音"XF"。忻飞的拼音缩写不就是"XF"吗?

这是忻飞在网络空间里的回复?还是有人在以他的名义好心地安慰她?

钟波达听了心潮汹涌,他对着电话里的梦韵说:"我认为十有八九是他,是忻飞!你再等等,可以继续写博文,看看还有什么进一步的反应?"挂完电话后他目光凝聚,他从逻辑和直觉两方面认定是忻飞,可有一个疑问也晃晃悠悠地浮上心海:他难道已脱离了海底?他靠什么从深渊中脱离出来?是给冲到了海滩上,还是给某些人打捞出来了?

他把新情况和新问题带给了马少校和杨将军。这一天,他们和通信参谋以及水文专家围聚在好几张地图和海图前。这些地图从空域图到海底地形图都有,一个多小时后似乎找到了答案:

在忻飞无人机的落区里恰好有股北上的黑潮,经过这股海流一段时间的带动,无人机被带到了一条横跨太平洋的海底通信电缆附近,通过电磁感应,无人机的机载电脑的信息得以进入网电空间。

这个大概率的答案促使他们更积极地加大了"接应"的实施力度。

但事与愿违,一年多过去了,并无后续消息。

2016年元旦前后,一股热流在寒冬里悄然穿行,《跨界大师鬼才达利——超现实艺术大展》在上海淮海路上的K11大厦里举行,这个为国际跨界大师所举行的跨年度大展吸引了无数观众,此次展览呈现了200余件达利的重量级作品,包括国宝级画作、设计及私人用品,以360度全方位视角展现出这位鬼才的创作精神,洋溢着浓郁的时尚设计理念。

12月17日的晚间场由电视台包场,钟波达和陈苏红热情地把尤子奇、梦韵、林总、凯莉这些中外朋友也请来了。梦韵是最先到的,她来到垂挂着一本本书和耳机的展台,戴上耳机,便可听到主持人播音员演播的精彩书摘和诗篇。听着听着,她突然间听到有个男声在朗诵汪峰《飞得更高》的歌词:

> 我要飞得更高 飞得更高
> 狂风一样舞蹈 挣脱怀抱
> 我要飞得更高 飞得更高
> 翅膀卷起风暴 心生呼啸
> 我要的一种生命更灿烂
> 我要的一片天空更蔚蓝
> ……

呵,这不就是忻飞的心境吗?再听听,这声音好像就是忻飞的嗓音!只是他的普通话似乎没有讲得这么好,但真像啊!越听越像!钟波达来到了她身边,她急切地把耳机递给他,可他什么也听不到,里面一片寂静。

这时,尤子奇和凯莉也到了,林总则是姗姗来迟,他身着浅棕色格子呢西服,风度潇洒,与艺术展的气息倒是很般配。他见到凯莉分外热情,轻握了一下她的手说:"啊,多日不见,听说您又回了一次美国?是为希拉里助选去了?"

"哈,选哪位我还没想好呢!您的选择落定了吧?公司主业转到通用航空上来了?"凯莉看着这位有些发福的老总感兴趣地问。

林总脸上浮现出庆幸的笑容,他扫视了下众人回答说:"我幸亏没有砸巨资到通用航空工业,而是学特朗普,转来转去还是先做好房地产。您看看我们北上广深的房价,这两年涨得多厉害!昨天在高峰论坛上我还听德意志银行的一位资深专家说,不仅在中国,在美国、在澳洲,房产业也是增长最稳健的领域!"

"你真是先知先觉啊!"尤子奇似捧似讽地冒出一句,"你定会财富滚滚无阻挡!"

"不敢当,当然我欣赏那句话:财富自由,追梦更自由。我也在寻找新的风口。"

凯莉一撩额上的金发,微笑着看着他:"您可能错过了一个重要风口,我最近的调研了解到,你们中国政府将很快出台发展通用航空的新计划,将在2025年前新建500个通用机场,以及生产数千架通用飞机,这将会带来数万亿的新增产值。而中国航空工业集团近些年来的机制创新和资本化运作也已相当成功,使原来令大众感到神秘莫测的军工企业转化为二十几家上市公司。航天方面也是如此,成就为世人瞩目。你没感到这是阵还在刮的超级强风吗?"

"啊,啊。"林总的脸上有些尴尬,推了推金边眼镜,"不过风起风歇是常事,何况还不知是真是假。我目前正考虑进军游戏产业,今年游戏产业的利润比电影市场还大哩,好像有好几倍。"

"咚",林总的手机来了条短信:"3倍!那么您对通航彻底没兴趣了吗?"

林总奇怪地看了下梦韵,可她手里并没拿手机。他继续说:"在通航产业方面,你们看,低空开放的力度还不够大,我要是投进去了岂不是大亏?我得感谢忻飞没做成我要的傻瓜相机式轻型飞机,真是'塞翁失马,焉知非福'啊!"

手机"咚"地又响了,屏幕显示:"您错了,他已顺带完成了您要的飞机项目中的航电部分,不然他怎么能上天试飞超音速飞机?他连汽车都不会开啊!靠的就是已研发出了智能航电系统!"

林总触电似的几乎要跳起来,茫然四顾:"谁跟我开玩笑?"

"没有啊!"朋友们觉得林总今天好奇怪,钟波达伸头看到了他手机上的信息,也注意到了周围几个人并没弄手机。他心里很快明白了缘由,也意识到了可能是谁。

林总的手机上又来了条短信:"过半小时请到动画屏幕前来。"而这条信息他们每人的手机都收到了。"咚""嘀"声响成一片。

"好像有人跟我们搞恶作剧吧？现在垃圾短信真多！"林总摇了摇头释然了，"各位，我们一起看画展吧！"

凯莉可不是第一次看达利画展，不经意地给众人做起了义务解说员。一行人穿行在或抽象或变形或立体的光怪陆离的画作之间，仿佛进到了另一个神秘深邃的人世间，各人的感觉都不一样，但有一点是共同的，就是思绪如滑翔机被牵引得很远，飞到了平时不曾想到的隐秘空间和奇异高度，陡然间好像"开眼"了"通灵"了，生和死、人和物等概念在扭曲、在重构……

渐渐地，他们来到了一块约有一米见方的屏幕前，上面正放映着迪士尼的一段修复加工的达利动画片，它非常离奇，绝不同于影院里看到的那些动画片。让你看得似懂非懂却很想看。

梦韵几次看表，此刻，9点快到了，她拉了下正要离去的林总。林总早就忘了那条短信，就在他要问梦韵什么的时候，就见屏幕上的动画片消失了，突然出现了一只人脸猫头鹰！向他们点头问好。再细看，这竟是忻飞的脸！而且画面霎时变得很有VR感，让人有种身临其境的感觉。林总大骇，倒退两步，梦韵则眼泪簌簌地掉了下来，凯莉、尤子奇、钟波达和陈苏红全都惊异地盯着它。

梦韵走近一步："你怎么会变成这样?!"她几乎要跌倒。

凯莉和陈苏红忙伸手扶住她。屏幕上突然传来一阵"咯咯咯"快活的笑声："女孩子就是爱哭，哪怕是你这样的滑翔高手！"说话间，猫头鹰突然变身为一个熟悉的忻飞，只是比往日更英气勃勃，"这是你熟悉的我吧？"

没待回答，影像迅速变化——他做出的一些动作不可思议，根本不是作为一个生物体所能承受的，他钻进火山里，任烈焰舔他；他悬浮在珠峰顶上，旗云裹着他；他在深海里，从鲨鱼的嘴巴里爬进爬出。笑容灿烂，他成长了，不仅依旧浪漫，而且没有了往日的那种纠结的神情。他驾着战斗机俯冲而来，悬浮在他们身边，他伸手拉住了林总，林总感到了他手的温度，似乎并不是个鬼。

曾向主持人学过演讲技巧的林总这时却结巴起来:"你,你到底是死了还是活着?"

忻飞脸色有些呆滞,仿佛是利箭穿透了他的心,但悲哀瞬间消失,目光中透着青春的活力和哲人的明睿:"如果从传统意义上讲,我死了,我看得见我的肉体已长眠在冰冷刺骨的海底。但更确切地说,我好好地活着,已起死回生,或者说也没有真正死过,因为我只是完成了一次通联、一次转化。记得有位手机企业的老总说过这样的话:未来的人除了情感,就是一堆电子符号。我已经率先成为这样的状态了。你愿意为人类的未来投资吗?"

梦韵的身子在颤抖,凯莉和陈苏红各在一边扶着她。

忻飞的目光和她相遇了,深情地停留了几秒钟,"我会永远记住你美丽又快乐的样子!你应该快乐!"继而又掠过钟波达等几位中外朋友的面孔,"哦,达哥、尤大记者、凯莉小姐,在此我要向你们、向关心和接应我的所有朋友们表示衷心感谢!没有支援我今天不可能到这里与你们重逢。令我最难过的是,没来得及保留下陈老将军那高贵的灵魂,但我想我的这次探路会加快这方面的进程,'雄关漫道真如铁,而今迈步从头越!'我想陈老将军的精神元素会在我的身上延续!"

梦韵和陈苏红相挽着,噙着眼泪点点头。

钟波达也激情难抑涌,他想,忻飞的这次先锋之举是非常了不起的,"兵贵神速"!就像瓦特发明蒸汽机、莱特兄弟发明飞机那样在人类发展史上意义深远。以后每个人都可以拥有两段人生。

"我还记得齐奥尔科夫说过:'地球只不过是人类的摇篮,人终究要飞出地球去。'我完成了一次双重试飞,既是试飞空天无人机,也试飞了网电空间的新人状态。而我们创客空间早就探讨过,如果人真正要飞向宇宙深处,一般意义上的蛋白质生物人根本做不到,经受不起长途飞行所需食物和能源的供应困难,经受不住宇宙中各种重力场变化以及强辐射的侵袭。而如今我冒险地完成了蜕变,我能乘着电波飞行,能上天入地,我要像航天员在'天宫一号'里那样抓紧搞科研,盼望能迎接更多的伙伴飞出银河系、河外星系,一起体验真正的飞行快乐和愉悦,那就是心在飞!飞向无界!"

啊,心在飞!

大家都在回味着忻飞所讲的这个新鲜而富有魅力的词!各人的表情不一,有的频频点头,有的如梦初醒。

"我想我们以后见面的机会将越来越多!请多关注量子通信,它带给人们的哲学和自然启示是很丰富而奇妙的。让我们永远在一起,在天上见!在新空间见!"忻飞的影像突然消失了,又换成达利那多义而又跳跃性很强的动画片。衔接得可谓天衣无缝。刚才的一切恍如一场梦。

闭馆了,钟波达、凯莉他们一行人随着商场的各色人流向门外走去,他注意到,梦韵的脸色已变得沉静而坚强起来。

走到淮海路上,霓虹炫目,车水马龙。钟波达和尤子奇等中外朋友不约而同地仰起头来,透过路灯洒在青枝绿叶间的光晕,可看到稀疏寂寥的几颗星星,但在那天幕上其实有无数的星辰在闪烁,它们远比地球大!而星辰与人的距离从今夜开始一下子拉近了,"今生"与"来世"也有了丰富的实际意义,未来将会变得更辉煌、更玄妙!关键就看你的心能否长出有力的翅膀!

追 记

作者我（即小说中的钟波达）自从在 K11 大楼与忻飞奇遇后，这两年来就再没有见到他，但我绝不会忘却他，他成了我印象最深、也时常惦念的一位年轻好友。是啊，他将永远年轻！

惦念他的原因除了那段围绕空天无人机的离奇交往和无穷回味外，还有难忘的情谊，以及颇多疑惑，疑惑之一是林总曾经告诉我的，那晚他在达利画展上触碰到 VR 影像中的忻飞时，竟感到他有着常人的温度。这意味着他并不只是一个影像、一组电信号。他到底处于一种什么状态？难道他又通过海底里的遗体提取了 DNA 片段，重塑了真身？或是可变性很大的装他思维的飞行机器人？我很纳闷，百思不得其解。

疑问伴着我到了 2017 年 6 月 11 日，我在上海浦西洲际酒店参加了为期三天的一个国际论坛——"佛学、科学与未来：2017 遇见新科技"。这是个很特别的论坛，来自美国、希腊、日本等国的科学家、IT 专家、设计师竟和道士、和尚等同处一堂，共同探讨心智的本质和宇宙的真相，气氛热烈而融洽。在我们的印象中，科学与宗教似乎是"南辕北辙"，不过这句成语用现在的眼光看，因为地球是圆的，两个反向的行进者总归会相遇。这使我想到了中国科学院院士、原中国科技大学校长朱清时曾说过的类似的话："佛学和自然科学的研究就像爬喜马拉雅山一样，一个从北坡往上爬，一个从南坡往上爬……"他今天也到会并做了演讲，又讲到了量子力学。我也听到了中外学者的相关见解。突然间我意识到量子力学有个诡异的观点可以解释忻飞的怪象：如果两个地方的物质处于纠缠态，从纠缠的一方的所有信息可以瞬间传递到缠的另一方去,这种"飞"没有时间空间的限制,是瞬间传播的。

如今忻飞的智力和能力已远远超过我们常人,也就意味着忻飞完全可能实现这一步！这可能已不是科幻,只是"超出了我们人类的理解能力的范围之外"。他是人类新进化的尖兵,也可能在不久的将来以常人之身与梦韵、凯莉和我等重逢。当然,这其中可能存在着偏差,但探索和不断适应永远是帮助我们开拓奋进的利剑！

"刺破青天锷未残",我们人定会随之愈发不凡。

图书在版编目(CIP)数据

玄机无界/达世新著. —上海：文汇出版社，2018.2
 ISBN 978-7-5496-2360-0

Ⅰ.①玄… Ⅱ.①达… Ⅲ.①长篇小说-中国-当代 Ⅳ.①I247.5

中国版本图书馆 CIP 数据核字(2017)第 268484 号

玄机无界

出 版 人：周伯军
作　　者：达世新
责任编辑：张　涛
装帧设计：梁业礼

出版发行： 文汇出版社
上海市威海路 755 号　邮政编码：200041
经　　销：全国新华书店
印刷装订：上海新文印刷厂有限公司

版　　次：2018 年 2 月第 1 版
印　　次：2023 年 8 月第 2 次印刷
开　　本：640×940　1/16
字　　数：300 千
印　　张：22.5
印　　数：3001—4000

ISBN：978-7-5496-2360-0
定　　价：35.00 元

·版权所有　侵权必究·